中国人民大学校史文库

总主编　张东刚　林尚立

吴玉章全集

第五卷

顾　问　吴本立　吴本渊
　　　　吴本浔　吴本蓉
总主编　张东刚　林尚立
主　编　王学军　周　石

中国人民大学出版社
· 北京 ·

本书为中国人民大学科学研究基金项目成果
（项目批准号：23XNLG07）

"中国人民大学校史文库"
编纂工作委员会

总主编：张东刚　林尚立

委　员：吴付来　郑水泉　杜　鹏　朱信凯　齐鹏飞

　　　　王　轶　胡百精　王　易　叶康涛　青格勒图

　　　　杨伟国　罗建晖　杨　东　林　晨　支晓强

　　　　刘后滨　李家福　王　丹　李贞实　李永强

　　　　陈　卓

《吴玉章全集》
编纂学术委员会

《吴玉章全集》
编纂课题工作组

（以姓氏笔画为序）

于　波　马秀芹　王　丹　王宏霞　王学军　吕鹏军
刘春荣　李　珣　李贞实　李家福　杨　默　张立波
陈　卓　周　石　蒋利华　楚艳红

"中国人民大学校史文库"总序
致敬这所以"中国人民"命名的大学

2022 年 4 月 25 日，习近平总书记在中国人民大学考察调研时强调，中国人民大学在抗日烽火中诞生，在党的关怀下发展壮大，具有光荣的革命传统和鲜明的红色基因。一定要把这一光荣传统和红色基因传承好，守好党的这块重要阵地。要加强校史资料的挖掘、整理和研究，讲好中国共产党的故事，讲好党创办人民大学的故事，激励广大师生继承优良传统，赓续红色血脉。

为深入贯彻落实习近平总书记在学校考察调研时重要讲话精神，学校全面实施"'走出一条建设中国特色、世界一流大学的新路'十大工程"。其中，编写出版"中国人民大学校史文库"项目作为高等教育红色基因传承和精神品格弘扬工程的重要组成部分，包括校史编研专题、校史人物专题、学科史和院史专题等，将以正史、口述史、文集等形式，全方位、多角度展现中国共产党创办的第一所新型正规大学的艰辛与辉煌，生动再现几代人大人为中国革命、建设和改革开放事业，为中国新型高等教育的建立和发展，为新时代探索走出一条建设中国特色、世界一流大学新路所作出的独特贡献。

这是一所具有光荣革命传统和鲜明红色基因，与党和国家同呼吸、共命运的大学。中国人民大学的前身是 1937 年诞生于抗日战争烽火中的陕北公学，以及后来的华北联合大学和北方大学、华北大学。学校自陕北公学创办之始就探索建立了党团领导下的校长负责制，全面加强党的领导，履行"为党育人、为国育才"的初心使命。毛泽东曾深情地说："中国不会亡，因为有陕公。"爱国人士李公朴称赞华北联合大学是"插在敌人心脏上的一把剑"。很多校友用青春和热血诠释了"为有牺牲多壮志，敢教日月换新天"的凌云壮志。从陕北公学学员孔迈一句"妈，把我献给祖国吧"，到众多踊跃参军、南下或去西北奔赴解放战场的华北大学毕业生，这所来自战火中的大学所独有的革命传统和牺牲精神，已成为日后"万千建国干部"和"国民表率、社会栋梁"的鲜亮底色，化作全面建设社会主义现代化国家新征程中"勇当开路先锋、争当事业闯将"的勇气与信念。

这是一所在党的几代领导集体的关怀下发展壮大，担负着特殊使命的大学。毛泽东同志曾先后十次到陕北公学授课，先后六次为陕北公学题词，要求造就"革命的先锋队"。刘少奇同志出席中国人民大学开学典礼并发表讲话，指出中国人民大学"是我们中国第一个办起来的新式的大学……中国将来的许多大学都要学习我们中国人民大学的经验"。1977 年秋，在人民大学复校的关键时刻，邓小平同志给予了特别关怀，并强调了中国人民大学的定位："主要培养财贸、经济管理干部和马列主义理论工作者"。江泽民同志于 2002 年来校考察调研，强调发展繁荣哲学社会科学与自然科学同样重要，勉励学校努力成为以人文社会科学为主的世界知名的一流大学。胡锦涛同志于 2008 年、2010 年来校出席活动、考察学校，要求学校弘扬光荣传统，"办出特色、办出水平"，努力创建"人民满意、世界一流"大学。习近平同志曾于 2005 年、2006 年、2009 年、2012 年、2022 年先后五次到学校出席活动、考察工作。2017 年，习近平总书记致信祝贺学校建校 80 周年，充分肯定学校的办学成绩，明确指出中国人民大学在"我国人文社会科学领域独树一帜"，并殷切希望学校"围绕解决好为谁培养人、培养什么样的人、怎样培养人这个根本问题，坚持立德树人，遵循教育规律，弘扬优良传统，扎根中国大地办大学，努力建设世界一流大学和一流学科"。2022 年 4 月 25 日，习近平总书记专程到学校考察调研并发表重要讲话，充分肯定学校 85 年的办学成绩，对学校未来发展提出了重要的政治嘱托，要求学校坚持党的领导，坚持马克思主义指导地位，坚持为党和人民事业服务，落实立德树人根本任务，传承红色基因，扎根中国大地办大学，走出一条建设中国特色、世界一流大学的新路。

这是一所为中国革命、建设和改革开放事业作出突出贡献，在我国人文社会科学领域"独树一帜"的大学。中国人民大学在长期的办学实践中形成了"人民共和国建设者"的摇篮、人文社会科学高等教育的重镇、马克思主义教学与研究的高地的办学特色，为我国人文社会科学繁荣发展作出了奠基性、引领性贡献，新中国的经济学、法学、新闻学、马克思主义理论等诸多学科由中国人民大学首先创立并走向全国。从 1950 年至今，国家历次确立重点大学，中国人民大学始终位居其中；在国家历次重点学科和一级学科评估中，学校都取得了骄人的成绩。学校是国家"985 工程""211 工程"重点建设大学，2017 年入选国家"双一流"建设高校，14 个学科入选"双一流"建设学科。从陕北公学时期至今，学校共培养了 37 万余名高水平建设者和各行各业优秀人才，成为中国共产党探索创办新型高等教育、扎根中国大地办大学的典范和缩影。

这是一所一代代革命教育家、红色教育家、人民教育家筚路蓝缕、接续奋斗，"人师""经师"云集的大学。吴玉章、成仿吾、郭影秋等老一辈无产阶级革命家为学校的创立、发展殚精竭虑、夙兴夜寐，范文澜、李景汉、何思敬、吴景超、尚钺、许孟雄、何干之、戴世光、艾思奇、缪朗山、庞景仁、何洛、陈余年、宋涛、袁宝华、甘惜分、石峻、吴大琨、苗力田、吴宝康、佟柔、高鸿业、胡华、刘佩弦、王传纶、邬沧萍、萨师煊、孟氧、塞风、萧前、彭明、徐禾、黄达、孙国华、查瑞传、黄顺基、方生、卫兴华、钟契夫、刘再兴、彦奇、钟宇人、戴逸、方汉奇、高放、陈共、阎金锷、许征帆、周诚、何沁、罗国杰、李占祥、周升业、高铭暄、王作富、胡均、阎达五、许崇德、庄福龄、蓝鸿文、赵中孚、严瑞珍、林茂生、王思治、刘铮、赵履宽、林文益、陈先达、李秀林、夏甄陶、李文海、吴易风、方立天、胡乃武、周新城、张立文、曾宪义、郑杭生等一大批"经师"与"人师"相统一的"大先生"为党和人民的教育事业，为学校的学科发展、学术繁荣和人才培养作出了重大贡献。他们无论是在革命的战壕中，还是在教育战线上，所有的牺牲与奋斗的出发点与最终目标，都是为了祖国和人民，这是中国人民大学的鲜明特色和优良治学传统。进入新时代，全国高等教育领域仅有的两位"人民教育家"国家荣誉称号获得者卫兴华教授和高铭暄教授均出自中国人民大学。

"党办的大学让党放心、人民的大学不负人民"。如果不了解中国人民大学独特的办学历史与光荣传统，就不会理解人大人的忠诚、艰苦奋斗与实事求是的价值取向和精神追求。如果不了解中国人民大学在中国高等教育史上的独特地位和开创性贡献，就不会理解今天学校培养"复兴栋梁、强国先锋"、走出"一条建设中国特色、世界一流大学的新路"的底气与担当。

翻开人大校史，迎面而来的不单单是一所学校的发展历史和一段段感人至深的文字，还有在中国历史发生翻天覆地变化的百年间，感应时代之变、回应时代之间的一个特殊群体的贡献和一所学校所铸就的功勋。在这里，珍藏着不同时代的鲜活印记，矗立着一座座须仰视的丰碑，引人思考，催人奋进，带给我们坚定前行的力量。

校党委书记 张东刚　　校长 林尚立

2023 年 6 月 1 日

《吴玉章全集》序言
"一辈子做好事"

高山仰止，景行行止。

在中国近现代史上，有一位立德、立功、立言"三不朽"，近乎完人的人，即"延安五老"之一的吴玉章。1940 年 1 月 15 日，毛泽东同志在中共中央为吴玉章补办的六十寿辰庆祝会上有感而发讲了这样一段话，对吴玉章作了高度评价："一个人做点好事并不难，难的是一辈子做好事，不做坏事，一贯的有益于广大群众，一贯的有益于青年，一贯的有益于革命，艰苦奋斗几十年如一日，这才是最难最难的啊！""我们的吴玉章老同志就是这样一个几十年如一日的人。"

吴玉章，原名永珊，字树人，1878 年 12 月 30 日出生，四川荣县人，我国杰出的无产阶级革命家、教育家、历史学家和语言文字学家。他一生追求真理、献身革命，为中国人民的解放事业、为共产主义伟大理想，始终不渝、奋斗不止，贡献了自己的全部精力。从早年追随孙中山先生开展旧民主主义革命，到后来加入中国共产党，投身于伟大的新民主主义革命和社会主义革命与建设，吴玉章在中国近现代史上每一个转折关头，都站在革命的进步的一面，始终奋进在时代的最前列，被誉为"一部活的中国革命史的缩影"。

吴玉章是民主革命的伟大"先驱者"。生于外忧内患的年代，吴玉章从小对国家前途、民族命运忧心如焚，积极寻找救亡图存的道路。1903年东渡日本，1905年加入孙中山领导的中国同盟会，积极组织反抗清政府的武装起义。1911年，他奉命回四川领导四川人民的保路运动，发动了荣县独立和内江起义，建立了中国第一个县级革命政权，这也是同盟会真正组织和领导的第一次成功的起义，比武昌起义还早15天。

吴玉章是共产主义事业的忠诚"奋斗者"。他于1925年加入中国共产党，在中国共产党领导下，为争取民主主义和社会主义革命的胜利、为实现共产主义而不懈斗争。他参加过南昌起义并担任革命委员会委员兼前敌委员会秘书厅秘书长，起义失败后被派往苏联、法国等欧洲国家工作，参加过共产国际第七次代表大会等。1938年回国后，担任陕甘宁边区文化工作委员会主任、鲁迅艺术学院院长等职。1945年12月，随周恩来去重庆，参加政治协商会议，为新民主主义革命作出了卓越的贡献。1938年底在一次与蒋介石的会面中，蒋介石对他说：你是老同盟会、国民党的老前辈，还是回到国民党来吧。吴玉章明确表示："我加入共产党是相信马克思列宁主义的科学真理，深知只有共产主义才是社会发展的唯一正确道路，对于这一点，我是不动摇的，决不会二三其德，毫无气节的！"

吴玉章是新型文教事业的坚定"开拓者"。他笃信教育振兴中华的理念，曾表示"我一生都乐于办学校，愿为国家培养人才作贡献"。他早年倡导并组织留法俭学会，后在法国发起创办勤工俭学会和华法教育会。吴玉章青年时代就立志于文字改革，在苏联期间认真研究中国文字拼音化方案，在延安时期积极研究和推行新文字运动，新中国成立后，他领导全国的文字改革工作，制定并实施了《汉字简化方案》《汉语拼音方案》，推广普通话，成为我国文字改革的先驱，为新中国文字改革作出了开创性贡献。

吴玉章是中国人民大学的卓越"缔造者"。1937年，党中央决定创办陕北公学，专门培养抗战人才，吴玉章深以为然并积极为其奔走筹备，是陕北公学筹备委员会的重要成员，对如何办好陕北公学提了许多宝贵意见。1948 年，华北大学组建成立，周恩来致信商请吴玉章担任校长。新中国成立后，中央人民政府以华北大学为基础创办中国人民大学，毛泽东同志签发任命书请吴玉章担任校长。吴玉章担任中国人民大学首任校长达 17 年之久，为中国人民大学奠定的坚实基础、留下的光荣传统、形成的优良校风、塑造的办学风格，始终激励着一代又一代的人大师生不断砥砺奋进。1960 年 5 月他以 80 多岁的高龄，写下一首"自励诗"："春蚕到死丝方尽，人至期颐亦不休。一息尚存须努力，留作青年好范畴。"他是这样说的，也是这样做的。88 岁高龄的他还时常登上讲台给中国人民大学师生讲党史。

2022 年 4 月 25 日，习近平总书记在中国人民大学考察调研并发表重要讲话，强调"要加强校史资料的挖掘、整理和研究，讲好中国共产党的故事，讲好党创办人民大学的故事，激励广大师生继承优良传统，赓续红色血脉"。今年是吴玉章同志诞辰 145 周年，我们特组织力量，以时为序，分类编排，广泛搜集，辑为《吴玉章全集》。所收资料起自吴玉章留学日本时期，迄止 1966 年去世，包括吴玉章所撰写的著述，以及由别人代笔而经他或修改、或寓目、或署名之文，乃至别人记录的演说词和谈话等，分为论著、往来函电、诗词歌赋、对联题词挽幛等。对存在不同版本的论著，予以辨析。出版《吴玉章全集》，全面反映吴玉章老校长一生追求革命、追求光明、追求真理的奋斗实践，建设新型高等教育的探索实践，领导新中国语言文字改革的创新实践，对于推进党史和校史研究，传承红色基因、赓续红色血脉，走好建设中国特色世界一流大学新路具有重要的意义。

《吴玉章全集》分 6 卷，分期和专题如下：第 1 卷，从 1904 年至 1938 年完成《救国时报》工作任务回国前（1904 年 5 月 14 日—1938 年）；第 2 卷，从 1938 年到武汉新华日报社工作至 1946 年底（1939 年 8 月

23 日—1946 年）；第 3 卷，从 1947 年初至 1954 年出席党的七届四中全会（1947 年 1 月 1 日—1954 年 2 月 6 日）；第 4 卷，从纪念《中苏友好同盟互助条约》四周年至撰文回忆"五四"前后（1954 年 2 月 14 日—1959 年 4 月 3 日）；第 5 卷，从出席中国人民大学第七次科学讨论会至去世前的谈话（1959 年 5 月 4 日—1966 年 10 月底）；第 6 卷，往来函电、诗词歌赋、对联题词挽幛卷。

吴玉章的文稿，很多是在他的革命实践和教育实践中创作的。战争年代，吴玉章为革命事业而辗转各地，文稿亦随之散落于各处，由于漫长的时间和各种历史原因，许多已经散佚。此次中国人民大学启动编纂《吴玉章全集》后，编纂组尽最大可能广泛搜集了各个时期的材料，并充分参考前人整理研究成果，但是仍有待进一步发掘，尤其是吴玉章早期在苏联期间的文稿，不免还有遗漏。目前，学校正在通过多种方式积极征集，如吴玉章老校长亲友、战友、同事、学生等相关人士手中仍保存有吴玉章文稿，恳请赐赠原件或复印件，以便后续补充修订。

"文章合为时而著，歌诗合为事而作"，《全集》所收内容，突出表现了吴玉章"一贯的有益于广大群众，一贯的有益于青年，一贯的有益于革命"，"始终是站在时代的前面奋斗着"，代表了老一辈无产阶级革命家心系百姓、关注现实、服务国家社会的优良传统，具有其独特的史料研究价值。

吴玉章曾说，"能够献身于自己祖国的事业，为实现理想而斗争，这是最光荣不过的事情了"。让我们重温吴玉章的光辉思想，传承发扬红色教育家、人民教育家精神，"树雄心，立大志"，为强国建设、民族复兴而努力奋斗。

《吴玉章全集》编纂课题工作组

2023 年 5 月

代序
一辈子做好事　一贯的有益于革命 [*]
——缅怀吴玉章同志

　　吴玉章同志在我们党的历史以至中国近百年的历史上，是一位重要人物，他对祖国对人民有突出的功劳和卓越的贡献。他革命一生的光辉榜样，他的革命精神和高尚品德，永远是我们建设精神文明的师表。

　　毛泽东同志在吴玉章同志六十寿辰的祝词中说："一个人做点好事并不难，难的是一辈子做好事，不做坏事，一贯的有益于广大群众，一贯的有益于青年，一贯的有益于革命，艰苦奋斗几十年如一日，……我们的吴玉章老同志就是这样一个几十年如一日的人。"吴老一辈子做好事，一贯的有益于革命，是我们党的光荣、革命的光荣！我有幸从少年时代起，就受到他的亲切教导。几十年来，他的身传言教，他的崇高形象，我目染耳濡，深深印在脑海里。他热爱人民，热爱青年，广大人民和青年将永远纪念他。

　　吴老从真诚的爱国主义者，发展成为坚定的革命民主主义者，进而转变成为忠诚的共产主义者，这是我国许多杰出的老一辈无产阶级革命家所走过的共同道路。

　　吴老是革命的先驱者，又是著名的马克思主义教育家、历史学家和

＊ 录自《人民日报》1984 年 4 月 4 日，第 5 版。

中国文字改革的倡导者。

吴老从青少年时代起，就是一位深切关心祖国兴亡的爱国主义者。吴老少年时代在四川自贡市读书时，出于强烈的爱国心，曾热烈拥护和宣传康、梁维新变法运动，被称为"时务大家"。吴老是孙中山领导的民主革命的积极参与者和领导骨干之一。在日本留学时，他结识了孙中山先生，成为真诚的革命民主主义者，被选为中国革命同盟会的评议员。他奋不顾身地参与了谋炸两江总督端方、谋炸珠江口水师提督李准和谋刺清朝摄政王载沣的活动，并策划和参与了 1911 年 3 月 29 日[①]的广州起义（黄花岗之役）。起义失败后，他潜回四川，参与领导了四川人民保路同志会的斗争。在武昌起义前两个月，他领导了四川荣县起义，宣布荣县独立。在 10 月 10 日武昌起义后，他领导了四川内江起义，成立内江军政府，任行政部长。随后到重庆，参与创建了蜀军政府。

1912 年，孙中山在南京成立中华民国临时政府，就任临时大总统，吴老受孙中山邀请，在总统府秘书处工作。

南北议和后，他拒绝了袁世凯许诺给他的高官厚禄，1913 年参加了孙中山领导的倒袁的二次革命。失败后，袁世凯下令通缉，他被迫流亡法国。1914 年，他进巴黎法科大学学习。同时，他同蔡元培、李石曾等发起组织华法教育会，积极倡导和推动留法勤工俭学运动，组织华工教育，争取华工权利，并继续进行反袁斗争。

袁世凯倒台后，吴老于 1916 年回国，随后参加孙中山组织的护法运动。1918 年受孙中山委派，作为孙中山的代表，到广州参加护法军政府的工作，同军政府中的南方地方军阀作不懈的斗争。

1920 年底，为了反对北洋军阀的"武力统一"的狂妄野心，他回四川组织和领导了四川"自治运动"。

---

① 此日期为农历。

　　从 1922 年开始，吴老从革命民主主义者开始转变为共产主义者。

　　1922 年，吴老担任成都高等师范学校校长。这时，他先后受到王维舟、恽代英的影响，拥护俄国的十月革命，开始信仰马克思主义，与杨闇公等二十多人，秘密创建"中国青年共产党"（即 YC 团），并创办了《赤心评论》，宣传革命思想。

　　那时，我在成都高师附中读书。当时高师是四川的高等学府，高师的校长有很高的社会地位，吴老也已经是一位德高望重的革命家和教育家了。但吴老却平易近人，积极支持进步师生的革命活动，把高师变成为一个革命中心。吴老经常到我家中找杨闇公商量工作。那时，他和杨闇公、王右木领导着成都地区的革命活动。我很尊敬他，称他"吴老伯"。他常常很和蔼亲切地给我讲一些革命道理，介绍一些革命书刊给我读，并让我为他们传书送信，当一个革命交通员。他是我的老师和革命的启蒙者。

　　1925 年初，中国共产党和国民党发动促成国民会议运动，孙中山为此北上。吴老和刘伯承同志也于 2 月间从四川到了北京，经赵世炎介绍正式加入了中国共产党。从此，他完成了由彻底的革命民主主义者向坚定的共产主义者的转变，成为老一辈的无产阶级革命家，对争取中国新民主主义革命的胜利，对社会主义革命和建设都作出了重要贡献。吴老入党后，成为中国共产党四川党组织的一位创建人，同时也是国共合作的中国国民党四川省党部的创建人，在第一次大革命中，他作为中国国民党中央的一位负责人，发挥了重大作用。

　　1925 年五卅运动后，党中央派他回四川重庆，创建、扩大四川党组织，并着手整顿四川国民党组织。他在重庆创办中法大学，作为我党的活动基地，又在莲花池组建了国民党四川省党部。这时，杨闇公和我也到了重庆，吴老和重庆的党团组织也常在我家开会，他们让我作会议的记录员，并参加文件的刻蜡版和油印等工作。吴老主持的中法大学，聘请杨闇公、漆树芬（南薰）、萧华清、杨伯恺等同志担任教职员，在师生中发展和培养了一批党团员。在四川我党的创建中，吴老、杨闇公、王右木都是创始人，杨闇公担任了第一任省委书记。吴老以他的声望和社会地位，对四川党的创建，功绩卓著。

1925 年秋，吴老和杨闇公等被选为四川省出席中国国民党第二次全国代表大会的代表，11 月到广州。1926 年 1 月，在国民党二大上，他被选为大会秘书长和中央执行委员，同国民党右派作了尖锐的斗争。吴老在延安时，曾对我讲起这段往事：国民党二大前夕，来广州开会的各省代表，稀稀拉拉到的不全，大会有开不成的样子。苏联顾问鲍罗廷同陈独秀商量，决定发挥我党的力量，把大会开起来，以发展国共合作。他们决定派吴老去筹办。吴老到国民党中央党部主持筹备工作后，依靠各省、市的共产党和国民党左派组织积极活动，很快选出了出席国民党二大的代表，大会得以胜利召开。这次大会，国民党左派占优势，战胜了西山会议派及戴季陶等右派，国共合作得到加强。

国民党二大后，他回四川。为准备北伐战争，他策动争取了川军两个旅、黔军两个师，后来编为国民革命军第九、十两军，攻下宜昌。

北伐出师后，吴老于 1926 年 7 月从四川经上海去广州。在上海逗留期间，他经常抽空到我党领导的上海大学看望师生们，对正在上海大学社会科学系学习的我和同志们多所鼓励，并带来闇公的嘱咐。吴老 8 月到广州，联合何香凝等左派同蒋介石的独裁倾向作斗争。他旋即随军到武汉。在武汉国民政府时期，他在国民党中央处于中枢地位，继续领导国共合作的北伐战争。他先是担任了国民党中央代替孙中山总理制的五人行动委员会成员。1927 年 3 月，在中国国民党二届三中全会上，他被选为中国国民党中央常委兼中央党部秘书长。在这次会议上，吴老执行我党中央意图,使这次会议通过决议,剥夺了蒋介石的中央执行委员会主席和军事委员会主席的职权。以后,他曾到宜昌为武汉国民政府筹款400万元,并保护贺龙部队开到武汉。他协助朱德、刘伯承同志发动了四川泸顺起义。这次起义是我党较早地由自己掌握一批军队的重要尝试。他在武汉截获在重庆制造"三三一"惨案同蒋介石勾结的凶手杨引之,交付革命法院处死。他在国民党中央党部,紧密联合国民党左派,为反对蒋介石和汪精卫的反动倾向和反动活动,作了坚持不懈的斗争。

在第二次国内革命战争时期,吴老参加了英雄的八一南昌起义,致力于国际共产主义运动和国际反法西斯斗争的宣传。

"七一五"汪精卫"分共"后,吴老奉党中央之命,赴九江,转南昌,参加八一南昌起义,在周恩来同志领导下,担任革命委员会委员兼秘书长。溽暑之中,千里转战,备极辛苦。起义军在潮、汕失利后,吴老等出走流沙,驾一叶之扁舟,渡浩渺之大海,漂流到香港,辗转到上海找党中央。

到上海后,党中央派吴老到苏联学习。他和林老、徐老等在莫斯科中山大学特别班学习。吴老勤奋攻读马列著作,进一步从思想上理论上武装自己。我那时也正在莫斯科中山大学学习,同吴老经常见面,继续得到他的教益。这时,他开始用马列主义观点研究中国历史,同托派展开关于中国社会性质和革命性质的论战。

1930年10月,吴老从特别班毕业,与林老等分配到海参崴远东工人列宁主义学校任教。他开始从事汉语拉丁化新文字的研究,与瞿秋白等同志对创制新文字方案作出了重要贡献。1933年夏,他调任莫斯科东方大学中国部主任,并参加驻共产国际中国代表团的工作。他在中国部讲授中国历史,编写《中国历史教程》等讲义,对中国史有许多独到的见解,对中国历史科学作出了许多贡献。

1935 年 8 月，共产国际举行第七次代表大会，吴老是中国代表团成员。在这期间，他参与起草了"八一宣言"，并在大会上作了长篇发言，报告了毛泽东同志领导的中国红军长征的英雄业绩和党的抗日民族统一战线政策。

共产国际第七次大会之后，他到巴黎创办中文的《救国时报》，宣传党的抗日民族统一战线政策。这个报纸利用国内《新生》周刊订户名单和地址，广泛寄到国内，推动了抗日统一战线，扩大了党的影响。当时上海和许多地方地下党的同志，同党中央失去联系，就是通过《救国时报》看到了我党抗日民族统一战线的纲领，才开始宣传的。

在抗日战争和解放战争时期，吴老在重庆、在武汉、在延安，为中国的民主革命事业同国民党反动派斗争，并在延安、在华北，从事党的培养干部的教育事业，积极从事文字改革工作。

七七事变爆发、国共第二次合作后，他与国民党政府代表张冲，作为中国政府代表在欧洲的巴黎、布鲁塞尔、伦敦等地，进行抗日反法西斯的国际宣传，使西欧各国支援中国抗战的运动有明显的发展。中国的抗日运动之所以能在国际上取得重大影响和热情支持，是与吴老的积极宣传分不开的。他在欧洲的演讲词，1938 年在武汉广为印行，书名是《吴玉章抗战言论选集》。

1938 年 4 月，他回到武汉，在周恩来同志领导下，先后在武汉、重庆、成都，从事抗日统一战线工作。同年 7 月，他是国民参政会的我党七名参政员之一。在 1938 和 1939 年，他先后在武汉和重庆与董必武同志等一起，同蒋介石的片面抗战路线和反共反人民的阴谋作斗争，同汪精卫的投降妥协阴谋作斗争。

1938 年 10 月，他参加了在延安召开的党的六届六中全会，被选为中央委员。

1939 年 11 月，吴老任延安宪政促进会会长。1940 年 1 月，党中央为他的六十寿辰补行盛大的庆祝会，上面讲过毛泽东同志在祝词中称赞他"一辈子做好事，不做坏事"，指出"特别要学习他对于革命的坚持性"。就在这时，我同吴老在延安再次相见，杨闇公等早已牺牲，中国革命历尽艰险，终于在毛泽东同志领导下胜利前进。在延安，我常去吴老住的窑洞里长谈，倍增亲切。

1940 年 11 月，他被选为陕甘宁边区新文字协会会长。

在延安期间，他还先后担任了鲁迅艺术学院院长、延安大学校长，为党的教育事业尽力，培养了大批干部。

延安整风期间，康生干了许多坏事。康生在莫斯科拥戴王明最积极，到延安后又摇身一变，把自己打扮成反王明的英雄。康生为了掩盖自己而恶意中伤吴老。吴老为人忠厚朴实，因在莫斯科时曾在王明领导下工作，感到说不清楚，背了黑锅，内心痛苦。在整风中，他还对这件事作过检查。建国后，1958 年中国人民大学反教条主义，也是康生挑起的，其目的还是为了打击吴老。

1945 年 4 月，吴老参加了党的第七次全国代表大会，被选为中央委员。

日本投降后，1945 年 12 月，吴老去重庆，与周恩来等同志参加政治协商会议，参与党的南方局的领导工作。以后，又担任了中共四川省委书记，在国民党反动派的心脏地区进行战斗，领导川、康、滇、黔人民的解放斗争。

1947 年 2 月 28 日，国民党反动派派兵包围了曾家岩中共四川省委驻地和红岩村新华日报社，吴老临危不惧，团结全体同志同反动派坚决斗争。他大义凛然地痛斥国民党反动派卖国内战的罪行，表现了无产阶级的浩然正气和英勇不屈的崇高气节。他的严正斗争，迫使反动派不得不有所收敛。他终于率中共驻渝全体同志胜利返回延安。

吴老撤回延安后，旋即到山西临县组织领导了四川干部训练班的工作，为解放大西南培养了大批骨干队伍。

1948 年，吴老到了党中央所在地河北平山西柏坡。1949 年 3 月，参加了党的七届二中全会。这时，吴老已是七十高龄，他还写信给毛主席"请缨杀敌"，要求中央军委允许他带一支队伍参加解放大西南的战斗！

1948 年 5 月，吴老担任了华北大学校长。12 月 30 日，当他七十寿辰时，党中央发来贺信，说："中国人民都敬爱你……这是你的光荣，也是中国人民的光荣。"华北大学召开了盛大的庆祝会。北平解放后，他参加了人民政治协商会议，参与创建新中国。以后他是历届政协的常委。

建国以后，1949 年底，吴老担任中国人民大学校长，直到 1966 年 12 月 12 日他 88 岁逝世。吴老作为人民教育家，是留法勤工俭学运动的倡导者和组织者，从中培养了一大批党的干部，蔡和森、赵世炎、邓小平、陈毅、聂荣臻等老一辈革命家都是留法勤工俭学的学生。这以后，吴老在成都高师、重庆中法大学、海参崴远东工人学校和莫斯科东方大学、延安鲁迅艺术学院、延安大学，到华北大学和中国人民大学，又为革命培养了数以万计的学生，为党输送了好几代干部，真是桃李满天下。吴老确实是当代中国文化教育事业的杰出代表。吴老作为老一辈革命家、教育家、语言文字学家、历史学家，他的著述甚丰。建国以后，吴老在党的第八次全国代表大会上当选为中央委员，一、二、三届全国人民代表大会代表和常务委员。他又是全国文字改革委员会主任。他在二十年代末，就在苏联远东地区，试用北方话拉丁化新文字为中国华侨扫盲。四十年代，他在延安又主持并亲自用拼音文字在农村进行扫盲试验。建国后，他到各省积极试验，推行文字改革工作，不遗余力。

吴老为革命立下那么大的功劳，但却始终那样谦逊谨慎，艰苦朴素。

吴老是一个勤于思索而又慎于言行的人。在延安和北京参加中央各种会议时，他都是经过深思熟虑才发表意见。他爱同刘伯承等同志谈心。有时也同我谈一些，交流思想。他在生活上艰苦俭朴，进北京后依然保持着艰苦奋斗的作风。他对人民大学的师生无比关心，不顾自己高龄，还亲自去听课、讲课、查铺。我觉得他自奉太薄，过于辛劳，曾劝他说："您年岁太高，身体又不好，有些事可以少管些。"可是，他说："不去不行啊！心里放不下！"这是一位多么好的长者、师长啊！

吴老从参加辛亥革命起，一生坚持革命，总是站在革命斗争的最前列，不断跟着时代前进。他一生勤奋工作和学习，孜孜不倦，从不松懈。他作风民主，和蔼可亲，十分关心爱护干部。他全心全意为人民服务，一贯有益于革命，是我们的光辉榜样，是建设社会主义精神文明的楷模。他的名字将与人民同在。

杨尚昆

1984 年 4 月 4 日

凡　例

一、本全集所收，起吴玉章留学日本时期，迄 1966 年吴玉章去世，涵括迄今所见的吴玉章所撰写的著述，以及由别人代笔而经他或修改、或寓目、或署名之文，乃至别人记录的演说词和谈话等。

二、本全集包括论著、往来函电、诗词歌赋、对联题词挽幛等内容。

三、本全集所收，或录自手稿（含复印、影印件），或录自吴玉章手订、手校的较早出版品，或录自最早刊载其著作的书籍报刊，亦有录自后人所编结集。

四、本全集所收，一般依所据底本的标题，底本无标题的，则由编者根据内容酌加。

五、本全集所收，按时排序。首为撰写时间，凡有撰写时日可稽，或经查考大体可以确定的，以撰写时间为序。次为出版时间，发表在报刊上、公开出版的，按照出版时间编次。不能确定撰写、出版时间的，列于各部分之末。

六、本全集所收，一般不做他校；引文明显舛误影响句意的，校勘注明；无法辨认或缺字，以□标出。

七、本全集所收，均分段、标点。原文的繁体、古体和异体字，除有特殊含义者保留外，皆依通用规范汉字处理。

八、本全集内的外国国名、地名、人名及其他外来语的翻译，皆依所据底本照录。

目　录

在中国人民大学第七次科学讨论会上的讲话 *

（1959 年 5 月 4 日）

同志们：

中国人民大学第七次科学讨论会现在开幕了。

我校的科学研究工作，从一九五六年第六次科学讨论会以来，已经发生了重大的变化。主要是在最近一年期间，由于我们坚决贯彻执行了党的"教育为无产阶级政治服务，教育与生产劳动相结合"的方针，克服了教条主义倾向，因而使我校的科学研究同其它工作一样，收到了显著的成效。

三年前，党提出繁荣和发展科学、文化事业的"百花齐放、百家争鸣"的方针以后，给了我校师生以极大的鼓舞。为了贯彻这一方针，我们曾做了许多工作，也取得了一定的成绩。但是，由于当时学术空气不够浓厚，领导与群众没有很好地结合起来，因而学术上的自由争辩与自由讨论始终未能广泛地开展起来，影响到科学水平和教育质量的提高。不久以后，资产阶级右派别有用心地歪曲了这个方针，冒充社会主义的"香花"，以学术问题做幌子，向党和社会主义展开了进攻，这就提出了现实的急待解决的问题。经过广大群众大鸣、大放、大辩论和反击右派的斗争，他们的反动阴谋被彻底粉碎了，群众的社会主义觉悟也得到了

---

* 录自《人民大学》1959 年 5 月 15 日，第 1、2 版。

空前的提高。这样，就为进一步贯彻这个方针创造了良好的条件。

去年科学跃进运动以来，改变了过去学校科学研究工作中的冷冷清清的局面，百分之九十以上的师生投入到科学研究的活动中来，通过调查研究和学术批评，完成了调查报告、论文专著和讲义共六千四百余篇（部），出现了"整风""反右"以后的一种新的气象。

这次科学讨论会的召开，就是要在过去业已取得的成就的基础上，进一步贯彻"百花齐放、百家争鸣"的方针，充分开展学术上的自由讨论，活跃学术空气，提倡树立对立面，尊重一家之言，大胆地进行独立思考，鼓励哲学社会科学工作的创造性，展开鸣放辩论，提高研究兴趣，以便广泛而深入地开展今后的学术研究工作。

在贯彻"百花齐放、百家争鸣"的方针问题上，我们必须遵循毛主席的指示："艺术上不同的形式和风格可以自由发展，科学上不同的学派可以自由争论。……艺术和科学中的是非问题，应当通过艺术界科学界的自由讨论去解决，通过艺术和科学的实践去解决，而不应当采取简单的方法去解决。"我们应当知道，在为社会主义服务的基础上贯彻执行"百花齐放、百家争鸣"的方针，是可以允许在学术上有几种观点同时并存的。而且经过深入系统的钻研和充分自由的讨论，逐步形成各种学派，这会对学术的发展起很好的推动作用，是值得我们欢迎和提倡的。所以，我们一定要做到使具有不同观点和不同看法的人，都能本着科学的态度，敢于为自己的观点和看法进行学术上的争论和辩护。同时，我们在坚持自己观点和见解时，也必须要认真地考虑对方的观点和见解，尊重对方的观点和见解。在学术问题的争论上，只能以理服人，不能以力服人。那种企图以简单、粗暴甚至谩骂的方式对待学术争论的态度，显然都是错误的，应当注意防止和纠正。为了充分开展学术的自由讨论，我们还应当把学术问题和政治问题加以区别，不能混淆两者的界限。同时，在学术问题上，由于经过自由的讨论，有些问题是可以很快达到认识上一致的。但是，有些问题往往却不是很快就能求得解决的。因而也就不能简单从事，不能企图以简单的方式过早的下结论，否则也会影响学术讨论的发展。经验证明，只有认真的贯彻"百花齐放、百家争鸣"的方针，充分地开展学术上的自由讨论，才能不断地提高我们的认识水平和科学水平，推动科学的发展。

为了使我校马列主义理论和其他各专业理论的研究工作得到更好的发展，我们还应当坚决贯彻周总理在第二届全国人民代表大会第一次会议上所作的政府工作报告中的指示："应当鼓励社会科学理论工作者在马克思列宁主义指导下，进行有系统的、长时间的努力，充分掌握有关资料，从事独立的创造性的研究。"这一指示，对于我们学校的理论研究工作来说，具有特别重要的指导意义。为了更好的完成我校所担负的培养政治理论、经济理论师资和研究人材的任务，我们应该戒骄、戒躁，好好的认真读书，切实地进行调查研究，踏踏实实地做学问。反对那种骄傲、武断和夸夸其谈等坏作风。只有我们树立了老老实实的科学的作风，才能真正地研究学问，才能更好地开展学术的自由讨论和贯彻党的"百花齐放、百家争鸣"的方针。

今天是"五四"运动四十周年纪念日，我们大家应以充分的开展学术上的自由争辩和自由讨论的实际行动来纪念这个光辉的历史节日。

在社会主义学院第二期开学典礼上的讲话 *

（1959 年 5 月 12 日）

　　社会主义学院的教学方针，是依照党的"教育为工人阶级的政治服务，教育与生产劳动相结合"的方针，第二期在教学中将密切结合当前的政治形势和学员的政治思想实际，结合生产劳动和社会实践，进行马克思列宁主义的理论学习，帮助学员根据六条政治标准进行政治立场和思想的改造。在教学过程中，根据自觉、自愿原则，继续发扬认真读书、独立思考、联系实际、敞开思想、自由辩论的风气，树立开展批评和自我批评的学风。

　　社会主义学院第二期的学习时间是一年零两个月。在这一期中，将以学习"社会主义与共产主义"这一课程为中心，结合讲授"辩证唯物主义与历史唯物主义"和"政治经济学"，系统学习社会主义与共产主义的基本原理，逐步学习运用马克思列宁主义的思想武器去批判资产阶级的立场和思想，以便更好地为社会主义建设事业服务。在学习理论的同时，将有计划地组织当前国内外重大时事政策学习，进行形势与任务的教育。此外，学院还将根据学员自愿和他们的身体条件，组织适当的生产劳动和其他社会实践，使学习更好地结合实际，进行改造。

---

　　* 录自《光明日报》1959 年 5 月 13 日，第 3 版。

努力学习做好档案工作，为社会主义事业服务 *

——在全国档案资料工作先进经验交流会上的讲话
（1959 年 6 月 3 日）

同志们：

全国档案资料工作先进经验交流会议今天正式开会了，档案工作战线上这样规模的会议在我国历史上还是第一次。我谨向档案工作战线上兢兢业业、埋头工作取得很大成绩的全体同志们表示衷心的祝贺。

我国社会主义革命和社会主义建设各项事业，在党中央和毛主席领导下，取得了很大成就。尤其是一九五八年大跃进以来，全国各项事业和各项工作，都有了很大发展，档案工作随着全国整个形势的发展逐步地建立起来。中华人民共和国建立近十年来，我国档案事业由于党和国家的关怀有了很大发展，全国的档案工作由于全体档案工作同志紧紧依靠了党的领导，积极工作，从而取得了很大成绩。一九五二年党和国家为了培养档案工作干部，更好地发展我国档案事业，在中国人民大学开办了档案专修班，聘请了苏联专家帮助我们；一九五五年又发展成为历史档案系。几年来训练了四百多名专修科学生，今年暑期将有五十名本科学生毕业。另外，各省市党政领导机关也开办了许多档案训练班，这样就为新中国档案事业训练了干部。现在我们已经开始摸到了一些档案

---

* 录自《档案工作》1959 年第 8 期，第 6～7 页。

工作的基本作法和规律，并从学习苏联先进经验和总结我们自己的经验中提出了档案工作的方针。我对我国档案工作所取得的成绩非常高兴，同时借这个机会向帮助我们的苏联专家表示感谢！

同志们，我们的党从来就注意总结经验以便改进工作不断前进。毛主席经常教导我们要进行调查研究，因此我们党十分重视档案工作。几十年来极为丰富的斗争历史，如果没有档案文件作依据而只凭记忆，是不能正确的总结这些斗争经验的。不论在政治斗争或生产斗争中都需要参考利用档案文件。解放以来社会主义经济建设中，几次的政治斗争尤其是肃反运动中，档案文件发挥了积极的作用。因此档案工作是不可缺少的。档案工作能够把各方面的经验汇集起来，集中各项工作的成果或教训，便于今后的工作参考，这对当前、将来指导各项建设各项工作都是非常重要的。因此我们每一个从事档案工作的同志必须认识清楚档案工作在党和国家事业中的作用，必须珍视自己的工作，热爱自己的工作，在这样一个光荣的岗位上全心全意踏踏实实地工作。

档案工作虽然有它的技术性，但它却是一项政治性很强的工作，为了做好这门工作，更好地为社会主义事业服务，我们就必须不断地学习，丰富知识，增强本领。要学习党的政策和政治理论，学习马克思列宁主义和毛主席的著作，学习历史知识和各种实际工作中的业务知识，学习档案业务知识和苏联档案工作的先进经验，并将苏联先进经验和我们的具体实践结合起来。

我国档案工作是有悠久的历史和辉煌的成绩的。唐代张守节的《史记正义》内《论史例》一章中开始就有下面一段话："古者帝王，右史记言，左史记事，言为《尚书》，事为《春秋》，太史公兼之，故名曰《史记》。"《史记》是汉朝司马迁著的一部重要的历史文献，但他是采取本纪、表、世家、书、传等体制，把人和事有时分开，对于整个地了解历史尚不完备。后来有《前汉书》、《后汉书》和《三国志》等，共称廿四史，卷数又多，读之不易，对一般读者不大适用。此外还有一种通史，这种通史采用编年记事的办法，从孔子作《春秋》，左丘明作《左传》开始，到宋朝司马光著的《资治通鉴》及其以后的某些史学著作，许多都采用这种办法。这样的通史，比起《史记》一类的历史书籍来说更为简单明了，因果连贯，切合实用。因为历史必须在年代的联系性中，叙述最重要的历史现象、历史人物和年代的日期，才能使人易解醒目，同时也才能给历史事变和历史人物以确切的评价。但是过去的这一类编年史主要是叙述一些帝王将相的活动，并且充满了地主阶级的偏见。所以档案是重要的。研究历史必须与档案材料结合起来，但更重要的还在于既有确切的档案材料，还要有马克思主义唯物史观的科学分析，使它能适用于促进社会主义的发展。中国人民大学打算今年在历史档案系成立历史专业，培养一些历史研究人才，以便充分利用我国丰富的档案材料研究历史，使档案材料更好地为社会主义建设服务。

同志们，你们是档案工作中的骨干和积极工作者，希望你们带头做好工作，虚心听取党的教导，依靠党的领导，依靠群众，继续鼓足干劲，不骄不躁的工作，以做出更大成绩。

我预祝大会成功！

在第二次全国普通话教学成绩观摩会上的讲话 *

（1959 年 8 月 21 日）

这个会议开得很好，检阅了成绩，交流了经验，座谈了工作，收获很大。这个会议之所以开得成功，是和我党中央的正确领导和中共上海市委、市人民委员会、市推广普通话工作委员会以及市文字改革协会等的亲切关怀和热情支持分不开的，我在这里代表中国文字改革委员会、教育部和团中央向上海市的同志们表示感谢。

自从去年第一次全国普通话教学成绩观摩会以后，我曾经跑了许多地方，其中有东北三省、河北、山东、河南、江苏、湖北、上海等省市，最近又在陕西、四川视察了两个月的工作。我每到一地，除了听取各地关于推广普通话和扫除文盲工作方面的汇报以外，还视察了许多学校、工厂和人民公社。从汇报和视察的情况看来，各地在推广普通话和推行拼音字母方面作了很多工作，取得了很大成绩。这些成绩主要是：

（一）推广普通话的工作，已经不只限于学校范围，而是走出校门，开始向社会推广。从去年福建大田县吴山乡首先推广了普通话并取得成功的经验以后，许多地区也都开展了这项工作。例如：福建的许多县，广东的佛山、潮阳两专区，安徽的歙县，江西的婺源，江苏的昆山、新沂，河北的保定、河间，辽宁的开原，山东的邹平，山西的万荣，黑龙

＊ 录自《文字改革文集》，中国人民大学出版社 1978 年版，第 218～224 页。

江的哈尔滨、拜泉等等，都先后开展了学习普通话的运动，并且出现了很多好的单位和事例。例如：广州东山食堂，职工一百多人，原来80%的人听不懂普通话，以致影响了工作，闹出不少笑话。因此，职工迫切要求学习普通话，在党的支持和领导下，开展了学习普通话和学习拼音字母的运动，现在已有80%的职工学会了拼音字母和基本上会说普通话。上海新成区饮食业一千多名职工，在今年1月我来上海时就已经基本上学会了普通话；该区交通部门的售票员，一直坚持说普通话。这样的例子很多。

（二）各地都训练了大批教师，根据十八个省市不完全的统计，中小学教师有一百八十多万人受了拼音字母和普通话语音的训练，仅四川一个省就训练了十七万多人。这就为进一步教学拼音字母和推广普通话奠定了良好基础。

（三）大部分中小学和师范学校都教学了拼音字母和普通话。小学一年级学生学会拼音字母的估计有两千万人。小学生学习拼音字母，对于他们学习汉字帮助很大。出现了这样的事情：孩子们掌握拼音字母之后，老师还没有教的课文，自己把它学完了。以前，一年级小学生很少可能阅读课外读物，现在一年级生依靠拼音字母的帮助，可以大量阅读注音读物。我在春节期间，曾收到一些一年级小学生的信。他们才入学不到半年，还不能用汉字写信，是用拼音字母写的；写的话都是他们心里想说的话，而且写得很流利。一年来小学生学习拼音字母的成绩是很不错的。

（四）有些地区，如山东的平原，河北的保定、定县，山西的万荣，黑龙江的拜泉等地方，都进行了注音扫盲的试点工作，并取得了成功的经验。经验证明，利用拼音字母帮助扫盲，效果良好，并为推广普通话奠定了良好的基础。事实证明：汉语拼音字母，对于学习普通话，统一汉字读音、扫除文盲，和提高工农大众的文化水平，都是好工具。

从这次大会来看，也可以看出推广普通话的成绩是显著的：

（一）这次普通话教学成绩观摩会比去年第一次观摩会质量是提高了，这从得奖的比例上就可以看出。去年到会代表一百四十一人中参加观摩表演的一百二十七人，得奖的六十九人，得奖人数占 54%。今年到会代表一百八十四人中参加观摩表演的一百三十四人，得奖的九十六人，得奖人数占 72%。这也说明了教学质量有了很大的提高。

（二）在普通话和拼音字母的教学上创造了许多经验。如江苏无锡幼儿园教师吕无忝，采取适合儿童游戏的方式教儿童学普通话。上海市卢湾区的小学教师武令仪在开学前先进行家庭访问，了解儿童语言的特点，开学后根据儿童语言特点教学普通话，并且经常变换教室环境，以适应儿童学习普通话的需要。浙江杭州华藏寺巷小学教师张瑛，通过朗读教学普通话。这些都是很好的教学经验。当然还有许多教师创造了许多好的经验。

（三）从表演来看，充分说明方言地区的人学习普通话虽然比较困难，但是只要努力，是可以学好的。如广东潮阳农民代表陈映菁，原来不会说普通话，去年秋天开始学习拼音字母，并利用拼音字母学习普通话。由于学习努力，在短时期内就熟练地掌握了拼音字母和基本上学会了普通话。这次观摩会上得了工农群众奖的第一名。安徽歙县岔口公社陈桂兰，已五十多岁，去年脱盲后才开始学习普通话，经过勤学苦练，夜里睡在床上也进行练习，现在基本上学会了普通话。既然老年人经过努力可以学会普通话，由此可见，一般青壮年，只要有决心，有毅力，一定可以学会普通话。

另外，从云南、广西等地来的少数民族代表，普通话也学得很好。少数民族都能学会普通话，那末汉民族自然有更多有利的条件来学好普通话。

学习普通话，说好普通话，自然不是一件容易的事，因为改变一种语音习惯，是需要一个艰苦努力的过程的。不过也不能把学习普通话视为畏途。我们既要在战略上藐视它，又要在具体学习时重视它。

上面是讲的一年来推广普通话和推行《汉语拼音方案》的一些主要成就，但是在这项工作中也还存在着不少困难和问题。目前存在的主要问题是：

（1）在中小学和各级师范学校中，推广普通话的工作发展得还不平衡，教学质量还需要进一步提高。

（2）教师的质量一般说还不够高，受过拼音字母和普通话语音训练的教师数量也还不能满足推广工作的需要。

（3）北方话区的注音扫盲工作，已经收到成效，但是还需要进一步巩固，并总结经验，以便逐步推广。注音扫盲的逐步推广，不仅为扫盲工作开辟了捷径，而且为推广普通话打下了基础。

（4）推广普通话的机构还不健全。有的省市，虽然成立了专管机构，但没有发挥充分作用。有的省市教育厅、局已经设立的普通话推广处、科，现在已合并到其他部门，甚至连专职干部也精简了。不少县、市则根本无人管。这对于推广普通话工作的开展是不利的。

根据以上情况，我想对今后如何进一步开展这项工作，提几点意见，供同志们考虑，并希望大家回去以后，向省、市委及教育、文化两厅、局汇报，转达我的意见。

（一）关于推广普通话工作的方针，我认为"大力提倡、重点推行、逐步普及"这一方针，在今后仍然是适用的。各省、市、自治区，应该根据这一方针，结合自己的具体情况，制定出自己的规划。

（二）关于机构问题，我认为应该健全起来。首先应该充分发挥省、市、自治区推广普通话工作委员会的作用。此外，在条件成熟的地区，也可以考虑成立文字改革协会，吸收一些热心于文字改革的人士参加工作，使文字改革工作成为一项群众性的工作。文字改革协会成立后，它和推广普通话工作委员会的分工问题，我认为推广普通话工作委员会是一个行政机构，主要负责审查与通过本省市推广普通话工作规划，并检查工作；而文字改革协会，则是群众团体，它不但可以组织群众学习拼音字母和普通话，同时还可以组织群众进行注音扫盲，组织教师进修普通话，编辑出版拼音小报和注音读物等等。其次省市区教育厅局，应该确实起到作为推广普通话工作委员会日常办事机构的作用，这就必须配备一定数量的专职干部。各地派在北京普通话语音研究班结业的学员，分配作其他工作的，应该让他们归队。各县、市教育科、局，也应该有人管这项工作，至少有一位兼职干部管。

（三）进一步提高学校教学拼音字母和普通话的质量。提高教学质量的关键，首先在于提高教师的质量，各省、市、自治区，应该抓紧训练教师这一环节。训练教师可以采取多种多样的形式，如采用广播讲座，巡回教学，集中训练，业余进修等方式。总之，各省、市、自治区，要根据本省、市、自治区的具体情况，订出计划，在一定时间内，把所有中小学、师范学校和幼儿园教师逐步训练完毕。首先是训练语文教师。

（四）加强小学的拼音字母教学，并充分利用拼音字母来帮助识字和学习普通话。小学教学拼音字母，要从一年级开始，这是我们大家一致的意见。小学其他年级也应该教学拼音字母。中学和师范各年级，也应该加强领导，制定规划，教好拼音字母，利用拼音字母学习普通话。特别是师范学校的学生，将来都是作人民教师的，更应该学好。

（五）在北方话地区要在经过试点的基础上逐步推行注音扫盲。已经进行了试点的，要注意巩固工作，总结经验，并逐步推广。还没有进行试点的，应该首先做好试点工作。总之，这项工作要积极推动起来。

（六）要设法解决注音读物，因为这是学好拼音字母和普通话的物质基础。如果不保证一定数量的注音读物，学会拼音字母后，也会回生。这样，拼音字母的帮助识字和学习普通话的作用，也就不能发挥。解决注音读物问题，当然中央有关出版机关要负责解决一部分，但不可能解决全部需要。因此，主要还应该依靠各省、市、区自行设法解决。而且还应该很好的作好发行工作，保证读物的供应。现在上海已经制成几种注音汉字铜模，并已把样品分送给各位代表。各省、市、自治区、县市需要时可以订购。另外，我还要建议印一些基本的注音读物，特别是一些群众要普遍学习的重要文件，加以注音，供大家学习。这样既学习了政治，又学习了拼音字母，还练习了普通话，一举三得。

同志们！文字改革工作是党的一项重要工作。它是当前文化革命的主要任务之一，是为社会主义建设和大跃进服务的。我们应该在党的领导下，努力完成党的这项任务。全国人民，首先是在文字改革工作战线上的同志们，要继续鼓足干劲，反对右倾保守思想，用实事求是的精神，把文字改革工作继续向前推进。

座右铭 *

（1959 年 9 月 18 日）

　　我志大才疏，心雄手拙。好学问而学问无专长，喜语文而语文不成熟。无枚皋之敏捷，有司马之淹迟。是皆虚心不足，钻研不深之过。年已八一，寡过未能。东隅已失，桑榆非晚。必须痛改前非，力图挽救。戒骄戒躁，毋怠毋荒。

　　谨铭

---

　　* 录自荣县吴玉章故居陈列展档案，原文为手稿。

十月革命的旗帜光芒万丈*

——为苏联《消息报》而作

（1959 年 11 月 7 日）

今天，中国人民同全世界劳动人民一样，怀着无比欢欣的心，庆祝这个人类最光辉的节日——伟大的十月社会主义革命四十二周年。

十月革命是人类有史以来最伟大的事件。它开辟了人类历史的新纪元，共产主义胜利，资本主义灭亡的新纪元。它使人类千百年来的梦想——建立没有人剥削人的社会，第一次变成了现实。它给全世界无产阶级指出了彻底解放自己的道路。它大大地鼓舞了全世界被压迫民族争取民族独立和解放的斗争。

四十二年来，苏联的面貌完全改观。革命前的俄国的落后经济已成为历史陈迹，今日苏联是当代第一等强大的工业国家。为了实现伟大的共产主义目标，苏联人民正在大踏步的前进。苏联在科学技术和文化教育事业的发展规模和成效方面，把资本主义国家远远地抛在后边。在苏联，建成了世界上第一座原子能发电站，制成了世界上第一批喷气式客机。苏联成功地发射了世界上第一个第二个第三个人造卫星和第一个第二个第三个宇宙火箭，在人类征服宇宙的光荣事业中，树立下永不磨灭的功勋。苏联人民的成就光荣地证实着这样一条真理：十月革命的道路

---

* 录自《光明日报》1959 年 11 月 7 日，第 3 版。

是全人类发展的共同的光明大道。

中国人民在中国共产党的领导下，在革命和建设方面取得了伟大的胜利。中国人民一向认为，中国革命是十月革命的继续，中国人民的成就是马克思列宁主义在中国的胜利。毛泽东同志正确地表达了中国人民的这种心情。他说："我们中国人民正是沿着十月社会主义革命的道路取得今天的胜利和成就的。中国人民一贯地把中国革命看作是伟大的十月社会主义革命的继续，并且以此为莫大的光荣。"

十月革命的光辉正在照耀着全世界。目前，在沿着十月革命道路前进的国家中，包括了九亿多人口；殖民地半殖民地国家的人民争取民族独立的运动风起云涌，而中国革命，对于遭受帝国主义压迫的国家的人民，更是具有吸引力。所有这些，都说明着：新生力量正以排山倒海之势奔腾前进，新世界必然战胜旧世界。

我们时代的特征是：社会主义各国一片兴旺，资本主义国家万般萧瑟。在国民经济发展上，社会主义阵营各国共同高涨，飞跃前进，而资本主义国家则是曲线式地爬行。例如，自 1950 年至 1958 年，苏、中、美、英四国工业生产每年增长的百分比为：苏联 13.1%，中国 28.1%（其他社会主义国家也均在 10% 以上）；而美国则为 3.7%，英国为 2.9%。在和平竞赛中，社会主义必将战胜资本主义，已成为不可阻挡的趋势。

我们高兴地看到，以苏联为首的社会主义阵营的团结和威力在不断地加强，作为这种团结的基石的中苏友好团结，在不断地发展和巩固。中苏友谊的历史是悠久的。十月革命为它的发展开辟了道路。但是，只有在中国人民革命胜利之后，它的发展才进入了全新的时代。十年来，中苏两国人民在欢腾中渡过我们两国友好关系史上许多重大的时刻。

中国人民深知，伟大的苏联是中国人民最忠实的朋友。无论是在革命中，或是建设中，苏联都给予我国以巨大的援助。在第一个五年计划期间，苏联帮助我国建设的重大项目为一百六十六个，去年和今年又新订了援助我国建设一百二十五个项目的协定，此外，十年来，苏联还先后派遣了大批专家来我国工作。中国人民衷心感谢苏联的这种巨大的兄弟般的援助。

中国人民深知，中苏友谊不仅是我们两国人民的切身利益所在，而且也是全人类的命运之所系。中苏两国的团结一致，对于全世界人民的团结一致，具有极其重大的作用。中国人民一直把加强中苏两国的友好合作，看作是自己重要的国际主义责任。

在这个光辉的节日里，中国人民满怀兴奋地向伟大的苏联人民，表示衷心的热烈的祝贺。中国人民高兴地看到苏联在宏伟的七年计划实施的第一年中，获得了巨大的胜利，赫鲁晓夫同志访美之行的成功，对于缓和国际紧张局势和加强世界和平，做出了重大的贡献。同时，中国人民也正在中国共产党的领导下，在 1958 年大跃进的基础上继续跃进，并且信心百倍地，干劲十足地为争取在今年内完成第二个五年计划的主要指标而奋勇前进。

愿中苏两国人民手携手、肩并肩，迈开英雄的步伐，朝向人类最美好的理想——共产主义的胜利前进！

伟大的十月社会主义革命万岁！

马克思列宁主义万岁！

伟大的牢不可破的中苏友谊万岁！

辛亥革命 *

（1959 年 12 月 30 日）

一

　　毛泽东同志在他的有名著作《新民主主义论》中，论述到太平天国革命以来中国人民进行民主革命的历史意义时，明确指出：辛亥革命是"在比较更完全的意义上开始了这个革命"。辛亥革命是中国民主革命时期的一次具有伟大历史意义的革命。这次革命推翻了清朝的统治，结束了中国两千多年来的君主专制制度，产生了中华民国，提高了中国人民的民主主义觉悟，促进了中国人民的革命斗争。

　　中国在十九世纪中叶以后进入了一个曲折和复杂的转变过程。在这个时期所发生的一切社会、政治和思想的变化，可以说，都是导向这次革命的。因为在这个时期侵入中国的是来自欧洲和美洲的资本主义势力，中国必须经过严重的社会改革，使自己资本主义化，才能同它相对抗。中国最早的资产阶级政治家如康有为和梁启超等曾经认为这种改革也可以用革命以外的其他方式，例如日本的方式，即依靠政府采取一些改良

---

　　* 录自《辛亥革命》，中国人民大学出版社 1960 年版。1959 年 12 月 30 日，《光明日报》第 6 版刊登广告：吴玉章《辛亥革命》。广告主：中国人民大学出版社。1960 年 3 月，吴老专著《辛亥革命》由中国人民大学出版社首版发行。当时，吴老在其中一册书的封二上正楷手书"泽东同志指正　吴玉章"。多年后，这本书由档案管理部门收藏。由此，在编辑出版本书时，我们完整地保留了原书文字，以飨读者。

的方式来完成。但是一直到十九世纪末，清朝政府除了用外国枪炮武装军队和办几个工厂以外，拒绝在政治上进行任何改革。一八九八年的戊戌政变就是清朝政府中当权的顽固派拒绝政治改革的坚决的表示。如果当时清朝政府在抵御外侮方面是坚决的，那末，拥护它的人也许要多一些。可是清朝政府在这方面表现得十分无能，甚至无能到了令人不可容忍的地步。一八九九至一九○○年义和团发动了反对外国侵略的斗争。清朝政府不但不能给这个斗争以任何有效的支持，八国联军进入北京，它又屈辱地订立了《辛丑条约》，承认外国在中国有驻兵权，并赔款四亿五千万两，分三十九年还清，本息合计九亿八千万两，以海关税和盐税作抵押，由外国派员监收。这样，中国不仅直接地受到帝国主义列强的武装威胁，而且还让它们干涉中国的财政收支。中国更深地陷入了半殖民地的泥坑。

这个条约当时特别使人感到愤慨。孙中山说，以前他奔走革命，人们把他看做危险分子，不敢同他接近；而在此以后，他就得到了很多的同情者，主张革命的人越来越多了。为什么会有这种转变呢？广大群众爱国心的提高当然是一个重要原因。但是为什么这个时期孙中山所鼓吹的民主革命会得到很多人同情呢？这是因为有了新的社会基础。这个社会基础就是资产阶级。资产阶级是当时一个新兴的阶级。它的出现大约是在十九世纪八十至九十年代，到了二十世纪初，可以说已经初步形成为一个阶级了。

试看民族工业在这个时期的发展罢。在一九○○年以前，完全由民间举办的厂矿企业，资本在一万元以上的，有一百二十二家，资本总数为二千二百七十七万元。到一九○六年，就已经发展到一百三十六家，资本总数为二千七百万元。其中以棉纺织业的发展最为显著。一八九六年全国纱厂十二家，其中华商七家；共有纱锭四一七○○○枚，内华商占二五九〇〇〇枚；织机二一〇〇架，内华商占一七五〇架。就当时棉纺织业最发达的上海和江苏来说，一九〇二年上海共有纱厂十七家，纱锭五六五〇〇〇枚；一九〇八年江苏共有纱厂二十三家，纱锭五八七〇〇〇枚，织机三〇六六架。缫丝业的发展也很显著。一八九五年上海共有缫丝厂十二家，一九〇三年增加一倍，丝机八五二六架；一九〇九年增加到三十五家，丝机一一〇八五架；一九一一年增加到四十八家，丝机一三七三八架。此外，面粉、火柴、水泥、烟草、玻璃、机器制造等各种行业都开办起来了。

　　这些资本主义企业的发展当然还是很不够的。但是正因为不够，资产阶级就更有发展它的要求，对外国资本的威胁更为敏感，对政治改革的关心也更为迫切。以修铁路为例。中国人在甲午中日战争以前并不认识修铁路是一件多么迫切的事情，这次战争以后，由于外国人的鼓吹和自己的觉悟，懂得了修铁路的重要性。十九世纪末和二十世纪初就开始大规模地修筑铁路。清朝政府早已债台高筑，哪里还有许多钱来修铁路呢？要修铁路就只有借外债。一八九六年清朝政府决定成立铁路总公司，派亲美的大买办盛宣怀为督办。盛宣怀主张"借美债，用美匠"来筑路。当时帝国主义列强正在中国疯狂地掠夺海港和争夺势力范围，铁路投资更成为它们用来巩固在华势力范围的工具。这个借外债筑路的办法，引起了列强的竞争，也引起了中国广大人民的反对。湖南省有个资本家名叫禹之谟，是长沙的商会会长和教育会会长，一九〇〇年参加过唐才常在湖北的起义活动，一九〇三至一九〇六年在长沙开工厂，和同盟会一派的革命党人有联系，因此，清朝政府在一九〇六年夏天把他逮捕起来并在一九〇七年初把他绞死了。他就是资产阶级中反对借外债筑路的一个积极的鼓动者，在做商会会长时期如此，在牢里也如此，并且把反对借外债筑路作为他的遗嘱。

　　这个时期，"收回利权"的呼声响遍全国。江浙人民为争回苏、杭、甬建筑铁路权所进行的英勇斗争得到胜利，更鼓舞了全国人民。反对借外债开矿也是在当时资产阶级中引起轩然大波的事件。山西曾经有些人自动筹集资金，从英国人手里把矿权赎回来。反对借外债修筑铁路和开采矿山的事件，其他各省也曾陆续发生。

　　在这个时期里面，爱国运动差不多是一触即发的。一九〇四年冬和一九〇五年初，由于反对美国虐待在那里作工的中国工人，中国资产阶级和小资产阶级就发起了大规模的抵制美货运动，这个运动波及十多个省的大小城市。

　　中国资产阶级还有一部分是在国外的，这就是华侨资产阶级。华侨资产阶级有很多人是从小商人出身，甚至有的是从工人出身的，同国内封建统治阶级联系比较少。同时因为他们接触了西方资本主义文化，又受到外国人的歧视，深恨清朝政府的腐败无能，容易产生革命情绪。

　　孙中山的活动就是从华侨里面开始的。孙中山本人出身于农民家庭，但这不是一个纯粹的农民家庭。他的哥哥早年到檀香山经营畜牧业发了家，他小时候就到那里依靠他哥哥读书，所以他本人也可以说是资产阶级家庭出身的。他所建立的兴中会，华侨占会员总数百分之七十八，其中有百分之四十八是华侨资产阶级。他后来在沿海各地从事武装起义，也都是靠华侨在经济上给以支持的。

　　这些现象说明资产阶级确实是要求政治改革的。但是资产阶级不是唯一的革命阶级。当时资产阶级还很弱小。革命派所以对革命具有信心，主要是因为广大群众的革命化。

　　一九〇三至一九一一年间的社会状况反映出外国资本侵入中国的严重后果。中国人民的生活水平原是很低的。但是在外国资本侵入中国以前，不少人还可以勉强地用各种方法来维持生活。例如占全国人口大多数的以小农经济为基础的农民，很久以来，都是男耕女织，兼营副业或手工业，在封建统治下过着十分低下的自给自足的经济生活。在鸦片战争以后一二十年间，外国人还为上海和广州附近农村手工棉纺织业的普遍而感到震惊。可是到了十九世纪末和二十世纪初，农村出产的土布就开始为廉价倾销的外国货所代替。其他如丝织品和瓷器本来都在出口货物中占有重要地位，这时却都因出口的减缩和入口的增加而衰落下去。这样，农民和小手工业者的活路少了，同时清朝政府的捐税和地主的剥削反而加重，他们的生活自然更为困苦了。所以在这个时期以"抗捐""抗税""抢米"一类口号发动起来的农民暴动，一年年有加无已。从一九〇七年到一九一〇年，仅长江中下游所发生的"抢米""抗捐"事件，就有八十多起。一九一〇年湖南长沙的抢米风潮和山东莱阳的抗捐斗争，参加的群众都有几万人。

随着资本主义在中国的发展，中国工人阶级的力量也逐渐壮大起来。中国工人阶级很早就参加过革命斗争。一九〇六年安源煤矿工人六千余人参加了同盟会在萍乡、浏阳、醴陵举行的起义。一九一一年川汉铁路筑路工人举行起义来响应资产阶级反对清朝政府"铁路国有"运动。此外，工人为改善本身生活条件曾进行过多次罢工斗争。

这个大动荡反映了封建社会的日趋瓦解。在这个大动荡中，不仅许多工人、农民和手工业者起来反抗，而且也有不少比较开明的地主阶级分子表现不安，想寻求经济上和政治上的出路。出路在哪里呢？当时封建主义已经毫无出路了。要出路只能跟资产阶级跑。所以他们中间有很多人卷入了资产阶级的政治运动，不是变成孙中山的信徒，就是变成康有为和梁启超的信徒。

正是由于全国人民日益明显地倾向于革命，在十九世纪末和二十世纪初才先后出现了一些地方性的、小规模的革命团体。这些团体是由小资产阶级分子、资产阶级分子和一部分比较开明的地主阶级分子组成的，成份不一，但都是反对清朝统治的。一九〇五年，这些地方性的小团体在孙中山的领导下建立了一个联盟，名为中国革命同盟会。同盟会的纲领是资产阶级性质的，除了推翻清朝政府以外，还主张建立民国，并且根据孙中山的建议，增加了一条平均地权。这个纲领就是辛亥革命的纲领。

二

　　从上面所说的情况可以看出，在辛亥革命以前的十年间，革命形势已经相当高涨了。从人民方面来说，已经不能照旧生活下去；从统治者方面来说，也已经不能照旧统治下去了。

　　人民不能照旧生活下去，就倾向于革命；统治者不能照旧统治下去，就力图缓和革命，以便从危机中挽救自己。所以清朝政府到了二十世纪初期已经不能象戊戌政变前后那样顽固了。它陆续颁布了一些实行改革的命令。这些改革包括废科举、设学校、派游学、裁冗员、设立商部并对民族工业采取保护政策等，都是康有为在戊戌时期求之不得的。但此时人民对于政治改革的要求已经比戊戌时期大为提高，清朝政府尽管实行了一些改革，也不能使人们感到满意。清朝政府迫不得已，在一九〇五年派五大臣出洋考察宪政，表示同意立宪；一九〇八年宣布筹备宪政期间为九年，到一九一七年完成。一九〇七年改商部为农工商部，宣布对兴办实业的人给以奖励：投资二千万元以上者赏一等子爵，投资十万元以上者赏五品衔。这些措施不但在一定程度上承认了资产阶级的政治地位，并且许诺了更大的让步。

　　清朝政府所实行的和许诺的这些改革，引起和加剧了资产阶级内部的分裂。以孙中山为首的革命派认为，清朝政府的改革是虚伪的，诺言是靠不住的，必须推翻这个政府才能建立民主制度；以康有为和梁启超为首的立宪派代表资产阶级右翼和一部分地主官僚，他们认为，清朝政府的改革尽管是虚伪的，诺言尽管是靠不住的，但是已经有了进行合法斗争的可能性，与其忍受革命的痛苦，不如用合法方式来争取政治改革的进一步实现。

当清朝政府还在拒绝改革的时期，革命派就已经开始出现了，并且和立宪派有了意见分歧。到了一九〇五年前后，这种分歧越来越大。结果，资产阶级在政治上发生了分裂。

这种分裂在一九〇九年以后更加显著。因为在这个时期，清朝政府宣布在中央设立资政院，在各省设立谘议局，这是一种类似资产阶级议会的机关。资政院照规定设议员约三百人，其中一百二十五人由皇帝委派（其中王公世爵十人，宗室五人，中央各部院官员一百人，业主资产在一百万元以上者十人），另由各省谘议局议员互选本省议员定额十分之一，约一百六七十人。各省谘议局议员由各县选举，凡在当地办教育或其他公共事业三年以上的，中学以上学校毕业或举贡生员以上出身的，曾任文官七品、武官五品以上的，在当地有五千元以上工商业或不动产的，都可以当选。按当时全国二十三个省区计算，共有议员一千六百七十七人。谘议局可以议决本省应兴应革事件、预决算、税法、公债以及本省担任义务之增加等。这样的机关对于资产阶级上层分子显然具有很大的吸引力，所以他们中间有很多人都参加进去了，有些人还被推举为议长。

资政院和谘议局的设立，除加深了资产阶级内部的分裂以外，还有两种作用值得注意。

第一，它具有提高民主主义觉悟的作用。这个机关既是议会性质的，各地资产阶级、小资产阶级和地主阶级中要求改革的人很多都被选进去了，就立即成了一个要求政治改革的讲坛。随着革命运动的高涨，请愿立宪的运动也日甚一日，政治改革成为不可抗拒的潮流。结果，清朝政府只好继续让步，本来宣布在一九一七年实行宪政，此时又宣布提前四年，在一九一三年实行宪政。然而这种让步仍然不可能使人们感到满意，甚至谘议局的议员们也有很多人因为清朝统治者缺乏进行改革的诚意而失望。四川、湖南、湖北和广东等省反对借外债筑路的运动，山东、山西等省反对借外债开矿的运动，也都是在谘议局里面哄闹起来的。这些运动都关系到一般群众的利益，议员们越是闹得凶，卷入的群众也就越多。群众是反对清朝统治的，他们既然参加进来，就把议员们的运动变了质，变成了反对清朝统治的革命运动了。所以，谘议局的议员们虽然极大多数只是一些改良主义者，并不赞成革命，可是最后他们还是做了革命的不自觉的工具。

第二，谘议局也起一种消磨资产阶级的革命性和加强它的妥协性的作用。参加谘议局的资产阶级分子多数是属于上层知识分子。尽管他们迫切地要求政治的民主改革，然而并不要求社会的民主改革。现在他们又同地主阶级的绅士们在谘议局里面形成一条要求政治改革的阵线，就势必要进而反对社会的民主改革了。这个现象是非常值得注意的。因为谘议局是辛亥革命前资产阶级立宪派在国内所占有的巩固地盘，它使得革命派在革命爆发以后完全处于劣势。立宪派成了主人，革命派成了客人，而主人是同封建势力紧密联系在一起的。

由此，我们可以对谘议局的作用作这样一种评价，即：它在革命以前，一方面削弱了革命的力量；一方面因为要求政治改革，揭露了清朝政府的腐败无能，反而促进了革命运动的发展。在革命以后，它虽然竭力表示是共和制度的拥护者，但是因为它和旧势力在一起形成了对抗革命派的联盟，在实际上阻碍了革命运动的发展。

三

从分散的地方性的革命团体到这些团体的联合，建立起同盟会，这是革命运动的一个重大的发展。但是，如果我们仔细把这个发展考察一下，就可以看见，它的成就主要是产生了一个共同纲领，即："驱除鞑虏，恢复中华，建立民国，平均地权"。这四句话说了三件事：一、推翻清朝政府；二、建立中华民国；三、平均地权。其中，建立中华民国和平均地权的提出，是同盟会和它的领袖孙中山的伟大的贡献。在同盟会成立以前，历来主张推翻清朝政府的人都以恢复明朝或者建立汉族帝国为口号。一八九四年兴中会所提出的纲领中有建立合众政府一条，但是什么叫合众政府呢？这个名词很可能是从美利坚合众国脱胎来的，那末合众政府也就是联邦政府。联邦政府当然也是资产阶级共和国形式之一种。但是当时中国迫切需要的是提出民主主义的政治概念。可见兴中会时代的革命思想也是不够明确的。此外，在一八九五年还出现过"台湾民主国"。这是台湾人因为清朝政府把台湾割让给日本，不甘忍受日本的统治而成立的。为什么叫做民主国呢？并不是因为台湾已经有了资产阶级，要求民主政治，而是因为台湾已被清朝视为化外，没有了君主，所以只好借用一个资产阶级的名词，叫做民主国，而年号仍旧称为"永清"。"永清"的意义既可以理解为永远属于中国，也可以理解为永远属于清朝。试看"台湾民主国总统"唐景崧在回到国内以后仍旧是清朝的臣子，"副总统"丘逢甲在辛亥革命前成了君主立宪的拥护者，就可以知道他们并没有真正的民主思想。同盟会成立以后，建立民国的思想很快就普遍起来，建立汉帝国的话从此再也没有人提起了。所以同盟会纲领在当时确实起了很大的作用。

平均地权更是一个新的理想。这个理想表明比较西方资产阶级后进的中国资产阶级希望他们的共和国能够因为同农民建立良好的关系而获得长久的寿命，不致在革命以后不久又发生第二次革命。

但是在当时人们的心目中，同盟会的三条纲领里面究竟哪一条是最重要的呢？当然不是平均地权，也不是建立中华民国，而是推翻清朝政府。行动的要求首先是推翻清朝政府，这是不待说的。问题是，为什么要推翻清朝政府。是为了建立中华民国吗？当然有许多人是为了建立中华民国而主张推翻清朝政府的，这些人主要的是属于资产阶级革命派。但是有更多的人是因为简单地反对清朝政府而主张革命的，这种人各阶级都有，非常普遍。他们痛恨这个政府不仅因为它的腐朽无能和它所带来的民族灾难，而且因为它主要是由满洲贵族所掌握并厉行种族歧视政策的。有的人甚至说，即使清朝政府实行民主改革，也必须推翻它。资产阶级利用了广大人民反对清朝统治的情绪来鼓吹革命，这是对的，不过当时资产阶级革命派本身的认识同一般人几乎没有什么区别。他们的宣传给人印象最深的只有两点：一是反满；一是汉族祖先的光荣传统。这种宣传起了很大的作用，革命的风暴主要是这样鼓动起来的。但是这种宣传有很大的弱点。反满这个口号太简单了，它把一切的仇恨集中在满族统治者身上，其中掺杂着汉族人民的种族主义情绪，而没有真正提高全国人民的民族意识。结果放过了一个真正的民族敌人——外国侵略者。同样，对于汉族祖先的光荣传统的宣传也太简单了，没有批判、反对那长时期统治中国的汉族的封建主义，这就又放过了一个内部的大敌人，也就是支持了清朝统治的汉族封建势力。因此，革命派在辛亥革命以前尽管作了许多政治鼓动，并且作了一些启蒙工作，但是因为内容过于简单，同时也没有在理论上作详细的说明，以致未能攻破封建主义的思想堡垒。他们在理论方面不但缺乏创造性的活动，而且对西方十七八世纪启蒙学者的著作和十九世纪中叶的主要思想家的著作也都没有系统的介绍。目前我国翻译出版的许多外国古典著作，其实是在辛亥革命前

　　就应当由资产阶级学者翻译过来的。没有强有力的思想革命作先导，是辛亥革命的一个重大的缺陷。

　　我们应当承认，那些热烈地充满反满情绪的革命分子是非常令人尊敬的。他们满腔热血，慷慨悲歌，处处表现愿意为推翻清朝统治而献出整个生命。他们的自我牺牲精神在人民中留下了永不磨灭的印象。

　　然而这些勇敢的人们的行动并不是一致的。例如，在组成同盟会的小团体里面有这样一个团体，叫做光复会，又名复古会。它的会员有的拒绝参加同盟会，独立行动，著名的烈士徐锡麟就是其中的一人，他以刺杀安徽巡抚恩铭而成为历史上的英雄人物。有的人参加了同盟会，可是不久又主张分裂，著名的学者章太炎就是其中的一人，他是同盟会机关报《民报》的主编，一九〇九年竟散发传单攻击孙中山，辛亥革命以后立即宣告脱离同盟会，另组小派别。

　　孙中山在当时积极地领导了武装起义。孙中山认为清朝统治到了二十世纪初期已经好象一座破屋子，只要抽掉里面的一根木头，或者挖倒一面墙脚，就会整个塌下来。所以他在同盟会成立以后所从事的革命活动，包括联络会党和筹款，都是为了组织起义。但是孙中山的起义可以说都不是以在群众中的耐心的工作为基础的，而只是一种军事投机，因此起义不断失败。他经常纠织一批武装的敢死队在西南沿海的某些地方或那些住有清朝防军的地方进行突然的袭击，既没有接济，也没有当地群众的援助，联络工作又做得不好，结果每一次都失败了。一九一〇年广州新军起义失败以后，那些领导起义最积极的分子如赵声、黄兴等，因为遭受了很大的损失，都有些灰心丧气了。当时国内革命形势日益成熟，如果不能继续推动革命，岂不太可惜了吗？于是孙中山会同黄兴等人提出一个办法，决定集中全力，在广州进行一次有充分准备的，同时也是破釜沉舟的起义。这就是著名的一九一一年夏历三月二十九日之役

（起义失败后广州人民把牺牲烈士葬于黄花岗，又称黄花岗之役）。这次起义仍旧是采取老办法，招集了各省的同盟会员，组织成八百多名的敢死队，运了七百多支枪和三百多颗炸弹到广州去，在那里设立了近四十处机关，许多人写了绝命书，成功失败在此一举。结果又失败了，不过影响很好，它使人们感到振奋，使清朝的腐败无能的官吏大为惊慌，他们简直失去了应付革命的能力。

但是同盟会本身因为起义失败而遭受的损失是很大的。许多优秀干部的牺牲使革命力量大为削弱，更重要的是，同盟会失去了主宰。孙中山虽然继续在美国华侨中进行筹款，准备起义，但并没有实际领导同盟会的工作。同盟会的著名活动家赵声在广州起义失败后生起病来，不久就在香港死了；黄兴因事败而心灰，束手无策；胡汉民躲在香港，连人都找不到。以宋教仁为首的一批同盟会员在上海成立同盟会中部总会。这个组织虽然号称是同盟会的一个分支机构，但是从它所发表的宣言来看，实际上是因为对同盟会的领导有些不满而采取的独立行动。

一个革命团体在革命胜利之前就已经陷入这样一种分裂、涣散和瓦解的状态，要在革命胜利以后保持一个统一的阵线，那就太困难了。

四

辛亥革命的爆发不在别的地方而在武汉，并不是偶然的。在一九〇四年以后，这里已经建立了革命团体，并且有人坚持在士兵中进行鼓动和组织工作。在辛亥革命以前，这里有两个革命团体，一个是文学社，一个是共进的分会。共进会是一部分同盟会员把各省的会党联合起来成立的，作为同盟会的外围组织。湖北新军共约八千多人，参加文学社的已有五千多人，还有许多参加共进会的。当时这两个团体在事实上已经控制了湖北的新军，它们组织了统一的指挥起义的机关，准备起义。后来这个机关遭到破坏，领导者有的被逮捕杀害，有的分散隐匿起来。但是因为多数士兵都成了革命分子，要求起义的情绪非常高，所以在没有领导的情形下，也能成功地发动起义，创造了革命的第一个胜利。

然而也正因为起义是在没有领导的情形下发动起来的，士兵们在起义获得初步的胜利以后就遭遇了很多意想不到的困难。迎头一个问题就是建立政权，必须有人出头。当时群众还没有觉悟到自己打下的江山，应当自己出头来领导，而是希望别人来领导，把政权让给他。前一晚上起义，因为没有人指挥，临时抓来一个连长，强迫他指挥，现在再强迫他组织政权，他说什么也不敢干了。只得另外找人，找谁呢？结果找来了谘议局议长、立宪派汤化龙，他又是个文人，不能领导军队，还得找个武官，能领导军队的。后来终于找到了，这个人就是原湖北新军的旅长黎元洪。士兵们用枪指着他，强迫他当湖北军政府都督，他坚决不干，就把他关起来，同时用他的名义发表文告，使他下不了台。可是他一句话也不说，为的是留一条后路，将来革命失败，他可以推说他是被强迫的。过了几天，形势好转，他也就答应干了。这样一个人竟成了建立中华民国的元勋。

既然黎元洪出来了，汤化龙出来了，同他们有联系的人也就都出来了。他们的势力越来越大，那些建立中华民国的真正的元勋们——起义的士兵们和资产阶级革命派的势力就一天天缩小，尤其是那些起义的士兵们，有许多竟被杀掉了。当初在湖北从事革命活动的老人，后来提到这件事真是痛心不已。

本来同盟会设想在起义胜利以后首先是组织军队，然后一路打过去，打到什么地方，就占领什么地方，最后占领全中国。但是武昌起义以后的情形同设想的大不相同，差不多所有的地方都是传檄而定的。武昌起义不到两个月，除了东北、华北以外，各省都宣布独立了。从当时的情况来看，各省宣布独立的形式大体上有这样几种：

第一种形式，和武昌差不多，主要是新军士兵的起义，起义以后由于没有坚强的领导，结果政权落入了立宪派资产阶级上层分子的手里，再由立宪派把旧势力拉出来掌握政权，例如陕西就是如此。

第二种形式，就是群众起来了，而且有资产阶级革命派的领导，革命胜利以后，革命派掌握了政权，但是立宪派和旧势力一反攻，就把政权夺过去了。湖南就是如此。湖南也是新军起义，有革命派领导，他们把巡防营统领杀掉，自己掌握了政权，可是立宪派马上来一个政变，把革命派全杀掉了，他们和旧势力掌握了政权。除湖南以外，贵州也是如此。

第三种形式，就是当群众起义尚未爆发的时候，当地一些立宪派人物就利用各省下层群众起来的形势逼迫清朝政府的官员自动宣布独立。结果宣布独立以后，政权还是落在清朝政府的旧官员手里。很多省份都是如此。例如江苏巡抚程德全，大家劝他独立，他就举行一个仪式把自己的官衔改成都督，完全原班人马，只是换一块招牌。

第四种形式，比如云南，爆发了战争，新军和旧军队打了仗，新军赶跑了旧势力，改变了政权。

还有一种形式，比如四川，自五月以来，由于清朝政府把民办川汉铁路收为国有以借外债，引起了四川广大民众的激烈反对。川汉铁路原来是四川民众为了反对西方国家的侵略而倡议兴筑的。他们发起用"租股"的办法来筹集资本，就是按土地收租，"按租出谷，百分取三"。因此，全川六七千万人民，不论贫富，对民办铁路都发生了经济上的联系。四川保路运动原先是立宪派所控制的谘议局领导的，他们为了扩大斗争力量，就组织了保路同志会。保路同志会想利用四川拥有广大群众的哥老会。哥老会是一个反清复明的秘密结社，此时由于谘议局的支持，开始公开活动。革命的同盟会和共进会员多年来就在哥老会中进行工作。

因此，运动一发展，就不是立宪派所能控制的了。当时斗争声势十分浩大，全川有一百四十二个州县的工人、农民、学生以及其他阶层都卷入了这个运动。横暴的四川总督赵尔丰九月七日屠杀请愿的市民，引起了罢市罢课。各县民众蜂起，支援成都市民，使赵尔丰只能困守督署。端方奉命率领湖北一部分新军入川镇压，新军同四川同盟会员在内江取得联系后，在资州起义，杀掉了端方。接着，同盟会员在内江等县起义。这时，四川的一部分新军已在成都附近起义，直趋重庆，与城内同盟会员联合占领重庆，成立了蜀军政府，以同盟会员张培爵为都督。赵尔丰见大势已去，把政权交给谘议局议长、立宪派蒲殿俊，成立四川军政府，使革命造成成渝对峙的局面。后来同南北和议一样，把政权交给旧势力了。

总之形式尽管有这样几种不同，结果是一样的。

为什么会产生这种现象呢？实在是因为革命派太没有力量了。他们盼望革命早日成功，凡是拥护共和的人，他们都愿意同他合作。在共和名义下发生的争夺权力的事件，只要夺得权力的人仍旧表示拥护共和，哪怕他有残杀革命分子的血债，也没有人去追究他。他们对于共和制度的信心很高，以为有了它就可以保障资产阶级的地位，同时他们也看不出在革命胜利以后自己同其他拥护共和的人有什么区别，所以他们在各党各派纷纷活动的状况下反而拿不出什么积极的办法来加强本身的力量。

可是立宪派就和革命派不同。立宪派一方面加紧表现他们是共和制度的拥护者，另一方面始终不忘记他们同革命派在政治上的分歧，处处提防革命派排斥他们。立宪派觉得他们自己的力量也是薄弱的，为了不受革命派排斥，并且进一步排斥革命派，来稳定自己的地位，就力求同旧势力结成反抗革命派的联盟。这就是说，尽管革命派处处拉拢立宪派，而立宪派并不同革命派团结一致，因此资产阶级在政治上始终是分裂的。

在这种情形下，袁世凯代替孙中山，北京临时政府代替南京临时政府，旧势力代替在革命中兴起的新势力，就成为毫不足怪的事情了。

上面所说的在革命理论、革命组织、革命武装、革命政权这几个革命的基本问题上缺乏准备和指导上的错误，都是辛亥革命所以失败的重要原因，这些都是留给我们的深刻的历史经验教训。但是我们在评论辛亥革命的时候，如果仅仅看到它的弱点，仅仅把它看做是一个失败了的革命，那就不对，有许多事情也会因此而不可理解。

应当承认，辛亥革命尽管没有把封建主义打倒，但是它已使封建主义受到了致命的一击，因为它推翻了清朝统治，最后地结束了中国的君主专制制度。君主专制制度曾经在很长的时期中和在很大的程度上是封建主义得以继续存在的条件，君主专制的无上尊严，实质上就是封建主义的无上尊严，它不容许对于封建主义的任何触犯，早已成为社会进步的严重障碍。因此这个障碍的破除，就使民主主义成为不可抗拒的潮流。从前皇帝自称为天子，如果有人说皇帝是强盗，可以打倒，别人一定把他看做疯子。孙中山就曾经是一个被人家看做疯子的人。相反，在辛亥革命以后，如果有人想做皇帝或者拥护别人做皇帝，一定也被看做疯子。袁世凯是在辛亥革命以后想做皇帝的人，张勋是在辛亥革命以后想拥护别人做皇帝的人，他们都有武力做后盾，当初何尝不自认为有把握？可是一到要成大事的时候，马上就发现原来拥护他们的人只有身边的几个奴仆，或者某些同他们一样可笑的梦游人。

所以推翻君主专制制度是辛亥革命的一个伟大的胜利。当时人们眼看着这个制度崩溃下去，其兴奋的心情是难以形容的。当时资产阶级和小资产阶级可以说都认为革命的胜利就是新生活的开始。试看武昌起义以后立即出现许多党派，争取参加政府，它们的活动在现在看来固然有许多是很幼稚的，但是不容否认，这是民主精神高涨的反映。特别是广大人民都欢欣鼓舞地迎接这个胜利，更是一种新气象。列宁在当时很称赞这种新气象，他在一九一三年《亚洲的觉醒》一文中说："中国不是早就被称为长期完全停滞的国家的典型吗？但是现在中国的政治生活沸腾起来了，社会运动和民主主义高潮正在汹涌澎湃地发展。"如果不是革命打倒了君主专制制度，这种新气象的出现是不可能的。

辛亥革命虽然推翻了君主专制制度，建立了中华民国，但是由于中国资产阶级本身的软弱，并没有完成资产阶级民主革命的任务，没有消灭封建主义的根基，更没有担当起反对帝国主义的重任。辛亥革命的失败，使一九一九年的五四运动成为不可避免。人们在经历了这次失败而有了觉悟以后，就要求补课，认为只有把帝国主义和封建主义打倒，中国才有出路。但要打倒帝国主义和封建主义，必须寻求新的革命理论和新的革命途径。当时中国资本主义有了进一步的发展，无产阶级已经逐渐成长和壮大起来，在伟大的十月社会主义革命的影响下，中国的先进分子，看到了中国民族解放的新希望，开始接受了马克思列宁主义，为五四运动准备了条件。辛亥革命的胜利，也使五四运动成为不可避免。因为人民在经过了这样一次天翻地覆的变化以后，精神上和思想上获得了相当大的解放，敢于提出辛亥革命以前不敢提出的问题，并且比较容易地接受新的革命理论。所以我们说，辛亥革命是近代中国具有伟大历史意义的旧民主主义革命，它为中国人民革命事业开辟了前进的道路。

附录
甲午战争——辛亥革命大事记（1894—1912 年）

1894 年（甲午）

6 月 朝鲜封建统治者请清政府派兵帮助镇压东学党起义，清政府派叶志超率军赴援。

日军攻击牙山东北成欢驿之清军，清军败退。

8月 中日宣战。

9月 日军攻平壤，清军败，左宝贵力战死，叶志超逃过鸭绿江。

12月 孙中山等于檀香山创立兴中会。

1895年（乙未）

2月 日军侵陷威海卫，北洋海军覆灭。

清政府派李鸿章为全权大臣，赴日媾和。

孙中山等设兴中会总会于香港。

4月 中日签定《马关条约》。

5月 康有为联合在京会试的各省举子，上书请求拒和迁都、变法图强。

四川西南部爆发反教会的群众斗争。

日军在台湾登陆，台湾人民展开武装抗日斗争。

8月 康有为等在北京成立强学会。

10月 兴中会谋在广州起义失败，孙中山逃亡海外。

1896年（丙申）

1月 《强学报》于上海出版。

5月 李鸿章至俄祝贺俄皇加冕，并于6月订立中俄密约。

8月 上海《时务报》创刊。

1897年（丁酉）

3月 法国迫使清政府承认海南岛及对面广东海岸不割让与他国。

4月 上海公共租界小车工人反抗加捐，举行斗争。

黄遵宪、唐才常等创《湘学新报》于长沙。

10月 严复等创《国闻报》于天津。

11月 山东曹州民众以积怨杀德国教士二人，德借此侵占胶州湾。

12月 俄舰侵占旅顺、大连。

1898 年（戊戌）

1 月 康有为等在北京组成粤学会，并上《统筹全局》书。

2 月 英国强迫清政府宣布扬子江沿岸各省永不割让与他国。

3 月 中德订立胶州湾租界条约。划山东为德国势力范围。

中俄订立旅顺、大连租地条约。

4 月 保国会于北京成立。

法国强租广州湾，并迫清政府宣布两广及云南不割让与他国。

日本强迫清政府宣布福建不割让与他国。

5 月 英国强租威海卫。

6 月 清帝光绪宣布变法维新。颁布许多新政令。

9 月 西太后再出训政，光绪被囚；康有为等逃亡；谭嗣同、杨锐、刘光
第、林旭、杨深秀、康广仁等六人被杀。变法维新失败。

1899 年（己亥）

3 月 山东义和拳朱红灯部起义。

6 月 康有为、梁启超在日本组织保皇党。

12 月 清政府命袁世凯镇压义和拳。朱红灯死难。义和拳民多走直隶。

1900 年（庚子）

3—4 月 义和拳起义运动在直隶、山西猛烈发展。

4 月 长江流域及闽粤会党首领于香港集会，加入兴中会，推孙中山为总
会长。

6 月 清政府命刚毅等募拳民成军，利用义和团"扶清灭洋"。

英、法、德、奥、俄、美、日、意等帝国主义八国联军攻陷大沽。

清政府下诏宣战。刘坤一、张之洞等与各国领事商订互保条约。

8 月 八国联军由天津北犯，进北京。西太后挟光绪西走，以后又由太原
至西安。

唐才常、秦力山等自立军在长江流域起义失败。

10 月 兴中会郑士良等于惠州起义失败。

李鸿章奉命至北京与各国议和。

1901 年（辛丑）

8 月 清政府下诏改科举，废八股。

9 月 李鸿章等与各国签订《辛丑条约》。

1902 年（壬寅）

1 月 西太后和光绪回至北京。

2 月 梁启超创刊《新民丛报》于日本。

4 月 蔡元培、章太炎、黄炎培等在上海发起成立中国教育会。

6 月 广西人民起义，起义军占广南之皈朝。

1903 年（癸卯）

1 月 洪全福等谋在广州起义，事泄失败。

5 月 邹容《革命军》出版。

6 月 上海租界逮捕章太炎、邹容等，是为《苏报》案。

12 月 黄兴等组织华兴会于长沙。

1904 年（甲辰）

2 月 日俄战争爆发。清政府宣布中立。

7 月 广西起义军攻占庆远。

8 月 英军侵入西藏，达赖十三世出走，英军强迫订立《拉萨条约》。

10 月 广西起义军退入钦廉十万大山。

冬 章太炎、蔡元培等于上海成立光复会。

1905 年（乙巳）

4 月 上海新华纱厂发生反裁减工人斗争。

集成纱厂反对工头克扣工资，举行罢工。

5 月 反对美国虐待华工，上海抵制美货运动开始，全国各地纷起响应。

8 月 中国革命同盟会成立于日本东京，举孙中山为总理。

9 月 日俄订立和约，俄将所攫获南满利权转让日本。

　　吴樾在北京车站炸清政府出国考察宪政之五大臣，未成功。吴樾
　　死难。

11 月 同盟会机关报《民报》创刊。

12 月 留日中国学生奋起反对日本文部省发布的取缔清韩留日学生规则，
　　归国者数千人。

　　中日订立日俄战后东三省事宜条约，承认日本帝国主义在南满侵占
　　的权益。

1906 年（丙午）

4 月 上海华新纱厂工人罢工，反对售厂于日本。

12 月 同盟会在萍乡、醴陵、浏阳起义，安源矿工六千余人参加。

　　安徽宣城、江苏南翔饥民起义。

1907 年（丁未）

2 月 许雪秋于潮州起义失败。

3 月 孙中山至河内筹划军事。

4 月 钦州发生抗捐起义。

5 月 余继成等于潮州黄冈起义失败。

6 月 邓子瑜等在惠州七女湖起义失败。

7 月 徐锡麟刺杀皖抚恩铭，起义失败死难。秋瑾在绍兴就义。

8 月 焦大峰等于日本东京成立共进会。

10 月 清政府命各省筹设谘议局。

12 月 孙中山、黄兴、黄明堂等在镇（睦）南关起义失败。

1908 年（戊申）

3 月 黄兴等于钦州起义未成。

　　　谢奉琦在四川叙府谋起义，事泄被捕牺牲。

4 月 黄明堂于河口起义，占领河口，未几失败。

8 月 清政府宣布自本年起第九年召开国会，并于 9 月颁布宪法大纲。

11 月 西太后、光绪死。

12 月 溥仪即帝位，定明年为宣统元年。

　　　熊成基在安庆起义失败。

1909 年（己酉）

3 月 熊克武在四川广安起义失败。

5 月 上海裕慎丝厂发生工潮。

8 月 上海勤昌丝厂罢工。

12 月 各省要求速开国会并于上海组成国会请愿同志会。

1910 年（庚戌）

2 月 黄兴等策动广州新军起义失败。

4 月 汪精卫、黄复生谋炸摄政王未成，被捕入狱。汪精卫软化。

　　　湖南长沙、江苏海州饥民起义。

7 月 山东莱阳人民抗捐起义。

9 月 杨王鹏等在武昌召开大会，改群治学社为振武学社。

1911 年（辛亥）

1 月 蒋翊武等于武昌开文学社成立大会。

4 月 27 日（夏历三月二十九日）黄兴等于广州起义失败，死难者七十二
　　　人，葬于黄花岗。

5 月 清政府宣布铁路国有，两湖、四川人民纷起反对。

6 月 四川保路同志会成立。

8 月 谭人凤、宋教仁等在上海成立同盟会中部总部。

　　　成都开保路大会，全川举行罢市罢课。

9 月 赵尔丰逮捕四川谘议局议长蒲殿俊等人，群众齐集督署请愿，赵令

　　　开枪杀群众数十人。

　　　四川各地人民纷纷起义。

　　　文学社、共进会召开会议，策划武装起义，并派人邀黄兴等来鄂。

10 月 10 日 武昌新军起义，总督瑞澂逃。原新军混成协统黎元洪被推为

　　　　都督，组织军政府，各省纷起响应。

11 月 清政府命袁世凯为内阁总理大臣。清军反攻，陷汉口、汉阳。

12 月 武昌各省代表决议以南京为临时政府所在地。

　　　袁世凯以唐绍仪为代表与民军议和。

　　　军政府推伍廷芳为议和代表，与清政府议和。

　　　各省代表开会于上海，选孙中山为中华民国临时大总统。

1912 年（壬子）

1 月 孙中山于南京就临时大总统职，宣布中华民国成立。改用公历，以

　　　1912 年为中华民国元年。

2 月 清帝宣统退位。

　　　孙中山辞临时大总统职。参议院照议和条件选袁世凯为临时大总统。

　　　袁世凯不愿到南京就职，在北京制造兵变。

3 月 孙中山在南京公布《中华民国临时约法》。

　　　袁世凯在北京就任临时大总统。辛亥革命果实为袁世凯窃取。

第一次国内革命战争时期的历史情况 *

（1959 年 12 月）

一

一九一九年，在伟大的十月社会主义革命影响下，中国发生了五四运动。五四运动是中国新民主主义革命的开端。这个时候，马克思列宁主义经过俄国的介绍，在中国广泛地传播起来。中国开始出现具有初步共产主义思想的革命知识分子。中国的无产阶级也开始作为一个独立的政治力量，投入了伟大的政治斗争，并通过革命知识分子的介绍，接受了马克思列宁主义的思想。中国工人运动和马克思列宁主义相结合，产生了共产主义小组，为党的成立作了准备。毛泽东同志就是把马克思列宁主义与中国工人运动结合得最好的代表者。

一九二一年七月一日①，在共产国际的帮助之下，党在上海举行了第一次代表大会，组成了中国共产党。代表中有毛泽东、董必武、陈潭秋、何叔衡等同志。中国共产党一开始就是按照列宁的建党原则，以俄国布尔什维克党为榜样建立起来的。这是中国共产党建党的一个特点，也是一个优点。

---

* 录自中共北京市高等学校委员会宣传部整理史料，第 85～103 页。据《吴玉章年谱》第 505 页记载：1959 年 12 月，在北京市高等学校宣传干部学习会上作《第一次国内革命战争时期的历史情况》的报告。

① 原文即如此，当时普遍认为是 1921 年 7 月 1 日。

党成立以后，就集中力量领导工人运动，以此为党的中心任务，成立了中国劳动组合书记部，公开领导工人运动。两年之间，工人运动迅速高涨。当时毛泽东同志担任党的湖南区委书记和劳动组合书记部湖南分部主任，亲自领导了湖南的工人运动。1922 年 1 月，香港爆发了六万海员的大罢工。从 1922 年 1 月到 1923 年 2 月，全国各大城市和工业中心大小罢工在一百次以上，参加人数在三十万以上。1922 年五一劳动节，在广州召开了第一次全国劳动大会。同时，党所领导的初期农民运动也有了发展。另一方面，1922 年帝国主义在华盛顿会议上通过了关于分割中国的协议即《九国公约》。各帝国主义分别扶持中国的各派军阀进行混战，加紧了对中国的侵略。

1922 年 7 月，党召开了第二次代表大会。大会规定了党的最高纲领和最低纲领，指出中国革命当前的基本任务是"消除内乱，打倒军阀，建设国内和平；推翻国际帝国主义的压迫，达到中华民族完全独立；统一中国为真正民主共和国"。然后进一步创造条件，以实现社会主义和共产主义。这样，党就在中国人民面前破天荒地提出反对帝国主义和反对封建主义的民主革命的口号。第二次代表大会还通过了参加共产国际的决议。这次大会的缺点是没有指出民主革命必须由无产阶级领导，没有提出工人农民的政权要求和农民的土地要求。这个缺点后来被陈独秀机会主义集团发展成为严重的路线错误。

第二次代表大会后，1923 年 2 月，京汉铁路和其他铁路工人举行了中国工人阶级在共产党的领导下的第一次政治罢工。军阀吴佩孚在帝国主义唆使下，屠杀工人，发生了二七惨案。二七运动一方面表明中国工人阶级组织力量和革命精神迅速增长，因而大大提高了工人阶级及其政党在全国人民中的政治威信；另一方面也证明了工人阶级如果没有强有力的同盟军和自己的武装力量，就无法战胜全副武装的反动派。

　　1923 年 6 月，党召开了第三次代表大会，党在共产国际的帮助下，认识了组成革命统一战线的重要性，正确地决定了与孙中山所领导的国民党建立革命统一战线的政策。

　　国民党的前身，同盟会，是辛亥革命的组织者，它在政治上是一个从资产阶级、小资产阶级急进派、资产阶级自由派到地主阶级反满派的松懈的联盟。1912 年同盟会改为国民党，和袁世凯妥协，许多人都投降了反动派。但以孙中山为首的资产阶级民主主义者仍坚持革命斗争，屡次失败，仍不灰心。孙中山由于领导辛亥革命的历史成绩，在群众中有很大声望，但他找不出正确的出路，他的政治纲领也没有什么反帝的内容。他在反袁失败后，到日本另组中华革命党，为黄兴等实力派所反对。以后到南方军政府作大元帅，也很不得志。他曾经依靠军阀陈炯明，后来陈炯明又背叛了。孙中山无法，只得回到上海。他感到孤立无援，国民党当时也更加涣散。这时由于十月革命的影响和中国共产党的帮助，孙中山有了转变，正如毛泽东同志说："孙中山在绝望里，遇到了十月革命和中国共产党。"（《论人民民主专政》）1921 年初，共产国际派马林来中国，经李大钊同志的介绍，在桂林会见孙中山，提出两点建议：一是要有一个能联系各阶级，特别是联系工农群众的革命政党；一是要办军官学校，要有革命的军队。孙中山听了很高兴，同意马林的建议。1922 年 8 月，苏联派越飞来华与孙中山会谈，表明共产国际和苏联愿意帮助国民党。1923 年 1 月 26 日发表了有名的《孙文越飞宣言》。孙中山有很大的进步，开始倾向苏联，倾向共产党。1923 年 2 月孙中山回到广东，以后在广东成立革命政府时又聘请苏联派来的代表鲍罗廷为顾问。

　　中国共产党第三次代表大会正确地估计了孙中山反对帝国主义和封建军阀的民主主义立场，以及把他所领导的国民党改造为工人、农民、小资产阶级、民族资产阶级的革命联盟的可能性，决定了与国民党合作的政策；批评了以陈独秀为代表的投降主义倾向，和以张国焘为代表的关门主义倾向。在第三次代表大会前后，党进行了许多工作去帮助孙中山。李大钊、林伯渠等同志曾给孙中山以很多积极的影响。在此情况下，孙中山便决意改组国民党。

二

1924 年 1 月，国民党在广州召开了第一次全国代表大会。孙中山修改了他的"三民主义"，并作了新的解释，确定"联俄、联共、扶助农工"的三大革命政策。毛泽东、李大钊等同志都参加了这次大会，担任了领导工作。大会通过了共产党员、青年团员可以个人资格加入国民党的决议。

国共合作以后，国民党成为在共产党领导下的工人、农民、小资产阶级、民族资产阶级四个阶级的革命联盟，有些进步的成员成了其中的左派，还有一些人加入了共产党。但国民党内的右派如邹鲁、张继、谢持等人，不赞成国民党改组，反对三大政策。孙中山很气愤，对他们说："你们不赞成和共产党合作，我一个人去加入共产党好了。"国民党右派怕脱离了孙中山就没有力量，不敢公然决裂，表面上不反对，暗中找乱子。大叫："孙中山'赤化'了。"

党的统一战线政策很快加速了革命的步伐。1924 年，各地特别是广州群众运动有了蓬勃发展。在共产党的倡议、领导和支持下，广东革命政府和黄埔军官学校成立了。1924 年 1 月，孙中山即决定办黄埔军官学校，派廖仲恺、蒋介石等七人为筹备委员，聘请苏联顾问，学习苏联的军事制度，我党派周恩来同志作政治部主任，叶剑英、恽代英、萧楚女、聂荣臻等同志作教官，又从苏联运来了很多军火，建立了革命的武装。1924 年 10 月，英帝国主义和军阀范石生所支持的反动武装——广东商团发动叛变，武力威胁商人罢市，张贴要孙中山下野的布告，企图推翻革命政府，让帝国主义的走狗陈炯明来掌握政权。革命政府在群众支持之下，击溃了商团军。广东和湖南等省的农民运动也迅速发展起来。在这样的情势下，党于1925年1月在上海召开了第四次代表大会，出席这次大会的代表二十人，代表党员九百九十多人，大会除通过新党章外，还为群众斗争的新高涨，作了组织上的准备。

这时曹锟正在北方表演贿选的丑剧，遭到全国人民反对。军阀段祺瑞、张作霖、卢永祥等人也趁势起来反对曹锟。曹锟派吴佩孚带兵山海关和张作霖打仗。打得正激烈时，倾向进步的冯玉祥率领国民军在北京起义，随即电请孙中山北上，商讨国事。孙中山在人民群众力量的支援下同意北上，并发表《北上宣言》，主张废除不平等条约，召集国民会议。全国各地都先后成立了国民会议促进会。孙中山到北京时，冯玉祥已被段祺瑞赶跑，国民会议没有开成，段祺瑞召开了一个善后会议与国民会议对抗。

1925年3月12日，孙中山病故在北京，死前写了有名的致苏联的遗书。全国人民对于这位伟大的革命家的哀悼，形成了广泛的政治宣传。北京有十多万群众参加追悼会。段祺瑞也不敢加以压迫。当时，斯大林同志曾代表联共中央致书国民党中央，表示对孙中山的哀悼。孙中山死后，国民党右派分子，趁机捣乱，他们在西山召开会议，号称"西山会议派"，打着孙中山的招牌，造谣诬蔑，反对国民党左派，反对共产党。因怕广东的革命声威，他们只敢在外面活动。

1923年—1924年，世界资本主义各国开始了资本主义暂时稳定的时候，他们加紧了对殖民地、半殖民地国家的侵略，因而引起了这些国家的广大人民的剧烈反抗。

由于帝国对中国的加紧侵略，中国的工商业日益破产，特别是日本帝国主义者，一贯残酷对中国工人肆行高度剥削，克扣工资，实行野蛮的压迫和屠杀。1925年2月，上海日本纱厂四万多工人，举行为反对压迫，争取增加工资的大罢工。在五月间，青岛、上海各地日本纱厂工人，先后举行了大规模的罢工斗争，遭到了日本帝国主义及其走狗北洋军阀的镇压。工人被杀死、杀伤以及被拘禁者共一百多人。5月28日，我党中央会议，提出了把工人的经济斗争和目前蓬勃发展的反对帝国主义的斗争汇合起来，以争取团结全国一切革命力量，并决定在5月30日在上海租界展开反帝示威运动。

5月30日，上海各校学生二千余人，分头到公共租界各马路演讲、散发传单，声援工人，号召收回租界。此时，英帝国主义巡捕到处捕捉学生，光是南京路老闸捕房一处所拘捕的学生，即达数百人。下午三时许，群众一万余人聚集于老闸捕房门口，要求释放被捕学生，并高呼"打倒帝国主义"和"全中国人民团结起来"等口号。这时英帝国主义者就下令向徒手群众开枪，当场打死打伤数十人，被捕五十人。这就是著名的"五卅惨案"。

五卅运动，是我党领导的全国革命高潮的起点。上海工人、学生、商人为了抗议五卅惨案，举行总罢工、总罢课、总罢市，运动迅速扩展到各城市。打倒帝国主义，打倒军阀的口号响遍全国。五卅运动的消息传出，有名的省港大罢工因而爆发。香港工人二三十万为了抗议英帝国主义的暴行，陆续回到广州。6月23日，广州人民举行声援五卅运动的游行示威，群众队伍行进至沙面，遭到英帝国主义的枪杀，造成沙基惨案。广东革命政府宣布与英帝国主义经济绝交，封锁海口，断绝贸易，使香港成为死港，当时英国国内也爆发了很大的矿工罢工运动，英帝国主义受到严重的打击。香港英国政府被迫屡与广东政府谈判，香港被封锁了整整十八个月之后，才得到开放。

五卅运动以后，7月1日，在广州成立了国民政府，汪精卫为主席，廖仲恺为财政部长。此时香港罢工工人在广州成立了罢工委员会，农民运动也开展起来。广东政府又讨伐了军阀刘震寰、杨希闵，先后两次东征，打垮了军阀陈炯明，革命根据地大大巩固。国民党在这时准备召开第二次代表大会。5月间，我受党的命令留在国民党中，以便作统一战线工作。8月，我回四川去做国民党的工作，跟西山会议派展开斗争，把国民党的组织建立起来，并选出出席国民党第二次代表大会的代表，11月，回到广州。国民党第二次代表大会召开时，我担任大会秘书长。大会开了二十天，开得很好，把西山会议派最反动分子都开除国民党。

当时陈独秀始终没有到广州根据地来过，也没有参加过这次大会。当时他曾写信要在选举国民党中央委员时，安插一些右派分子，大会没有完全同意。陈独秀名义上是党的总书记，实际上并没有什么工作，只是办《向导》杂志，写写文章，许多理论也是错误的。国共合作以后，我党作实际革命工作的同志分在各地，而以广州为中心。毛泽东、周恩来、陈延年、恽代英、张太雷等同志都在广州，共产国际和苏联派来的顾问也住在广州，当时广州是执行了我党和共产国际的正确路线的，陈独秀住在上海，他并没有执行共产国际的正确路线，因此有人叫陈独秀的路线为上海路线。这可以说明为什么在革命的初期和中期，陈独秀虽然是党的总书记，而党的领导却是正确的。只是到1927年4月9日他同汪精卫到武汉以后，坚持执行他的错误路线，才使革命遭到失败。

国民党第二次代表大会召开以后，广西的李宗仁、白崇禧，湖南的唐生智都归服了广东革命势力。贵州有两个军，四川有九个军经过运动也被说服过来，革命势力发展得快。党的队伍也急速壮大，到1927年党员增加到五万多人，表明革命的暴风雨将要来临，举行北伐的条件是成熟了。

但是，这时革命的基础却不巩固，革命内部还隐藏着大资产阶级的代表阴谋分子蒋介石。蒋介石是流氓出身，在日本学过"军事"。1922年他在上海办交易所失败以后，到广州依靠孙中山。1923年被孙中山派去苏联考察。回国后，被派为黄埔军校校长。他表面上拥护苏联，实质上反苏反共。他原来在国民党中的地位并不高，由于两次东征陈炯明，黄埔军校学生立了很大的功劳，在国民党第二次代表大会上，他才被选为国民党的中央委员。蒋介石获得一定地位后，就寻找机会打击共产党，削弱革命力量。1926年3月20日，他制造了"中山舰事件"。他下令欺骗中山舰舰长共产党员李之龙，要他把船开到黄埔，又诬蔑他不服调遣，擅入黄埔阴谋叛变，以此为借口把黄埔军校和第一军的共产党员教官、党代表甚至把苏联顾问都扣留起来，强迫共产党员退出第一军，夺取军权。汪精卫看到情势不妙，逃跑到国外。以前蒋介石假装孙中山的信徒，说一大套鬼话。"中山舰事件"发生，他第一次暴露出反革命面目，但是因为他感到自己力量不够，还要利用革命，不便公然反共，就继续玩弄他的反革命两面手法。当时，毛泽东同志主张给蒋介石的阴谋以反击，但是没有得到党内外的支持。从此以后，蒋介石越发加紧反动工作。5月间，他提出"整理党务案"，把国民党中央的许多权力都篡夺到自己手中。

国民党第二次代表大会后，我在2月初回到四川，运动了一些军队过来。8月①，我回到广州，正是蒋介石制造了"中山舰事件""整理党务案"之后，廖仲恺夫人何香凝很悲痛地对我说："你看这一时期，闹出这么多事情，怎么办？"我说："我们要想办法去召开一个中央执行委员会和中央监察委员会的联席会议，这样力量大些，可以把反动气焰压下去。"9月，召开了国民党执监委员联席会议，会开得很好，通过了提高党权、实行民主、反对独裁、发展工农运动、实行"二五减租"等决议；

① 原文如此。

对右派分子张静江、叶楚伧等展开斗争，打击了蒋介石的阴谋。毛泽东同志出席了这次会议，"二五减租"议案就是他提出来的。

三

1926 年 7 月，广东的"国民革命军"开始北伐。蒋介石自任北伐总司令，分三路出兵：一路入湖南，北取武汉，一路走江西，一路走福建。江西一路是蒋介石自己带领的第一军，因为共产党员早被排挤出去，失去骨干，没有战斗力量，同孙传芳一战就被打垮。湖南一路是张发奎的第四军，以叶挺率领的独立团作先锋，共产党员很多，作战英勇。有铁军的英名。特别重要的是：这一路有毛泽东同志所领导的工人运动和农民运动支援，革命军所到之处，势如破竹，很快就打到武汉附近。

1926 年 10 月 10 日北伐军攻下武昌。11 月 26 日，在广州举行的国民党政治会议决定迁都武汉，并决定于 1927 年 1 月 1 日"国民政府"在武汉开始办公。会后，国民党中央党部和"国民政府"的人员，一路走湖南，一路走江西南昌，分两路去武汉。我于 12 月 8 日到武汉。11 日左右，走湖南一路的顾问鲍罗廷和宋庆龄、陈友仁、徐谦、孙科、顾孟馀、宋子文等人到达，恽代英、于树德也到了。武汉的国民党中央委员和国民政府临时组成一个联席会议，作为临时政府。这时常德、宜昌也为我军攻下。宜昌的地位很重要，由此可通四川，从那里可取得粮食与税收以维持财政紧急开支，联席会议派我到宜昌作了一个多月的工作。

1 月 3 日，武汉群众游行庆祝北伐胜利。英国水兵行凶，打死了我们的人。工人愤怒地把水兵包围起来，当夜召开了大会，决定收回租界。武汉政府接受了工人的请求。英国水兵被赶到船上，住在租界的英国人也退出去了。经过中国工人阶级这样的斗争就把汉口英租界收回了。1 月 6 日，九江工人也收回了英国租界。革命的声威很高，全世界都为之震动，全国人民热烈拥护。军阀张作霖也发表谈话说："收回租界，我是同意的！"

这时走江西一路的国民党中央委员和国民政府委员，到南昌后被蒋介石扣留。蒋介石要求把政府搬到他心腹之地南昌去，以便进一步实现他的反革命阴谋。蒋介石很害怕群众。以前在广州时，工人势力很大，一开会就是二三十万人，省港罢工委员会实际上就是一个政府，有群众，也有武装，就很使他害怕。他现在看到武汉的工人、农民运动蓬勃发展，又有进步的军队，害怕到了武汉，又会象在广州时一样，受到群众压力，所以要把政府搬到南昌去。但联席会议否定了蒋介石的意见。1月9日蒋介石来武汉观看形势，三十多万群众开大会"欢迎"他。他在台上讲了些打仗的事，台下群众不愿听，问他："你到底什么时候把政府搬到武汉来？"问得蒋介石很狼狈。鲍罗廷也讲了话，批评他说：革命要依靠群众，实行民主，独裁是不行的。蒋介石很生气，会后即回南昌打电报来说鲍罗廷侮辱了他，也就是侮辱了政府，侮辱了国民党，要求撤换鲍罗廷，以伍廷康（魏金斯基）为顾问，还虚伪地声明他是拥护共产国际的。联席会议主席徐谦叫我回武汉去商讨对策，他害怕把关系闹僵，主张接受蒋介石的要求。我说："鲍罗廷并没有什么过失，蒋介石不是反对鲍罗廷，而是反对我们的政府，反对国民党中央，反对共产国际，一定不能答应蒋的无理要求。"坚持不撤换顾问。为了反对蒋介石的专横，2月9日在武汉召开了一个高级干部会议，决定发表宣言，提出反对独裁，实行民主，提高党权，扶助工农运动，定期召开国民党三中全会等主张，推出我和邓演达、徐谦、孙科、顾孟馀五人组成行动委员会，作为武汉政府的临时机构。国民党三中全会预定在3月7日召开，会前打了许多电报给蒋介石，但他不来。到期陈公博、谭延闿等人到了武汉，提出延期到蒋介石来后开会，以便蒋介石进行活动。我们说三十六个中央委员已经到了过半数，为什么还不开会，决定会议如期举行。会开得很好，把 2 月联席会议提出的议案都提出来，把蒋介石的国民党中央常务委员会主席和军事委员会主席的职务都撤掉了。另外推选九个常务委员和三个秘书。会议上国民党右派是少数，不敢讲话。会议的缺点是没有撤销蒋介石总司令的职权，并让他继续担任军事委员会委员，因此他还可以利用职权进行阴谋活动。会议结束时，听到上海工人第三次起义得到胜利的消息，上海人民已选出市政府人员，要求国民政府批准。24 日南京也攻下。从四川到武汉、南京、上海，长江一带都是革命军的势力，大家非常兴奋，以为革命会很顺利，事情好办了。

但是蒋介石已预定在这时叛变。2 月中，他在南昌召集了秘密的军事会议，又派出大批爪牙到各地。在 3 月中，进行了一连串屠杀。3 月 6 日，赣州总工会委员长陈赞贤被暗杀。3 月 16 日，拥护孙中山三大政策的南昌国民党市党部被解散。3 月 17 日蒋介石到了九江，指使特务围攻九江的国民党市党部和总工会。3 月 20 日，他到了安庆，又打了安庆的国民党部。他还派心腹杨引之到四川拉拢军阀王陵基，在 3 月 31 日重庆群众大会进行屠杀，造成三三一惨案。蒋介石在这时候还积极进行勾结帝国主义的活动，派戴季陶与日本帝国主义联系，派虞洽卿与英帝国主义联系，帝国主义知道了革命内部有他们的代理人，更加紧对中国革命的干涉。3 月 24 日南京被我们的第六军、第二军攻下，当夜英、美、日、法、意等帝国主义联合炮轰南京。对蒋介石发出信号，要他来共同反对中国革命。24 日蒋介石就从安庆坐兵船到上海，到上海后，布置了"四一二"的反革命大屠杀，公开实行叛变。4 月 18 日，蒋介石宣布在南京成立蒋记政府，南京成为反革命中心。

四

4 月初，汪精卫由国外回到上海。汪精卫和蒋介石一样，是帝国主义代理人，是混入革命营垒的奸细分子。他回上海后，就和蒋介石、吴稚晖等人举行秘密会议。吴稚晖骂他投降共产党，汪精卫痛哭流涕地说：他自己是反共的，只不过方法不同而已。他最狡猾，最会耍手法，表面上装起革命的样子，他的反蒋的面目也很使人以为他是革命的，其实他的企图是借革命的力量来打倒蒋介石以达到窃取权力的目的。4月5日汪精卫和陈独秀在上海发表联合宣言，说国共关系还很好，以此粉饰太平，麻痹革命人民的警惕性。4月9日，汪精卫又和陈独秀到武汉。蒋介石叛变以后，他还大骂蒋介石。许多人认不清他的真面目，以为他是国民党左派，很欢迎他到武汉，仍旧承认他是国民政府主席。陈独秀这时把他的一套机会主义理论都搬出来采取投降主义态度，一切都听汪精卫的话。汪精卫在陈独秀机会主义的帮助下很快地把党权、军权都拿去，篡夺了革命的领导。武汉的革命局面，从此走了下坡路。

4月19日，武汉政府宣布继续北伐，开始很顺利。到5月中旬，打到河南驻马店、西平一带，战局僵持下来，时局紧张起来，反革命势力到处抬头，在革命胜利时归顺过来的军阀纷纷叛变。5月17日，驻在宜昌的夏斗寅联合四川军阀杨森率部叛变，攻打武汉。武汉依靠黄埔分校一万多进步青年和叶挺的一师军队，击退了夏斗寅的进攻。21日，许克祥在长沙叛变，围攻湖南省总工会，野蛮屠杀共产党员，是即"马日事变"。当时许克祥只有一团人，我们主张派叶挺率师乘胜攻长沙，但汪精卫、谭延闿极力反对，陈独秀也主张不打。在湖南工作的同志，动员了农民军队一二十万进攻长沙，也被陈独秀制止。结果使反革命的势力得到胜利，而使湖南的革命势力受到严重的打击。

那时候在湖南，由于毛泽东同志曾经在那里作过工作，农民运动蓬勃发展，几个月内，几百万农民都组织起来，成立农民协会，出现了"道不拾遗，夜不闭户"的良好革命秩序。地主、土豪、劣绅受到严重打击，纷纷逃到长沙、武汉，到处叫嚣说农民不得了，造谣说：有钱人都要被戴高帽子，老太婆都要被解开小脚游街。汪精卫住在官僚大地主谭延闿的家里，当时很多大地主也住在谭家躲避。汪精卫不断听到地主的这种反对农民运动的叫嚣，他就拍桌子大骂"农民无法无天"。陈独秀也跟着喊"农民运动过火"，需要加以"纠正"，向农民运动泼冷水。这时武汉缺乏粮食，武汉政府派人到湖南去运粮，湖南农民禁运谷米出境，没有农会介绍信，不能买米。汪精卫听了，暴跳如雷，说："农会大，还是政府大？"陈独秀马上下命令要把农民运动压制下去。这就是陈独秀机会主义错误路线的具体表现。

　　1927年4月，中国共产党在汉口召开了第五次代表大会。当时全国共产党员五万七千多人。陈独秀仍然实行他一贯的家长统治，独断专横，他说什么，就算什么。毛泽东同志虽然参加了大会，但完全被陈独秀排斥在大会的领导之外，并被剥夺了表决权。大会虽然接受了共产国际执委会第七次扩大会议关于中国革命的正确指示，但仍旧选陈独秀为党的总书记，而陈独秀却在实际上仍旧坚持他一贯的机会主义观点，这样第五次代表大会在事实上就没有解决任何问题。为什么第五次代表大会虽然批评了陈独秀的错误却仍旧选他作党的书记？不难理解：当时代表党内正确路线的毛泽东同志还没有被全党所认识，例如他所写的《中国社会各阶级的分析》和《湖南农民运动考察报告》这两篇极重要的著作就都受到陈独秀的压制，不许登在党刊《向导》上，因而许多同志没有看到；陈独秀因为过去参加民主活动较久，资历较老，所以大家批评了他的错误后，仍选他作总书记。当时党还是幼年的党，没有形成党的领导核心，没有中央的集体领导。第五次代表大会后，很多同志分赴各地去作工作，陈独秀独掌中央大权，依然执行并发展他的机会主义路线。这时，随着夏斗寅、许克祥叛变之后，反动军官何键又在汉阳发布反共传单，革命到了困难境地。北伐军打下郑州，可以和冯玉祥的军队会师，大家以为可以好转，但事实上，时局更发展到更难挽回的境地。

6月8日，汪精卫、谭延闿、唐生智、徐谦、顾孟馀、孙科、邓演达等从武汉到郑州，10日和冯玉祥、于右任开秘密会议，在这个会议上反动派就计划反共。邓演达开会回来后很生气，但也没有告诉我会议的内容。蒋介石、胡汉民、李宗仁、白崇禧又和冯玉祥在徐州开会，商量分共和宁汉合作等问题。冯玉祥致电国民党中央报告，我看到电报后去责问汪精卫，汪否认有其事。6月14日，张发奎第四军从前线回到武汉，大家都去欢迎，以为革命有保障了，汪精卫向张发奎的将领煽动，主张"分共"。他说："国共在一起搞不清，容易生毛病，不如分开，在党外合作好些。"张发奎部下的有些将领开头并不愿意"分共"，他们说：我们队伍里有很多共产党员，有他们才有力量，分共之后我们还有什么力量呢？这时，共产国际派来一个新的代表叫罗易的（后来才知道他是一个托洛茨基分子），他想把汪精卫劝说过来，竟把共产国际5月紧急指示给汪看，反给他增添了反共的资本。汪利用这个材料来煽动第四军的军官，说共产党要消灭老国民党员，要抛弃老的军队，夺取国民党和军队的大权。这样，就把张发奎部下一部分军队煽动起来也赞成"分共"。汪精卫当时很狡猾把反共叫作"分共"，并且说所谓"分共"只是不在国民党内合作，自然还要在党外合作，大家一道革命，以掩人耳目。

共产国际的5月指示是在革命处于紧急关头时给我们送来的，是可以挽救革命的重要的指示。其主要内容有四：（一）"没有土地革命，胜利是不可能的……不应该脱离农民运动，而应该用一切可能的方法促进它"；（二）"必须多多从下面吸收新的工农领袖到国民党中央委员会里去，他们勇敢的呼声会使元老们坚决起来，或者把他们抛掷出去"；（三）"要动员两万共产党员，加上湖南湖北五万革命工农，编成几个新的军团，利用军官学校的学生做指挥人员，并且刻不容缓的组织自己的可靠的军队"；（四）"要组织非共产党员的著名国民党人为首的军事法庭。惩办与蒋介石保持联系或唆使士兵残害人民，残害工农的军官"（摘引自《列宁斯大林论中国》人民出版社 1953 年 9 月版第 314 页）。陈独秀因为这个文件与他的投降主义路线不合，竟不让党内许多同志知道。6 月 13 日[①]，我党中央在武昌的一个学校中召开中央扩大会议。我在另外一个房间里听见任弼时同志和陈独秀争吵，任弼时同志要求发言，都被陈独秀压制下去。张太雷同志告诉我，任弼时同志知道共产国际有一个指示，共产主义青年团作了决议，拥护共产国际这个指示，要陈独秀把这个指示公开。陈独秀不肯，说这是党的会议，青年团没有资格发言（任弼时同志当时是共产主义青年团的书记）。陈独秀不服从共产国际的路线，不听从毛泽东同志的正确意见，不听取群众的意见，走上了机会主义的错误道路。他从来就说："对于那些资产阶级分子，不要得罪他们，不要把他们赶走，而应该帮助他们进行资产阶级革命。等到打到北京后，再来进行无产阶级革命。"这就是只联合不斗争的投降主义思想，最后发展到极端，竟至扣留共产国际的指示，不给党内知道而给敌人看。这也就是在革命紧要关头时帮助了反革命，背叛我党，使革命遭到惨痛失败。

7 月 14 日晚，汪精卫等召开了秘密会议，提出"分共"，讲了许多污蔑我党的话。孙夫人没有出席，陈友仁代表她讲话，说："孙夫人反对分共，因为革命有这样大的成绩，都是由于执行孙中山先生的联俄、联共、扶助农工的三大政策。"陈友仁不会中文，只能讲英文，让孙科替他翻译。在翻译时，主张反共的孙科就和陈友仁吵起来了。"分共会议"召开后，7 月 15 日汪精卫就公开反共，开始了武汉地区的大屠杀，叛变了革命。

---

① 原文如此。

　　从这段历史，我们可以清楚地看出在国民党里谁是我们的朋友，谁是我们的敌人。孙中山是我们的朋友，因为他提出了正确的联俄、联共、扶助农工的三大政策；宋庆龄、何香凝是我们的朋友，她们受了孙中山和廖仲恺的影响，知道中国革命胜利必须联俄、联共、扶助农工，坚决反对分共，始终坚持革命，坚持与共产党合作，对革命很有贡献，我们应当尊敬他们。蒋介石、汪精卫是反革命，背叛了孙中山的三大政策，背叛了革命，因而是我们的最凶恶的敌人。

　　以上我讲的第一次国内革命斗争时期在政治斗争方面的大概情况。

五

　　1927 年 12 月 3 日，斯大林同志《在联共（布）第十五次代表大会上关于中央委员会政治工作的总结报告》中，曾经充分估计了中国这一阶段革命的重大成绩。他说："很明显的殖民地和附属国底革命觉醒是预示着世界帝国主义底灭亡。中国革命虽然还没有达到直接战胜帝国主义势力的地步，但这一事实对于革命发展前途是不能有什么决定意义的。伟大的人民革命总是不会在其始初发动阶段上达到彻底胜利的。这种革命是经过来潮和退潮而增长和巩固起来的。各国情形都曾是如此，俄国情形也曾是如此。中国情形也将是如此。"

　　"中国革命最重要的结果，就是它已使数亿被剥削被压迫者从历来睡梦中觉醒而积极动作起来，已最终揭破了各派军阀反革命作用，撕破了那班替反革命势力服役的国民党分子底假面具，巩固了共产党在下层民众中间的威信，把整个运动提到了更高的阶段，并在印度、印尼及其它各国被压迫阶级千百万人民中间唤起了新的希望。只有瞎子和懦夫才能怀疑到中国工人和农民是在走向新的革命高涨。"（斯大林：《在联共（布）第十五次代表大会上关于中央委员会政治工作的总结报告》，人民出版社

1953 年版，第 12～13 页）

对于这一时期党的情况，毛泽东同志所写的《〈共产党人〉发刊词》里作了总结。他说："第一阶段是党的幼年时期。在这个阶段初期和中期，党的路线是正确的，党员群众和党的干部的革命积极性是非常之高的，因此获得了第一次大革命的胜利。然而这时的党终究还是幼年的党，是在统一战线、武装斗争和党的建设三个基本问题上都没有经验的党，是对于中国的历史状况、中国革命的特点、中国革命的规律都懂得不多的党，是对于马克思列宁主义的理论和中国革命的实践还没有完整的、统一的了解的党。因此，党的领导机关中占统治地位的成分，在这一阶段的末期，在这一阶段的紧要关头中，没有能够领导全党巩固革命的胜利，受了资产阶级的欺骗，而使革命遭到失败。在这一阶段中，党的组织是发展了，但是没有巩固，没有使党员、党的干部在思想上、政治上坚定起来。新党员非常之多，但是没有给予必要的马克思列宁主义的教育。工作经验也不少，但是不能够很好地总结起来。党内混入了大批的投机分子，但是没有清洗出去。党处于敌人和同盟者的阴谋诡计的包围中，但是没有警觉性。党内涌出了很多的活动分子，但是没有来得及造成党的中坚骨干。党的手里有了一批革命武装，但是不能掌握住。所有这些情况，都是由于没有经验，缺乏深刻的革命认识，还不善于将马克思列宁主义的理论和中国革命的实践相结合，这就是党的建设的第一阶段。"

在第一次国内革命斗争时期的初期和中期，由于我们党执行了第三国际和列宁、斯大林的英明指示，在以毛泽东同志为代表的全党同志的努力下，组成了革命统一战线，发展了工农运动，进行了北伐革命战争，使革命取得了轰轰烈烈的大胜利，而在革命的大发展中，在无产阶级和资产阶级争夺革命领导权的严重关头，由于陈独秀机会主义者拒绝接受共产国际和斯大林同志的指示，拒绝接受毛泽东同志的正确意见，就使革命遭到了许多不可避免的损失。革命是改变阶级力量对比的长期过程，不能希望一下子得到完全胜利；但是正确的指导却能加速革命的进程，错误的指导则会推迟革命的胜利，甚至造成革命的失败。为了更好地使我们的国家向社会主义过渡，我们要很好地学习历史教训，学习马克思列宁主义，学习毛泽东同志的著作。

对《中国青年》杂志记者的谈话 *

（1959 年 12 月）

　　世界观是对客观世界的总的看法，不同世界观的人对同样一件事情，就会有完全不同的看法。比如我们认为，资本家剥削是罪恶的行为，而资本家却认为是天经地义的事情。我们认为佃农是地主阶级剥削的对象，是农民养活了地主，而地主阶级却认为，如果他不出租土地，农民就无法生活。一切剥削者都把"为富不仁矣，为仁不富矣"当做他们的格言。

　　不同世界观的人对事物的看法既然不同，那么他们的志向当然也截然不同。在历史上各个朝代里，也有人讲立志，这些人立的志无非当皇帝，作宰相，中状元，或是扬名显世，光宗耀祖。这都是剥削阶级的志气，不是革命者的志气。从原始公社进入奴隶社会开始，一直发展到封建社会、资本主义社会，这一过程有着几千年的历史。在这一过程中形成了一整套的剥削阶级的意识形态，它是随着社会的发展而发展的，但它是向死亡的方面发展。当私有制发展到帝国主义，就到了极点，必然要被共产主义来代替。无产阶级革命取得胜利以后，旧的经济基础被摧毁了，但旧的意识形态及其对人的精神作用还存在。我们每一个人都生活在宇宙间，旧的东西对人不可能不发生影响，否认这一点，就是唯心主义者。我们的党创立还不到 40 年，建国也才有 10 年，在这短短的时

＊ 录自《吴玉章教育文集》，四川教育出版社 1989 年版，第 417～418 页。

间里，马克思主义和毛泽东思想完全代替那些旧的意识形态是不可能的。

　　你们生长在社会主义时代，是最大的幸福。这是党和毛主席经过几十年斗争得来的结果。不要错过这个大好时机，机不可失，时不再来，你们要好好珍惜，你们应该胜过我们老一代。

文字改革要跟上形势*

——在中共广东省委召开的文字改革、推广普通话和扫除文盲工作座谈会上的讲话（摘要）

（1960 年 2 月）

目前我国工农业大大发展，如果我们文化教育工作跟不上，那就会影响工农业的迅速发展。我们不做好这件工作，是对不起党，对不起国家和人民的。我们国家的进步是史无前例的，文字工作如跟不上，将来就会妨碍建设工作。我们文化工作者的担子很重，一刻也不能放下来。人生在世，事业为重。只要一息尚存，就要鼓足干劲，在这大跃进的时代里尽自己的一份力量。

当前文字改革工作有三大任务：第一，简化汉字；第二，推广以北京语音为标准的普通话；第三，推行《汉语拼音方案》。他说：我们不要对废除汉字的问题争论不休，而要切切实实地做好上述三项艰巨的工作。对学拼音和推广普通话，现在不能要求太高。初学时不一定讲得符合标准。不要笑人家，要帮助他们学。实践证明，注音扫盲是一举三得，既学会了拼音方案，也学会了汉字和普通话。现在开大会都有发言稿，看着字都能懂。如果只是听，就有很多人不懂，因为说的可能不尽是普通话，听的人也可能听不懂普通话。以后大家都学会拼音，就可以语文一

---

　　* 录自《文字改革文集》，中国人民大学出版社 1978 年版，第 229～230 页。

致。《汉语拼音方案》是扫除文盲的工具。我们应该把扫除文盲、推广普通话和《汉语拼音方案》的工作，很好地结合起来。报纸、广播电台、出版社、新华书店也要很好地配合这些工作。

学科学，搞尖端，都必须有语文基础。如果语文不好，有话也说不出，有文也写不出，那怎么去研究尖端科学？为了科学，必须学好语文。特别是教育界人士，更要学好语文。华南师范学院搞"三正"（正音、正字、正书）、"三通"（词通、句通、文通）运动这个做法很好，可以在各地推广。学生不重视语文是不对的。现在还有些报纸不注意用词，如报上出现"截止1959年年底……"就是用词不当，应该写成"截至1959年年底止……"才对。

向劳动妇女致以节日的祝贺 *

（1960 年 3 月 8 日）

今年的三月八日，是国际劳动妇女节五十周年，请让我向我国的妇女和全世界的劳动妇女致以节日的祝贺！

中国妇女在旧社会里，也和世界各国被压迫的妇女一样，倍受压迫和歧视。她们曾经进行过许多斗争，例如戊戌变法时期禁止缠足的"天足会"运动，辛亥革命胜利后一度提出的"男女平权"主张等等。但是，由于这些运动和主张是资产阶级的妇女运动，又由于统治阶级和旧习惯势力的坚决反抗，结果都没有成功，就连一些改良措施也行不通。直到十月社会主义革命胜利，马克思列宁主义在中国传播，中国共产党成立以后，中国妇女才真正觉醒起来，走上了彻底解放的道路。中国人民革命胜利，中华人民共和国成立以后，中国妇女运动跨进了一个新时代。

中国妇女在新民主主义革命时期，为求人民解放，其中当然也包括妇女解放，与男子一道进行了英勇卓绝的斗争。她们前仆后继，艰苦奋斗，创造了许多可歌可泣的事迹，出现了许许多多象向警予、赵一曼、刘胡兰等这样一些出色的女英雄。中国妇女在社会主义革命和社会主义建设时期，也积极地投入了斗争，作出了应有的贡献。特别是人民公社化以后，更多的妇女摆脱了家务劳动，奔赴各个生产战线，创造了无数

　＊ 录自《中国妇女》1960 年第 5 期，第 1 页。

奇迹，出现了象向秀丽、徐学惠等这样一些赤胆忠心的女英雄，还涌现了成千上万的女模范。这些事迹，令人钦佩！

值此纪念"三八"国际劳动妇女节五十周年之际，我希望我国妇女继承和发扬过去的优良传统，在社会主义建设事业中继续努力争取更大的成绩；与全世界一切被压迫的妇女一道，为争取全世界妇女的彻底解放继续努力；与全世界人民一起，为争取世界持久和平和人类进步事业继续奋斗。

在职工中积极开展注音识字运动 *

（1960 年 4 月 6 日）

　　建国十年来，职工业余教育取得了很大成绩。但是一般说来，职工的文化水平还不高，文盲和半文盲还占职工总数 20% 左右。为了迅速地改变这种文化落后状况，更好地开展文化革命和技术革命，把我国建设成为一个强大的社会主义国家，必须积极采取措施，千方百计地提高广大职工的文化水平。

　　提高职工文化水平的第一步是扫除文盲，并在这个基础上继续提高。扫除文盲的办法很多，但是各地经验证明，用拼音字母扫盲，是一个多快好省的办法。

　　根据各地的经验，用拼音字母扫盲有这样三大好处：

　　第一，加快了扫盲速度。一般只用 20 小时左右就可以学会拼音字母，然后利用它学习汉字，大概再用 100 个小时左右，就可以达到扫盲标准。例如：武汉市东方红棉织厂试点班三十名学员中，除一人因病掉队外，其余二十九人，只经过六十多小时，就都认识了一千九百个汉字。山西万荣县和其它许多地方的经验，都证明了这一点。

　　第二，杜绝了回生复盲现象，巩固和扩大了扫盲成果。学会了拼音字母，就是掌握了一种自学工具，用这个工具，不仅可以巩固已识的汉

---

　　* 录自《工人日报》1960 年 4 月 6 日。

字，增识更多的汉字，而且可以大量阅读有注音的读物。通过大量阅读注音读物，提高阅读和写作能力，增加有关政治、文化和科学技术知识，从而促进生产。这就大大地提高了学员的思想觉悟、学习兴趣和生产积极性。例如：万荣县青年农民程宽牛，用拼音字母脱盲后，现在可以出口成章、提笔成文了，他还通过阅读注音读物，把学到的农业科学技术知识用于生产，创造了棉花平均亩产量高出当地两倍、红薯亩产量高出一倍的纪录。东方红棉织厂工人丁马英，用拼音字母不仅学会了二千多汉字，而且能写五百字的短文了。还有许多事例，都充分说明了这一点。

因此，拼音字母不仅对扫盲有用，对职工业余教育也有用。如果在业余初等学校中教学拼音字母，也可以缩短业余学校语文教学的时间，提高语文教学的质量。

第三，帮助学习了普通话。学会拼音字母，不仅可以认识汉字和提高文化，而且还可以给汉字正音，为学习普通话打下良好基础。万荣县工农群众说学习拼音字母可以"一箭双雕"。这在其它地区也同样证明了这一点。

目前，注音识字运动，在农村中开展得比较好，在城市厂矿的职工中还开展得比较差。为了在职工中加速扫盲和提高政治、文化和科学技术水平，我建议在职工业余教育中积极开展注音识字运动。在文盲、半文盲中利用拼音字母进行扫盲，在脱盲后的职工中和业余初等学校中利用拼音字母巩固和扩大扫盲成果，缩短业余初等学校的年限。我想只要党委重视，加强领导，大力宣传，积极推行，注音识字运动一定会在扫盲和职工业余教育中开出鲜艳的花朵，结出丰硕的果实。

让文字改革工作更好地为文化革命和教育革命服务 *

——在全国教育和文化、卫生、体育、新闻方面社会主义建设先进单位和先进工作者代表大会上的讲话

（1960 年 6 月 6 日）

各位代表、各位同志：

　　我代表中国文字改革委员会热烈地祝贺全国文教群英大会的召开，热烈地祝贺来自祖国各地的教育和文化、卫生、体育、新闻方面的先进单位和先进工作者，祝贺你们在社会主义文教建设事业中所创造的光辉成就！

　　目前我国社会主义建设的各条战线上，形势非常之好。工农业生产正在一浪高一浪地继续跃进。经济建设的连续大跃进，已经带动了文化建设高潮的到来。毛泽东同志曾经说过："随着经济建设高潮的到来，不可避免地要出现一个文化建设的高潮"，这个高潮现在已经到来。教育、文化、卫生、体育、新闻等方面的成绩和今后的任务，定一同志、林枫同志的报告中已经说得很详细，我就不多说了。现在我想谈谈文字改革工作问题。文字改革工作，从大跃进以来，也已取得了很大的成绩，特别是从山西省万荣县创造了注音识字经验之后，文字改革工作已进入了一个新的阶段。这一点，我到山西万荣跑了一趟之后，印象更为深切。

---

　　* 录自《文字改革》1960 年第 11 期，第 1～4 页。

今年 5 月初，我曾到山西视察工作，一上火车，就遇见了一件使人兴奋的事。我们坐的从北京到太原的第四十一次列车，开展了帮助旅客学习汉语拼音的运动，把列车变成了学校，每一节车都挂有拼音字母牌，每天由列车员向旅客教学两次拼音字母，很受旅客欢迎。到山西后，我跑了太原、洪洞、临汾、侯马、稷山、万荣、临猗、运城等县市。每个地方都各有所长、各有特点：洪洞的电气化、稷山的爱国卫生运动、临猗的农村方田制和农村文艺活动、运城卿头小学的科学研究，特别是万荣的注音识字运动和农村业余体育运动。这些地方不仅各有突出之点，而且其他各种工作也随之带动了起来。所到之处都是一片大跃进的繁荣景象。

我到山西去的主要目的是视察万荣的注音识字工作。大家知道，万荣是全国推广注音识字和普通话的一面红旗。我党中央已发布指示推广万荣的注音识字经验。在万荣期间，我看到了许多活生生的事实，证明注音识字是一个多快好省的识字方法，是工农群众知识化的捷径。万荣县推行注音识字的结果，不仅迅速扫除了文盲，推广了普通话，加快了业余高小的进度，而且使农村读书成风，掀起了全民学政治、学文化、学技术的高潮。

我在万荣住了三天，听取了万荣县委的汇报，对万荣县直属机关干部进行了汉语拼音测验，看了一些学校和农村业余教育工作，开了一些座谈会，还看了注音识字的成绩表演。给我印象最深的是：第一，万荣县所以在注音识字方面取得突出的成绩，是因为县委在充分认识了注音识字的巨大优越性之后，就书记挂帅，领导带头，全党动员，大造声势，大搞群众运动，并且一鼓作气，坚持到底，没有搞搞停停，更没有半途而废，因此发展成为一个广泛深入的群众运动。从县委第一书记李明同志起，一直到一般干部和群众；从幼儿园的儿童到六七十岁的老人，都积极自觉地参加了注音识字运动。万荣县直属机关二百三十二名干部的测验结果，达到平均九十八分的优良成绩。第二，他们在广大群众掌握了《汉语拼音方案》、基本上脱盲后，又趁热打铁，大搞业余高小、中学，还准备办大学。通过广泛地组织大读大写运动，使运动由点到面，纵深发展，步步提高，不断前进；他们找到了一条从扫盲逐步提高的正确道路，创造了一套比较完整的经验。第三，工农群众掌握了文化以后，如饥如渴地追求学习文化和科学知识，并且出现了许多农民诗人、农民革新家。他们不仅能读通俗书报，而且能看《林海雪原》《青春之歌》《平原烈火》《苦菜花》《钢铁是怎样炼成的》等大本文艺小说，还能看象《矛盾论》《实践论》等理论书籍；他们不仅能写信、写诗、作文、写工作报告，而且能写五六万字的自传、小说、剧本。我曾和青谷村的农民诗人李泰柏、程淑欠，农民革新家程宽牛等举行了座谈，并和他们赛过诗。我出了一个"五月红"的题目，许多人仅在几分钟内就作出诗来，而且作得都很精彩。他们在一年以前甚至在半年以前还都是文盲或半文盲，现在竟成了诗人、作家、哲学家……真是时代出英雄。这些新农村的新农民，既是生产能手，又是学习模范。他们由于掌握了文化，胸襟越来越开阔，头脑越来越聪明，不但能写诗作画，而且能歌善舞。例如青年农民张玉娥自编自演的《乞丐变成了文化人》，六岁幼儿吴健生表演的当场拼写，都十分感人。第四，根据万荣的经验，使我想到推广注音识字不仅可以缩短业余教育年限，而且可以大大缩短中小学教学年限。我在太原参观过锅炉厂，他们利用注音识字，大闹教学改革，两年任务半年完成，在今年"五一"实现了初中化。原有三百一十六名高小学员，除少数特殊情况外，大部分已于4月底毕业，转入了业余中学。万荣青谷村已脱盲的学员如李泰柏、程宽牛已认识汉字三四千，最差的也已认识二千字左右。孙吉管理区的业高班，用拼音字母作教学改革的试验，结果一个月就能认识八百多字。由于语文教学时间的缩短，理解能力的增强，也将大大缩短其他课程教学时间。小学一年级过去根本不能看课外读物，就是给他们看，也看不懂。现在不同了。万荣城关小学一年级学生，由于掌握了拼音字母，能无师自通地预习新课、阅读课外读物。这样不仅提高了他们阅读、写作和理解的能力，提高了语文教学质量，而且也提高了其他学科的质量。万荣县幼儿园大班 1959 年就比较普遍地教学了拼音字母，许多小朋友拼音字母达到了四会，有的还认识了三五百汉字，汉字和拼音字母都写得正确、流畅。六岁幼儿吴健生，只要你说出任何一句话来，她都能熟练地拼写出来。这证明在幼儿园大班，教学拼音字母并认识一些汉字是完全可行的。从上面的一些事实就可以看出，注音识字不仅是加快扫盲速度，避免回生复盲，加快实现工农群众知识化的捷径，而且也是进行教学改革，积极提高教学质量，多快好省地培养人材的好办法。

　　我党中央《关于推广注音识字的指示》中指出："山西省万荣县注音识字的经验是我国文化革命中一项很重要的创造，应当在全国迅速推广。"目前在山西、山东、河北、河南、吉林、安徽、四川、辽宁、湖北、北京等省市，一个学万荣、赶万荣的注音识字运动正在蓬勃开展。除万荣县以外，山东省的平原县、青岛市，山西省的太原市，河北省的河间县，安徽省的萧县、歙县，吉林省的永吉县、榆树县，四川省的泸州市、荣县、富顺县，辽宁省的开原县，以及其他一些地区，也都在注音识字工作方面作出了不同程度的优异成绩。许多地区的经验证明：凡是开展注音识字的地区，群众的学习情绪受到很大鼓舞，入学率大大提高。许多老年人也都踊跃参加学习。许多学习条件差、历次扫盲都扫不掉的人，依靠注音识字摘掉了文盲帽子。注音识字受到广大群众的热烈欢迎。

中央指示又指出："提前扫除青壮年文盲是提前实现农业纲要四十条的重要关键之一，因此，推广万荣县的多快好省的扫盲经验是一项重要任务。"山西省正在全省推广万荣县的经验，争取提前完成扫盲任务。山东、河北等省也已决定在今年上半年在全省铺开。目前已经进行试点的地区，希望各有关省市区党委加强对这项工作的领导，积极做好试点，迅速总结经验，然后大力推广。尚未试点的地区，希望抓紧时机，在今年秋前做好试点、培训师资和教材读物供应工作，在秋后大规模推广。我们相信，大力贯彻执行中央的这个指示，大力推广万荣县的注音识字经验，将大大加快扫盲任务的完成，将大大促进业余教育的发展。

推广普通话也是当前文字改革工作中的一项重要任务。随着我国经济和文化建设的飞跃发展，推广普通话的工作也取得了很大成绩。山西万荣县在推行注音识字的同时，也结合推广了普通话。农民通过学习拼音字母和大量阅读注音读物，也逐步地学会了普通话。群众说："注音识字好办法，一树开下两朵花，一朵摘掉文盲帽，一朵学会普通话。"他们不仅在扫盲工作上做出了很大成绩，同时在普通话上也得到了丰收，在农民中推广了普通话。万荣县的经验证明：在农村中推广普通话，必须密切结合学习文化，只有这样才能经常持久地开展。在方言区，推广普通话工作也有很大成绩，福建省的成绩尤其突出。1958年在方言复杂的福建省就出现了一个在全县普及了普通话的红旗县——大田县，继大田之后，现在在福建的将乐、崇安等好几个县也都相继普及了普通话。

从1958年秋季开始，全国绝大部分小学、中学、师范学校都已开始教学拼音字母和普通话。许多地区还在幼儿园大班中试教拼音字母和普通话得到成功。让儿童们从小就听惯和说好普通话，这是一件很重要的事情，值得大力提倡。近年来，全国各地小学、中学、师范学校、幼儿园都有很大的发展，增加了许多新的教师。这些教师大部分或一部分还没有受过拼音字母和普通话的训练。希望各地教育行政部门作出规划，抓紧进行对新教师的培训工作。各地还要普遍定期举行普通话教学成绩的观摩和评比，对于普通话教得好、学得好的教师和学生给以奖励。

在社会上，在各行各业中，特别是跟广大群众接触频繁的铁道、交通、邮电、商业、服务性行业等系统中，应该大力推广普通话，以便更好地完成任务，提高服务质量。特别应该在青年中大力推广，使青年工人、青年农民、青年店员、青年职员和部队中的青年官兵都成为推广普通话的尖兵。

推广普通话这项工作，还需要大家来大力提倡，使全国各阶层群众中和各部门工作中都造成学普通话、说普通话的优良风气。

此外，我们还需要积极进行继续简化汉字的工作。简化和整理汉字的目的，是要使汉字尽可能合理化，减少学习的困难，缩短学习的时间，使成人和儿童学起来容易，用起来方便。1956 年国务院公布《汉字简化方案》以来，已有五百多个简化字在图书报刊上使用，受到群众的热烈欢迎。但是现在还有很多笔画较多的常用字以及一些笔画虽不多但难写难认的字，至今还没有得到简化。因此，中央在《关于推广注音识字的指示》中指出："为了加速扫盲和减轻儿童学习负担，现有的汉字还必须再简化一批，使每一字尽可能不到十笔或不超过十笔，尽可能有简单明了的规律，使难写难认难记、容易写错认错记错的字逐渐淘汰。"这是完全正确和必要的。

这几年来，各地群众创造了许多简字，这个事实证明广大群众要求继续简化汉字，证明汉字的继续简化已是大势所趋，人心所向，只能因势利导，而无法加以阻止。为了避免发生文字上的混乱现象，我们也只有采取积极的措施，使应当简化的字逐步得到简化，以便利群众的学习和使用。

简化汉字，正如中央所指出的，是关系到加速扫盲和减轻儿童学习负担的大事。这项工作必须依靠广大群众，才能做好。希望大家都来搜集目前群众中已在流行的新简化字。希望在小学、中学、扫盲、业余学校担任教学工作的同志们，在你们的学生和学员中来进行调查测验，找出中小学生和工农学员最容易写错、认错、记错的字来，作为我们今后继续简化的依据。我们希望大家都来关心这件工作。这对于初学文字的成人和儿童以及我们的后代，都是一件好事。

同志们！文字改革的目的是为了使广大群众更加容易掌握和使用文字，使文字能更好地为我国社会主义建设服务。随着社会主义经济建设的蓬勃发展，工农业生产的大跃进，广大工农群众越来越迫切地要求迅速提高文化、学习科学技术，为此就必须首先掌握好文字工具。因此积极地进行汉字的改革，使它变成容易学习，便于使用，是适应社会主义建设大跃进的需要，是符合广大群众迫切要求的重要工作。当前的文字改革工作，无论是注音识字、无论是推广普通话或简化汉字，都是关系到广大群众的大事。你们是来自祖国各个地区的、文教战线上的先进战士，我热烈地希望你们积极参加，共同来做好文字改革工作，使文字改革工作能更好地为文化革命和教育革命服务，以适应我国社会主义建设持续大跃进的需要。

回忆伯渠同志 *

（1960 年 6 月 16 日）

　　伯渠是我最亲密的同志和战友，我们同生死、共患难，肩并肩地在一起斗争达半个世纪以上，他的逝世，怎能不使我感到格外伤心！

　　回想辛亥革命失败以后，同盟会随即土崩瓦解。为了继续革命，孙中山重组中华革命党。鉴于同盟会的教训，孙中山规定参加中华革命党的人，要打手印，要宣誓效忠于他。这时，不独妥协投降的京津同盟会如汪精卫、李石曾之流已脱离他而去，就是坚决反袁的国民党南洋派如黄兴、李烈钧等人也对他表示反对。当然，打脚模手印并不是什么先进的办法，但孙中山在没有学习到无产阶级政党的经验以前，他只能采取这类旧社会秘密结社的办法以谋团结一致。那些出身高贵并已显达的人物既不屑于顺从孙中山，结果只有廖仲恺和伯渠同志等少数人能够识大体，不拘小节，毅然地追逐孙中山左右。其实，这里存在着一个原则问题，你是志同道合、坚持革命斗争和团结一致、不怕牺牲的战士呢，还是主张无组织无纪律、无政府等虚无主义，或甚至是投机取巧、官僚政客的一时结合呢？在这个重大的问题上，伯渠同志是完全站在革命的、正确的立场上。

　　十月革命给中国人民送来了马克思列宁主义。伯渠同志就是中国首

先接受马列主义的先进分子之一。从 1918 年开始,李大钊同志就不断给伯渠同志通信,研究马列主义。到 1921 年,伯渠同志就参加了光荣的中国共产党。由于伯渠同志和孙中山的密切关系,在推动孙中山的思想进步和促成国共合作方面,起了很大的作用。1921 年共产国际的代表马林到桂林和孙中山会晤,就是由李大钊同志写信给伯渠同志从中介绍的。其后凡是孙中山和苏联代表的接谈,都有伯渠同志参与其间。正因为这种关系,所以在 1924 年国民党的第一次全国代表大会上,伯渠同志被选为国民党的中央执行委员,以后并担任国民党中央的农民部长。

1925 年孙中山逝世的前夕,我到北京又遇见了伯渠同志。从此以后,由于政治观点和奋斗目标的完全一致,我们之间的战斗友谊就更为深厚了。

当 1925 年上海"五卅"惨案发生后,全国革命运动高涨,广东省港罢工正在轰轰烈烈地进行的时候,我们又在广州见面了。那时的广州充满革命朝气,到处欣欣向荣。我因要急于回四川工作,不能不和伯渠同志分手,但我们的心里都充满无限的热情和希望。

1926 年初,国民党召开第二次全国代表大会,我又和伯渠同志在一起工作。本来在这次大会上,我党占着绝对的优势,但由于陈独秀机会主义的领导,我们把领导权白白地放弃了。后来我和伯渠同志谈论及此,总觉非常痛心!这次大会之后,我又匆匆回川工作。不久之后就发生了3 月 20 日的"中山舰事件"和 5 月 15 日的"党务整理案",蒋介石用阴谋诡计篡夺了革命的领导权。

"党务整理案"以后,伯渠同志不能在国民党中央工作了,于是转到第六军去主持政治工作。本来,伯渠同志过去就主张党要掌握军队,并曾提出过要扩编第六军。现在,他来到第六军,就锐意加以整顿,把弱小的第六军变为具有较强战斗力的部队。在北伐战争中,第六军曾立下不少的战功，特别是 1927 年 3 月攻克南京之役，更使它的威名大震。帝国主义害怕中国革命胜利，它为了诱迫蒋介石投降，就在北伐军攻克南京的当晚，用大炮制造了著名的南京事件。蒋介石凭着帝国主义的援助，屠杀上海工人，成立了南京反革命政府。他为了讨好帝国主义，竟反诬共产党人林祖涵为"宁案要犯"，和各帝国主义一起对伯渠同志实行通缉。

1926年的9月①，我又到了广州。何香凝极其伤感地向我谈起蒋介石的专横和不法。我们于是召开了国民党的执监联席会议，通过了提高党权、反对独裁、发展工农运动、二五减租的决议。在这个会议上，我和伯渠等同志对蒋介石的党羽张静江、叶楚伧辈展开了坚决的斗争。

1927 年武汉政府时期，我和伯渠同志的关系更为密切。在这年 3 月的国民党二届三中全会上，我们一齐展开了反蒋斗争。会上，我当选为国民党中央常委兼秘书，他当选为军委秘书长。我们几乎天天见面，随时用电话磋商。南京攻克后，武汉政府看到蒋介石逆迹更张，决定派伯渠同志到南京去截获蒋介石归案法办。但狡滑的蒋介石从南昌赶赴上海时，并未在南京登岸，这一罪大恶极的叛贼竟未落入人民法网，实在是很大的遗憾！

4 月初，武汉政府曾决定派第四军东下去援助南京的二、六两军和刚刚得到解放的上海工人，伯渠同志对此异常兴奋，但机会主义者害怕帝国主义，把希望寄托在汪精卫身上，因此临时取消了原来的决定。接着，汪精卫和陈独秀于 4 月 5 日在上海发表《汪陈宣言》后，一同到了汉口，一场轰轰烈烈的大革命很快地就被他们断送了。

7 月 14 日的晚上，风声已经很紧了。我深夜还在伯渠同志家里，一会儿，彭泽民来给我们报告了汪精卫当晚召开分共会议的情况，我们知

---

① 原文如此。

道反革命的浪潮袭来了，决定分别离开汉口。随后，我们都到南昌参加了八一起义，我任革命委员会秘书长，伯渠同志任财政经济委员会主席。

南昌起义由于没有去和湘赣的农民运动相结合，因而于溽暑远征中在潮汕遭到失败。记得在流沙开会决定非军事上必要人员分散活动以后，我即和伯渠同志分别。当时虽遭失败，我们却并不灰心，我们互相鼓励，决定继续斗争，坚持革命到底。伯渠同志是同贺龙同志、刘伯承同志一路到香港的，但我到香港去看他们的时候，却没有见到伯渠同志，因为他是"国际犯"，到香港后立即避居日本，准备经日本再到苏联。我于1927年末与伯承等同志到了莫斯科。

1928年夏，伯渠同志也到了莫斯科，异国重逢，我们是多么感慨而又兴奋啊！随后，我们一同入中山大学（后改为中国劳动者共产主义大学）研究院，从此我们同吃同住，开始了有趣的学习生活。在研究院的时候，我们两人合写了一篇有关中国土地问题的论文，目的是要驳斥托洛茨基派拉基卡尔说中国土地可以自由买卖没有封建主义的胡说。我们每天一齐到列宁图书馆去看书，然后反复讨论，执笔为文。次年2月，为了进一步研究马克思列宁主义，我们又入这个学校的特别班学习。这时何叔衡、徐特立等同志也来了，我们几个"老学生"聚在一起，实在难得。在学校，我们不但学到了马列主义的伟大理论，而且参加了反对托洛茨基和布哈林派的实际斗争。我们一直同学到1930年毕业的时候。这段学习生活，给我留下了极其深刻的印象，现在想起来仍然是津津有味的。

学校毕业后，伯渠同志和我又相继都到海参崴远东工人列宁主义学校教书。这时，为了在华工中扫除文盲，我们以瞿秋白等同志研究的成果作基础，和一些苏联语言学家一起制订了中国北方话拉丁化方案。在1931—1932年，我们曾两次召开新文字代表大会，对原方案加以不断的改进。这一方案，对华工的扫盲和普及教育工作，确曾起过良好的作用。伯渠同志为这一工作付出了很大的劳动。

伯渠同志于 1932 年回国。他在中央革命根据地先后担任中央工农民主政府的经济部长和财政部长。伯渠同志素来就善于理财，所以他能在财经中发挥卓越的才能。由于第三次"左"倾路线的错误招致了第五次反围攻的失败，红军不得不开始长征。在长征途中伯渠同志又担负了总供给部长的重任。我虽然没有参加长征，但我对创造人类奇迹的长征英雄特别是像伯渠同志这样的老英雄实在衷心地敬佩！

西安事变以后，伯渠同志在西安从事统一战线的工作。自 1937 年起，他又担任陕甘宁边区政府主席。这时他不断往返于西安和延安之间，工作十分忙碌。在统一战线工作中，他利用了过去和国民党的关系特别是和程潜的关系，扩大了党的影响和力量，保护了不少的干部。

1938 年我们又在武汉见面了！为了抗日救国，我们又和当年捉拿我们的敌人合作。但是，我们的党，在毛泽东同志的领导下已经成熟了。在国民党召集的国民参政会的活动中，我们不但要同汪精卫投降派作斗争，而且要同蒋介石顽固派作斗争。伯渠同志在这些斗争中善于正确地运用战略和策略，同时他还向党揭发了右倾投降主义分子的错误。

我 1939 年回到延安后，和伯渠同志见面的机会又多了。1940 年，在毛泽东同志的支持下，由伯渠同志领衔发起了新文字协会。此后，伯渠同志在他所领导的陕甘宁边区内大力推行拉丁化新文字。一时边区的新文字报刊、新文字学校，风起云涌，收到很大的成绩。

1942 年整风运动开始后，我们又在一起学习。伯渠同志在整风运动中所表现的批评和自我批评的精神，非常令人感动。经过整风以后，我们全党更加认识到毛泽东同志的正确和伟大。

当国民党战场 1944 年在豫湘桂战役中遭到惨败的时候，全国人民更加把他们的希望寄托在中国共产党身上。这时，伯渠同志在国民参政会的讲坛上，代表党提出了立即召开紧急国是会议、废止国民党一党专政、建立民主联合政府的主张。从此联合政府便成了全国人民一致的要求。

抗战胜利后，国民党不顾全国人民的和平愿望，悍然发动了大规模的反动内战。当我由重庆撤返延安时，正碰上伯渠等同志在那里动员边区人民迎击胡宗南匪帮的进攻。以后伯渠同志一直在毛泽东同志的直接领导下，和陕甘宁边区的人民在一起，坚持着艰苦的对敌斗争，直到胜利。

1949年10月1日，中华人民共和国中央人民政府主席、中国人民的伟大领袖毛泽东同志在天安门广场上升起了一面光辉灿烂的五星红旗。这时伯渠同志荣任中央人民政府的秘书长，站在毛泽东同志的旁边。中华人民共和国成立以后，伯渠同志由于积劳成疾，身体渐渐衰弱了，但他仍力疾从公，发奋工作。他曾不断地到广东、宁夏回族自治区等地视察，对当地工作提出过许多宝贵的指示。1956年他曾一度病危，后来身体又逐渐好转。去年8月他还去访问蒙古人民共和国，我们大家都为他的康复而庆幸。后来他又病了，但并不严重。我5月初到山西视察以前还看见他很健康。我到山西万荣一带，看到了许多令人鼓舞的跃进的景象。我想回来告诉他，他一定十分高兴，很可能因此而减轻他的宿疾。谁知在回京的途中——郑州，竟听到他逝世的消息！

我五十余年的战友逝世了！但是，他给后辈青年留下一个足资学习的共产党员的榜样。我相信青年同志们定能学习伯渠同志的精神，学习他忠于党、忠于人民、忠于马克思列宁主义、忠于毛泽东思想的精神，继承他的遗志，把伟大的共产主义理想早日在中国实现。

青年要成为注音识字运动的先锋 *

（1960 年 7 月 9 日）

　　一个蓬蓬勃勃的全民性的技术革命和文化革命运动，已经在全国形成高潮，到处是一片新气象，形势真是好得很。这个运动对我国工农业生产的持续跃进，将起着不可估量的巨大作用。

　　工农群众在轰轰烈烈的技术革命和文化革命中，迫切要求迅速扫除文盲，迅速提高文化，要求突破旧圈子，用多快好省的办法掌握文化，以适应我国社会主义建设高速度发展的要求。山西省万荣县根据生产大跃进的需要和在群众的积极要求下，创造了注音识字的经验，这是迅速扫除文盲、缩短业余教育年限、促进文化革命的一个重要创造。工农群众用很少的时间（大约 15～30 个小时）学会了汉语拼音字母之后，就能大量突击汉字。这样认得的字就不易忘记，回生的字就能回熟。只要一百多个钟点，就能摆脱文盲状态。认识一千多个汉字的学员，依靠注音的帮助，就能大量阅读注音读物。这真是工农群众多快好省地提高文化的好办法。

　　党中央已经指示各地迅速推广万荣县的注音识字经验，各地正在大量培训师资，编印注音教材和读物，准备在今年秋后大规模地开展起来。这是一件大事情，也是有利于生产、有利于工农群众知识化、有利于文

---

　　* 录自《中国青年报》1960 年 7 月 9 日，第 3 版。

化教育大普及大提高的好事情。我们的青年人，应当在这个运动中成为急先锋，成为注音识字学习的模范，并积极进行宣传组织工作，使注音识字运动发展得又快又好。

汉语拼音字母的用处是多方面的。它不仅是扫除文盲和巩固扫盲成果的武器，也是工农群众脱盲后进一步提高文化、大量读写的工具；还是缩短中小学学制大搞教学改革的工具；拼音字母还能运用到近代科学技术的许多部门中，并且能够帮助学习普通话。因此，应当让工农群众迅速掌握拼音字母，来缩短工农群众知识化的过程。同时，已经掌握文字的知识分子和广大知识青年，也应该学会《汉语拼音方案》，以便发挥青年在推广注音识字运动中的先锋作用。

积极推行《汉语拼音方案》，大力推广普通话，进一步简化汉字，是当前文字改革工作的三大任务。周总理曾经说过："希望大家积极支持文字改革工作，促进这一工作而不要'促退'这一工作。"我也热烈地希望我们的青年人，都是祖国文字改革工作的促进派，大家鼓足干劲、力争上游，把我国的文字改革工作推向新高潮。

进一步开展注音识字和学习普通话运动 *

——在第三次全国普通话教学成绩观摩会上的开幕词

（1960 年 8 月 1 日）

　　文字改革工作是当前文化革命中的主要任务之一，文化建设的高潮不可避免地也反映到文字改革工作方面。近一年多以来，在反右倾、鼓干劲、力争上游的鼓舞和推动下，文字改革工作也取得了很大的成绩。值得特别提出的是山西万荣县在推广注音识字工作中作出了出色的成绩。我党中央在《关于推广注音识字的指示》中指出，"山西省万荣县注音识字的经验是我国文化革命中一项很重要的创造"，并要求在全国迅速推广这一经验。目前，全国各省、市、自治区正在掀起一个学万荣、赶万荣的推广注音识字和普通话的运动，而且已经取得了不少的成绩，把文字改革工作推向了一个新阶段。经验证明：注音识字是多快好省地扫除文盲、巩固和扩大扫盲成果的好办法，是加速工农群众知识化的捷径，同时也为推广普通话创造了极为有利的条件。所以万荣县的群众称赞说："注音识字好办法，一树开下两朵花，一朵摘掉文盲帽，一朵学会普通话。"这是受到益处的人表达他们心内欢乐的情感。

　　推广普通话是当前文字改革工作中的一项任务。从 1956 年 2 月国务院《关于推广普通话的指示》发布后，推广普通话的工作，就在全国各

---

* 录自《光明日报》1960 年 8 月 20 日，第 2 版。

地蓬勃展开。几年来，各地在党委的领导下，贯彻执行了"大力提倡，重点推行，逐步普及"的方针，作了不少工作，如训练教师、编印教材、创制教具、调查方言、在中小学和师范学校大力开展普通话教学等，都取得了不少的成绩。1958年以来，随着工农业生产全面大跃进的新形势，也促使普通话推广工作获得新的进展。普通话推广工作，已经不只限于学校范围，早已向社会广大群众推广。1958年福建大田县首先在全县范围内普及了普通话。这个经验证明：推广普通话，不仅在人口集中、交通方便的地区较易做到，就是在交通闭塞、方言复杂、村落分散的山区，只要做到政治挂帅，充分发动群众，并密切与生产劳动和文化学习相结合，同样可以做到，而且做得很好。各地的经验证明：在工农群众中推广普通话，必须和学习与提高文化技术密切结合起来，使其有远大的奋斗目标，才能经常持久地开展和收到良好的效果。

现在，不少地区，如：山东的青岛、平原、邹平、宁阳，山西的万荣、太原、临猗，河南的开封、叶县、安阳、商水、扶沟，四川的泸州、重庆、荣县、安县、富顺、自贡，福建的大田、将乐、崇安，河北的张家口、石家庄、河间、天津，北京西城区的福绥境、朝阳区，湖北的襄樊、长阳、汉阳，上海的静安区（原新成区）、卢湾区、宝山，江苏的昆山、新沂、沭阳，安徽的歙县、萧县，湖南的隆回、湘乡、益阳，广东的潮阳、普宁、广州、佛山，浙江的温岭、桐庐、泰顺，黑龙江的拜泉、肇源、哈尔滨，辽宁的开原、庄河，吉林的榆树、蛟河、长春，甘肃的兰州、平凉，江西的婺源、赣县，广西的梧州、桂林、临桂，云南的腾冲、晋宁，内蒙古的呼和浩特、赤峰，宁夏的吴忠、中卫、金积，贵州的盘县、修文、遵义，青海的湟源、西宁，新疆的乌鲁木齐，陕西的长安、石泉以及其他一些地区和部队，在党委的重视和大力支持下，发动了群众，先后开展了注音识字和学习普通话的群众性运动，在工作中取得了丰富的经验。这是令人兴奋的。

上面所举的例子，大都是比较近一点的情况，但也有些是过去的情况，而且就全国说来是极不完全的，总的说来，全国普通话推广工作的发展是不平衡的。有些地区早就开展过，但别的工作一忙又停顿了。当然，遇到工农业太忙的时期应该放松一点，但应当千方百计使学到的东西不要忘掉，并要随时互相督促检查，不致搞搞停停至于前功尽弃。

大力推广普通话，学校仍然是主要阵地，要巩固这一阵地，扩大它的影响。现在全国中小学和师范学校绝大多数都已教学了汉语拼音字母，这些学校也基本上使用了普通话进行教学。教学拼音字母和普通话后，可以大大加快识字速度，提高学生的识字效率；可以使学生顺利地独立地阅读注音课文和注音课外读物，养成良好的读书风气；可以使学生提前练习作文；可以丰富学生的语汇，扩大学生的知识领域，从而可以大大提高学生的表达能力。对于提高语文教学的质量，起着很大的积极作用。今年上半年，许多地区在幼儿园大班中试教了拼音字母和普通话，已经获得了成功的经验。让儿童从小就听懂和说好普通话，是一件很有意义的重要的事情。事实证明：幼儿园大班的儿童完全能学好拼音字母，能够很快学好普通话，而且能用注音识字的办法掌握一定数量的汉字，为将来升入小学后继续学习打下良好基础，对于中小学的学制改革也将起积极的作用。

为了使中小学、师范学校、幼儿园的普通话教学能够提高质量，并进一步普及，关键在于采取多种多样的办法来培训师资。各地应该根据实际情况，订出具体计划，认真贯彻执行。此外，还要注意解决教材和注音读物，编印适合于工农群众以及少年儿童使用的正音字典和正音词汇，以适应工作开展的需要。在社会上推广普通话，应该依靠党的领导，充分发动群众，做好思想工作，密切结合群众学习文化的迫切要求，大力提倡，大力推广，特别是要在青壮年和少年中大力推广。对不同对象要提出不同要求，才能使全国各阶层群众中和各部门工作中都造成学普通话、说普通话的优良的社会风气。总之，我们要坚决贯彻党中央的指示，"应当在学生、教师和青年工人、农民、店员、职员、部队官兵中大力推广普通话，造成风气"。

在这里，我要顺便提一下简化汉字的问题。简化汉字是关系到加速扫盲和减轻儿童学习负担的大事。党中央在《关于推广注音识字的指示》中指出："为了加速扫盲和减轻儿童学习负担，现有的汉字还必须再简化一批，使每一字尽可能不到十笔或不超过十笔，尽可能有简单明了的规律，使难写难认难记、容易写错认错记错的字逐渐淘汰。"这是完全正确的。但是目前正式推行的四批简化字，一共才有五百一十七个，显然，还远远不能满足广大群众学习文化的需要。近几年来，各地群众自己创造了不少的简化字，证明简化字是深受广大群众欢迎的。因此我们要积极进行继续简化汉字的工作。热心于文字改革工作的同志们和朋友们，人民教师们，都来参加这项工作，搜集目前在群众中已经流行的新简化字，或者对某些汉字提出具体简化的意见，交给中国文字改革委员会，作为继续简化汉字的依据。更希望各地文教部门，关心这项工作，大力支持这项工作。

总起来说，最近一年多以来，不仅普通话推广工作取得了巨大的成绩，而且文字改革工作也有了很大的发展。但是，这仅仅是工作的第一步。整个文字改革工作的任务还是长期的艰巨的，还需要我们戒骄戒躁不懈地努力和踏踏实实地工作，才能实现。特别是现在工农业生产在持续不断的大跃进，文化革命的高潮已经到来，要求我们的工作紧紧地跟上去。因此，各省、市、自治区以及工厂、农村和各行各业中必须在党委的领导下，依靠群众，不断努力，鼓起更大的革命干劲，在现有成绩的基础上，争取更大的跃进，把推广普通话的工作，把文字改革工作推向新的阶段。

表扬见义勇为集体 *

（1960 年 10 月 6 日）

通 报

第 11 学年第 1 号

1960 年 10 月 6 日

9 月 24 日中午，丰台西车站上一节满载着重要物资的车厢突然起火，当车站发出紧急救火的广播后，正在第一农场劳动的新闻、党史两系学生和下放干部等 400 余人，立即奔赴现场，同铁路工人一起，不顾生命危险，从浓烟烈火中把该节车厢里的化工原料——硫酸、硫磺和火碱等国家物资抢救脱燃，并扑灭了烈火。他们在这次与火搏斗、抢救国家物资的过程中表现出了舍己为公、奋不顾身的英勇精神和共产主义风格。为此，特予通报表扬，并希全体教职员工学习他们这种舍己为公的英勇精神和共产主义风格，努力搞好工作、学习和生产劳动，为祖国的社会主义建设事业做出更大的贡献。

校长吴玉章（签章）

---

* 录自《人民大学》1960 年 10 月 14 日，第 1 版。1960 年 10 月 6 日，校长吴玉章签发了这份通报，表扬了同烈火搏斗、抢救国家资财的在第一农场劳动的中国人民大学新闻、党史两系同学和下放干部 400 余人。

解放战争初期的一段回忆 *

（1960 年 11 月 20 日）

　　还在抗日战争后期，美帝国主义即加紧了对中国内政的干涉，妄图在战后代替日本的地位，把中国变成它的殖民地。蒋介石依靠了美帝国主义的支持和援助，不积极准备力量，以反攻日寇，收复国土；却处心积虑地在那里布置阴谋，准备内战，坐待胜利到来之时，好从峨眉山上杀下来，一举把共产党、解放军消灭，以恢复其半殖民地半封建的反动统治。对于蒋介石的反动阴谋，中国共产党早已洞若观火。毛泽东同志在《论联合政府》中即曾发出了严重的警告："国民党主要统治集团现在正在所谓'召开国民大会'和'政治解决'的烟幕之下，偷偷摸摸地进行其内战的准备工作。如果国人不加注意，不去揭露它的阴谋，阻止它的准备，那末，会有一个早上，要听到内战的炮声的。"

　　一九四五年八月八日，苏联对日宣战。在苏联红军的打击下，日本帝国主义被迫宣布投降。抗日战争胜利了！经过八年艰苦奋斗、流血牺牲的中国人民，听到抗战胜利的消息，该是多么的兴奋啊！但是，就在这个时候，蒋介石却一面下令解放军"应就原地驻防待命"，不许解放军进行反攻、收复失地；一面又令敌伪军"负责维持地方治安"，以待蒋党

---

　　* 录自《星火燎原》第 8 集，解放军出版社 1996 年版，第 1～24 页。本文于 1960 年 11 月 20 日，以《美蒋和平阴谋的破产——解放战争初期的一段回忆》为题，发表于《教学与研究》1960 年第 8 卷第 11 期，第 9～21 页。

去"接收"。蒋介石在美帝国主义的支持下，实行蒋日合作与蒋伪合流，其目的不但要独吞抗战胜利的果实，而且还想进一步从根本上把中国共产党和它领导的人民革命力量加以消灭。

但是，由于毛泽东同志的正确领导，在抗战胜利的时候，中国人民革命力量已经非常强大了。解放区已经拥有一亿多的人口；解放军已发展到一百二十多万人，并有民兵二百多万；中国共产党已成为拥有一百二十多万党员的大党，而且政治上已经成熟，它完全能领导全国人民，越过前进道路上的障碍，把革命事业引向胜利。针对着蒋介石国民党的"寸权必夺，寸利必得"的反动方针，毛泽东同志于一九四五年八月十三日在延安干部会上所作的《抗日战争胜利后的时局和我们的方针》的讲演中，提出了"针锋相对，寸土必争"的革命方针。根据这一方针，我们一方面要力争和平，反对内战；一方面又要对蒋介石发动全国规模内战的反革命计划，作充分的准备。就是说，对帝国主义和反动派不抱幻想，不怕威胁，坚决保卫人民的斗争果实，努力建立无产阶级领导的人民大众的新民主主义的新中国。

正因为中国共产党采取了坚定不移的方针，而这时国内人民和国际舆论又都反对蒋介石进行内战，同时蒋介石也觉得他进行全面内战的准备工作还没有完全做好，还需要一些时间，以便把更大量的军队运到内战前线去，因此他决定要玩弄一次和平阴谋：于一九四五年八月十四日、二十日和二十三日，一连发出三次电报，邀请毛泽东同志去重庆谈判"和平"。这分明是耍的鬼把戏，应不应该理它呢？毛泽东同志认为：为了尽一切可能争取和平，为了揭露美帝国主义和蒋介石的阴谋，以团结和教育广大人民，我们应该去。如果我们不去，就恰中了蒋介石的诡计，他正是希望我们不去，以便借此说我们拒绝和平，发动内战。因此，毛泽东同志以大无畏的英雄气概，毅然决定飞往重庆。听说毛主席要去重庆，延安的广大军民都非常担心。因为中国历史上曾有过许多"鸿门宴"之类的故事，而蒋介石对待李济深、胡汉民等人的流氓手段，人们记忆犹新，人们为毛主席担心并不是没有根据的。但是，毛泽东同志正确地分析了当时国际、国内的形势，认为有强大的人民力量特别是解放区的力量作后盾，蒋介石是难于重演南京汤山的旧戏的。就在毛泽东同志快要起身的时候，戴老（范文澜同志的爱人）还赶来对我说："请告诉毛主席，我们劝他千万别去呀！"在临上飞机的一刻，我转告了范老夫妇的意见，毛泽东同志笑了一笑，说道："谢谢他们的好意，我注意一点好了。"就这样，毛泽东同志于八月二十八日下午，由周恩来、王若飞等同志伴随，在千万人民的欢呼声中，到达了重庆。

毛泽东同志的降临，使重庆整个山城为之沸腾，使整个国民党统治区的人民都充满了希望。无数的工人、学生和市民热烈地欢迎毛主席，许多人为此感动得流泪。柳亚子兴奋地写出了他新的诗章。善良的人们是如此渴望和平，他们哪里知道蒋介石的葫芦里装的完全是"和平"的假药。

毛泽东同志的到达重庆，完全出乎蒋介石的意料。由于他事前对谈判毫无准备，所以我们的代表一去，就把他弄得手忙脚乱，在政治上完全陷于被动。蒋介石虽然派了王世杰、张群、张治中、邵力子为代表来和我党的代表周恩来、王若飞同志进行会谈，一切的提案都要由我们提出，他们只是消极地应付而已。而且，就在毛泽东同志飞抵重庆的第二天（八月二十九日），蒋介石就密令各战区印发他在一九三三年所编写的罪恶手册——《剿匪手本》。九月十七日，蒋介石又密令送发这些手本（密令和手本均被我缴获）。同时，国民党军阎锡山部对我晋冀鲁豫解放区上党地区的进攻，也在九月间就开始了。

经过四十多天严肃的谈判斗争，蒋介石迫于国内外的形势，不得不在表面上接受我党提出的和平团结的方针，不得不虚伪地同意结束训政、召开政治协商会议、保障人民自由、保障各党派平等合法地位、严禁特务活动、释放政治犯、积极推行民主的地方自治、改革和裁减全国军队、严惩汉奸、解散伪军等主张。所有这些，都写在国共两党代表于一九四五年十月十日签订的《国共双方代表会谈纪要》即《双十协定》上面。这有什么好处呢？毛泽东同志说："这样很好。国民党再发动内战，他们就在全国和全世界面前输了理，我们就更有理由采取自卫战争，粉碎他们的进攻。"

为了争取和平，为了争取广大人民群众特别是中间人士的同情，以击破国民党反动派的造谣污蔑，我党在谈判中也作了一些必要的让步。我们同意让出广东、浙江、苏南、皖南、皖中、湖南、湖北、河南（豫北除外）等八个解放区；同意按比例缩编我们的军队，如果国民党真的肯把它的军队缩编为一百二十个师的话，那末我们可以把解放军缩编为二十个师，只占全国军队的七分之一。但是，国民党的目的是要根本消灭解放区和解放军，因此关于解放区政权和军队的问题，始终未能达成协议。重庆谈判的经验再次证明，政权和军队问题是革命的根本问题，因而成为革命和反革命斗争的焦点。谁如果忘记了这一条，谁就要犯严重的错误。

由上可见，我党在谈判中虽然作了一些让步，但这些让步都是有原则的，并无损于中国人民的根本利益；而在涉及根本利益的问题上，我党则不惧任何威胁，始终坚定不移，毫不退让。而且，在谈判期间，我们丝毫没有放松警惕，我们对国民党的内战阴谋，作了必要的准备。在党中央的一次会议上，少奇同志（他当时代理主席的职务）就提出要把南方的一些部队调往北方，这样既可巩固北方的解放区，又可使这些部队在内战一旦发生后，不致孤悬敌后，被敌人吃掉；同时对谈判也有好处。这个意见在征得毛泽东同志的同意后实行了。这时，我们在解放区，尤其是新解放区，正放手发动群众，由反奸反霸而减租清算，群众运动在轰轰烈烈地开展，有的地方，农民甚至自发地起来解决土地问题。这样，自日本投降后，解放区不但迅速地扩大了，而且从根本上巩固起来了。正因为我们一方面参加和谈，一方面又准备自卫，我们才能够立于不败之地。

《双十协定》虽然签订了，但蒋介石丝毫也不打算遵守。《双十协定》于十月十二日公布，十三日蒋介石就对其部下颁发了"剿匪"密令，命令他的将领，要遵照他所订的所谓《剿匪手本》，"督励所属"，对解放区"努力进剿"，"迅速达成任务"。这就是说，他已下令对解放区发动大规模的进攻。

但是，蒋介石的军事进攻，在解放区军民英勇的反击下遭到了可耻的失败。十月中旬，进攻我上党地区的阎锡山部国民党军三万余人被我军全部歼灭，连其指挥官第十九军军长史泽波等许多高级将领皆被我军俘虏。这就是著名的上党战役。十月底，我军在规模更大的平汉战役中，在邯郸地区消灭了沿平汉线进犯我晋冀鲁豫解放区的国民党军三万余人，其高级将领第十一战区副司令长官兼新八军军长高树勋于战场举行起义；第十一战区副司令长官兼第四十军军长马法五等人则被迫放下武器。

解放区军民的胜利也推动了国民党统治区反内战运动的高涨。一九四五年十一月十九日，重庆各界成立了反对内战联合会。二十五日，昆明举行了盛大的反内战集会，由于国民党反动军警的横暴干涉，激起了昆明数万学生的总罢课。至十二月一日，便发生了举世轰动的"一二·一"惨案。接着，全国各地都爆发了为援助昆明学生的游行示威，一个以学生运动为主的反内战运动，一时席卷了整个国民党统治区。

中国人民反对内战的坚决斗争，迫使美帝国主义不得不改换其干涉中国内政的手法。一九四五年十一月二十七日，美国政府宣布调回其臭名昭著的驻华大使赫尔利，另派马歇尔以特使名义来华"调停"中国内战。很显然，美帝国主义妄图亲自出马，指挥着蒋介石国民党来共同串演一出"和平"的活剧。就是在这种情况下，在十二月于莫斯科举行的苏、美、英三国外长会议上，美国才同意了苏联一再坚持的关于中国问题的协议，重申不干涉中国内政的政策。

由于上述三方面的原因，即解放区军民自卫战争的胜利、国民党统治区人民反内战运动的高涨和莫斯科三国外长会议对中国问题的协议，特别是由于第一方面的原因，蒋介石才被迫同意召开《双十协定》中规定的政治协商会议。

我党出席政协会议的代表为周恩来、董必武、王若飞、叶剑英、陆定一、邓颖超和我，共七人。这时董必武同志已在重庆（叶剑英同志后来参加了军事调处执行部的工作，由秦邦宪同志代替他为政协代表）。我们在周恩来同志的率领下，于十二月十六日飞赴重庆。重庆，这个我曾经生活和斗争过多年的故乡城市，却一直呻吟在黑暗的反动统治之下，如今我又从革命的圣地延安归来，我到达重庆的时候，心里充满了无限的感慨。

我们到重庆后，即向国民党提出：必须在政协开会之前，实行无条件停战。国民党在当时军事政治都处于不利的情况下，被迫同意了我们的主张。一九四六年一月十日，我党中央和国民党政府同时下达了停战的命令，并规定这一命令于十三日起生效。但是，蒋介石在停战令公布之前，却先向他的军队发出了"抢占战略要点"的密令。这就清楚地证明了蒋介石绝不肯真心停止内战，只不过是要利用停战来作为其进行内战的烟幕罢了。

与发布停战令的同时，政治协商会议也于一月十日开幕。参加政治协商会议的各方代表共三十八人，其中国民党八人、共产党七人、民主同盟九人、青年党五人、无党派人士九人。它的成分极为复杂，大致说来，可分为左、中、右三种势力。左派即革命派，以共产党为代表，它代表着工人阶级和人民大众的利益，主张推翻国民党的一党专政，建立新民主主义的国家；右派即反动派，以国民党为代表，它代表着大地主和大资产阶级的利益，坚持一党专政的法西斯统治；中间派也可以说是改良派，它主要地代表着民族资产阶级的利益，幻想在中国实行资产阶级专政的旧民主主义。这时的青年党已公开脱离民主同盟，成了国民党的附庸；民社党虽然表面上还留在民盟里面，实际上也属于右派的势力。在无党派人士中，既有左派，也有右派，而以中间派居多数。我们的方针是争取团结中间派以便和反动派进行斗争。

这次会议，前后共历时二十二天，开了十次全体会议和许多次分组会议。（分组会有政府组织、施政纲领、军事问题、国民大会和宪法草案等五个组，我参加的是宪法草案组。）无论在全体会议上和分组会议里，都充满了斗争。争论的焦点仍然是军队问题和政权问题，即所谓军队国家化和国家民主化的问题。

国民党反动派及其仆从提出了"军队国家化"的问题，说什么必须先有军队国家化，然后才能政治民主化，企图以"民主"作钓饵，来勾去人民的军队。针对着蒋介石的这一阴谋，我党指出：要想实行军队国家化，必须首先实行国家民主化与军队民主化。即是说，要把国民党一党专政的国家变为民主的国家，要把蒋介石私人军阀的军队变为人民的军队。在这两条原则的尖锐斗争中，有些中间派人士居然想走"第三条道路"，他们幻想国共双方都交出军队，由他们来代表"国家"加以接收。但是，天地间哪有这么便宜的事情呢？他们的幻想终于落了空。

关于国家民主化的问题，争论也是一样的激烈。国民党既不愿在当时把它的独裁政府改组为民主联合政府，只希望以扩大几个政府委员之类的办法来搪塞全国人民的压力；也不愿在以后实行真正的民主与宪政，只想在旧国大代表仍然有效和所谓"五五宪草"的基础上，作点换汤不换药的改变；不仅如此，它甚至妄图在"统一国家主权"的名义下，把解放区一口吞掉。针对蒋介石的这一阴谋，我党一方面坚持要实行地方自治，各省民选省长，自制省宪，以此来保障解放区新民主主义政权的存在和发展；另一方面则要求把国民党反动政府改组为真正的民主联合政府，并且要在它的领导之下，召集真正的国民大会和制定真正民主的宪法，以此来结束国民党的一党专政，为人民革命在全国的胜利创造一些条件。在这个问题上，某些中间派人士注意的中心是政府委员的分配以及什么总统制、内阁制之类的东西，也就是说，他们争的是旧民主主义和个人的地位，并不是新民主主义和人民的利益。

经过一场尖锐的斗争，政治协商会议终于通过了关于政府组织、施政纲领、军事问题、国民大会和宪法草案等五项决议案。这些决议，虽然离我党的要求还很远，但却在不同程度上有利于人民而不利于蒋介石的反动统治。

政协会议的召开和政协决议的公布，使全国人民特别是国民党统治区的人民欢欣鼓舞，不少的人都以为中国从此即将走上和平民主的新阶段。其实蒋介石只不过是利用政协来进行和平欺骗，以配合他这时正在那里进行的全国规模的内战准备。

对于蒋介石的一切，我党从来不抱任何的幻想。蒋介石曾在政协会议的开幕词中提出了所谓给人民自由权利、各党派平等合法、推行地方自治和释放政治犯等四项诺言。在要求国民党释放我们被捕同志的时候，我们曾反复考虑，是开出一大堆的名单好呢，还是只提出个别的同志？我们估计到国民党的反动性，认为把某些同志提出来，不仅不能使他们得救，甚至反而会引起国民党对这些同志的注意，增加他们的危险。因此，我们最后只提出了廖承志和叶挺两位同志。此外，我们还提出要释放张学良将军。果然不出所料，国民党虽然惧于全国的舆论和我党的力量，不得不把廖承志同志和叶挺同志放了出来，而对其他同志则一个也不放。甚至连张学良将军（虽然当时各界人士都提出了释放张学良的要求），它也不肯释放。所谓释放政治犯，原来是一个骗局。

还在政协会议开会期间，国民党特务就开始了对政协的破坏活动，沧白堂事件和搜查民盟代表黄炎培住宅的事件都是在这时发生的。而当政协会议闭幕后，二月十日，重庆各界人民正兴高采烈地在较场口举行庆祝政协成功的大会时，国民党特务却大打出手，在会场上打伤了郭沫若、李公朴等六十余人，这就是轰动一时的较场口事件。接着，二十二日，国民党反动派又无耻地在重庆制造反苏游行，组织特务流氓捣毁了我《新华日报》营业部，并把我们的工作人员杨黎原等同志打得遍体鳞伤。与此同时，民盟机关报——《民主报》的营业部也遭到特务的捣毁。类似的挑衅事件，一时曾遍及国民党统治区。所有这些，都证明国民党已蓄意撕毁政协决议。果然，在三月上半月召开的国民党的二中全会上，蒋介石就公开声明，对政协决议要"就其荦荦大端，妥筹补救"，就是说要从根本上加以修改和撕毁。三月下旬至四月初，国民党又召开了它御用的国民参政会的四届二次会议。在这个会议上，蒋介石发表了又长又臭的演说，大弹其反动透顶的法西斯的法统论之老调，表示要坚决撕毁政协决议和三月二十七日刚订立的《东北停战协议》。至此，蒋介石发动内战的阴谋已经昭然若揭了。

蒋介石这一套阴谋诡计，都是在美帝国主义的导演下进行的。美帝国主义一面用各种方法支持蒋介石打内战，特别是用海军把大量的国民党军运到了内战前线；一面却装作"和事佬"来进行"调处"。马歇尔一开始就只主张在关内停战，不主张关外也停战，他和蒋介石一样，妄图让国民党军占领东北后，再集中力量到关内来消灭我们。当时设立在北平的军事调处执行部和它派出的执行小组，虽然是由美、蒋和我们三方面组成的，但美国人总是站在蒋介石方面，拿"调处"来为蒋介石的军事服务。哪里对国民党的军事不利，执行小组就被派到哪里去，以阻止我军的前进，和挽救国民党军的失败；而当国民党军发动进攻时，执行部却故意不理，或借故拖延，不去调处，以便国民党军放手进攻，取得某些军事上的便宜。美帝国主义的这套把戏，一时确曾欺骗了一部分人，特别是某些所谓中间人士。但到后来，它的马脚就逐渐露出来了。

对于美、蒋的阴谋，我们进行了针锋相对的斗争。我们一方面和它们进行谈判，一方面又不断揭露它们的阴谋。例如对蒋介石在国民参政会上的演说，我们《解放日报》就发表了著名的社论——《驳蒋介石》，彻底地揭穿了他恶毒的阴谋，狠狠地打击了他疯狂的气焰，把他驳得体无完肤。但是，更重要的，还在于壮大我们解放区的力量。这时，为了充分发动群众，我们已放手让农民去解决土地问题。为此，我党中央曾于五月四日发布了具有重大意义的《五四指示》。在群众发动的基础上，解放军的实力得到很大的发展和巩固。

我们虽然主要地依靠解放区的力量，但同时绝不放弃在国民党统治区的斗争。由于国民党政府要"还都"南京，我们的代表团也必须迁移。我党决定把四川省委公开出来，以便进行统战工作和对国民党作斗争。四月三十日，周恩来同志在重庆最后举行的一次记者招待会上公开了省委会，介绍我和王维舟同志是省委的正副书记。周恩来和董老等同志离开重庆后，没有他们的直接领导，我们更感到自己肩上担子的沉重了，但是，我们省委的全体同志都很有信心，愿意兢兢业业地去完成党所交付的光荣任务。

省委一经公开，我和王维舟同志即四出活动，争取在事实上得到合法的地位。五月十九日，冯玉祥在重庆北碚召开了一个张自忠殉国的纪念会，我们故意用省委的名义送了一副挽联，写道："已使日寇灭亡，忠魂可慰；再令生灵涂炭，民命何堪？"由于这副挽联被放在灵堂中最显著的地方，而各报纸又纷纷加以报道，因此引起了国民党的注意。国民党重庆市党部打电报问国民党中央："为什么允许他们公开？"国民党中央令其重庆行营查复。这时，行营主任张群不在，国民党重庆市长代行营主任张笃伦跑来找我，他说："你们公开，我是知道的，但手续不周到……你看该如何电复中央呢？"他言词中有责难之意。我于是立即向他指出："第一，蒋介石在政协开幕时答应的四项诺言中，有各党派平等合法的一条，我们的公开是有根据的；第二，中国共产党是有组织的政党，我们在这里有办事处，有报馆，有党员，就应有党的组织……我们的理由是很充足的。"张笃伦无法，只好说："我就这样回复中央吧。"经过这一番压迫无效之后，事实上，我党的公开，国民党官方已被迫承认了。

但是，这时的情况已十分紧张。国民党在美帝国主义的帮助下，已侵占我东北的四平街、长春和永吉等地。而且它对我中原解放军的大举进攻，也如箭在弦上，即将开始。我们办事处的门前屋后，这时也是军警林立，岗哨如麻。而且国民党的报纸天天造谣：或说王维舟同志已到川北搞武装，或说我们要在重庆搞暴动，企图以此为借口来搞我们。我们沉着地应付了这种局面。我对张笃伦说："请你们注意，我们是不会在这里搞暴动的，但他们（指特务）如果要搞我们，那末，对地方上是很不利的。"重庆国民党各机关为此曾开会讨论，有人主张搞我们，张笃伦考虑到自己的利害，说道："没有中央的命令，不能搞。"就这样，我们暂时地渡过了这场风险。

为了便于应付更为困难的环境，经过审慎的研究，我们决定王维舟同志撤走，同时还疏散一大部分同志。王维舟同志在重庆，他们害怕；王维舟同志要走，他们又故意为难，不给飞机票：国民党反动派就是这样的毫无道理。为此，我去找张群。张群是国民党反动派政学系的首脑之一，我很早就认识他，我一提出要求，他立即答应第二天送来飞机票。张群的说话很有意思，他说："王是搞军事的，他不走，大家不放心。你倒不要紧。"张群在无意中说出了真心话。啊！原来反动派害怕的就是武装斗争。好，让我们在战场上狠狠地教训他们吧。

到六月间，时局更加恶化了。美帝国主义在这时提出了所谓"军事援华法案"。国民党反动派则向我们提出五项荒谬的要求，要求中国人民解放军退出下列各地：一、陇海路以南的一切地区；二、胶济线全线；三、承德和承德以南的地区；四、东北的大部分；五、一九四六年六月七日以后解放区人民武装在山东、山西两省从伪军手里解放出来的一切地区。国民党反动派企图强迫我们屈服。而且在谈判过程中，蒋介石竟提议把国共谈判的最后决定权交给马歇尔。对于这些狂妄的要求和无耻的建议，我党表示坚决的拒绝。六月二十二日，毛主席发表了反对美国"军事援华法案"的声明。美、蒋看到它们的威胁手段和欺诈伎俩都无从得售，于是蒋介石摘下面具，于六月二十六日大举围攻我中原解放军，开始了全国规模的内战；而马歇尔也宣告他的"调停"失败，让蒋介石放手来打我们，露出了他的帝国主义者的原形。七月十二日，国民党军二十七万人在安徽来安至江苏南通的八百里战线上对我苏皖解放区展开进攻。至此，全面内战爆发了。

对于美帝国主义的加紧干涉中国内政和蒋介石的扩大内战，全国人民异常愤慨。六月二十三日，上海工人、学生及其他各界人民十万余人为此举行了声势浩大的游行示威，并推出马叙伦等十人为代表赴南京请愿。马叙伦等人行抵下关车站时，遭到了特务匪徒们的殴辱，以致多人受伤，造成了"下关惨案"。这时，我们在重庆也发动了一个反内战的签名运动，这一运动，极其广泛，包括各界著名人士在内，参加签名者达三千余人。实业界、银行界的签名也很踊跃。宗教界也卷入了运动，佛教会为此做了三天道场，回教、天主教、基督教也都做了和平祈祷。

　　于是，蒋介石加紧了他对民主运动的镇压。七月十一日和十五日，民盟领袖李公朴、闻一多在昆明先后遭到国民党特务的暗杀。消息传来，人们不胜悲愤。一时重庆的政治空气极为紧张，有些民主人士感到恐怖。为了打击国民党的反动气焰，稳住我们在重庆的革命阵脚，我们决定筹备一个盛大的追悼会，以鼓舞士气，振奋人心。但是，由谁来发起呢？如果由我们发起，参加的人很难广泛；就是民主人士发起，也有许多人不敢参加。正在踌躇之际，恰好张群到重庆来了。由于国民党内部的重重矛盾，张对特务系统也有所不满，因此蒋介石要他去昆明查讯李、闻案件，他却拖延不去。而且这时重庆的国民党部和三青团之间正闹内讧，它们对外的力量并不集中。我们正好利用这种情况来开展工作，于是决定拉张群来领衔筹备追悼会。经过邓初民、史良和鲜特生到张群那里去反复劝说，张为了装点面子，借此捞点政治资本，同意了领衔发起并作大会主席。这样，参加的人就多了。二十八日，盛大的追悼会按计划举行。人们看见有张群、胡子昂等人参加，而且由张群作主席，顿时自由了一些。会上，张群、邓初民、史良等人和我都讲了话。胡子昂在讲话中三呼要和平，博得了热烈的掌声。而且，由于讲演的人们又一再提及陶行知日前（二十五日）在上海因愤激而死的消息，使全场的情绪更加悲愤。随后，我们又开了陶行知的追悼会。这样，就把重庆的革命空气搞浓了。

　　由于我军采取的是集中优势兵力、各个歼灭敌人的方针，我军的目的在于消灭敌人的有生力量，而不计一城一地之得失，所以在战争初期，国民党军还能以极其惨重的代价（例如头三个月它即损失了二十五个旅的兵力），暂时换得侵占我解放区一些城市和地方的表面胜利。但是，这些"胜利"却使蒋介石的头脑发昏，他竟不顾我党的严重警告，于十月初猛力进攻我晋察冀解放区的首府张家口。十一日，我军自张家口撤出，疯狂达于极点的蒋介石于当日下午即下令召集违背政协决议的独裁的伪国民大会。其实，侵占张家口已是国民党军进攻的顶点，这一"胜利"正是它失败的开始；从此以后，它的攻势即逐渐下降，而且我军很快即将它的所谓全面进攻粉碎了。

为了召开伪国大，国民党不惜用高官厚禄和大量金钱来对中间人士进行收买。于是，那些醉心于利禄的官僚政客和无耻文人，一个个都脱下了"中间"的伪装，现出了反动的原形。而且也确有一些中间人士，在国民党的利诱特别是在它的威胁之下发生过动摇。青年党就不用说了，那批逐臭的狮子狗为了争着当国民党政府的部长和委员，真是丑态毕露，出尽洋相，因而受到全国人民的唾骂。民社党这时也暴露了它的封建官僚和洋奴买办的本性，张君劢彻底地自我出卖了，被人呼为"张君卖"。而所谓社会贤达的王云五、傅斯年、胡霖等人，也跳入了国民党的火坑。至于美帝国主义所豢养的胡适之流，则早已做了蒋介石的过河卒子。这时，罗隆基、范朴斋等人也大肆喧嚷，说什么中间派必须对双方都骂，不宜左袒。范朴斋这人成天在张澜那里挑拨我党和民盟的关系。但是，由于全国人民都一致反对伪国大，把它视同猪仔国会，因此，民主同盟和绝大多数怀有正义感的中间人士，都接受了我党的劝告，终于和人民站在一起，拒绝出席伪国大。民盟主席张澜是我的旧友，他自八月十八日在成都举行的李公朴、闻一多追悼会上被特务分子殴打后，对国民党反动派益增不满。十月初，他来到重庆，住在"民主之家"（即鲜特生的住所"解园",当时为民主人士经常聚会之处,被称为"民主之家")。从此我们经常见面,关系十分密切,而这时,范朴斋又到上海去了,他更容易接受我们的意见。伪国大开会前夕,无党派人士邵从恩来到重庆,想去南京。他对我说,他到南京去不是出席伪国大,而是要"说服"蒋介石恢复谈判。我劝他别去,他正犹豫,张澜故意说:"要去我们同路。"就这样,我们把他留住了。

十一月十五日,在举世咒骂声中,蒋介石悍然宣布伪国大开幕。对参加伪国大的人员,连美帝国主义的《纽约先驱论坛报》也不得不说"听蒋主席报告的都是反动分子"。就是这批人,通过了一部遗臭万年的伪宪法。十二月二十八日,我党郑重地声明:蒋记国大和它制订的蒋记宪法均属非法与无效。同时,中国民主同盟、三民主义同志联合会等民主党派和全国许多人民团体都先后声明绝不承认伪宪法。于是,国民党费尽九牛二虎之力才扮演出来的伪国大,遭到了全国人民的嘲笑,而他所装模作样地通过的伪宪法,在全国人民眼里也一文不值。蒋介石本来想利用伪国大来孤立我们,但现在弄巧成拙反而把自己孤立起来了。

蒋介石一面加紧反对人民,一面又加紧进行卖国。十一月四日,国民党政府和美帝国主义签订了前所未有的卖国条约——《中美友好通商航海条约》。这一条约较之袁世凯、段祺瑞以至汪精卫所订的卖国条约,均有过之而无不及。蒋介石的驻美大使、著名的卖国外交家顾维钧曾经无耻地声明:"按照《中美商约》,全中国领土均向美国商人开放。"根据《中美商约》以及其后的一系列协定,美帝国主义已经从蒋介石手中把中国的许多根本主权席卷而去。美帝国主义既然这样肆无忌惮地干涉中国的内政和侵略中国的主权,那末,它的伪善面具很自然地就要被揭穿,一个强大的反对美帝国主义的爱国运动是一定要兴起的。果然,到十二月下旬,圣诞节前夕,由于美军在北平强奸北大女学生的暴行,终于引起了从北平开始的包括各地城市的全国规模的"抗暴运动"。从此，国民党统治区的革命运动又走向新的高潮。蒋介石不仅在前方碰到了英勇无比的解放区军民的坚强战线，而且在他的后方，又出现了一条波澜壮阔的人民运动的强大战线，蒋介石已逐渐陷入全民的包围中，再也无法逃脱其死亡的命运。

面对着中国人民强大的反美运动，美帝国主义感到它的一切阴谋诡计已再难得逞，于是，马歇尔在政协会议周年前夕，即一九四七年的一月七日，灰溜溜地夹着尾巴逃回了美国。他虽然在离华之前，还发表了一通颠倒黑白的声明，但已经觉悟起来的中国人民，再不是花言巧语所能欺骗的了。一年间的变化是多么巨大啊！

反对美军暴行的运动，在重庆搞得特别激烈。当北平美军暴行的消息传到重庆的时候，重庆的学生无不切齿痛恨。他们满怀愤怒，立即行动起来。这时适值国民党的党徒们在庆祝伪宪的颁布，他们沉浸在狂欢中。因此，一九四七年一月六日，我们顺利地举行了一次规模盛大的一万五千余人的游行示威。由于这次运动的声势浩大，国民党不敢轻易实行镇压，所以运动延续的时间很长，一直到旧历元宵节，还举行了一次反对美军暴行的宣传周。在宣传活动中，学生们巧妙地利用了"车车灯"这种民间形式，把美蒋勾结的丑态表演得维妙维肖，淋漓尽致，老百姓看了都感到非常痛快，而特务们则感到非常窘迫。于是他们恼羞成怒，在二月五日和八日，派出了大批军警，公然袭击重庆学生抗议美军暴行联合会的宣传队，以致造成两次严重的血案。

反动派的镇压，不但不能使学生们屈服，反而激起了学生们以及各界人民更大的愤怒。无数工人、店员、教师和农民络绎不绝地来慰问受伤学生，并发动募捐来援助学生的"抗暴运动"。广大人民的支援更加鼓舞了学生们的斗志。十一日，重庆学生又发动总罢课，抗议国民党特务的恐怖罪行。此后他们的运动仍继续发展，从未终止。

当"抗暴运动"正在高潮的时候，国民党的重庆市警备司令孙元良跑来找我。他的口气表示，他知道运动是我们鼓动起来的，希望我们帮助他们去制止学生运动。我说："学生们的'抗暴运动'，出于爱国至诚，绝非哪个人鼓动起来的。他们的行动是正义的，谁也不该去制止，而且，制止也是不行的。"同时我严正地指出："特务打人，实在无理，你们只有依法惩办特务，才能平息学生们的愤怒。"孙元良见无结果，只得怏怏而去。第二天，张笃伦又来了，他一见我就说，学生们逼得他受不住了。他还说我们报馆有人参加到学生里面，并指责我们的报纸登载鼓动学生的消息和言论太多了。他最后并威胁说："这样下去，迟早要搞出乱子来的。"我严肃地回答了他，把他打发了回去。这时我已感到，对我们的严重的迫害即将到来。从他们两人的谈话中，我估计他们的迫害很可能首先针对着学生运动和《新华日报》。

当时的学生运动仍在蓬勃地发展，国民党反动派对此非常头疼。眼看二月二十二日就要来到，估计到他们会利用"二二二"反苏游行的周年纪念来搞我们，于是我们有意把反美运动扩大和延长，以抵制他们卑劣的行径。这样就使他们终于未敢在二月二十二日作反革命的发动。

至于《新华日报》，更是他们的眼中钉，他们无时不想把它搞掉。还在一九四六年四月，当我们在《新华日报》上转载了《驳蒋介石》一文的时候，他们就曾经企图下手，但终因整个形势对他们不利，使他们未能如愿。为此，他们后来还捏造了一些团体，到柳州法院去告我们，说我们侮辱了"国家元首"，想借此来打击我们和封闭我们的报馆。柳州法院把这一案件转到了重庆，我们法律界的朋友们即来帮忙，他们充分利用了合法斗争的条件，结果迫使重庆法院不得不这样批示：查我国法律无侮辱元首之条文，如系诽谤，须本人起诉。蒋介石怎样到重庆来和我们打官司呢？反动派的诡计于此又完全落空。但是，现在的情况不一样了，蒋介石由于军事、政治上的一连串的失败，已经和我们撕破了脸皮，不再有所顾忌了，看来他是一定要拔掉这个眼中钉的，我们必须沉着地准备应付最坏的情况。

这时，全国的形势对蒋介石更为不利。蒋介石在全国各个战场上都遭到严重的失败，特别是在山东失败得更惨。一九四七年一月中旬，我军一举在鲁南峄县、枣庄地区歼灭它五万三千余人，并活捉其整编师长马励武和周毓英。为了取得喘息时间，准备重新进攻，蒋介石经过美国驻华大使司徒雷登向我们要求，允许他派张治中到延安进行"和平谈判"。这一新的骗术立即为我党彻底揭穿。接着，一月底至二月中，我军又打败了陈诚在徐州亲自指挥的所谓鲁南之役，歼敌四十二集团军第一、二师全部，并生擒郝鹏举。至二月二十日至二十三日，我军又在鲁中莱芜地区获得辉煌胜利，将敌军七万余人一举歼灭，其"第二绥靖区副司令"李仙洲和第七十三军军长韩浚皆被我生俘。至此，蒋介石对我解放区的全面进攻基本上被粉碎了。

在这种情况下，蒋介石被迫改变了他的军事进攻方针，把他的全面进攻改为重点进攻，而将其两个进攻的矛头指向山东和陕北。既然进攻陕北，势必要最后关闭和谈之门。因此他决定驱逐我党在国民党统治区的一切机关和人员。为了应付一切可能发生的突然事变，我们早已作了充分的精神准备。还在一九四六年的冬天，我看到环境一天天的险恶，就深深地感到必须对我们的干部加强政治思想教育，特别是要加强革命气节的教育。为此，我特地把毛泽东、刘少奇等同志的一些文章和党中央的若干文件，编印成一本名为《中国革命的理论和实际》的小册子，以供同志们学习。在学习过程中，我还为大家作了许多次讲演，把从古到今著名的民族英雄和革命烈士的英勇事迹向大家讲述。这些讲演，也曾在一些进步分子和民主人士中举行。当我讲到那些英雄烈士慷慨就义的时候，全场的人无不为之动容，而我自己的情绪也特别激昂，有时不禁声泪俱下。那时我和大家的精神简直已融成一体，彼此都受到深刻的感动。我从人们坚毅的神情里得到这样的信念：只要我自己能以身作则，临危不惧，我们的同志也一定都经得起任何严重的考验。

一九四七年二月下旬的头几天，重庆有些民主人士从司徒雷登发表的声明中，知道了国民党要我们撤退的消息。他们有点恐慌，跑来问我们是否撤退。我说："我们是国民党政府请来的，除非它有明文要我们撤退，和我党中央来了命令，我们是绝不会走的。司徒雷登是外国人，他管不了我们国内的事，更无权过问我们党内的事。"过了两天，《大公报》有人打电话给我说，南京有我们撤退的消息，我同样地回答了他。因此，《大公报》登的不是我们要撤退的消息，而是我的不撤退的谈话。这时，恰好传来了莱芜大捷的消息，我们的报纸特地用大字把它登出来。人们看了这个消息，都异常兴奋。我于是对民主人士说："国民党的垮台是注定了的，它即使把我们逼走，对它也无济于事。"

由于事前已经有了充分的精神准备，所以国民党来包围逼迫我们的时候，我们并不感到突然。二月二十七日深夜，国民党反动军警百余人，突然包围了我们的联络处——曾家岩二十三号（就是以前恩来、董老两同志住的五十号办事处）。一阵猛烈的打门声，把我们的同志从睡梦中惊醒。一时，荷枪实弹的军警特务极端无礼地冲进了我们的大门，他们翻箱倒柜，到处搜查，形同盗匪。把我们的同志都强迫集中于楼下客厅之后，他们又蜂拥上楼，闯入我的卧室。我穿衣急起，质问何事。他们声称："为'保护'你们的安全，要你们撤退。"我问他们有无公事，他们的一位杨处长说"有"。我接过一看，知是孙元良来函，要我们于三月五日前撤退。我当即声明："我党驻京、沪、渝的联络处，是你们政府允许设立的，非有你们政府的明文和我党中央的命令，我们一定要坚守我们的岗位，不能撤退。"旁边一便衣特务插嘴说："你们破坏和谈，称兵作乱，与人民为敌，使人民不能安定……"我一听十分气愤，严厉地反问他："谁与人民为敌？谁破坏和谈？谁在积极打内战？谁使人民生活不安？你看，我们的对面，就是你们的兵工厂，数月以来，日日夜夜在赶造军火，请问这是干什么的？你们到处征兵征粮，急如星火，把一切交通工具，全作军运，一切都是战争状态，谁要打内战还不明白吗？"他见我声色俱厉，就表现十分狼狈。于是那位杨处长上前来说："请先生把公文看完，如果油印的不清楚，这里还有一份笔写的，上面还有司令愿备车并派人护送回延安等事，请先生不要着急！"我这时最担心的是怕他们危害我们的同志，因此特地对他说："你们半夜三更来此胡闹，简直无理已极，你们绝对不能捕走我们一个同志！我要去找孙司令、萧参谋长、张市长谈谈，一切谈后再说。"这时他们才对我说明，同志们已经集中在楼下客厅里。我于是赶紧下楼去和同志们见面。大家一见我，就指着那批军警，控诉他们乱抢金钱、手表和衣物等等的暴行，一时人声沸腾，群情激愤。我见同志们毫无惧色，便对大家说道："孙元良司令有公事来，要我们撤退。但是，我们非有国民党中央政府的明文和我党中央的命令，是誓不撤走的。我们要坚持我们共产党人的立场，保持我们革命者的气节。至于军警们不先给公文即破门而入，并且肆意搜查，是完全不对的。我要去见孙司令、张市长，一切等我回来再说，现在我就去打电话。"但是，电话早被他们切断了，打不通。他们见我很生气，便来说道："吴先生年老了，请上楼休息吧！天明后，孙司令就会来的。"我说："你们如果让我的同志们都回房休息，我就上楼去休息，否则我要和我的同志们在一起。"他们说："他们在此地也可以休息，还是请老先生休息去吧！"这时，同志们都来劝我。我估计同志们的安全暂时不会有问题，才回到楼上房里去。这时，我们的联络处已经变成了一个临时的集中营，数十名军警和许多便衣特务来来去去，四处梭巡。在这样严重的关头，我的肩上又担负着如此重大的责任，我必须想出正确的对策，以维护党的荣誉和保障同志们的安全。我反复地考虑了当时的整个形势和眼前的具体情况，想到：既然我军在不断地取得胜利，全国的民主运动又日益高涨，有了这样坚强的后盾，还有什么可怕的呢？国民党会不会像在皖南事变时对待叶挺同志和新四军那样来对待我们？一般地说它现在还不敢那样，但也不是绝对地不可能。它会不会把我们全部安全地送回延安？它绝不情愿，但要取决于我们的斗争。最大的可能是：表面上说把我们送回，而又尽可能地来分化瓦解我们。因此我们的同志必须团结一致，坚决斗争！至于我自己的安全，由于年纪大，又是政协代表，条件要比同志们好得多，我必须挺身出来，领导同志们一起战斗。有没有危险呢？当然也会有的。但早年参加革命，既已不顾一切，现在偌大年纪，尚有何可惜……想着，想着，有时眼前忽然浮现出邹容烈士的形象，有时又出现杨闇公同志的形象。这些形象虽然一刹那就逝去了，但是我的斗争决心却更加坚定起来。就这样，不知不觉地便到了天亮。

第二天（二十八日）十时左右，孙元良来了。他毫无表情地把他的公文复述了一遍。我也把我们的态度告诉了他，并且严正地向他说："我们要坚守我们的岗位，不怕任何压力。我现在是已近七十岁的人了，从同盟会辛亥革命以至现在，一切革命运动我都参加过。自参加革命以来，生死早已置之度外，我常想得一适当的死所，此地或者就是了。人谁不死？只要死得有价值，死一个人可以激励起千万个人来。我们中华民族的优秀儿女是有不怕牺牲的光荣传统的。我要为革命党人共产党员保持最高尚的人格。现在和谈虽停顿，但门尚未关死，你们此等行动，将最后关死和谈之门。你们知道这种关系吗？"我越说越激昂。他虽毫不感兴趣，但也只好听着。我要他撤退监视的军警，他说："为慎重'保护'起见，不得不如此。"我要求去见行营参谋长萧毅肃和重庆市长张笃伦，他说他可以去和他们商量。我又问他《新华日报》报馆的情形，他说情形"很好"，请我放心。是的，对于同志们的斗争精神，我是放心的。但是，在这般豺狼横行的地方，对同志们的安全，我怎么能放心呢？我于是提出要和《新华日报》社的负责人熊复和于刚同志见面。孙元良无法，回答说可以转告。孙走后，我即拟电致张群（他仍是蒋介石的重庆行营主任，当时在南京），抗议二十七日的军警暴行，说明我们的坚决态度，并要他电告重庆警备司令部立即撤退监视人员，让《新华日报》继续营业。此后，我即利用时间，向同志们讲革命故事，以激励大家斗争的情绪。在这种情况下讲先烈们可歌可泣的事迹，更加感动人心。不仅我们的同志都凝神谛听，有感奋而泣下者；连那些监视我们的国民党士兵（他们大部分都是青年学生出身），也都慢慢地围拢来听，有的人也似乎颇受感动。

由于过度的紧张和兴奋，并且没有休息，我身体有些不适。他们想给我找医生看病，我拒绝了，但要求由我们自己找医生。我觉得这样靠得住些。三月一日下午，平常即很同情我们的薛大夫来了。他看完病之后，故意大声地说："血压高，要绝对的安静！安静！"我便趁此把监视我的人赶出了我的房门。午后六时许，萧毅肃和张笃伦来了一趟，萧对军警的无礼行为，竟佯装不知。接着，到晚上，重庆美国副领事布德持董老来电说："美国飞机将于五日及六日各来一架，各载五十人飞回延安。"我说："两架飞机怎么能载得下？必须至少添四架，我一定要同大家一起回去，否则我绝不走！"我最担心他们采取"分割"我们的办法，以便在途中尤其是在西安谋害我们的同志，因此坚决要求要萧毅肃代电张群，必须多准备四架飞机，他答应了。那些监视我的军警特务，特别是那些当官的，见美国人来，表面上对我都很客气，因此，以后对我们也客气多了。这种没有骨头的奴才习气，实在令人可笑而又可恼。

和联络处一样，二月二十七日晚，我们在乡下的《新华日报》馆和在城内的营业部、宿舍，也遭到国民党反动军警的包围和搜查。这三处的同志们都被他们拘禁在乡下的报馆里。但是，我们的同志和国民党的军警特务展开了英勇的斗争。他们雄壮的歌声响彻云霄，使周围的群众听了也感到激愤。三月二日，熊复和于刚同志在宪兵和特务的监视下来向我汇报情况。于刚同志刚说话，一个特务即气势汹汹地说："只许讲四十五分钟！"我立刻火起，严厉地问他道："为什么？我们不是囚犯，难道连讲话的自由都没有了吗？我准备讲三个钟头，要趁我还没有死，把话讲完。"那个特务就此不敢作声了。他们两人汇报完毕，我对他们说："国民党这次暴行，是它要最后关死和谈之门，决心内战到底。我们要保持共产党员的人格，不怕牺牲。我们在重庆、成都、昆明（那时，除重庆外，成都、昆明尚有《新华日报》分销处）的三百八十人要团结得像钢铁一样，不怕任何压力。我们牺牲一个人，会有一万个人来代替……"我越讲越兴奋，特务们想来制止，我于是更加上劲，讲个不停。同志们怕我又累了，劝我不必讲了。临别时，我又要他们两位回去告诉报馆的同志们，要团结得像钢铁一样。于刚同志大声地回答："我们一定不怕！"态度异常激愤。所有在场的同志都很激动。

从此以后，我又有意地向那些监视我们的军警，特别是对其中的青年做些工作。我继续给他们谈话、讲故事，并送些书给他们。慢慢地，他们的态度有所改变。他们的一个连长也曾来要求我题字，我便顺手给他写了一句"为革命而奋斗"。谁知他见此作何感想？

三月八日，孙元良和一位什么连长同我坐在一辆小汽车里，一左一右，把我"护送"到了飞机场。但到机场一看，却只有两架飞机。我非常生气，坚决不走。这时孙元良很着急，反复说保证第二天一定还来三架飞机。经了解：那三架飞机没来，确系临时气候原因，次日一定可到。而同志们经分析后，也觉得情况属实，劝我不必担心，可以先走一天。这样，我才上了飞机。要回延安，我心里是多么高兴啊！但对重庆，却又有些恋恋不舍。它是我的故乡，是我最熟悉的地方，我怎能任它老被反动统治者去蹂躏践踏呢？重庆，我是一定要回来的，而且我相信，当我回来的时候，你的面目一定要焕然一新。

第二天，其余的同志也都胜利地回到了延安。

与我们的撤退差不多同时，我们在南京和上海的机关和人员也都撤退了。

接着，蒋介石不顾一切后果，令胡宗南所部国民党军进攻延安。三月十五日，蒋介石在国民党的三中全会上宣称国共破裂，决心作战到底，把和谈之门彻底关闭。十九日，国民党军侵占延安，吞下了一颗致命的炸弹。果然，不久之后，我军即粉碎了国民党军的所谓重点进攻，并即转入进攻，终于把蒋介石的反动统治最后消灭。

解放战争初期的这段经历，一直铭刻在我的心底，永不能忘。这段历史使我们深刻地认识到：对反动派绝不可存不切实际的幻想；必须用革命的两手来回击反革命的两手；必须坚定地依靠人民，同反动派进行坚决的斗争，只有这样，才能取得人民革命的最后胜利。

写作计划 *

（1960 年）

（一）辛亥革命

（二）历史文集

（三）中国历史教程绪论

（四）怀故篇

　　　　——关于革命烈士的回忆诗文集

（五）新民主主义革命时期回忆录文集

（六）自传与年谱

　　　　——包括自传、自订年谱及画传

（七）教育文集

　　　　——包括教育方面的论文、回忆录及其他

（八）谈谈青年修养

（九）中国的文字改革

　　　　——有关文字改革的文集，可分两册

（十）中苏友好文集

---

* 录自荣县吴玉章故居陈列展档案，原文为手稿。

怀故篇目录（上）

怀故篇（下）

6. 关于叶挺同志

7. 何叔衡同志

8. 对林伯渠同志的回忆

9. 忆杨闇公

10. 悼念李树然同志

11. 王若飞同志

12. 罗世文同志

13. 秦博古

14. 我的侄儿吴鸣和

青年修养

题目共两页

（一）学习马克思主义

（二）学习科学知识

（三）学习历史知识

（四）学习的态度和方法

（五）研究学问的态度和方法

（六）保护身体的健康

（七）和疾病作斗争

（八）革命的乐观精神

（九）永远忠于党

（十）革命的气节

（十一）克服困难的精神

（十二）立革命的大志

（十三）作人民的勤务员

（十四）为社会主义建设事业贡献自己的一切

（十五）谦虚使人进步

（十六）敢于向一切错误作斗争

（十七）勇于改过

（十八）永远站在时代的前面

（十九）尊师重道

（廿）同志的友爱

（廿一）珍惜爱情

（廿二）善于教育子女

吴玉章感言 *

（1961 年 2 月 17 日）

　　1903 年 2 月初，同仲兄与成云、周润生等八九人乘木船东下，赴日本留学，过三峡时，曾以《东游述志》为题大家作诗。我也作了一首，全文不记得了。只有末二句还常常留在我心中。二句是：

亚洲

莫谓"东方"（亚洲）皆落后，

"亚洲"（东方）崛起有黄人。

　　因为当时西方许多人都骂中国为"东方病夫"，我很不服气，认为我国是世界人类文明发达最早的国家之一，只因当时统治阶级的腐败无能，所以落后至此。我们必须发奋图强一雪此耻。当时同行者都为之感动，当然我心中那时还没有摆脱崇拜日本变法维新的思想。

---

　　* 录自荣县吴玉章故居陈列展档案，原文为手稿。

从卢蒙巴被杀害看帝国主义的穷途末路 *

（1961 年 2 月 21 日）

当我从收音机里听到刚果共和国总理卢蒙巴和他的忠实战友奥基托、莫波洛被帝国主义及其代理人杀害的消息时，心情十分激动，对于以美国为首的帝国主义及其代理人这一血腥的滔天罪行感到无比的愤怒。

卢蒙巴总理的被杀害，彻底地暴露了以美国为首的帝国主义者在联合国旗帜掩盖下鲸吞刚果和侵略非洲的凶恶面目。因此，激起了刚果人民、非洲人民和全世界人民愤怒的谴责和抗议。

卢蒙巴总理的被杀害，并不证明帝国主义的强大，相反正是证明了帝国主义的虚弱和愚蠢。杀害卢蒙巴的事件，就是帝国主义垂死挣扎的又一个具体表现。列宁在《论帝国主义》中早就指出，帝国主义是资本主义发展的最高阶段，是资本主义垂死的阶段。无数历史事实，都证明了列宁这一论断的正确性。帝国主义及其代理人，企图以恐怖手段来维持它的殖民统治，镇压刚果人民反抗侵略、争取民族独立的斗争，但结果适得其反，它不仅不能吓倒英勇的刚果人民，相反将会更加激起刚果人民的坚决反抗。卢蒙巴的肉体可以被杀害，但卢蒙巴的思想——争取民族独立的思想却不能被绞杀，刚果人民将会继承卢蒙巴总理的未竟事业，进行不屈不挠的斗争。

---

* 录自《人民日报》1961 年 2 月 21 日，第 6 版。

中国人民革命的历史经验证明，帝国主义虽然到了穷途末路，但决不会自动退出历史舞台，必须进行坚决的斗争，才能取得彻底胜利。中国人民革命的历史经验同时也证明，革命斗争的前途是光明的，道路是曲折的，中国人民的革命就是长期曲折的斗争，经历了也走过许多弯路。我是亲身经历过近六十年来中国历史的演变的，对于中国人民革命斗争的教训我特别感受得深刻。例如义和团运动是中国人民为反对帝国主义侵略和挽救危亡的一次革命运动。当时帝国主义对中国的侵略一天天加紧，人民的痛苦一天天加深，人民为了生存下去，于是爆发了反对帝国主义侵略的大规模的革命运动。但是当革命发展到危及帝国主义在华利益的时候，他们就进行了公开的武装干涉，这就是 1900 年八国联军侵入北京、历史上有名的庚子事件。结果轰轰烈烈的义和团革命运动，在帝国主义和封建势力相互勾结下遭到血腥的屠杀而悲惨地失败了。义和团运动虽然失败了，但是它表现了中国人民蕴藏着无穷无尽的反对帝国主义和封建势力的巨大力量，从而迫使帝国主义不能不重新考虑其对华政策。它们发现中国人民不能被压服，于是决定扶持清朝统治者作为它们统治中国的工具。又如辛亥革命是中国近代史上一次资产阶级的民主运动。这时帝国主义一方面紧握着中国的经济命脉，一方面仍不断地侵略中国的领土。中国人民从庚子事件中认识到，要独立就非继续进行革命不可，于是展开了反对帝国主义统治中国的工具——清朝统治者的斗争，终于在 1911 年 10 月 10 日取得了胜利，推翻了清朝的反动统治，结束了中国二千多年来的君主专制制度，产生了中华民国。但是由于资产阶级本身的软弱，对帝国主义认识不清并存有幻想，没有担负起反对帝国主义的重任，结果，又一次在帝国主义的策划下，被窃国大盗袁世凯篡夺了革命果实，革命又一次失败了。辛亥革命虽然遭到失败，但它却提高了中国人民的民主主义觉悟，促进了中国人民的革命斗争，为中国人民革命事业开辟了前进的道路。直到十月革命胜利，马克思列宁主义在中国传播和中国共产党诞生后，中国人民才找到了出路。中国人民在中国共产党领导下，经过了近三十年的艰苦奋斗，终于在 1949 年取得了胜利，成立了中华人民共和国，彻底地驱逐了帝国主义侵略势力，结束了帝国主义代理人——蒋介石集团的反动统治。

从中国人民革命的历史经验中，从帝国主义侵略刚果的事变中，从卢蒙巴总理被杀害的事件中，都说明了这样一个真理，即：对帝国主义不能存在任何幻想，只有团结起来，结成广泛的反帝统一战线，进行坚持不懈的斗争；只要坚持斗争，就是胜利。

现在，全世界人民反对帝国主义，争取世界和平、民族解放、民主和社会主义的斗争空前高涨，帝国主义的穷途末路已经到来了，他们的倒行逆施越横暴，他们的灭亡越迅速。让我们记取过去的教训，坚持革命到底，争取在世界范围内彻底消灭殖民主义，争取革命斗争的彻底胜利。

第一次大革命的回忆 *

（1961 年 4 月 14 日）

一

　　1925 年初我参加中国共产党的时候，全国工人运动正开始走向新的高涨。帝国主义和反动军阀虽然以血腥的屠杀镇压了 1923 年的"二七"罢工，但是英勇的中国工人阶级并没有被吓倒，在党的领导下，工人群众把悲愤变成了冲击反动势力的更大的力量。从 1924 年下半年起，全国各地的工人运动彼伏此起，一场伟大的战斗在酝酿中。

　　1925 年 5 月初，我奉党的命令从北京到了上海。那时上海的形势，真是"山雨欲来风满楼"，进步的报刊上登载着青岛纱厂工人大罢工和福州军阀枪杀学生的消息，登载着许多庆祝"五一"，纪念"五四""五七"等等文章，上海日商纱厂工人也在酝酿罢工，我们的同志为了迎接一场新的战斗，正在紧张地工作着。

　　我找到了党的总书记陈独秀和秘书长王若飞同志，给他们带去了北京党委负责人赵世炎同志的一封介绍信。由于我与国民党和孙中山先生有着深厚的历史关系，党中央决定我留在国民党内，便于做统一战线的

---

　　* 录自《吴玉章回忆录》，中国青年出版社 1978 年版，第 122～154 页。有史料记载：自 1961 年 4 月 14 日起，《第一次大革命的回忆》一文开始在《中国青年》杂志连载。

工作。随后的二十多天内，我一直在上海和许多同志研究情况，商讨工作步骤。

当时国共合作已有一年多，国民党虽然经过了改组和整顿，但是组织涣散的状况仍然是很严重的。国民党在广东已经初步建立起一片根据地，但这片根据地陷在帝国主义和反动军阀的四面包围之中。在全国范围内，大军阀张作霖、孙传芳、吴佩孚等都企图进攻广东根据地；就是西南地区，如负隅东江的陈炯明、割据云南的唐继尧、统治湖南的赵恒惕等军阀，也都环伺着广州，虎视眈眈，待时而动；还有广东根据地内部的滇军杨希闵、桂军刘震寰，也在酝酿叛变。根据地的情况正是内外交逼，险象环生。同时国民党的中枢领导机构内，右派力量还不小。以邹鲁、谢持、林森等为代表的西山会议派正在形成。左派和右派之间的一场政治决斗看来已是不可避免的了。在这种形势下，怎样进行统一战线工作呢？怎样巩固和整顿国民党组织以发展左派的力量呢？这是当时萦绕在我头脑中的大问题。我一直认为：整顿和巩固国民党应该从基层做起。基层是联系群众、进行革命活动的最直接最基本的单位，一个革命团体若没有健全的基层组织，就不可能有雄厚的实力和广泛的影响，也不可能有强有力的中枢领导。所以我很愿意去做基层工作，并希望党中央派我回四川去，把四川的国民党组织整顿好。我经常和王若飞、恽代英、李立三等同志进行研究。他们很赞成我的意见，并告诉我说："上海工人运动的高潮不久就会到来，全国性的高潮也会随之而来，应该抓紧时机，扩大革命的影响，吸收进步的工人和其他革命群众参加共产党和国民党以壮大左派的势力，一定要使统一战线工作紧紧地跟上工人运动的发展，用工农群众的革命积极性来健全国民党的组织。"他们这些意见，与我当时的想法不谋而合。党中央决定派我先去广州，与国民党中央取得联系，然后再回四川。这时我已经没有以前那种单枪匹马地搞革命的感觉了，在我的背后，有着马克思列宁主义政党的领导和工人运动的支持。当我看到上海的许多同志在工人群众中忘我地进行组织和宣传工作的时候，我对于自己的工作抱着更大的勇气和信心。

二

任务确定以后，我很快地收拾好了行装，准备立即启程。1925 年 5 月 30 日下午，我到南京路上一家布店买衣料，准备去缝一件换季的衣服。那天天气晴朗，南京路上人来人往，熙熙攘攘，一点也没有异样的迹象。前十多天已发生了日本内外棉纱厂资本家枪杀工人顾正红的事件，上海的工人和学生组织了宣传队，分赴租界，进行宣传。我们都预料到工人运动的高潮即将形成，但却没有想到暴风雨来得这样迅骤猛烈，而且就发生在这条世界闻名的繁华绮丽的南京路上。

我正在挑拣布料的时候，突然门外一片吵嚷的声音，布店里也起了一阵骚动。许多人都跑到门口去观看，我也跟着走出去。只见从黄浦江边拥来黑压压的一片人群。外国巡捕荷枪实弹，如临大敌。走在前面的几个巡捕象凶神一样挥舞着棍棒，后面几个巡捕捉着两个学生连拖带搡地走向前去，学生嘴里喊着"打倒帝国主义"等口号。再后面跟着许多徒手的学生，路上很多行人也陆陆续续地参加进学生队伍里去，南京路上交通为之阻塞。我看了这种情景，心里感到又愤怒，又兴奋：愤怒的是帝国主义分子竟敢穷凶极恶，无理逮捕徒手的学生；兴奋的是中国人民终于觉醒了，觉醒了的人民群众，一定能够战胜黑暗势力，一定能够把万恶的帝国主义赶出中国去。

我挤在人群里看了一会儿，队伍逐渐走远了。我返身回到布店里，匆匆忙忙地买了衣料，心里惦念着被捕去的学生，想去打听打听消息。我的脚步刚跨出店门，突然一排响亮的枪声从不远的地方传来，几秒钟后又是一排枪声。接着街头上一片骚乱，我立刻意识到这是发生了什么样的事情。我激动得不能抑制自己，我的心几乎要随着加快的脚步而跳出胸膛来。我一直往西走，想到现场看个究竟。但是，队伍象潮水一样退下来了，不能前进。只听得人们惊呼："巡捕开枪啦！"人们沉浸在严肃、悲愤的气氛中，却并没有慌乱的迹象。我目送着这些站在斗争最前列的人们，向他们默默致敬。我的心中交织着忿怒和悲痛，很久不能平静下来。一直到傍晚，我才带着沉重的心情回到寓所。

"五卅"惨案的发生，立即引起了上海和全国工人、学生以及各界人士的反响。上海和各地相继罢工、罢课、罢市，反对帝国主义的暴行。我也因此推迟了行期，暂时留在上海，做一些宣传工作。当时准备出一个刊物，定名《反日战线》，却遭到了戴季陶的反对。戴季陶是当时国民党上海执行部的主任，他搞了一套所谓"孙文主义"的谬论，拿着刚刚逝世的孙中山先生作为招牌，到处招摇撞骗。在讨论出版刊物的第一次会议上，他就说："'反日战线'这个名字不好，这次惨案要英国负责，跟日本没有关系，日本和我国是东方友邦，应该争取团结它，现在应该联络日本，单独对英。"我听了非常气愤，立即反驳他："逮捕青岛纱厂工人，是不是日本人干的？残杀福州学生的主谋者，是不是日本人？顾正红是不是死在日本资本家手里？日本帝国主义从来就是我们的凶恶敌人，假使连'反日战线'的名称都不敢提，那么罢工、罢课、罢市都用不着搞了，我们只有坐待当牛马做奴隶了！"接着很多同志都起来反对戴季陶的主张，戴坐在那里，被驳得面红耳赤，哑口无言。后来他仍旧到处宣扬"单独对英"的谬论，但除了在资产阶级的一部分人中间有些影响外，他的主张在群众中是完全孤立的。

三

我在上海一直住到 6 月下旬才去广州。途中经过香港。这时香港的
工人已经开始罢工，许多工人挤在轮船上，要回广州去。码头上的货物
堆积如山，无人搬运。6 月 24 日，我到达广州。这天正是广州发生沙基
惨案后的一天，群众都走上了街头，抬着血衣，高喊反对帝国主义的口
号。"五卅"的影响是这样的深刻和广泛，全国人民的反帝怒潮，象火山
一样爆发出来了。

我到了广州，找到廖仲恺先生，跟他谈了整顿四川国民党组织的计
划，他非常赞成。这时广州刚刚镇压了杨希闵、刘震寰的叛乱，正在酝
酿把大元帅府改组为国民政府。廖仲恺先生要我在国民政府成立以后再
去四川，并且带我去参观了黄埔军校和其他地方，向我介绍了广州的许
多情况。黄埔军校是在我党和苏联的帮助下建立起来的。这时廖仲恺任
该校的国民党代表，周恩来同志任政治部主任，还有我们许多同志如恽
代英、萧楚女等都在那里担任教官或其他工作。所以我们去参观时，看
到的是一片朝气蓬勃的景象。1925 年 7 月 1 日，国民政府在广州正式成
立，汪精卫担任主席，廖仲恺担任财政部长，胡汉民担任外交部长，许
崇智担任军事部长，至于蒋介石还只是以黄埔军校校长兼任军事参谋长
的职务。

革命形势发展很快，但在新成立的国民政府中，右派还有着很大的
势力。要改变这种情况，必须继续发展工农运动，发展国民党内的左派
势力。这时整顿国民党基层组织的工作已刻不容缓，我想回四川的心情
更加迫切了。7 月初，我离开广州赴上海，准备取道长江水路入川。临
走时廖仲恺先生代表国民党中央给我一千元钱作为活动的经费。

这时，四川的国民党组织，正处于分崩离析的状态，内部派系很多。
特别是谢持、石青阳等在党内组织的所谓"实业团"，借兴办实业为名，

大种鸦片烟和做投机生意，在政治上又搞派别斗争，进行内战，影响极为恶劣。谢持和石青阳都是西山会议派的要人，他们当时虽然没有在四川，但四川国民党重庆党部是归他们掌握的。他们这帮人只顾结党营私，拒绝进步力量的集聚，以致党部冷冷清清，门可罗雀。

1925 年 8 月 15 日，我到了重庆，先找重庆国民党负责人黄复生、朱之洪商量，提出整顿国民党的计划。黄朱二人听了都摇头，说："现在人家听到政治和党派就头痛，已经参加国民党的不过是挂个名儿，没有参加国民党的，今后也未必肯加入。你的想法倒不错，只怕是白费力气。"我对他们说："从前国民党的声誉，虽然被一些政客所玷污，但自从中山先生主张国共合作、实行改组国民党以后，情形就不同了。今后正要我们好好地去整顿。只要我们目标远大，做法正确，群众自然就会拥护我们，国民党的威信也就能够树立起来。"黄复生反问我："你看这一堆烂摊子，怎样整顿法？"我说："第一，要有一个严密的强有力的组织机构；第二，要培养一批效忠革命的干部；第三，要在群众中进行广泛的活动。做到这三件，我们的整顿工作就算成功了。我计划先办一个学校，一方面可以集合和培养一批干部，另一方面也可以作为进行组织和宣传活动的据点。"他们听了我的话，都说："你以为办学校是容易的事情吗？我们很久想办学校，都没有办成呢！"我跟他们谈了很久，他们始终表示怀疑，没有信心。

国民党的旧人暮气沉沉，我就去找青年人商量。找到了我在成都办高等师范时和我共同组织"中国青年共产党"的杨闇公和杨伯恺（当时叫杨洵）、冉钧、张锡畴等，他们大多已是共产党员或青年团员，听了我的计划，非常赞成，立刻就动手干起来。我把廖仲恺先生给我的一千元钱全部作为办学校的经费，但是还差很多。又把我私人在川江轮船公司的两张股票拿出来押当，由于这个股票的利息很高，当了两千块钱，也把它全部充作了学校经费。

我们一方面筹备经费，联络熟人；一方面分头去找校址，买家具。那几天，重庆格外炎热。可是大家干劲都很足，每天清晨就到外面去奔走；中午到杨闇公家里开会，交换情况；下午又出去奔走。大家累得汗水直流，但心里都很兴奋，反而觉得挺爽快。不几天，就在大溪沟找到了校址，而且把一切筹备工作都办妥当了。早些时候，华法教育会曾计划在北京、上海、汉口、广州、重庆办五个中法大学。我是华法教育会的发起人之一，于是就把新办起来的学校定名为"中法学校"（大学部称中法大学）。

学校的筹备工作差不多了，学生从哪里来呢？恰好江北中学、合川联合中学和重庆第二女子师范都因罢课而有许多进步学生被开除。我立即找到了这些学生，把他们招收入学。于是各地进步学生都闻风而来，一下子招了二百多人。9月4日，学校正式开学上课了。

与筹办中法学校的同时，我又着手整顿国民党的组织，把省党部迁到莲花池新址。我对四川各县国民党的情况是比较熟悉的。还在 1921 年搞四川自治运动的时候，我就有意识地物色了一批干部。现在全国工人运动蓬勃发展，革命势力日益高涨，群众的革命情绪很饱满，所以工作进行得很顺利。不久，许多重要县市的党部都成立起来了。我回到四川以后，不过两个月时间，居然办起了学校，建立了国民党的各县党部，以前对整顿工作缺乏信心的黄复生看到这种情形，非常惊奇。他对人说："吴玉章的手段真高明，好象有神仙帮助一样。"其实，哪里有什么神仙帮助？我所依靠的是党的领导和群众的支持，不过黄复生当时并不知道我是一个共产党员。

那时，我们接到广州的指示，定于 1925 年 11 月初在广州召开国民党第二次代表大会。接到电报已经很迟了，我们赶紧筹备起来。因时间仓促，便让各县市代表就地开会选举。选举结果，我和杨闇公同志等六人当选去广州出席大会。这六个人中间，除了黄复生以外，其他都是共产党员，可见当时四川的国民党内，左派势力已经占了很大的优势。

1925 年 11 月，我们离开四川，经上海去广州。

四

我离开广州只有四个多月，再回广州一看，情形已发生了很大的变化。广州政府内部左派和右派的斗争非常激烈。右派看到左派力量日益发展，非常害怕，竟于 1925 年 8 月 20 日，暗杀了廖仲恺先生。这是孙中山先生逝世以来，右派势力对左派的一次最严重、最卑鄙的挑衅。当时，共产党和国民党左派依靠省港罢工工人的力量，立即进行反击，驱逐了国民政府内部公开的右派头子胡汉民、许崇智等人，并解除了粤军魏邦平、梁鸿楷部的武装。10 月 1 日广州革命军举行第二次东征，盘踞东江的陈炯明虽然得到英帝国主义和奉系军阀的援助，但在革命军队的英勇进攻下，仍是不堪一击，被打得落花流水。11 月中，广州政府收复了惠州、潮州、汕头等重要城市，陈炯明叛军完全被肃清。广东革命根据地大大地巩固起来了。

但是革命运动的发展总是迂回曲折的。国民党内一些旧的右派失败了，跟着就又有新的右派产生。这时，戴季陶之流的所谓"理论家"正在大肆贩卖其"纯正的三民主义"的反动理论；邹鲁、谢持、林森、张继等组成的西山会议派，也打着国民党的招牌，在北京召开了非法的所谓"西山会议"；广州黄埔军校中的一部分反动军官和学生在蒋介石的卵翼下也搞起"孙文主义学会"的反动组织。身为国民政府主席的汪精卫，虽然还没有暴露他反革命的身份，但在左派力量日益增长的形势下，也感到十分恐慌，办一切事情都缩手缩脚。国民党的第二次代表大会原定在 1925 年 11 月召开，但是由于右派的阻挠，会议一直拖延下来。

我们四川代表团在到达上海之前，本来以为一定要迟到了。到上海以后才知道会议已经延期到 1926 年 1 月 1 日。我们赶到广州，才知道大会的一切准备工作都还没有开始，各地代表也到的很少。除了我们四川的代表外，只有湖北的代表来了董必武、钱介磐（亦石）同志等五人；华侨代表来了彭泽民、许甦魂等三十余人；其它地方的代表有的还没有报到，有的地方甚至连代表都还没有选出来。更可怪的是连国民政府所在地的广东省，也还没有选出代表来。大家议论纷纷，说大会恐怕开不成了。我看了这种情形很着急，因为当时邹鲁、谢持等正在北京酝酿要在上海召开非法的代表会议来和我们争夺领导权。这次大会是我们组织力量反击右派猖狂进攻的一次重要会议。假使大会开不成，那就会大大助长西山会议派的气焰，对革命将带来十分严重的恶果。因此我立即去找汪精卫。汪精卫愁眉苦脸地说："大会恐怕开不成了！"我说："现在邹鲁等人这样猖狂，他们不但排斥共产党，也排斥广东的国民党，不跟他们斗一斗，怎末成？否则，许多同志流血牺牲换来的这块根据地就要垮台，只怕你这国民政府主席的位子也坐不住了！"汪精卫说："我也没有办法。"我说："怎末没有办法，快些筹备就有办法了。"汪精卫只在那里唉声叹气，我又催促他赶快召开国民党中央会议以筹备第二次代表大会。不几天，中央会议召开了。会议上，大家推举我做大会的秘书长，负责筹备工作。

国民党第二次代表大会的一切筹备工作都是依靠我党进行的。那时毛泽东同志和周恩来、聂荣臻、萧楚女等同志都在广东工作，陈延年同志是中共广东区委书记。和我经常往来的还有董必武、林伯渠、恽代英、张太雷等同志。大会的筹备工作，就是由我和这些同志商量，分头进行的。依靠我党党员大家的努力，筹备工作进展得非常迅速。

　　1926 年 1 月 1 日，大会果然如期召开了。会址设在广东省议会的大厅中，布置得朴素庄严。会场门口设置了一个很大的地球模型，表示全世界革命运动的团结。会议开得很生动、很热烈。到会代表 256 人，其中约有五分之三是共产党员。共产党员和国民党左派占着压倒的优势，形势非常有利。那时广州还有几十万省港罢工的工人，天天游行集会，还组织了工人纠察队。由我党举办的各种各样的训练班如雨后春笋，遍设于广州市内。尤其是毛泽东同志所主办的全国农民运动讲习所，集中了二十几省的各族革命青年，成为指导和推动全国农民运动的中心。群众的革命情绪空前高涨，到处都可以听到国际歌的雄壮歌声。

　　群众初步发动起来了，左派势力日益增长了，国民党的右派甚至中间派都感到恐慌。汪精卫的老婆陈璧君对汪说："你看这次大会上，能办事的，会说话的，一考查，都是共产党员。"从她的言语中，可以看出他们对共产党的嫉恨。大会开了几天，刚好蒋介石从潮汕军次回广州，出席了大会。蒋介石最喜欢人家吹捧，陈肇英迎合蒋的心理，在开会时，向大会提议："蒋总指挥劳苦功高，大家应向他起立致敬。"结果起立者寥寥无几，闹得蒋介石十分尴尬。会后代表们都骂陈谄媚无耻，陈也无地自容，几乎不敢露面。从这件事可以看出大会上正气完全压倒了邪气。

　　形势对我们十分有利，可是机会主义者陈独秀偏偏顾虑重重，恐怕共产党力量太大，吓跑了国民党右派，于是便亲自出马来限制一下。他一直在上海，没有参加广州的大会，但却非常殷勤地一定要请右派分子戴季陶、孙科等去广州开会，好象少了这几个人，大会就开不成似的。后来他又给我们写了好几封长信，大谈其所谓形势与策略。他对形势的估计很悲观。当时，郭松龄军倒戈失败，奉系军阀气焰复张，并与吴佩孚勾结在一起，冯玉祥的国民军正处于四面受敌的情况中。陈独秀片面地认为这就是革命低潮到来了，因此指示我们在统一战线方面要执行让步的策略。他对大会出了许多坏主意，主张尽可能地把各方面的"人物"都包括进国民党中央委员会中去。据说这样做就可以团结国民党。他提名了一些人，其中很多是顽固不化的国民党右派分子。当时我们感到这种做法不对头，也有几个同志坚决反对这种无原则的让步，因此大会并没有完全按照陈独秀的意图进行。大会通过了对右派集团的坚决谴责，开除了西山会议派邹鲁、谢持等人的党籍，并给林森等以书面警告。这些做法都违反了陈独秀的意志，都是做得很对的。但最后在选举方面却受了陈独秀的影响，在选出的六十个中央执行委员和候补委员中，共产党员只占十四人（包括毛泽东、李大钊、林伯渠、恽代英、董必武、邓颖超和我等人）。而中央监察委员中，右派的势力更大。这是一个极其错误的让步。在这次大会上，本来我们有条件使进步力量在国民党的领导机构中取得优势，但是我们却自动地放弃了。事实证明，不进行斗争，幻想以片面的退让换取"团结"，其结果只会助长右派的气焰，而使"团结"终于破灭。国民党第二次代表大会的基本方面虽然是正确的，但在选举问题上片面让步的错误，也造成了严重的恶果。

五

国民党第二次代表大会结束后，许多同志要我留在广州工作。但是我觉得四川的国民党组织建立不久，急需继续巩固；而且四川省又是吴佩孚巢穴——湖北——的一个侧翼，假使把四川的革命工作搞好，对于行将到来的北伐，一定会起良好的作用。基于这些原因，大会刚刚结束，我就匆匆地离开广州，回四川去了。

一路上为了宣传国民党第二次大会的精神，耽误了一些时间。在上海、南京做了许多次讲演。由于长期紧张工作，感到身体有些支持不了。到达宜昌，需要换船，我一上岸在人力车上就晕过去了。同行的熊晓岩先生把我扶到一个教堂的墙下，给我吃了一杯药酒才苏醒过来。刚到重庆，又晕厥了一次。大家把我送进医院疗养，我心里总是放不下四川党部的工作。可是医院规矩很严，不准我走动，不准我会客。同志们也怕影响我的健康，许多事情都不告诉我，因此我住在医院里什么事情也不知道。

那时，国民党右派更加猖獗起来了。蒋介石开始暴露出反动面目，制造了3月20日的"中山舰事件"。诬蔑中山舰舰长李之龙不服调遣，擅入黄埔，阴谋暴动。逮捕了李之龙和军队中的许多共产党员。这是国民党右派对我们发动进攻的一个信号。当时毛泽东等同志主张给右派以坚决的回击，可惜这个主张没有被采纳。同时，西山会议派也在上海召开了伪国民党第二次代表大会，企图和广州的二次代表大会对抗。到5月15日，蒋介石得寸进尺，又召集了国民党二届二中全会，通过了什么"党务整理案"，自己又当起了党的主席、中央组织部长和军人部长，把党权、军权统统抓到自己手里。各地的国民党基层组织里也刮起了一阵反共的逆风。四川就有西山会议派的头子石青阳，在重庆另立一个省党部，天天找我们莲花池党部的人打架。我住在医院里就看见许多被打伤的人，包着头，扎着绷带，不过我当时还不知道是怎么回事。经再三追问，同志们才把实情告诉我。

我出院以后，决心组织力量，对右派进行反击。我和杨闇公同志分工，他负责发展共产党的组织，发展工农运动；我负责整顿国民党的组织，并在中上层和军队中进行活动。当时刘伯承同志也在一起工作，我出医院后大部分时间就住在重庆浮图关刘伯承同志的家里。我们的工作进行得很顺利，准备在1926年8月召开一次四川省国民党代表大会，以反击右派的进攻。后来会议也举行了。不过,那时我已于 7 月底出川,因为革命军已经开始北伐,广州方面急电召我到广州去,因此我没有来得及参加那次大会。

在四川的几个月,我又在军队中进行了一些活动。四川由于军阀连年混战,兵员之众,番号之杂,甲于全国。其中较大的军阀有杨森、刘湘、刘成勋、赖心辉、田颂尧以及从贵州来的袁祖铭等。这些军阀各据一方,互不相下,今天甲军与乙军联合攻打丙军,明天甲军又和丙军联合攻打乙军,弄得烽火连年,哀鸿遍地。而且这些军队大部分在名义上都已归附了吴佩孚,他们战斗力虽差,但假使和吴佩孚联合起来,也未始不是北伐军的一个大患。好在这批军队内部矛盾很多,某些军队又跟我有些历史关系,所以我就着手从中分化他们,希望争取一部分军队反正,以减少北伐的阻力。我最先选择驻在南充的川军第五师师长何光烈作为争取的对象。何本是熊克武的部下,与我相识,他自称是无政府主义者。我们起先以为这个人比那些腐朽的军阀总会开通一点,哪里知道他的头脑也象花冈岩石一样的顽固不化。我劝他归顺广州革命政府,晓之以理,喻之以势,反复譬说,仍然是一窍不通。原来他以老婆的名义在一个织绸工厂加入了股份,他已是一个"无政府主义者"、军阀和资本家"一身而三任焉"的人物。当时织绸厂里有我党的组织,工人时常罢工。他为此对于共产党和工人运动痛恨入骨,所以革命的道理一句也听不入耳。象何光烈这种人对于无政府主义正是一个绝大的讽刺。不过我这次去南充也没有白跑,我利用旧的关系,天天到士兵中去演讲,宣传革命的道理。何光烈部下有两个旅长倒比他们的"无政府主义"上司好的多,这两个旅长同情革命,终于被我争取过来了。后来这两旅队伍参加了刘伯承同志领导的顺(庆)、泸(州)起义。

我还在重庆袁祖铭的黔军里进行活动,并且跟袁祖铭亲自谈了一次。

当时袁祖铭受到杨森、刘湘的围攻，正在走投无路。其部下师长王天培、杨其昌颇有归附广州国民政府的倾向。我跟王天培谈了几次，讲了许多革命道理，他颇为悦服，表示愿意加入广州革命队伍。我曾据此报告国民政府。不久，黔军被迫退出四川，王天培和杨其昌就投降了北伐军，改编为国民革命军的第九军和第十军。不过这两支军队由于没有得到改造，虽然他们在常德同贺龙同志的军队一起，消灭了袁祖铭，又攻下了宜昌，但是后来仍被蒋介石拉了过去。

六

1926年8月，我又到了广州。这时，北伐战争已经开始，叶挺同志领导的独立团担当先锋，已于6月初进入湖南。由于过去几年里毛泽东同志在湖南作了许多工作，我党在这里的组织极为坚强，工农运动也最为发展。在我党的领导和工农群众的支持下，英勇善战的独立团所向无敌。7月间，北伐大军在广州誓师，陆续进入湖南。一场伟大的革命战争展开了。

但统一战线内部的关系急需调整。自从3月"中山舰事件"和5月"党务整理案"发生以后，蒋介石包揽了军权、政权和党权，飞扬跋扈，不可一世。北伐军出发的前夕，蒋介石又担任了总司令，把北伐军的各军以及政治部、参谋部、军需部、海军局、航空局、兵工厂等机构统归总司令部管辖。蒋介石上升到一个独裁者的地位，许多共产党员和国民党左派人士遭到排斥。我一到广州，何香凝看见我就哭了起来。她说："现在是跟北洋军阀决战的最后关头了，可是国民党内部情形这样糟，怎么办？一个人专横跋扈，闹得大家三心二意，这次战争怎么打下去？国民党怎能不垮台？"当时我们就商量对策。9月到10月，我们在广州召

_____
① 原文如此。

开了一次国民党中央执行委员和监察委员以及各省区特别市及海外代表的联席扩大会议。会议通过了一些重要的决议案，如提高党内民主、反对个人独裁、发展工农运动、实行二五减租等。唯有《统一党的领导机关决议案》，由于右派分子张静江等的坚决反对，未提付表决。通过的这些决议案主要是反对蒋介石的独裁和右派的猖狂进攻的。

北伐战争进行得十分顺利，北伐军连续攻克了长沙、岳州。8月底，以独立团为主力的北伐军在汀泗桥、贺胜桥打败了吴佩孚的精锐部队，北伐军长驱北上，攻克汉口、汉阳。10月10日，打下武昌。吴佩孚率领他的残兵败将退入了河南。同时北伐军在江西和福建方面，也开始发动进攻。盘踞东南的大军阀孙传芳由于遭到失败，内部发生分化。11月北伐军攻占南昌，12月占领福建。不到半年的时间，曾经称霸中原、不可一世的吴佩孚和割据长江下游富庶区域的孙传芳，其反动军队都迅速地土崩瓦解了。只有奉系军阀张作霖还负隅北方，妄图顽抗。北伐战争发展得这样迅速，真是出乎人们的意料。北伐军所到之处，工农群众热烈支援，人民箪食壶浆，迎接大军。人民群众的拥护，正是北伐战争获得迅速胜利的根本原因。

但是北洋军阀的垮台和北伐军事的胜利，并不表明革命从此就可以毫无阻碍、一帆风顺的发展。因为站在北洋军阀后面的还有更加凶恶的强大的帝国主义和封建势力。帝国主义和封建势力是不会就此甘休的，它们总要千方百计地来挽救自己的失败。近代的中国历史证明，每一次革命运动发展到高潮，帝国主义决不会坐视，它或者发动公开的干涉，或者进行内部的破坏。而北伐战争时期革命内部错综复杂的关系，以及我党领导上的机会主义错误，更给帝国主义造成了从内部破坏革命的空隙。可以看到：从1926年底开始，北伐的军事方面逐渐被推到一个次要的位置，而内部的政治斗争却被提到更加重要的地位。这正是帝国主义勾结国民党内的右派，企图破坏革命运动的反映。1927 年上半年，共产党员和一部分国民党左派人士都投入了反击右派、挽救革命运动的斗争中。这场斗争实质上是阶级斗争在革命内部的反映，是北伐战争在政治上的继续。

1926 年底和 1927 年初，国民党内左右派的冲突在迁都问题上又爆发出来。当时蒋介石在南昌搞了一个右派中心，和帝国主义眉来眼去；许多政客、买办，如黄郛、虞洽卿辈出入蒋介石的幕府；帝国主义、江浙财阀和蒋介石在一起策划一个新的阴谋。蒋介石背弃自己的原议，反对国民党中央政治会议把国民政府迁往武汉的决定，要把政府迁到南昌。当初，蒋介石因害怕广州的工农革命力量，曾提议把政府迁往武汉，遭到了我们大家的反对；等到武汉工人运动和两湖农民运动起来了，我们大家都主张把政府迁往武汉，并根据大多数人的意见作出了正式决定的时候，他忽然又提出异议，不肯服从。蒋的出尔反尔，暴露了他的个人野心，引起了大家的愤慨。当时江西地区处在蒋介石嫡系军队的控制之下，南昌已成为右派的巢穴。很显然，蒋介石是要把革命政府置于自己的掌握之中，以便任意摆布、为所欲为地进行反革命活动。蒋的企图正是"司马昭之心，路人皆知"，因此又被我们拒绝。

1926 年 12 月，广州政府迁移，党政负责人分路去武汉。有的走水路经过上海从长江上溯；有的走陆路，取道湖南；也有的取道江西。我走的是水路，到达武汉最早。12 月 10 日大部分负责人都赶到了。当时有许多问题都亟待解决，因此决定成立一个党政联席会议，以应付临时的一切事务。

七

我们一到武汉，就听到刚刚打下宜昌的各军发生了磨擦。宜昌是湖北的重要城市，地方富庶，又是出入四川的要道。但驻在宜昌的军队很复杂，有贺龙同志所率领的湘西民军，有新加入国民革命军的黔军王天培、杨其昌部，还有后来以反共著名的湘军何键的第三师。因为贺龙同志的部队把军阀袁祖铭打死了，并和何键的部队发生了纠纷，这件事轰动了武汉，国民党右派议论纷纷，要求解散贺龙同志的军队；宜昌的地主商人也制造了许多谣言，并跑到武汉来控告贺龙同志。武汉政府便派我到宜昌去调查和处理这件事，和我一起去的还有宋子文所推荐的一个人，负责去搞财务税收。我们到宜昌一看，装备精良的何键第三师和兵员众多的袁祖铭余部已经剑拔弩张，作好战斗准备，就要向民军开火，民军处在人少枪少的不利地位。何键和那些地主、商人天天到我跟前嘀咕，他们痴心指望我会同意他们消灭民军的反动计划。我当场把何键申斥了一顿，然后提出了一个解决的方案：把贺龙同志的民军调到武汉去拱卫革命的中心，以避免在力量悬殊的情况下被右派军队吃掉，但是调动民军有一个条件，就是要宜昌的地主商人拿出四百万元来作为革命政府的军费。何键心里虽不愿意，地主、商人要拿钱出来，更是肉痛，但仍不得不服从命令。宜昌的这一场纠纷就这样解决了。

　　我在宜昌住了一个月的时间，曾派出同志去组织工会及学生会等群众团体。这时武汉接连发生了许多重要事件。武汉地区，在我党的领导下，工人运动正蓬勃地发展起来。1月3日，汉口群众举行庆祝游行，队伍走到江汉关前，英国水兵开枪行凶，死伤群众三十多人。工人群众十分愤慨，立即起来驱逐外国巡捕，收回租界。武汉政府在工人群众的支持下，接管了租界。这个举动象霹雳似地震动了全中国以及全世界。中国历届的政府从来都是唯帝国主义之命是听，如今武汉政府却一洗积辱，用群众的力量收回了租界，那真是一件了不得的事情。武汉政府在人民中的威信大大提高了。1月6日，九江工人也起来收回了租界。英帝国主义鉴于五卅运动和省港罢工的教训，不敢冒然使用武力。它除了进行威胁，并加紧拉拢蒋介石以外，同时也向武汉政府提出了"抗议"，进行交涉。武汉政府不顾诱惑，不怕威胁，态度强硬，英帝国主义也无可奈何。当时国民政府的外交有"铁腕外交"之誉。当然，武汉政府的这个铁腕，并不是哪一个人或哪几个人的铁腕，帝国主义那时所碰到的乃是全中国人民高举的真正有力的"铁腕"，所以它的一切诱惑和一切威胁都属徒劳。

八

汉口租界收回以后，帝国主义对蒋介石的诱惑日益加紧了。1927年1月9日，蒋介石从南昌到武汉，他这次武汉之行的目的仍然是想把国民政府迁到南昌去。那时武汉的群众运动，非常高涨，工会、农会、学生会、童子团、商会等组织都已建立。国民政府召开了一次有三十万人参加的群众大会欢迎他，会上蒋介石竟恬不知耻地丑表功，说自己如何如何的用兵如神，劳苦功高。群众当场起来质问他：为什么违抗国民党中央迁都武汉的决定？为什么无理扣留国民党中央委员？蒋介石被问得张口结舌，面红耳赤。接着苏联顾问鲍罗廷讲话，大意是说要依靠人民群众，反对个人独裁，提高党权，发扬民主。蒋介石受了群众正义的质讯，恼羞成怒，却把怨毒之气全都转移到鲍罗廷身上。他回到南昌以后，立即给徐谦（党政联席会议主席）打来一个电报，硬说鲍罗廷当众侮辱了他，要求撤去鲍罗廷的顾问职务。徐谦接到这个电报，吓的不得了，打电报到宜昌，要我快回去商量。这样我就星夜从宜昌赶回了武汉。

我回到武汉，开了一次会。会议上多数人反对撤换鲍罗廷，只有徐谦主张顺从蒋介石的要求，说："照顾蒋介石的面子，把鲍罗廷换一换罢！"我说："这不是面子问题，鲍罗廷是否要换，应由大多数中央委员来决定，蒋介石一句话怎能算数！究竟是蒋介石服从中央呢，还是中央服从蒋介石？再说鲍罗廷的话根本没有错误，凭什么理由要撤换他？这不是鲍罗廷个人的去留问题，这是蒋介石对中央、对政府的蔑视。我们一定不能让步！"后来会议决定不理蒋介石的这一无理要求。

蒋介石的专制独裁行为，引起了武汉方面极大的愤慨。我们决心要跟他斗一斗。为此，特成立了一个由徐谦、邓演达、孙科、顾孟馀和我共五人组成的行动委员会作为领导机关，发表了宣言和宣传要点（内容主要是实行民主、反对独裁、提高党权、扶助工农运动以及所谓"迎汪复职"等）。接着我们又准备在 3 月 7 日召开国民党第三次中央全会。各地中央委员陆续到了武汉，足了法定人数；只有蒋介石和留在南昌的中委迟迟不来。到了临开会的日子，谭延闿、陈公博等从南昌来了，带来了蒋介石的口信，说要把会期移在 3 月 12 日他才能来开会。我反对会议延期，我说："开会日期早就通知了，为什么他不来？现在法定人数已足，为什么要让大家等他一个人？"结果会议还是如期在 7 日开始。不过由于不少人有顾虑，所以把 7 日的会议算作预备会，10 日才开正式会议。假使蒋介石真想在 12 日来开会，也可以赶得上。大概是因为我们没有听从他的意旨，所以他很生气，始终没有到会。

三中全会上，左派力量占压倒优势，会议开得很好。会议上通过了《统一党的领导机关决议案》《统一革命势力的决议案》，制定了《修正政治委员会及分会组织条例》《中央执行委员会军事委员会组织大纲》《国民革命军总司令条例》，以及其它一系列的决议和宣言。确立了中央常务委员会、政治委员会和军事委员会的集体领导制度。选出中央常务委员九人，有汪精卫、谭延闿、蒋介石、孙科、顾孟馀、谭平山、陈公博、徐谦和我，除这九人兼任政治委员并推三人兼任秘书外，又选出宋子文、宋庆龄、陈友仁、邓演达、王法勤、林祖涵（林伯渠）六人为政治委员。

这些人共同组成一个领导机构。这样就实际上剥夺了蒋介石所窃踞的中央执行委员会主席和军事委员会主席的职务。会议一直开到 3 月 17 日才结束。

那时，长江下游的形势又起了变化。3 月 21 日，上海工人阶级举行第三次起义，八十万工人和装备精良的直鲁联军展开了肉搏，经过一天一夜的血战，终于解放了上海。3 月 24 日，国民革命军第六军和第二军也攻克了南京，孙传芳和张宗昌的残余部队狼狈逃窜苏北，从此长江以南的全部地区为国民革命军所控制。

革命势力日益推进，革命内部的分化也日益剧烈。当 3 月 6 日三中全会开会前，蒋介石就在南昌枪杀了赣州总工会委员长、共产党员陈赞贤同志。随后又指使青红帮匪徒捣毁了南昌市党部和总工会。3 月 23 日，蒋介石又跑到安庆行凶，指使他手下的暴徒，捣毁了安徽省党部和总工会。3 月 24 日，即革命军解放南京的那一天，英美等帝国主义公然出动军舰，炮轰南京的革命军队及和平居民，死伤达二千人。就是这样，帝国主义和蒋介石同时举起了屠刀，里应外合地对革命展开了进攻。

九

1927 年 4 月，在长江下游，左派和右派的斗争达到高潮。当时，上海在工人纠察队的控制之下，南京在六军和二军的控制之下。（这两个军中有不少共产党员，并由著名的共产党员林伯渠和李富春同志担任政治部主任。）蒋介石为了勾结帝国主义进行反革命的叛变，就倾注全力来夺取这两个最大的都市。他把自己的嫡系部队都摆在京沪线上，盘马弯弓，跃跃欲试。情形已经很明显，京沪线上的这场斗争，将是革命成败的一个关键。有人主张把刚从郑州前线回来的第四军（是北伐的主力，号称

"铁军"，军中有许多共产党员）调到南京去加强南京的防御，呼应上海的革命势力，并监视蒋介石的活动。这个主张得到武汉行营主任邓演达的支持。4月3日，第四军开往南京的准备工作都作好了，军队中已作过动员，运输的船只和粮秣枪弹都已准备就绪，并已决定4月4日出发。就在出发前夕大家在一起开会时，忽然有人提出，不应该把"铁军"调到南京去。理由有两个：第一是怕在长江下游和帝国主义太靠近，会引起冲突和干涉；第二是当时汪精卫已从国外回到上海，将要来武汉，假使我们和蒋介石完全闹翻，蒋一定要扣留汪，不让他来武汉。这两个理由，我们今天来看是何等荒谬，但当时却有不少的人说得振振有词，甚至部分共产党员也支持这种主张。为什么许多人思想这样混乱呢？主要是由于武汉政府的阶级构成复杂，资产阶级和小资产阶级还占很大的势力，许多国民党员以至共产党员，政治思想水平也都不高。当时我党还处在幼年阶段，虽然在群众中很有威信，但思想上却不够坚强。大家对于帝国主义的武装干涉没有从本质上加以分析，以为躲远一点就可以避免干涉。由于缺乏应付干涉的经验，对帝国主义干涉的后果也作了过高的估计。至于对汪精卫抱有幻想的人就更多，大家只看见汪在历史上的光明面，只看到他某些伪装的革命词句，只看到汪蒋之间存在的矛盾，而没有进一步从阶级本质上去分析汪蒋之间的一致性。

　　反对"铁军"开往南京的意见提出来，引起了会上一场激烈的争辩。参加会议的共有十个人，只有瞿秋白、邓演达和我三个人坚持原议。我努力想从军事方面说服别人，特地征询军事顾问加伦将军的意见。加伦将军说："从北伐的军事观点来看，加强南京方面的兵力是合理的，这样我们一方面可以从武汉沿京汉路北上，一方面可以从南京沿津浦路北上。"于是，我把加伦将军的这个意见，作为调动第四军去南京的理由来力争。但是会上大多数人都不同意，因此调第四军去南京的计划被搁置了下来。这是革命方面的一大失着，假使第四军按照原定计划调去南京，长江下游左右派力量的对比便会发生重大的变化，蒋介石的反革命政变也就不会那样顺利。可惜革命方面在这样关键性的问题上又走错了一着棋。

以后形势急转直下。伪装进步的汪精卫从国外到了上海，和蒋介石等秘密谈判，决定分裂武汉政府。4月5日，汪精卫、陈独秀在上海共同发表了所谓《汪陈联合宣言》，极力为蒋介石辩护。这时，身为共产党总书记的陈独秀完全被反革命牵着鼻子走了。4月9日，汪陈一起来到了武汉。12日，蒋介石在上海发动了惨绝人寰的反革命大屠杀，成千的共产党员和工人群众在新军阀的屠刀下牺牲了。15日，广州方面也发动了屠杀。18日，蒋介石在南京建立了反革命政府，和武汉革命政府公开对抗。

十

汪精卫刚到武汉，仍伪装革命的样子。"四一二"惨案发生后，汪也跟着别人拍桌子，大骂蒋介石，但是他骨子里却无时无刻不想反共。他住在谭延闿家里。谭的家里有一个四川名厨师，做得一手好菜。谭延闿家是个地主阶级的大本营。湖南许多地主遭到了当地农民的清算，都跑到谭延闿那里去造谣诽谤。汪精卫不仅吃了许多四川菜，同时也喝了许多地主的迷魂汤，于是就显出了他的反革命面目。他一见我们，就叫喊说农民运动搞的太过火。陈独秀也跟着帮腔。有一次，不知哪个地主造谣，说某某司令的母亲因为是小脚就被农民解去脚布，用箩筐抬着游街；又说某地农民协会扣留了政府的粮米，不让运出去。汪精卫借题发挥，暴跳如雷地说："这不是造反吗？岂有此理！是政府管农会？还是农会管政府？"陈独秀也在一边应声："是谁在湖南搞的？简直是乱搞！"

　　汪、陈到武汉之前，我们本来想建立一支完全由我党所掌握的军队，因此决定把共产党员连某所指挥的一个营扩充为一个师。人员、粮饷、军械都已经筹划好了。当时共产党员和国民党左派在政府中占优势，工农革命情绪又很高，所以干起什么事来都很顺手。可是陈独秀来了，附和谭延闿的意见，说什么计划中配备的枪械比别的军队都好，怕引人妒忌；他又说自己建立军队，太惹人注目等等。就这样前怕狼、后怕虎，这一师军队始终没有建立起来。

　　1927 年 4 月下旬，我党在武汉召开了第五次代表大会。但这次大会实际上并未解决任何问题。陈独秀只是表面上承认了一下错误，而大会竟仍然选他作党的总书记，这样就使他的机会主义路线得以继续执行和发展。我虽是四川省的代表，但没有出席这次大会，因为怕暴露了共产党员的身份不好在国民党内工作。可是大会开完后不久，陈独秀却故意地给我暴露了。他在《向导》上转载了高一涵的一篇文章，说在国民党的中央执行委员中只有某某几个人是共产党员，决不可能操纵国民党，想以此来表白对国民党的忠心。这简直等于告密，给我以后在国民党内的工作增加了极大的困难。我见了这篇文章很生气，立刻跑去质问他。但他却厚颜无耻地说："为了这件事，我一夜没有睡，想来想去觉得还是把你们几个人公开了好。"原来陈独秀反复考虑的结果是不惜牺牲一切以讨好国民党，他的机会主义毛病实已深入膏肓，无可救药了。

　　那时武汉政府派出继续北伐的军队，在河南受阻。1927 年 4、5 月间，战事相持于遂平一带。随着战争的停滞，促使军队进一步分化。5 月 17 日，驻在宜昌的第十四师师长夏斗寅在蒋介石的挑唆下发动了叛变。我们正在开会，听到夏斗寅部已经到了武昌附近的纸坊，立即要进城。大家忙着找叶挺去抵抗。一时之间，又找不到。徐谦、顾孟馀这些投机政客一见大势不好，都悄悄地溜走了。后来通过电话找到了叶挺，才知道夏军已经被叶的部队打垮了。当时叶挺领导着他的部队和黄埔军校武汉分校学生组成的队伍把叛军打得一败涂地。如果叶军一直把叛军追到岳州，完全可能把它一鼓歼灭。可是汪精卫主张调解，唐生智这时也说他可以招呼夏斗寅。于是派了陈公博等进行调解。反革命打我们，没有人出来调解；我们打反革命，"和事佬"就这样多。武汉政府中的那些反动分子的反共意图，已昭然若揭，可是陈独秀还在那里跟他们无原则地大讲"团结"，对农民运动泼冷水，说农民运动搞得"过火"。

夏斗寅叛变后，湖南的反革命势力起而呼应。5月21日，第三十五军许克祥团在长沙发动叛变，解除了工人纠察队的武装，大肆屠杀共产党员和工农群众。这就是血腥的"马日事变"。当时长沙附近各县的工人和农民义愤填膺，集合十数万人准备于5月30日进攻长沙。长沙只有许克祥一个团的兵力，只要我们领导上坚决一点，消灭这支叛军，可以说是瓮中捉鳖。汪精卫听到消息，大发脾气，指责我们不该打许克祥。陈独秀就赶快下命令取消进攻长沙的计划。大多数部队接到命令后停止了行动，只有其中一支工农部队没有接到停止进攻的命令。5月30日，这支工农部队单独攻扑长沙，由于没有其他方面的配合，结果失败了。这次失败完全是陈独秀机会主义的错误。事后汪精卫还讥笑陈独秀："你们十万大军怎么连许克祥的一个团也打不赢。"反动派就是这样可恶，你越让步，他就越嚣张。象这种让步完全是软弱的表现，怎能达到团结的目的呢？

武汉政府的北伐军打下了郑州，与冯玉祥在西北的国民军取得了联络。这是一个喜讯，但喜讯中也包含着噩兆。因为在机会主义的领导下，党在政治上不能振作起来，那末军事上的每一步进展就只能成为革命阵营内部进一步分化的契机。6月10日，汪精卫、唐生智、谭延闿、徐谦、邓演达等与冯玉祥举行郑州会议。会议是秘密进行的，我身为国民党中央常务委员和政治委员，对会议内容也一无所知，可见汪精卫是如何处心积虑地来对付我们。他们从郑州回来后，我只见邓演达垂头丧气，情绪消沉。蒋介石又和冯玉祥举行徐州会议，决定分共与宁汉合作。冯玉祥给汪精卫打来一个电报，说已在徐州与蒋介石开会商谈。那时我是国民党中央常委兼秘书，一切重要文电都由我经管，我看到这个电报十分惊异，就问汪精卫："冯玉祥为什么跑到徐州去跟蒋介石开会？他们商谈些什么问题？"汪精卫含糊其辞，先说不知道，后来又说电报弄错了。我把这种可疑的情形告诉了陈独秀，但陈独秀仍是若无其事，泰然置之。

形势一天天地恶化。唐生智的军队从前线开回了武汉，名义上是拱卫政府，实际上是要控制局势，以便先发制人。不久军事委员会下令收缴工人纠察队的枪支，陈独秀竟同意了这项命令。于是我们手中仅存的一部分武装也被解除了。事后军事委员会开会时，武汉卫戍司令李品仙还说："只收到一千支坏枪。"意思是说还有更多的好枪藏起来了，还要逼我们交枪。其实我们手上已根本没有什么武装了。

财政方面的情况也很糟。蒋介石叛变后，身为财政部长的宋子文不辞而去，跑到上海去投靠蒋介石。他丢下了一笔糊涂账，后来由湖北的两个反动商人来接管财政。那时前线的开支很大，政府收入不多，再加上管财政的人贪污中饱，弄的国库空空如也，十分困难。

针对这种非常危急的情况，共产国际在 5 月发出了紧急指示，内容是实行土地革命，发展工农运动；加强国民党中央委员会中的左派力量；动员党员和工农群众，编练五万[①] 军队；组织革命军事法庭，肃清反革命分子。这是当时挽救革命的唯一方法，陈独秀却扣留了这个指示，不

---

① 1927 年 6 月 1 日，中共中央收到了共产国际执行委员会 5 月 30 日寄出的信，史称"五月紧急指示"。其中指出："要动员两万共产党员，再加上来自湖南、湖北的五万革命工农，组建几个新军。要组建自己可靠的军队。不这样做就不能保证不失败。这是很困难的事情，但没有别的路可走。"

让全党知道。直到6月23日^①，在党中央的一次扩大会议上，任弼时同志要求陈独秀把共产国际的指示在党内公布出来，陈独秀拒不接受，还大发脾气。我问坐在旁边的张太雷同志是怎么回事，张太雷同志把指示内容告诉了我。我说："这样重要的指示，怎么我一点也不知道。"张太雷同志说："我也是刚刚知道的，许多人都不知道这回事。"在革命十分危急的关头，陈独秀仍然用家长作风来坚持他的机会主义路线，革命的失败怎能避免呢！

十一

陈独秀的机会主义路线使革命走上了失败的道路。全体党员都意识到了情况的严重，而党的领导中心却涣散无力。不少党员想尽种种办法来挽救局面，但时间已经来不及了。有一些党员则表现消沉。谭平山辞去武汉政府农民部长的职务，成天忙着收拾行李，见了我就叹息说："不行了！搞不下去了，还是走吧！"我问他："不在这里继续搞，又走到哪儿去呢？"他也回答不出来。武汉街头的空气也愈来愈紧张。何键的反动军队天天在街上巡逻。汪精卫正在加紧酝酿"分共"。当时的第四军共产党员最多，战斗力最强，是"分共"的主要阻碍。汪精卫找第四军军长张发奎商量，张发奎怕控制不了军队，有些犹豫。汪精卫就拿出共产国际的指示，添油加醋地说："共产党要消灭国民党，要把军权抓到手上，跟他们合作不下去了，还是分开的好。"这样，张发奎也就同意了"分共"的反革命计划。

1927年7月14日晚间，武汉国民党秘密召开"分共会议"。兼有国民党籍的共产党员都被排斥而不得参加。那晚，我和林伯渠同志在一起等候会议的消息。直到深夜12时，彭泽民来告诉我们开会的情况：汪精

① 原文如此。

卫在会议上极力主张"分共"，宋庆龄没有参加会议，请了陈友仁作代表，在会议上极力反对"分共"。陈代宋说："联俄、联共和扶助农工的三大政策是总理手定的，有了三大政策，革命才能够发展成今天的局面，抛弃三大政策就必然要向帝国主义和蒋介石屈服……"孙科听了就起来跟陈友仁大吵。汪精卫也坚持要"分共"，并假惺惺地说："分共以后，我们还可以跟共产党实行党外合作；我们仍继续反帝反蒋。"当然汪精卫说的这些都是骗人的鬼话。事实证明：他在"分共"的同时就立即对共产党员大肆逮捕和屠杀。他所说的"分共"就是"反共"的同义语，而"分共"的必然结果，就是滚进帝国主义的怀抱里。

当晚我回到寓所，心中很烦躁。再加天气炎热，不能睡觉，夜间 3 点钟我还在晒台上乘凉。忽然看见有四个人，背着枪，推开我寓所的门进来，一会儿又出去了。我躲在暗里看他们的动静，以为他们走了。几分钟后，这四个人又从后门进来了，到我电话室里，拆了电话，还留下一封信。信上说外面风声很紧，要我赶快离开。我和同住的邓懋修商量，邓劝我说："你且暂时移居一个地方吧！否则，赤手空拳，一定要吃他们的亏。"因此我当晚就搬到我大哥的寓所去了。

7 月 15 日早晨，接到党中央的通知，让我到武昌集合。当时国民党中央党部的印信、账目、文件，都是由我经手管理的。我考虑到账目没有交代，反动派很可能制造谣言，诬蔑我卷款潜逃，借此来破坏我党的声誉。因此我决定要亲自到国民党中央党部去办清交代。9 点钟我就去党部，把我经手的一切都交代清楚，然后给汪精卫留下了一封信。信中大意是说昨晚有武装到我寓所迫我速走，所以我只得离开；并说他们"分共"的决定是完全错误的，把革命中途断送了。

当天傍晚，在一阵倾盆大雨之后，我渡江去武昌。在船上，面对着郁郁的青山和浩浩的江水，一件又一件的往事在我脑子里翻滚。多少共产党员和工农群众出生入死，流血牺牲，才赢得了北伐战争的胜利。如今革命竟被断送了，胜利的果实被反动派夺去，作为建立新的统治的资本。这是多么沉痛的教训！我恨不得有这末一支大笔，可以蘸满长江之水，把这个教训题铭在青山之巅！

十二

中国共产党和中国人民是永远不会屈服的。国民党反动派虽然叛变了革命，共产党却领导着人民继续进行革命斗争。由南昌起义而秋收起义，中国革命从此进入了一个新的阶段。特别是毛泽东同志在井冈山创立的红色革命根据地，在新的情况下，为中国革命开辟了一条唯一正确的胜利的道路。

我从汉口到武昌后，随即搭船往九江去。这只船很脏，人就睡在载牛马的仓房里。天气又很炎热，气味十分难闻。但是我心里却很兴奋。因为我明白，我们马上就要开始新的斗争。这种斗争虽然一定很艰苦，但从此以后，我们决不再受国民党政客和机会主义者的气了。

到九江后，立即成立了一个国民党中央办事处，以接应我们的同志和国民党左派人士到南昌去继续参加革命工作。果然，彭泽民、张曙时等国民党左派人士也来到了。刘伯承同志到得很晚，他是月底才到达九江的。接应的工作完毕后，我乘最后一次火车去南昌。

到南昌后，我住到贺龙同志那里。这时部队已经在作起义的动员了。对于这次起义，中国共产党组织了一个前敌委员会来领导，由周恩来同志担任前委的书记。前委开会的时候，曾发生很大的争执。张国焘主张要拉拢张发奎，若张发奎不同意，就不要举行起义。周恩来、恽代英等多数同志都坚决反对张国焘的错误意见，认为我党应独立地担负起义的领导责任，不能对张发奎存有幻想，更不可依赖他。最后通过了多数的意见，决定 8 月 1 日晨 4 时举行起义。不料这个秘密，被二十军的一个军官泄露给朱培德的部下，于是前委又决定把起义时间提前两小时。

8 月 1 日晨 2 时，南昌响起了革命的炮声，城头上竖起了革命的红旗。由叶挺、贺龙和朱德同志领导的起义部队迅速地将南昌的反革命部队全部解决。起义胜利了！

接着，成立了中央革命委员会，并在其下分设党务、农工、宣传、财政等委员会及参谋团、秘书厅、总政治部、政治保卫处等机关。我担任的是革命委员会委员兼秘书长。同时又把军队编为三个军，由贺龙同志任二十军军长，叶挺同志任十一军军长，朱德同志任九军副军长。

起义虽然胜利了，但起义后的行动方向问题却没有解决。那时，我们的思想还是认为要取得大城市和国际的援助，才能继续革命。因此决定回师南下，夺取广州，再举行第三次北伐。我们没有认清当时的革命形势和中国革命的特点，没有把南昌起义胜利的部队和湘赣两省蓬勃发展的农民运动结合起来，更没有建立农村革命根据地的思想。结果溽暑远征，终于遭到失败。这又是多么沉痛的教训啊！

十三

从 8 月 3 日起，南昌起义的部队开始了南征。那时天气很热，加以群众受反革命宣传的影响，相继逃避，以致沿途很难买到饮食；因此行军极为艰苦，生病的人很多。同时宣传工作又做得很差，士兵不明了行军的意义，不少人偷偷地开了小差，仅仅行军几天，部队就几乎损失了实力的三分之一。

到临川以后，部队经过一番整顿，情绪比较好些了。这时天气也开始凉爽起来，对行军较为有利。记得阴历 8 月 15 日的晚上，我们到了三江口。对着中秋的明月，谭平山也一扫平日的愁容，拣着烧饼歌中的两句念道："手执钢刀九十九，杀尽胡儿方罢手。"接着又说："九九八十一，正应在'八一'上面，我们的起义是一定会成功的。"他虽然是在说笑话，但实际上他对革命也并无信心，只好把胜利的希望寄托在命运的上面。他后来走上了所谓第三条道路并不是偶然的。

部队经瑞金到汀州，又由汀州到了汕头。我们的部队在瑞金、会昌一带打了许多胜仗，也受到相当的损失。到汀州以后战斗就很少了。我在汕头又见到了我的大哥吴永柑和邓懋修，他们是从上海赶来的。这时情况已很紧急，我劝他们赶快离开。果然，敌人的海军（中山舰）派兵上岸来袭击汕头。我们在这里是没有什么战斗部队的，所以一时情况非常混乱。不过林伯渠同志（他当时是财政委员会的主席）和我们大家都很镇静，终于组织力量把来袭的敌人打退了。

但是，我们在汤坑却遭到严重的失败。经过反复的冲杀，我军的损失非常巨大。

汤坑失败后，起义的领导机关在流沙开会，决定非军事必需人员，一律分散。从此，我和林伯渠、贺龙、刘伯承等同志都分开了。到后来，和我同行的只剩下我的侄子吴鸣和一人。我们二人都不会说广东话，因此一路上十分困难和危险。说也凑巧，就在这时我们又碰到了谭平山，有了这个广东佬，我们才得以安全地走到海边，然后搭民船去香港。

在香港的一家商店里，贺昌同志看见了我。党派他到香港来是专门做接应工作的，这样我又找到了党组织。我在香港又见到了贺龙和刘伯承等同志，但却没有见到林伯渠同志。当时蒋介石为向帝国主义讨好，竟颠倒事实把英美等帝国主义炮击南京说成是第二军和六军搞的，诬称林伯渠同志是什么"国际要犯"。因此林伯渠同志不能在香港久待，在我到香港之前就避居到日本去了。在香港住不多日，党就把我们送到了上海。由于认识我的人太多，不便在国内工作，党决定我到苏联去学习，并警告我不要随便外出。后来有人看见我在上海的一家医院治牙，中央便又传来了对我的警告，要我赶快赴苏。党对一个同志是多么的关切啊！

在极端秘密的情况下，我和刘伯承及我的侄子吴鸣和等同志离开了亲爱的祖国。但是，祖国的人民仍在继续地斗争。井冈山上的红旗，正在引导着全国的土地革命胜利地向前发展。尽管革命的道路上还有无数的困难和障碍，但是，循着毛泽东同志开辟的道路前进，中国革命是终于要得到最后胜利的。

从甲午战争到辛亥革命的回忆 *

（1961 年 9 月 1 日）

一、甲午战败，震动人心

自从世界资本主义侵入中国以后，腐朽的中国封建社会即逐渐解体而沦为半殖民地。中国再也不能闭关自守了。对于这种情况，我家乡民间有这样的说法：洋人打掉了我们五个梅花桩（大概是指五口通商吧），就闯进中国来了。就连中国封建主义的卫道者、屠杀太平天国的刽子手如曾国藩、胡林翼、李鸿章之流，也感到中国必须有所改变，才能适应世界局势。当胡林翼亲眼看到了外国兵船在大江中来去如飞的时候，他在惊羡之余，也不能不喟然兴叹，说中国的武器太不行了，应该学习洋人的船坚炮利。于是便出现了李鸿章等封建官僚所办的"洋务"。这种"洋务"开办于十九世纪六十年代初期，比日本维新还稍早一点。但是它与日本维新不同。日本经过维新运动便走上了资本主义的道路；而中国的"洋务"运动并不鼓励资本主义的发展，只不过是想借西方的武器来保护中国的封建统治而已。正因为这样，日本已渐趋富强而中国却依然落后，日本才敢于在 1894（甲午）年对中国发动大规模的侵略战争。在

---

* 录自《吴玉章回忆录》，中国青年出版社 1978 年版，第 1～102 页。自 1961 年 9 月 1 日起，《从甲午战争前后到辛亥革命前后的回忆——为纪念辛亥革命五十周年而作》一文开始在《中国青年》杂志连载。

这次战争中，虽然中国人民的抗日意志很坚决，士兵作战也很英勇，但由于统治者的腐败无能和投降派的从中破坏，结果中国还是失败得极其悲惨。清朝政府被迫派头号卖国外交家李鸿章到日本去签订了《马关条约》。根据这个条约，不但友好的邻邦——朝鲜被牺牲了，而且中国自己的领土台湾全岛及所有附属岛屿、澎湖列岛也被宰割而去，甚至还要割让东北的辽东半岛；不但开放了沙市、重庆、苏州、杭州等地为商埠，而且还允许日本人得在中国所有的通商口岸开设工厂；至于赔款之重——库平银二万万两，也极为惊人。这真是空前未有的亡国条约！它使全中国都为之震动。从前我国还只是被西方大国打败过，现在竟被东方的小国打败了，而且失败得那样惨，条约又订得那样苛，这是多么大的耻辱啊！李鸿章的"洋务"运动彻底破产了，李鸿章的卖国贼面目彻底暴露了。广大人民都反对投降派，反对李鸿章，欲食其肉而后快。当时正在北京会试的各省举子也纷纷集会、请愿，康有为即曾联络其中的一千余人，举行了著名的"公车上书"，要求拒和迁都，变法图强。我还记得甲午战败的消息传到我家乡的时候，我和我的二哥（吴永锟）曾经痛哭不止。那时我的母亲刚死去不久，我的二哥正和我一起在家守孝。家庭的不幸使我们对国家的危亡更具敏感，我们当时悲痛之深，实非言语所能表述。

甲午战争以后，帝国主义的对华投资急剧地增加了，这对中国的民族资本起了一定的刺激作用；而"洋务"事业的破产，也迫使清朝政府对民族资本作了若干让步；于是中国的民族资本主义经济有了初步的发展。就在这个基础上，西方资产阶级思想才得到较为广泛的传播，资产阶级的政治运动也逐渐发展起来。康有为、梁启超等人的资产阶级改良主义的政治活动在甲午战后渐趋活跃，孙中山等人也在甲午战后开始了他们的资产阶级革命的政治活动。我自己的思想也是随着时代思潮的激荡而前进的。

甲午之前，在我的头脑中占主导地位的还是传统的忠孝节义的思想。1892年初，我刚满十三岁以后，便随我的二哥到成都进了"尊经书院"，这使我的眼界扩大了许多。我们的同伴中有一个名叫黄芝的，他和我二哥是同榜的秀才，因为他父亲是个"刻字匠"，当时人们都看不起他，但我们却成了很好的朋友。他比我年长，读书很多，对文字学、汉学颇有研究。我们时常一起去游览武侯祠、草堂寺等名胜古迹。每当傍晚我们在城墙上散步的时候，他总要指点胜迹，为我讲诸葛亮和杜甫等人的故事，有时还联系到当前国家的危机，大发感慨之词。这样，我从小便养成了关心国家大事的习惯。在"尊经书院"的时候，学长们还不断给我讲述前辈同学们的斗争故事。有一个同满人藩台斗争的故事，我现在还记得。大致是书院刚成立不久，学生们即爱议论时政，臧否人物。那时有一个贪婪昏庸、横行无忌的满人作藩台，便成了大家攻击的对象。一天总督考课，省城官员循例奉陪。这天，藩台到得特别早，他坐着八人大轿，一直闯到书院的二堂才下轿。学生们见他这样抖威风，都非常气愤，便设法捉弄他。他们派人到书院门口迎接钦差学政张之洞，张于是即在书院门口下轿。张当时在四川颇有声望，而且又是钦差，其余的官员见他的轿子放在书院门口，也都在书院门口下轿。等考课完毕，所有官员的轿子都从书院门口进来，惟独这位藩台的轿子从二堂抬出，而且上面的玻璃早被学生们打碎了，使他感到十分尴尬。这位藩台因此怀恨在心，便想到"尊经书院"抓人报复。那时主管书院的王壬秋（闿运）很爱护学生，他估计到藩台不肯罢休，当晚即去信请张之洞翌晨便衣简从来院议事。第二天，张来到书院，却无人接他。他正在客厅里徘徊的时候，藩台派来的人便把他当作学生抓去了。藩台一看抓来的是钦差，吓得连忙赔罪。从此以后，他的恶行也就收敛了一些。这个故事引起我很大的兴趣。我在"尊经书院"的时间虽然很短，但给我留下的印象却极其深刻。

　　这年夏天，我和我二哥奔母丧回家。我二哥是一位服膺宋明理学、极讲孝道的人，每晚必去屋旁的田间为母守殡，实行所谓"庐墓三年"。当我送他出门以前，我们总要挑灯读书。那时我们读的是《通鉴辑览》《天（启）崇（祯）百篇》等书文。每读到岳武穆、文天祥等人的忠勇事迹时，我们都极为感动，甚至潸然泪下。我们尤其喜爱的是明末烈士黄淳耀。他在清兵攻破嘉定之际，首先叫妻子和弟弟上吊，并说："弟弟，你们先走吧！我随后就来。"然后自己也从容自缢以殉国。在明末的许多"名士"中，一方面有黄淳耀这样的烈士；另方面也有吴梅村那样的懦夫。吴投降了清朝，后来因怕被列入"贰臣传"而感到悔恨，他临死前在一首《贺新郎》的词中写道："故人慷慨多奇节。为当年沉吟不断，草间偷活。……脱屣妻孥非易事，竟一钱不值何须说！"完全道出了一个软骨头的民族叛徒的痛苦心情。象吴梅村与黄淳耀这两种人，真可谓"一则放之须臾，而已与草木同腐矣；一则忍之须臾，而已与日月争光矣"。他们之所以得到两种迥然不同的结果，全在乎关键时刻是否受得住严峻的考验。在甲午战前，我读的就是这类书。而这类书对于培养我的民族气节和革命气节，都曾起过积极的作用。那时四川还很闭塞，新书还未流行，因此我还没有接触到什么"新学"。不过，我对当时国家危亡的大势是了解的，我正在为祖国的前途而忧心如焚。甲午战争的失败，更激发了我的救国热忱，我需要找寻一条救亡图存的道路。我知道当时政治的腐败和官场的黑暗，因此，对"洋务"运动的失败并不感到惊奇。但是，中国的出路究竟何在呢？我有些茫然。正当我在政治上十分苦闷的时候，传来了康梁变法维新的思想，我于是热烈地接受了它。

二、变法维新，昙花一现

甲午战争以后，中国的民族危机更为加深了。"三国还辽"的结果，并没有给中国带来多大的好处，反而招来了无穷的后患。什么是"三国还辽"？原来《马关条约》已规定中国把辽东半岛割与日本，这引起了沙俄帝国主义的嫉恨。于是它便联合法、德帝国主义一起，由三国同时出来强迫日本帝国主义把辽东半岛"归还"中国。法国是沙俄的盟国，自然乐意参加；德国当时正想插足中国，因此也很积极。英国和沙俄虽然有着深刻的矛盾，但对日本发展的过于迅速也深感不安，因而对三国的干涉采取了"中立"的态度。这样，日本势孤了，不得不在三国的压力下屈服。日本是宁可对三国屈服也绝不肯对中国让步的，它硬要中国再拿出三千万两银才让把辽东半岛赎回来。这便是后来许多卖国外交家所津津乐道的"三国还辽"的故事。其实，这完全是帝国主义之间利害冲突的表现，并不是它们中间哪个对中国有什么好意。以后的事实马上证明了帝国主义险恶的居心。俄、德、法三个帝国主义都以"还辽"有"功"，争着向清朝政府要求"报偿"。于是德国强占了胶州湾；俄国强占了旅顺、大连；法国强租了广州湾；英国也不甘落后，趁机逼迫清朝政府把威海卫租了去。帝国主义强盗群起向中国劫夺，就象在死尸上窃取东西一样。它们把中国划分为若干势力范围，各在其势力范围内以主人自居。长江流域被划为英国的势力范围；云南、两广（其中一部分属英）被划为法国的势力范围；福建被划为日本的势力范围；山东被划为德国的势力范围；东三省被划为沙俄的势力范围。这时，中国大有被瓜分之势。美帝国主义来迟了一步，没有在中国取得势力范围，因此便提出了狡诈的"门户开放"政策，希图取得比其他帝国主义更多的权益。它一方面以"保持中国之领土主权完整"为名，来骗取中国人民的好感；一方面又要求"门户开放"好让它的势力渗入各帝国主义的势力范围和全中国所有的地方；而最后的目的则是想把中国变为它独占的殖民地。这一政策的险毒，以后越来越厉害。第一次世界大战后，美国又以"门户开放"为幌子召集了华盛顿会议，缔结了最有利于它的《九国公约》。第二次世界大战后，美国更进一步，准备假手蒋介石，把中国囊括而去。美国的这一新殖民主义计划在中国实行了五十年，当它快要完成之日，却被中国共产党领导中国人民将它彻底粉碎了。

　　以康有为、梁启超为代表的资产阶级改良运动，在甲午战争后，由于民族危机的刺激而得到了发展。变法维新的思想一时传布全国。上海、湖南和广东成了维新运动的三个中心。四川虽然僻处西南，但变法维新的思想也极为流行。当时四川有这样一个传说：乙未科殿试的时候，清帝光绪要大家不拘陈例，直言无讳。骆成骧就根据这个精神投机取巧，他写的殿试对策，不仅撷拾了一些变法维新的词句，而且还打破了以往对策文章的规格。光绪帝一看，认定是康有为写的，便把他点为状元。等到打开密封，才知道写这篇文章的并不是广东的康有为而是四川的骆成骧。骆成骧中状元的传说，助长了"新学"在四川的流行。不但那些真正热心于维新的志士较前更为积极了，就是那般追逐利禄之徒从此也不得不学点新东西，以便猎取功名富贵。从前的"尊经书院"是最尊崇汉学的，现在却大讲其"新学"了。以后在戊戌政变中牺牲的所谓"六君子"中，就有杨锐和刘光第两个四川人（虽然他们两个的思想在维新派中最为保守），这并不是偶然的。

　　我开始接触"新学"，也是在这个时候。我的二哥最喜欢买书，他于母丧服满之后，仍回成都"尊经书院"续读。那时成都有一"志古堂"书店，也趁时逐势，大卖新书。于是我二哥便成了它的好主顾。他曾经为买书而负债累累。我那时虽在乡下，但我二哥却能按时不误地把新书寄回来。当我读到康梁（特别是梁启超）的痛快淋漓的议论以后，我很快就成了他们的信徒，一心要做变法维新的志士，对于习八股、考功名，便没有多大的兴趣了。

经过一段时期的酝酿和斗争，至1898（戊戌）年1月，康有为又上"统筹全局"书，系统地提出了他的变法纲领，要求：大誓群臣以定国是；设"上书所"以广言路；开"制度局"以定新制；各省设"民政局"实行地方自治。就是说，要让资产阶级参加政权，要在中国实行地主资产阶级联合统治的君主立宪制度。6月11日，光绪帝颁布"定国是"的诏书，表示决心要实行变法，这样就开始了昙花一现的"百日维新"。从这时起，光绪帝又连续颁发了许多诏书，自上而下地预备实行一些资产阶级的改良。这些措施概括起来，约有如下数端：（1）兴办学堂，首先筹办京师大学堂（就是北京大学的前身）；（2）变更科举办法，选拔新人才；（3）开放言路，鼓励上书；（4）发展实业，保护并奖励农工商业；（5）裁汰繁冗的机构，整顿腐败的军队。由于光绪帝当时只是表面上的皇帝，一切实权都操在顽固守旧派西太后及其亲信荣禄等人的手里，因此上述那些措施，并未认真地贯彻施行。当变法维新日益威胁到顽固守旧派的切身利益时（例如裁汰机构就会夺去许多顽固守旧分子的饭碗），他们不但要起来扑灭维新派，而且还要干脆把光绪帝的帝位废掉。为此他们布置了天津阅兵的阴谋，准备于10月间清光绪帝同西太后一起去天津"阅兵"，乘机发动政变。光绪帝见情势紧急，乃密诏康有为等设法。康有为等有什么办法呢？康本人顶多算是一个皇帝的顾问，梁启超实际只管一点翻译的事情，至于四个"小军机"（谭嗣同、杨锐、刘光第、林旭以四品京卿在军机处任职，时称"小军机"）也不过是四个小秘书而已，既无兵，又无权，怎么能干"勤王"的大事！不得已只好求救于握有兵权的袁世凯。但袁乃无耻小人，他立即向荣禄告密。9月21日，西太后于囚禁光绪帝之后，再度亲政。康梁被迫流亡，"六君子"（谭嗣同、杨锐、刘光第、林旭、杨深秀、康广仁）惨遭杀害。这就是史称的"戊戌政变"。至此一百零三天的维新局面完全结束了。

"百日维新"的失败，证明了改良主义的道路在中国是走不通的，从而促使许多知识分子走上了资产阶级革命的道路。这次变法在中国近代历史上有其一定的积极意义。"戊戌变法"的那些措施，虽然是微不足道的，但在当时却曾经震撼人心。我是亲身经历过的人，所以感受得特别深刻。那时我正在四川自（自流井）贡（贡井）地方的"旭川书院"读书，由于热心于变法维新的宣传，人们给了我一个外号，把我叫做"时务大家"。当变法的诏书一道道地传来的时候，我们这些赞成变法的人，真是欢欣若狂。尤其是光绪帝三令五申地斥责守旧派阻挠上书言事，更使我们感到鼓舞，增长了我们的气势，迫使那些反对变法维新的守旧分子哑口无言。现在看来，我们那时对光绪帝的迷信，是何等的幼稚可笑，但在当时，尤其是在我的家乡，我们的思想要算是最进步的了。我们在书院里占了上风就表明进步思想在那里占了上风。可惜好景不常，很快"戊戌政变"便发生了，"六君子"也被杀了。守旧分子立刻向我们反攻。他们嘲笑道："早说不对吗，要杀头哩！"但我们并不气馁，我们引谭嗣同的英勇事迹来回击他们。谭在就捕之前，曾有日本人劝他去避难，但他谢绝了，并慷慨地说："各国变法，无不从流血而成。今日中国未闻有因变法而流血者，此国之所以不昌也。有之，请自嗣同始。"谭嗣同的精神鼓舞了我们，使我们在守旧派的面前不肯屈服。但是中国的旧势力毕竟太强大了，几千年的封建传统，束缚着人们的头脑，窒息着人们的呼吸。变法维新的失败使守旧顽固势力更其嚣张。不但维新期间的一切措施很快被摧残净尽，就是任何一点小的改革也遭到顽强的抵抗。关于我侄女缠足的事情可为一例。在此之前，上海已成立了天足会，我和我的二哥便成为反对缠脚的激进分子，我的大哥（吴永栖）也同情我们，但是在维新派的失败声中和守旧势力的包围下，我的大嫂却无论如何也不听我们的话，竟自把她女儿的脚给缠上了。唉！变什么法？维什么新？就在自己家里也行不通呵！这真使我感到痛心。其实，这不简单是一个家庭里的问题，也不简单是一个放脚的问题，这乃是一场严重的新旧的斗争。在当时新旧势力对比的条件下，要求象我大嫂那样的人也赞成放脚，简直是不可想象的事。但是这种情况，随着社会的发展是会改变的。1903 年我到日本以后，我的女儿又届缠足的年龄了，我妻写信来说要给她缠脚，我立刻写信回去严厉地反对，于是我女儿那双刚刚缠上的小脚，居然得到了解放，她便成了我家乡第一个不缠脚的女人。这一行动在开始虽然也曾遭到亲友们的非笑，但因我坚决不动摇，随后也就有些人跟着来学了。这说明要移风易俗，既要具备先决的客观社会条件，也要有人敢于出来带头，勇敢地向传统势力斗争，二者缺一不可，否则都是不可能成功的。

三、余栋臣起义。义和团运动

戊戌变法失败之后，不久又发生了义和团运动。义和团运动是太平天国革命失败后规模最大的一次农民革命运动，它主要的锋芒是反对帝国主义，特别是那些披着宗教外衣的侵略者。中国人民并不是一般地反对宗教，他们所反对的只是那帮假借上帝的名义来为非作歹的人。十九世纪各资本－帝国主义侵略中国的时候，常常以传教士作为它们的先锋，以教堂作为它们的据点。随着帝国主义在中国的得势，许多不法的外国教士更是凶焰万丈，许多中国教徒也都仗势欺人，教堂的权势俨然凌驾于中国官府之上。一般群众与教徒发生争执，打官司没有不输的。外国教士可以自由出入官府，无耻的清朝官吏一见他们就卑躬屈节，视同上司。教堂本身往往也就是大地主和大债主，它对农民进行的地租和高利贷剥削，其苛重程度更甚于中国的封建地主。由于这种种原因，中国人民（尤其是农民）对外国教会侵略势力恨入骨髓。因此，中国人民的反帝斗争就常常以反教斗争的形式表现出来。从六十年代起，全国各地不断发生的所谓"教案"，其实都是广大人民反对外国教会侵略势力的斗争。这种斗争自 1870 年在天津遭到残酷镇压以后，曾一度稍为低落，但到九十年代，又复高涨起来。特别是甲午战争以后，日益加深的民族危机，更刺激了这种反帝斗争的发展。

四川人民反对帝国主义教会侵略势力的斗争，是有着长期的历史的。1863 年，重庆人民首先掀起了反教斗争（即所谓第一次"重庆教案"）。1868 年，酉阳人民在反对教会侵略势力的斗争中，伤亡达千人以上，可见其规模之浩大（这就是轰动一时的所谓"酉阳教案"）。其后斗争仍时起时伏。至 1890 年以后，便爆发了著名的余栋臣起义。余栋臣是四川大足县的一个贫苦农民，年青时气力过人，好打不平，人称"余蛮子"。在 1890 年 8 月的一次灵官会上，因教堂无理捕人，引起了群众的公愤，他便率众起事。后来他虽曾被官兵捉住，但起义群众却把他从荣昌县的监狱中救了出来，并趁势抓了一个法国教士。从此起义更形扩大，不但屡次打败了清朝军队的围攻，而且一再击破了敌人诱降的诡计。起义军到处受到人民的欢迎，川东南数十县乃至湖北边境都曾受到它的影响。但是，由于没有正确思想的指导，起义领袖——那些从前的哥老会头目逐渐趋于腐化。不用说地主出身的人现出了原形，就是贫农出身的余栋臣，后来也蜕化变质。这样，他们就脱离了广大的农民和手工业者，失去了依靠的力量。因此，至 1899 年初，起义终于被清朝的反动军队所击败，余栋臣亦被生擒。

和四川一样，湖北、湖南、广东、广西、山东、江苏等省人民的反帝斗争，在甲午战争以后，也日趋高涨。义和团运动正是在全国人民反帝斗争的基础上爆发起来的。义和团原名义和拳，是一种民间的秘密结社，具有浓厚的神教迷信色彩。因为当时德国对山东的侵略格外凶残，而且1898年至1900年山东又连续遭到水旱灾荒，所以义和团运动首先在山东爆发。那时它的领袖叫朱红灯，它的宗旨是"反清复明"和"仇洋灭教"。山东巡抚毓贤，本是一个屠杀人民的刽子手，他当曹州知府的时候，曾经在一年中屠杀了两千多名大刀会众。但结果他不仅没有把大刀会杀绝，反而差一点被大刀会杀死。义和团初起的时候，他坚决镇压；镇压不成，便转而利用。后来清朝统治者终于把义和拳改为义和团，作为官办的团练，又把义和拳"反清灭洋"的宗旨改为"扶清灭洋"，想借排外以转移人民革命斗争的目标。当时中国人的排外思想是相当普遍的，人们只知道外国人可恶，也分不清到底谁可恶、谁不可恶，以为排走了外国人，中国就安静了。西太后是这种见识，她手下的许多官员是这种见识，老百姓也是这种见识，只是西太后和她的官员们不敢出头，想让赤手空拳的老百姓去出头罢了。所以义和团能够被利用，并不是难于理解的。毓贤利用义和团的作法引起了帝国主义的不满。帝国主义强迫清朝政府把他撤职。清朝政府顺从了帝国主义的意旨，把他调往山西，改任袁世凯为山东巡抚。义和团在山东虽因袁世凯的残酷镇压而遭到挫折，领袖朱红灯也被杀死；但到1900年，它却由山东向河北发展，并且很快便发展到天津、保定乃至北京附近。义和团在反动统治的中心京、津、保地区，到处袭击教士，焚烧教堂，吓得清朝政府和帝国主义都束手无策。在这种情况下，阴险的清朝统治者西太后，便一面听从毓贤等的计谋，向各国"宣战"，让手执戈矛的义和团去抵挡帝国主义的枪炮；另一面又暗中向帝国主义疏通，说"宣战"完全出于"匪徒"的逼迫，请求它们谅解。于是，帝国主义便组织了八国联军，以"保护使馆"和代清朝政府"剿匪"为名，对义和团直接进行镇压。帝国主义的进攻，遭到义和团的坚决抵抗。无论在天津、在杨村、在廊坊、在张家口，侵略军都曾受到严重的打击。八个帝国主义集合了四万人以上的现代化军队，费了几个月的时间，也不过才攻占了东至山海关、西至张家口和南至正定的几条交通线。它们慑于义和团的声势，虽然杀到了山西边境，却始终不敢进入太行山。但是，无耻的清朝统治者西太后，当帝国主义打到北京的时候，即仓皇地逃往西安，并派大汉奸李鸿章为全权代表，向帝国主义屈膝求和。这样，帝国主义和中国一切封建势力集团又重新结合起来了。在它们的联合进攻下，义和团终于遭到失败。李鸿章是一个彻头彻尾的洋奴买办，他本来就不赞成西太后、毓贤等利用义和团来反对他的外国主子。当义和团运动在北方盛极一时的时候，刘坤一、张之洞、李鸿章、袁世凯等重要督抚，却与帝国主义勾结，拒不执行清朝政府对外"宣战"的命令，而在东南各省和山东实行"中立"以"自保"。帝国主义组织八国联军侵入中国，本想实现它们瓜分中国的阴谋，义和团的坚决抵抗，使它们看到由帝国主义来直接统治中国，绝不可能，因而认为"瓜分一事，实为下策"，"治中国须以华人，无他术也"。同时帝国主义之间也充满了矛盾，它们为抢夺中国的权益，在占领北京的一年多时间内，有好几次都几乎火并起来。最后它们得到了共同的结论：还是让中国在形式上保持独立，让清朝政府来替它们继续统治中国。就是这样，李鸿章等才得以和帝国主义举行谈判，并于1901（辛丑）年9月签订了卖国的《辛丑条约》。这一条约，极为苛刻，它规定清朝政府要严惩那些敢于公然"排外"的官员；要严禁人民的"排外"活动，并让帝国主义军队驻守北京、天津、山海关之间的重要城镇；此外还要以四亿五千万两银子的巨款来赔偿它们的所谓"损失"，并以关税、盐税等作抵押。

八国联军的侵入北京和《辛丑条约》的签订，使一切具有爱国心的中国人，都感到非常耻辱和痛心。在蒋观云主办的《选报》上曾经登了一首诗，其中有这样沉痛的两句，"伤心又是榆关路，处处风翻五色旗（指帝国主义的旗帜）"，我读了极为悲愤。义和团运动在我的家乡也有影响，那时我家乡一带的红灯教也活跃起来了。我有一个侄子也曾经参加。他每天和他的同伴们练刀练枪，说什么"红绫一闪，闪动天兵，神仙就要下凡了"。我当时已经受到"新学"的影响，多少有一点科学知识，因此对他们那种封建迷信的说法感到可笑；但是，对他们打教堂、反洋人的革命精神，却又异常钦佩。正是由于这种矛盾的思想，再加上我当时还处于四民之首的"士"的地位，所以，我对他们的运动采取了旁观的"中立"态度。我当时看到了义和团运动的落后方面，但却不了解产生它的原因和克服它的办法；更不了解义和团运动的形式虽然落后，而在这种广大农民群众的正义斗争里面，却蕴藏着极其深厚的革命力量。要完全明白这些道理，必须要有马克思主义。在当时的条件下，对义和团运动的深刻意义，我自然是无法理解的。不过，无论是余栋臣起义也好，或者是义和团运动也好，它对我以后的革命活动，都曾经发生过有益的影响。在辛亥革命前夕，我积极地参加联络会党、组织共进会的工作，在第一次大革命和第二次国内革命战争时期，我比较注意农民土地问题的研究，都是和这种影响分不开的。长期的革命斗争经验使我逐渐地懂得：一个革命者对于广大人民群众的革命运动（哪怕它表现得极其幼稚乃至相当落后），必须象毛泽东同志所教导的那样，既不应加以阻挠；也不可站在旁边指手划脚地加以指责；只有抱着满腔的热忱，积极地投身到群众斗争的洪流中去，勇敢地用正确的思想引导群众前进，才能使革命斗争得到胜利。只有这样，才是唯一正确的态度。

四、浮槎东渡

戊戌政变以后，我对于"新学"的兴趣不仅毫未降低，反而更为浓厚了。除继续阅读新的报刊外，并开始读《天演论》之类的著作。《天演论》所宣扬的"物竞天择""优胜劣败"等思想，深刻地刺激了我们当时不少的知识分子，它好似替我们敲起了警钟，使我们惊怵于亡国的危险，不得不奋起图存。当然，《天演论》用生物界的进化原理来解释社会现象，是完全错误的，所以它的这种思想后来被帝国主义利用和发展，作为侵略弱小民族的理论根据。可是，在二十世纪初年的中国，《天演论》的思想，的确曾起过一时的积极作用。某一种思想在不同的历史条件下，会发生不同的作用，对于这一点，研究历史的人是不可不加以注意的。

1900 年和 1901 年，我在本县县城的一家大地主家里教书。1902 年，我又到威远继续求学。这时，《新民丛报》《新小说》等都已出版，我非常爱读它们。在当时，读书人总是要参加科举考试的。我虽然对科举考试已经没有什么兴趣，也不得不去参加。不过这时的考试办法已经有些改变。从 1901 年起，开始废除八股，改考策论。于是，我便把学到的"新学"，尽量地塞进考试的文章中。那时要考取一个秀才，必须经过县考、府考和院考。县府两考每次考五场，差不多要半个月的时间。这对童生们说来，简直是一场灾难性的折磨。1902 年，我去参加考试，县考和府考的成绩都很好。有一场府考还得了第一，阅卷的人在我的文章后面写了一段很长的批语，最后两句是："此古之贾长沙，今之赫胥黎也。"过院考的时候，因为我是府考最后一场的第二名，被列为"堂号"（前十名称堂号，是学政必看的卷子），但我的文章写得太长，到交卷的时候还没有写完，因此便落第了。我的亲戚朋友都为我叹息不止，而我自己却并不感到多么难受。现在看来，这恰是一件好事，它促使我走上了革命的道路。我有一个好朋友，名叫周先登（克群），他本来对"新学"也很热心，在当时也是先进人物，就是因为他原是一个秀才，第二年（癸卯）又考中了举人，随后还到开封去参加了中国最后的一次会试（这次他虽没有考上，但以后也同那些举人、进士一样被送往日本留学），从此，他的思想就渐渐地走向反动（由于一味崇拜康梁的改良主义而反对革命）了。

考试不中，我求新知识的心愈切。这年的12月，我便到泸州去考经纬学堂（后改为川南师范学校）。这个学堂是由周孝怀（善培）创办的。周是一个极善于投机取巧的官僚政客，他由清朝政府派到日本去学警察，回国以后，便替清朝政府在四川大办其所谓"新政"。这些"新政"，并不是兴利除弊，而是兴害作弊；四川人用"娼、场、厂、唱、察"（娼是"官娼"，场是"劝业场"，厂是"制革厂"，唱是"戏园"，察是"警察"）五个字就给他概括了。当时经纬学堂的校长是周的老师、我们荣县的一个翰林赵熙，赵虽负有诗名，但思想却非常顽固。在周善培的影响和赵熙的主持下，经纬学堂极其腐败，挂的是"新学"的羊头，卖的是"旧学"的狗肉。它竟把《仪礼》（西阶上，阼阶下等等）当作一门课程来教学，不惜繁琐地大讲其封建的礼教，真是无聊之至。为了装点门面，也教点英文，但一个星期才教六个字母，简直把人气坏了。看到这种情景，我只住了十多天便愤而弃学回家，从此再也不想在四川上什么"新式学堂"了。

正当我在家里感到前途渺茫的时候，1902年底，我二哥从成都回来了。这时他已与黄芝等人办好了自费到日本留学的手续。听到可以自费留学，我兴奋极了，也想跟着他们去。这时我刚结婚六年多，已有一个不到五岁的女儿和一个不到三岁的儿子，妻贤子幼，实在不忍分离。但是，为了挽救祖国的危亡，为了争取自己的前途，我没有因儿女私情动摇上进的决心。我大哥替我们筹措留学经费，费尽了心血。他为此不惜变卖田产，也只凑到银子二百余两。但是，钱少也挡不住我们远行。我们于是这样计划：我第一步先随他们到上海，第二步再设法去日本。

1903 年 2 月 9 日（夏历正月十二），那时还是元宵期内，到处锣鼓喧天，当人们正在兴高采烈、欢度春节的时候，我们一行九人，好象唐僧取经一样，怀着圣洁而严肃的心情，静悄悄地离开故乡，挂帆而去。这时，重庆以下的兴隆滩，刚刚塌崖不久，川江航行还很危险，但我们却毫不在意。我们当时正是满怀壮志，一片雄心，不怕任何危险。结果一帆东去，首先顺利地到达了宜昌。当船过三峡的时候，看着祖国无限神奇美妙的江山，同舟的人都大发诗兴。于是便以《东游述志》为题，写诗以抒怀抱。记得我写的诗中有这么两句："莫谓东方皆落后，亚洲崛起有黄人。"我当时的思想，不仅没有阶级分析的观点，而且在康梁的影响下，总觉得中国应该学习日本，走明治维新那样的道路。不过，我对西方帝国主义却并不那么崇拜，而对中国的前途则充满了信心。到宜昌以后，我们改乘轮船。在轮船上我们结交了一位"同路人"——后来四川著名的立宪党人之一的邓孝可。邓本是重庆一家火柴公司的老板，这次是到日本去买机器的。既然"同舟共济"，彼此便慢慢地攀谈起来。由于思想上有许多相同之点，我们一路上倒也谈得颇为投契。他约我到日本以后，一定和他一起去横滨拜望梁启超，我也就答应了。但是，我们自从在上海分手之后，他一直沿着改良主义的道路走下去，后来一到日本就拜在梁启超的门下，终于成了反对革命的立宪党人；而我却与他分道扬镳，走上了革命的道路，从此便结束了我们那段共同的路程。

我一到上海，便打听到留学日本，花费并不很多，因此改变了原来的计划，决定同我二哥他们一直前去日本。这样，我们在上海没有停留多久，就换轮东渡。但是，就在这短短的十数天内，我却有很大的收获。

在此以前，我还只知道康有为、梁启超他们那一套改良主义的思想；到上海以后，我即开始接触到孙中山、章太炎他们关于资产阶级革命的宣传；虽然知而不详，但稍一比较，就觉得革命的道理更为充分。于是，我对康梁的信仰便一落千丈。

在从上海到日本的航程中，我又认识了一位福建的林宗素（女）。我们刚从闭塞的四川出来，看到女子出洋留学，本来就已觉得新奇，而她那滔滔不绝的言词，说的又全是些革命的道理，更使我感到佩服。这样，我无形中感受到了时代的脉搏，革命的思潮便把我头脑中原来那些改良主义的思想冲淡了。

1903 年 3 月，我们到了日本。路过横滨时，看梁启超的念头早已没有了。我们一直到了东京。这时，中国革命的潮流又开始上涨，留日学生和全国人民一道，正在为反对沙俄帝国主义强占我国东北的领土主权而斗争，这就是著名的拒俄运动。我到东京后，立刻参加了这个斗争。从此，开始了我生活史中新的一章。

五、一九〇三年的拒俄运动

当 1900 年帝国主义八国联军攻占北京之际，沙俄帝国主义乘机侵占了我国的东北三省，直到 1902 年末与 1903 年初，它还不肯按照协议撤兵。这样便引起全中国人民的愤慨，拒俄运动于是兴起。在国内，北京京师大学堂学生曾举行集会和上书请愿；上海各界人士也在张园开拒俄大会，并通电全国促请各界人民一致奋起。在国外则以留日学生的拒俄运动，最为轰轰烈烈。我于 1903 年 3 月到日本，正赶上这个运动的浪潮。记得在锦辉馆开留学生大会的时候，群情激昂，一致通过成立拒俄学生会，并推派汤尔和、钮永建（这两人后来都成为依附军阀的官僚政客，汤并且无耻地当了汉奸）回国向袁世凯请愿，希望他出兵拒俄。袁世凯这时刚刚继承了李鸿章的衣钵，正秉承着清朝反动统治者西太后的意旨，倾心媚俄，天真的学生们竟去向他求助，何啻与虎谋皮？汤、钮回国后，袁世凯拒不见面。这更使留日学生们感到愤怒。于是便有拒俄义勇队的组织，随后又把它改组为军国民教育会，请士官学校的学生蓝天蔚、方声涛二人来教练军事，想学点真实的本领，将来好直接去效命疆场。清朝政府的驻日公使馆对留学生的拒俄运动极力破坏，说它"名为拒俄，实则革命"，要求加以镇压。以此，蓝天蔚、方声涛后来还受到了清朝政府的处分（他们两人都是官费留学生）。这一运动，一直延续了很久。直到 1904 年 2 月日俄战争开始后，人们由于对沙俄的痛恨，还把同情寄予日本方面，听见日本打了胜仗，大家都很高兴。现在看来，这是多么幼稚可笑！两边都是帝国主义，都是侵略中国的敌人，为什么还有厚薄之分？日本正是利用了中国人民仇恨沙俄的心理，才迅速地在中国东北境内取得很多胜利；而沙俄也正是由于在国内外都遭到人民的反对，所以才被一个比它后起的小国打得落花流水，承认失败。由此也可以看到人民的意志是绝不可轻侮的。我开始参加拒俄学生会，并不是基于高度的政治觉悟，只是看到大家都参加，自己也就随着大流参加了。以后参加军国民教育会也是如此。我虽然不是很自觉地参加了这一运动，但这一运动却在我的生活中掀起了巨大的波澜，把我推入了革命的洪流。当锦辉馆的会上发出拒俄学生会的签名单时，我和我的二哥毫不犹豫地立刻签了名，但我们的那位老友黄芝及随从他的几人却不肯签名，而且对我们的签名非常不满。他既比我们年长，又比我们有地位（他在 1902 年考上了"优贡"），而我们又几乎是由他带领出来的，因此他便俨然是我们的家长一样。这位"家长"当时很崇拜康梁（他因此以后也成了立宪派），只赞成作点"文明的改良"，怎么能允许他的"家人"去参加轰轰烈烈的革命运动呢？不过，我们既已参加，他也无可如何。于是他便写

信回家，说我们不听从他的意见，参加了革命。这一下可了不起，我的
亲友们听到这个消息，即大为惊扰，说什么参加了革命，纵不掉头，怕
也永世回不了家。幸喜我的大哥同我的妻子一向认为我们弟兄二人忠诚
老实，决不会作任何于国家人民不利的事情，因此还不算十分惊惶。当
我大哥把这一情况写信告诉我的时候，我气愤极了！黄芝这样的人，居
然作出这样的事，我当时实在大感不解。（现在看来，既然政治路线相
反，他的作法虽然很不光彩，但却是毫不足怪的。）不过这样一来，倒真
的把我逼上了"梁山"。我当时心想："反正回不了家，干脆就在外边搞
革命吧。"

我的走上革命道路，认真地分析起来，更重要的原因还是时代思潮
的发展对我所起的影响。在戊戌变法前后，特别是戊戌变法以前，康梁
的改良主义思想曾经风靡一时，而且确曾起过一些积极的作用。但自义
和团运动特别是唐才常自立军起义失败以后，康梁的思想影响随着他们
政治威信的下降而逐渐削弱了。本来，唐才常的自立军起义，从保皇会
直到兴中会各派都曾参加。但自起义失败后，革命派和改良派的分化即
趋明显。而康有为由于私吞起义军费，受到革命派的指责，弄得声名狼
藉。从此以后，章太炎等所倡导的反满复汉的民族革命思想日益盛行，
慢慢地成为时代思潮的主流。1902 年 4 月，章太炎等发起和举行"支那
亡国二百四十二周年纪念会"，表示坚决反对清朝政府的反动统治。这
时，《苏报》也开始了革命的宣传；随后，《浙江潮》《江苏》等鼓吹革
命的报刊也相继问世；至 1903 年夏，邹容的《革命军》出版，革命的旗
帜就更为鲜明了。邹容以无比的热情歌颂了革命，他那犀利沉痛的文章，
一时脍炙人口，起了很大的鼓动作用。虽然由于时代和阶级的局限性，
他所宣扬的革命还只是基本上的资产阶级民族主义革命加上一点点的资
产阶级民主主义革命，而且其中尚有不少狭隘与偏颇之处；今天看来，

当然是早已过时的了；但在当时，他这本书的出版，对人们从资产阶级改良主义思想跃进到资产阶级革命思想，却起了很大的推动作用。因此，它的历史意义是不可泯灭的。与此同时，章太炎除在《苏报》上介绍了《革命军》外，还发表了一篇《驳康有为论革命书》，直截了当地把康梁之流奉为神圣的光绪皇帝称为"载湉小丑"，也打击了改良主义，提高了革命思想。从此，改良派的思想阵地日益缩小，革命派的思想阵地日益扩大。我在去日本的途中，就已经呼吸到了革命的空气；到日本以后，又受到了更多的革命思想的影响，而且还参加了拒俄学生运动；这样，改良主义思想在我头脑中就逐渐丧失了地位。正因为如此，所以黄芝写信回家说我参加了革命，不但未能使我发生恐慌，反而更加坚定了我参加革命的意志。我一怒之下，马上将头上的辫子剪了，以示永不回头的决心。当时在留日学生中，剪了发的人固然很多，但留辫子的人也还不少。例如许多士官学校的学生，就留着半边头发，并用帽子把它盖着呢。由于经过了这许多的变化，所以当我读了邹容的《革命军》等文章以后，我在思想上便完全和改良主义决裂了。

六、在成城学校

我们刚到日本的时候，中国留日的学生还不多，总共不过千人左右；四川人更少，在四川同学欢迎我们的会上，宾主合计也只有大约三十人而已。大家都感到有发动家乡人出来留学的必要，遂决定写一篇《劝游学书》。同时又向四川提学使方旭去信建议：每县以官费派一二人到日本学速成师范，以便回国创建新式学校；并请各县酌量资助自费留学生。《劝游学书》和那封信都是黄芝起草的，信中有两句说："庶几，东海渴鲋，得杯水而亦苏；万里飞鹏，遇雄风而愈奋。"意思是要方旭对自费留学生也给以经济上的援助。这两个文件对四川人到东洋留学，起了很大的作用。方旭为人还比较开明，鉴于大势所趋，对我们的建议表示赞成，于是即决定由各县出钱派遣一二名学生到日本留学。四川地方很大，计有一百余县，每县都派留学生，而且还有自费生随之而来，这样，从1904年起，四川留日学生顿时大增，最多的时候达二三千人。我们劝游学的办法，其它各省也有不少仿效的。特别是1904年以后，科举停止，全国各地纷纷开办学校，急需教师，于是各省各县都派人到日本进速成师范，因此留日学生增加更多。至1905年，中国留日学生总数达万人以上。

既到日本留学，进什么学校呢？这是一个大问题。我二哥决定入六个月毕业的弘文师范，而我却想多用一些时间，从中学起读到大学，学习理工科。当时四川人在日本成城学校学理工科的只有毛沛霖、张师孔二人。他们对我说："要学理工，必须先打好科学基础"，劝我千万别进一般的私立学校，因为日本有些私立学校办得很不好，学不到什么东西。并说："如果能进成城学校就好了。"在此以前，成城学校是日本士官学校的预备学校，只收很少的文科学生。这时日本已办了一个专收日本人的陆军幼年学校，作为进士官学校的预备；因此，成城学校就要改为五年制的中学并要停收中国学生了。他们两人认为成城学校纪律很严，学习又好，因此对它停收中国学生，非常惋惜；我听了也有同感。于是便请他们去和校长商量：请"成城"照以前一样继续为中国人开办二年半的速成中学班，专办文科。校长同意了。但至少要有二十人才能开班。我为组织这二十个人费了许多力气，有几次眼看就要成功又垮台了。但是，我并未因失败而灰心，结果还是找到了二十多个人，组成了一个班，使学校终于继续办了起来。这个学校的确办得很好。功课很严，学生全部寄宿，只有星期三、六的下午和星期日才许外出。教员很强，教学也很认真。记得有一个数学教员，是高师的研究生，教得很好。他使我感到有经验的老教师固然很宝贵，而既有热情又有学识的青年教师也同样可爱。在他的教导下，我的数学成绩很好，我做的题解，差不多和讲义一样。由于学校要求严格，日本中学五年的课程，我们以后用二年半的时间就学完了，而且还学得很实在。"成城"的某些有益的经验，我一直不曾忘记，我觉得它是符合教育学原理的。"教不严，师之惰。"中国自古以来就了解到必须先有"严师"然后才能出"高足"的道理，现在办教育的人也还是应该注意这一条的。"成城"的第一班办起来了，人们看见不错，跟着来的就多了。从此以后，"成城"经常有几百人。前前后后从这个学校出来的数以千计。

为了给中国人进士官学校作准备，日本政府专门办了一个振武学校，只收中国学生。振武学校和士官学校都是官费。与此同时，日本的在野党又为中国自费学军事的学生办了一个私立的东斌学校。此外，当时东京还有一个法政大学，中国的留学生也很多。1904 年在开封参加中国最后一次会试的举子，无论考上进士没有，由于在国内没有出路了，差不多都到日本来进了这个学校。所以这个学校的学生大都是上层官僚的子弟。"五四"时代著名的亲日派章宗祥、曹汝霖等人都曾住过这个学校；大革命时期的著名右派胡汉民以及抗战时期的头号汉奸汪精卫，这时也在这个学校里学习。

在"成城"上学期间，虽然功课很紧，但我并没有停止过革命活动。我既是成城学校第一班的班长，又是留学生会馆负责招待联络的干事，因此，无论校内校外，社会活动都是很多的。那时和我经常来往的人，如我二哥在"弘文"的同学——江苏的侯鸿鉴、浙江的经亨颐等，也都很关心国事。侯曾经写了一首词，其中有这样两句："东亚风云，大陆沉沉。鹰瞵虎视梦魂惊。"我们大家都很欣赏。其实，这两句词的文采并不怎么样，我们之所以喜爱它，正表明我们当时对祖国的前途充满了无穷的忧虑。1903年6月,"《苏报》案"发生,章太炎、邹容等在上海被捕。接着,爱国学社也遭解散,该社的余睡醒(遂辛)等人来日本入了成城学校。爱国学社设在上海,为蔡元培、章太炎等人所主办,是当时国内最重要的一个爱国团体,那里聚集了不少的革命青年。他们有的在学社解散后来到日本,成了革命活动中的积极分子,余睡醒便是其中的一个。我们朝夕相处,一起进行革命工作,以后便成了很好的朋友。

在"成城"上学时期,我的经济情况是很困难的。我们带出来的钱,经过1903年我和我二哥两人的花费,到1904年初我二哥回国的时候,已经差不多用完了。因此我常常拖欠学校的学费。同学们看到这种情形,便要替我向县中去申请官费。以我当时的条件(到日本较早,又是"成城"第一班的班长;学习成绩也较好;而且家庭经济又确实困难),如果大家替我一个人去申请官费,获得批准是不成问题的。但是,我从小就受到"临财毋苟得、临难毋苟免"的教育,因此坚决地谢绝了同学们的好意,宁愿把官费让与别人。为了培养一名学军事的学生,我提议给我县的罗厚常一人去申请,大家一致同意,结果得到了批准。经过这件事情以后,同学们对我更加了解,我和大家的关系也更加亲密了。而且学校当局对我也很好,见我在同学中有威信,不但不来催我交学费,还照常按月地发给零用钱。当然,在这种情况下,我也更加自觉,只要家里的钱一寄到,我便首先去交学费。这样时欠时交,在同学们的帮助和学校当局的照顾下,居然一直维持到毕业而未曾中辍过学习。由此可见,一人若能顾大家,大家也一定能顾这一人。相反,一切自私自利者,都常以损人始而以害己终。违背群众利益的人是永远不会有好下场的。

学校当局对我个人虽然很照顾,但我却并没有因此而放弃了应该进行的斗争。记得是1904年的元旦,学校悬挂的万国旗中竟没有中国的国旗,中国同学一时大为愤慨,我便领导大家坚决斗争,向学校当局提出:

若不道歉和纠正错误，我们便不上课、不吃饭。学校当局对我说："我们
对你这样好，你为什么领着大家来反对学校呢？"我说："学校对我好，
我很感谢，但是，对于国家荣辱的大事，我们是不能不誓死力争的呀！"
学校当局无法，只得在我们团结一致的力量下屈服。日本帝国主义对中
国留日的学生，一向采取拉拢和收买的政策，而留日学生中也确有一些
不肖之徒，见利忘义，以致被它软化，有的后来竟至当了卖国的汉奸。
一个人是否把国家民族的利益看得比个人的利益更为重要，是决定这个
人能否坚持民族气节的关键。我从来把民族大义看得至高无上，所以，
一碰到日本帝国主义侮辱中国的事情，便马上抛弃了过去对它比较友好
的感情，转而和它斗争。从这件事情以后，再经过 1905 年反对《取缔清
韩留日学生规则》的斗争，我对日本帝国主义的仇恨随着它对中国侵略
的加紧而与日俱增。为打倒日本帝国主义、争取中华民族的生存而进行
的斗争，在我以后的生活史中占着极其重要的地位。

七、一九○五年的反美运动

美国帝国主义虽然比其它一切帝国主义国家都更加狡猾和阴险，但
是，它的侵略政策还是到处遭到被侵略者的反抗。尽管中国人经过了几
十年的岁月，才把美国帝国主义的侵略本质认识清楚；但中国人民一经
觉醒以后，就发挥出无比巨大的力量，把它和它的走狗，象清除垃圾一
样，彻底地扫出了中国大陆。现在，亚洲、非洲和拉丁美洲的人民也正
在觉醒，尽管美国帝国主义还会继续耍许多花招，他们的斗争也还可能
出现许多曲折，但是，毫无疑问，在有了中国的经验作借鉴以后，在当
前更加有利的世界形势之下，他们的胜利是一定不需要经过漫长的时间
了。世界上最后的一个最强大的新殖民主义国家美帝国主义，现在正面
临着它的由历史客观法则所决定了的末日。

在中国人当中，曾经有些人，特别是那些和美国帝国主义及其走狗有联系的人，或者是受过美国教育在思想上或生活方式上受它的影响较深的人，是长期受过美国帝国主义的欺蒙的。但是广大的人民，特别是那些直接受着美国帝国主义的剥削和欺侮的劳动者，却一直在不屈不挠地进行着反美爱国的斗争。中国人民的反美爱国斗争有着长期的历史和丰富的经验，例如1905年的反美运动，便是一次具有全国规模的声势非常浩大而情况又极其复杂的爱国斗争。

1905年的反美爱国运动，是由于反对美国排斥和虐待华工、要求废止《中美华工条约》而引起的。本来，美国西部的许多金、银、煤、铁矿山和许多铁道、城市建筑，都是华工用血汗开辟出来和修建起来的，所以那里的华侨很多，例如旧金山就有著名的华侨聚居的唐人街。当美国资本家需要劳动力的时候，他们不惜用各种欺骗、利诱乃至拐带、绑架等无耻手段，把大批华工弄到美国去，为他们创造巨额的利润。这种情况，从1868年的中美条约中也可以看得出来。等到资本主义发生危机的时候，美国资产阶级为了转移美国工人斗争的目标，便恶毒地说什么中国工人夺去了美国工人的饭碗，竟提出排斥华工的办法来欺骗美国工人，到处煽动排华事件。1894年的《中美华工条约》，就是在这种情况下签订的。美国在和腐朽的清朝政府订立了具有排华性质的条约之后，更擅自曲解，利用它来加紧对华工的排斥和虐待，同时对一切到美国去的中国人也肆意侮辱。凡是到美国去的中国人，上岸后都得被关在木屋里，象囚徒一样地听候审问。而且常以检疫为名，用烈性药水往中国人的衣物乃至赤裸裸的身上乱浇。至于华侨被殴辱、房屋被烧毁等等，早已成为司空见惯的平常事情。所有这些，对于中国人的民族自尊心都是莫大的刺激。因此到了1904年华工条约期满的时候，全国各阶层的人民都要求废除旧约，并反对续订新约。

从 1904 年末起，各地报刊即开始讨论废止《中美华工条约》的问题；接着便有许多揭露美帝国主义虐待华工的文字出现，人们对美帝国主义的仇恨逐渐增长；至 1905 年春，当美帝国主义准备与清朝政府续订新约的消息传出后，反美爱国运动即渐趋高涨；5 月，上海商会决议，如两月内美帝国主义仍不肯放弃其虐待华工、华侨的苛例，则将发起抵制美货的运动，各地反美运动亦相继而起；至 7 月，两月限期已满，而美帝国主义仍坚持原议，要续订新约，于是人心激愤，立即开始实行抵制美货，运动遂达到了高潮。这一运动以上海为中心，席卷全国，波及海外，规模之巨大前所未有。虽然美帝国主义唆使清朝卖国政府对运动频施压迫；虽然与美帝国主义有利害关系的买办资产阶级如以汪康年为代表的《中外日报》，一再对运动实行破坏；而以上海商会会长曾铸为代表的资产阶级在发起运动之后又表现动摇，并中途退出了运动；但广大劳动人民，却坚持不懈地进行斗争，终于迫使清朝政府不敢公然和美帝国主义续订新约。中国工人阶级这时虽然还在幼年阶段，但在斗争中即已表现出高度的积极性和顽强性。除参加一般抵制美货的运动外，运输工人还拒运美货；邮政工人也不收美货标本；制造工人更拒用美国原料；而且当资产阶级已经退出运动之后，上海工界于 10 月底还在豫园开会，继续坚持斗争，从而使斗争获得一定程度的胜利。同时，在民族资产阶级中也有一些比较坚决的分子，例如湖南的商会会长禹之谟，就可作为这些人的代表。由此可以看出：在半殖民地半封建社会的中国，只有工人阶级是最革命的阶级；至于资产阶级，则极其软弱，而且一开始就存在着分化的迹象。

这次反美爱国运动，也曾影响到海外各地。留日学生也有许多人参加了这次运动，其中以四川人为最积极。东京的四川同乡会（主要是留学生），曾在上野公园专门开会，讨论抵制美货的办法，会上决定速与成都、重庆等地取得联络，以便在全川发动抵货运动。后来成都、重庆等地都卷入了这一斗争，这和留学生的活动是有关系的。四川的留日学生为什么特别积极呢？这有它的历史原因。原来四川是很富庶的地方，但自清朝政府残酷地镇压了明末四川的农民起义以来，四川人口锐减，满目荒凉，天府之国成了人间地狱。从前四川的文化（封建文化）是很发达的，但入清以后二百余年，从未出过一个状元，仅此一端也可见其衰落之甚。可是到了十九世纪末叶，东南沿海一带，迭遭帝国主义的侵略和蹂躏；相形之下，四川倒反而成了比较"安宁"的地方，又逐渐富庶起来。由于生产日益发展，对文化的要求也日益增高，1873—1876 年张之洞在四川任学政的时候，看到这种情况，便特地办了一座"尊经书院"，一面培养学生，一面刊行书籍，这样一来，四川的文风（封建主义的文风）因之渐盛。这个"尊经书院"的学生，一开始就有些人好为清议，抱打不平，常爱闹事。其后骆成骧中状元，杨锐入军机，都是由这个学院出身，并以高唱"新学"而取得高官厚禄的。于是"新学"遂一时风靡书院乃至全川。戊戌变法失败后，这群莘莘学子，长期苦无出路，及至科举废止，游学成风，他们便大批地来到日本。这批人虽然多数出身于封建家庭，有其落后和反动的一面，但他们与那些买办家庭出身的人不一样，和帝国主义没有什么联系，所以对反帝爱国斗争较为积极。加以他们来自边陲，乡谊特重，团结性很强；而且还有清议之风，对一切不平的事都爱过问，因此最易卷入各种斗争。这些人经过一些斗争提高了觉悟，以后纷纷加入同盟会，在辛亥革命时期曾经起过相当的作用。不过，这些人的情况也极复杂：真心爱国者固然不少；但有的人却是利用群众运动作为升官发财的阶梯；有的人则是想出出风头；而有的人干脆只是凑凑热闹而已。就是那些真心爱国的人，也多半只有"五分钟的热忱"，表现出小资产阶级知识分子时热时冷、易于动摇妥协的毛病。这种情况，不独四川留学生如此，其他各省的留学生乃至一切知识分子也都一样。现在屈指数来，当时闹得轰轰烈烈的人，真正坚持革命到底的却没有几个。这说明知识分子必须不断地改造和提高自己的思想，才能随着时代不断地前进。

八、同盟会的成立

1905 年，不但中国革命运动高涨，整个东方，在俄国革命的影响下，都卷起了革命的浪潮。这种情况，对中国的革命非常有利。日益高涨的中国革命运动，迫切地需要一个比较集中统一的领导机关。在当时的中国，会党、教门之类的组织，显然已经过时，不能担负资产阶级革命的领导责任；而无产阶级政党的产生，那时还根本没有这种可能性；只有资产阶级政党的出现，才完全符合当时的历史条件。而且事实上，那些略具资产阶级政党性质的革命小团体，如兴中会、光复会、华兴会等已先后存在，当时的问题，只是如何把它们联合起来，使其具有更为明确的纲领和更加统一的行动。同盟会的产生，恰好完成了这一历史的使命，因此，它可算得是应运而生的。

在那些革命小团体中，以孙中山先生领导的兴中会成立得最早。孙中山先生，生长于广东香山（中山）县的一个农民家庭，从小就受到太平天国革命的影响，他后来能提出平均地权的纲领，与此不无关系。稍长，他到檀香山他哥哥那里去读书，他哥哥的家庭是个资产阶级的家庭，他住的学校也是资产阶级的学校，这种环境，使他很容易地便接受了西方资产阶级的思想。1894 年，他曾写信给李鸿章，劝他作些改良政治的工作，但结果失败了。甲午战争爆发后，他愤恨清朝政府的腐败，便在檀香山组织兴中会，并于 1895 年联络会党在广州举行起义，从此开始了他的革命活动。而清朝反动政府，也对他严加迫害，在他的名字孙文的文字旁边加上三点水，改作"孙汶"，把他当作海寇来缉拿。但是，随着革命形势的发展，他在人民中的影响，特别是在华侨和留学生中的影响，反而与日俱增。由于华侨资产阶级在国外受着帝国主义的压迫，与国内封建主义又较少联系，因此它是中国资产阶级中革命性较强的一个阶层，孙中山先生主要地正是代表着它的政治倾向。义和团运动失败以后，孙中山先生的革命活动更趋激烈。1904 年，他在制订致公堂章程时，首先提出了"驱除鞑虏，恢复中华，建立民国，平均地权"的主张。这说明他的思想又向前进了一步。

光复会是蔡元培、章太炎、陶成章等人于 1904 年所组成的一个革命小团体，它极力主张民族革命，代表了江南广大人民长期以来强烈的反满复汉要求。它的这种主张，不但符合广大劳动人民和资产阶级的民族愿望，而且也得到地主阶级中反满分子的赞成，因此它在长江下游和日本留学生中影响较大。华兴会也是在 1904 年成立的一个革命小团体，由黄兴、陈天华、宋教仁、刘揆一等人所发起，它的成员主要是以留日学生为骨干的青年知识分子，并和会党有相当的联系。它以湖南为基地，代表了那一带开始兴起的资本主义经济发展的要求。无论光复会也好，华兴会也好，都缺乏明确而完备的纲领，更没有严密的组织，而且都受地方性的局限，不足以领导全国日益高涨的革命运动。

1905 年 7 月，孙中山先生由欧洲重返日本。他坚决主张联合全国革命势力，统一所有革命团体，并积极地从事同盟会的筹备工作。8 月 13日，留日学生在东京富士见楼举行了一个盛大的集会来欢迎他，到会者一千余人，室内室外，阶上阶下，到处都挤得水泄不通。他那富有鼓动性的演说，一再激起人们不绝的掌声，使人们更加明白改良主义的错误，更加相信革命道路的正确。8 月 20 日，同盟会正式成立。其后章程、组织，逐渐完备。至 11 月，同盟会的机关报——《民报》出版，孙中山先生发表了一篇发刊词，同盟会的纲领和主张，就更加明确了。同盟会在它的章程中，以孙中山先生所提出的"驱除鞑虏，恢复中华，建立民国，平均地权"为宗旨，孙中山先生又在《民报》发刊词中提出了三民主义的主张。这样，同盟会就有了一套比较完备的资产阶级革命的纲领。它不仅明确地提出了要根本推翻清朝政府二百多年来的反动统治，从而和改良主义彻底地划清了界线；提出了要彻底推翻二千多年来的封建君主专制制度，建立中华民国，这又比简单的反满复汉思想大大地前进了一步；而且它还提出了平均地权的主张，想以此来解决土地问题和预防资本主义在中国的发展。当然，预防资本主义发展，是一种主观的幻想，没有科学的根据；但是，孙中山先生所以提出这种主张，是从关怀劳动者的痛苦生活和同情被剥削者的悲惨境遇出发的。他的这种主观社会主义思想，在一定程度上反映了中国人民伟大的气魄和崇高的理想。总之，孙中山先生为同盟会所制订的纲领，虽然基本上还只是资产阶级共和国的纲领，可是在当时的历史条件下，具有重大的进步意义。这一纲领，给资产阶级革命派提供了前所未有的犀利武器，使它在和资产阶级改良派的斗争中能够不断地取得胜利。

同盟会的各种组织，是渐次建立起来的。在当时清朝政府极端残暴的统治下，它的活动十分秘密，并且还采取了一些中国过去秘密结社的办法，例如它的一套秘密口号，虽然内容和会党的不同，但其形式就是从会党那里学来的。同时，它主要地还学习了西方资产阶级国家和政党的组织形式，例如它的总部，除总理之外，设有评议、执行、司法三部，这就是学的资产阶级国家的立法、行政、司法三权分立的办法。正因为同盟会有了一套新的政治纲领和组织形式，所以它就和中国过去的一切封建迷信团体——会门、道门之类大不相同，而成为中国最早的比较完备的资产阶级政党组织。由于我当时在留日学生中，特别是在四川留日学生中，稍微有些资望，所以就被选为同盟会评议部的评议员。这评议部虽说是最高的权力机关，但它的活动却是很少的。这一方面固然是因为环境关系，秘密活动不可过于频繁；而更主要地还是由于同盟会毕竟是一个资产阶级政党性质的团体，其组织还是相当松懈的。当时，同盟会是以兴中会、光复会、华兴会为基础建立起来的，成分极为复杂，其中包括工农分子（主要是会党中的人）、知识分子、资产阶级分子以及地主阶级中的反满分子，它可算是各阶级联合反满的民族联盟，而以资产阶级居于领导地位，实际上是一种统一战线的组织形式。而且，它原来那几个小团体之间的畛域并未彻底消除，因此，内部的意见常不一致。例如秋瑾和徐锡麟都是光复会的人，但秋瑾参加了同盟会（她也是同盟会的评议员并兼浙江支部的负责人），而徐锡麟却坚决不肯参加，所以当他们后来共同举事时，秋瑾一方面要以光复会员的身分和徐锡麟等光复会系统的人联络，另一方面又要以同盟会员的身分和同盟会系统的人联络。又如章太炎和宋教仁等人，对孙中山先生的领导也都不很尊重。所有这些，不仅暴露了同盟会这种资产阶级组织的不可避免的缺点，同时也预伏了后来辛亥革命终归失败的危机。

九、反对"取缔规则"的斗争

同盟会成立以后，清朝反动政府鉴于革命活动的中心在日本，便要求日本帝国主义政府对中国留日学生的革命活动施以镇压。1905 年 11 月，日本帝国主义政府的文部省发布了《取缔清韩留日学生规则》。这样就激起了中国留日学生反对"取缔规则"的尖锐斗争。

日本帝国主义对中国的侵略，常常采取两面乃至多面的手法：它一面支持反动政府，一面支持革命运动。在支持反动方面的时候，它又同时培养两个以上的走狗；在支持革命方面的时候，它又同时扶植几个不同的派别。它以为这样，就无论在什么时候，无论什么人当权，都可以通过它的代理人在中国扩张其侵略势力。在日俄战争以前和日俄战争期间，它对中国留日学生尽力拉拢，中国留日学生也确曾把同情寄托在日本方面。但自日俄战争结束后，它就翻脸无情，和清朝反动政府勾结起来，对留日学生的革命活动实行镇压。这样就不能不引起中国留日学生的反抗。而且这时的朝鲜，事实上已经成了日本帝国主义的殖民地，它在"取缔规则"中，竟把中国和朝鲜并列，这完全暴露了它侵略中国的狼子野心，因而使中国留日学生感到无比的愤慨。与此同时，还有一个日本议员，公然大发谬论，说什么日本帝国的范围应以东京为中心，用三个不同的半径，划三个圆周，第一个圆周内包括了朝鲜等地，第二个圆周内包括了我国东北等地，第三个圆周则把我全中国都包括进去了。这一狂妄无耻的宣称，更加激起了中国留日学生的愤怒。中国留日学生反对"取缔规则"的斗争，就是在这一系列的刺激之下爆发起来的。

"取缔规则"颁布后，我留日学生悲愤填膺，决定全体罢学回国，不在日本求学受辱。这一决定，是在一时激愤和高度热情的支配下作出的，实行起来颇有困难。但既经决定，若不实行，必被日本帝国主义所耻笑。陈天华看到这点，特别是看到当时留日学生总会的领导人都不肯负责，便愤而蹈海，想以此来激励人们坚持斗争。陈天华是我国资产阶级民主革命的先驱者之一，又是出色的资产阶级革命宣传家。他所写的《猛回头》《警世钟》《狮子吼》等通俗宣传品，曾经传诵一时，起过很大的鼓动作用。他临死前还写了一篇《绝命辞》，谆谆告诫留日学生必须奋起斗争；同时又给留日学生总会诸干事写了一封信，其中说："闻诸君有辞职者，不解所谓。事实已如此，诸君不力为维持，徒引身而退，不重辱留学界耶？"这一封信，虽然感动了许多人，但却没有使留日学生总会那些冥顽不灵的最负责的领导者受到感动。当时留日学生总会的会长是杨度，他自己不肯负责，却把责任推给曾鲲化，而曾也一样不肯负责任。我这时仍是留日学生总会的一名干事，便勉力地出来积极活动。在一次留日学生的大会上，由于胡瑛的讲话很受欢迎，并且群众一问又知道他是《民报》社的人，便把他推为反对"取缔规则"组织的会长。当时同盟会是秘密的，只有《民报》社是公开的，《民报》社的人就等于公开的同盟会员，大家一听说是《民报》社的人就那样拥护，可以想见当时同盟会在群众中具有多么崇高的威信。

留日学生反对"取缔规则"的组织虽然活动起来了，但要领导无数学校、一万多学生的罢课，并要组织他们分批回国，确是一件很不容易的事情。这时绝大多数的中国留日学生都罢了课，但个别的学校如东京法政大学的留日学生却不肯罢课。这些人中，有许多人都只知以升官发财为目的，对国家民族的荣辱存亡置之不顾。大家见他们这样，都很生气，但又无可如何。当时范源濂在那里当翻译，也很气愤，他认为同是中国人就应该共同行动，因此便对法政大学的中国留学生说："你们要上课，我就不给你们翻译了。"这样，法政大学的中国留日学生，也最后地参加了罢课。这么多的人，都罢了课，都要回国，船只怎么办？路费怎么办？特别是回国以后又怎么办呢？这一切都是问题。但是，大家凭着满腔热血，丝毫不顾地纷纷奔回祖国。记得秋瑾、刘道一等人都是这次回国的，四川的黄复生、熊克武、谢奉琦等人也是这次回国的。为了使回国的留日学生不致失学，湖南的姚宏业（洪业）、四川的孙镜清（当时他很好，后来当了贿选议员）等人便在上海的吴淞口办了一个中国公学。孙镜清的家里比较有钱，他一人就捐了二三千元的办学经费，姚宏业则多负些办学的责任，就这样把学校办起来了。那时这些人的爱国精神都是很感人的。不久姚宏业因学校经费竭绝，竟投黄浦江而死，人们闻悉都非常感叹，为之悲悼不已。从陈天华的蹈海到姚宏业的投江，一时自杀成为风气，这固然表现了他们富有爱国热忱，轻于牺牲自己；但同时也说明了他们由于没有更高的革命理论和更好的革命方法，只得以自己的生命来激励人民。其志可嘉，其行可悯，但不可为训。清朝政府对留日学生的回国，采取镇压与利诱兼施的政策。它一面到处缉拿革命分子，一面却专为归国的留日学生开特科考试，企图用爵禄来引诱他们。不少的人果然上钩，章宗祥、曹汝霖等就是参加了这种考试，取得了一官半职，从而完全投入了清朝反动政府的怀抱的。

当大批中国留日学生已经陆续回国的时候，在东京的中国留日学生中忽然出现了一个维持会的组织，说是愿意回国的仍可继续回国，不愿意回国的可以留在日本。这一组织是由法政大学的中国留日学生发起的，上面不但有江庸等人的签名，而且还有汪精卫的签名。大家一看，都感到惊奇，不明白是什么原因。原来是孙中山先生打来了一个电报，不赞成留日学生全体回国，怕同盟会员大批回国后，有被清朝政府一网打尽的危险。孙中山先生的指示是完全正确的，它使人感到那个全体回国的决定，虽然出于义愤，却很不合乎策略，应该适时地加以改变。不过汪精卫接到这个正确的指示后，不和大家商量，不经过一番酝酿，就冒然地组织起维持会来，则是十分错误的。也许他正是从怯懦的心情出发来接受孙中山先生的指示，亦未可知。汪精卫是个毫无骨气的人，感情用事，意志不坚，时冷时热，变化无常，他的这些劣性，在当时就已经露出了一些端倪。然而他那时的"声望"毕竟还是很高的，他以其三寸不烂的舌头，一张动人的面孔，再加上还会写点煽动性的文章，曾使不少的人都受到他的迷惑。这时他既出来维持，而且又有孙中山先生的指示，人们便很自然地听从了。

中国留日学生反对"取缔规则"的斗争，引起了国际舆论的正当同情，因而使日本政界也发生了很大的波澜。日本政府的反对派曾借此向执政党大肆攻击，日本执政党为了缓和国际舆论、对付反对派的攻击，以巩固它的统治地位，不得不对中国留日学生表示让步，并派人来和中国留日学生总会商洽条件。但这时留日学生总会的负责人都已星散，会馆里虽然还有少数人在办公，但满口尽是埋怨之词。在这种情况下，我觉得必须把责任担负起来。我很小的时候，祖母就告诉我："设筵席容易，收拾碗盏难。"她教我作事必须有始有终，并说："有头无尾的人，是没有出息的。"这个教训，我一生铭记不忘。所以对于收拾残局，我是很乐意的。有人说我"命苦"，我倒很高兴；一个人正是要敢于去和"苦命"作斗争，才能取得最后的胜利。我们家乡有一种说法：吃甘蔗要从尾吃到头，那样便越吃越甜；反之，从头吃到尾，便越吃越没有味道了。我认为这其中颇有些哲理，先苦而后甘，恐怕是人生最幸福的道路。正因为我有这种思想，所以当我看到留日学生总会陷于瘫痪状态时，我毫不气馁，反而更加振作，每个星期总要到会馆去一两次，鼓励那里的办公人员坚持到底。后来终于又拖住了一个胡瑛。记得是 12 月 30 日的晚上，我和胡瑛两人冒着大雪和严寒，坐火车到乡下去找范源濂。范也很热心，认为应该趁日本政府让步的时候，把留日学生会馆恢复起来，并愿意代我们交涉。后来经过他到使馆活动，再与日本政府反复交涉，日本政府终于被迫答应了十多项条件，使日本政府拖延几年不肯承认的中国留日学生会馆，获得了合法存在的权利。一场轰轰烈烈的反对"取缔规则"的斗争，就这样在得到一定程度的胜利后，适时地结束了。

十、革命派和改良派的斗争

同盟会是在革命运动逐渐高涨的基础上建立起来的，而同盟会的建立又推动了革命运动进一步的高涨。

　　几乎各阶层的人民，都或多或少地卷入了这次革命运动或受到了它的影响。中国工人阶级这时虽然还很幼稚，也展开了许多自发的斗争。1905 年，上海工人为反对裁减工人和克扣工资等切身问题，曾发生过几次罢工斗争。1906 年，上海的工人斗争仍继续不断；杭州的机织工人也曾发生罢工。这时工人斗争的形式还很原始，例如 1905 年 4 月上海杨树浦工人罢工的时候，即采取了捣毁机器的办法，这说明他们还没有真正的阶级觉悟。但是，随着中国资本主义和工人斗争的发展，中国工人阶级是必然要逐渐地觉悟起来而担负和完成其伟大的历史使命的。

　　1906 年，长江流域有许多地方发生了灾荒，因此这一带的农民斗争极为高涨。从长江上游的四川、贵州，中游的湖南、江西，直到下游的安徽、江苏，到处都曾爆发过农民起义。此外，如河南、广西，农民斗争仍继续不断。自义和团起义失败后稍微沉寂一阵的反洋教斗争，这时又活跃起来了。1906 年初的南昌教案，就曾经轰动一时。由于帝国主义分子、法国教士王安之蛮横地残杀了清朝官吏中比较主持公道的南昌知县江召棠，南昌人民激于义愤，群起将帝国主义分子王安之打死，并将他的巢穴法国教堂焚毁。法、英、美等帝国主义蛮不讲理，竟把兵舰开入鄱阳湖示威，对中国人民进行恫吓。这一事件引起了全国人民的愤怒，当时正在长沙教书的徐特立同志，闻悉之后，立即向同学们演说，他愈说愈恨，随取菜刀砍去一指，誓与众同报此仇。谁知彭国钧却用这血指写了"请开国会"等几个大字，竟以革命者的鲜血去作改良主义者升官发财的工具。与南昌教案同时，江西其他地方乃至全国各地如安徽、福建、浙江、四川等省人民都曾经起来进行反对帝国主义教会侵略势力的斗争。

　　在工农群众广泛斗争的基础上，各省人民争取路矿权利的斗争也开展起来了。它的锋芒主要是反对外国帝国主义，是一种爱国主义性质的

斗争，所以参加的阶层极其广泛，不仅有广大的劳动人民，而且以资产
阶级和知识分子为最活跃，同时还影响了一部分上层统治阶级中的人物。
经过长期复杂的斗争，粤汉铁路的主权终于从美国人手中夺回来了；苏
杭甬铁路也拒绝了英国的借款；湖南、湖北、江苏、浙江、安徽、山东、
山西、河南、四川等省都争回和保住了一些路矿的权利。川汉铁路也是
这时改为商办的。本来，四川人民为了抵制英、法帝国主义的侵略，很
早就有自办铁路的愿望；而四川留日学生，深感出入四川的不便，对自
修铁路的要求更为迫切。1903 年锡良督川时，为买好川人，曾奏请修川
汉铁路。1904 年四川留日学生致电锡良，提出集股修筑川汉铁路的具体
办法，并自认股款三十余万两，以为先导。同时又发表《敬告全蜀父老》
书，力陈帝国主义以铁路亡人国家的可怕，呼吁自力更生，齐心修路。
至 1905 年，川汉铁路集股章程公布，规定不招外股，不借外债，按租出
谷，百分取三。至于官股则由川省当局加收厘金筹措，实际上亦取之于
四川人民。这样就使全川人民都和川汉铁路发生了切身利害关系。谁知
川汉铁路公司成立后，一切由官方把持，不仅官股全属空名，而私股亦
渐被吞蚀。因此到 1906 年末，四川留日学生又联名指责官府把持铁路公
司，要求把川汉铁路完全归为商办。从此以后，铁路公司的实权落入立
宪派士绅手中。所以后来清朝政府要把铁路收归国有时，不仅遭到全川
人民的反对，而立宪派士绅由于利害关系，也被卷入斗争，这就是为什
么辛亥革命前夕四川铁路风潮能够成为全民性运动的原因。

　　以同盟会的成立为标志而兴起的革命高潮，使清朝政府对它的生存
感到了极大的威胁。因此，它被迫于 1906 年宣布预备立宪，想以欺骗手
段来缓和人民的革命情绪。这时，革命派和改良派的斗争也空前地激烈
起来了，而这正是阶级斗争趋于尖锐化的必然反映。革命派的《民报》
和改良派的《新民丛报》展开了针锋相对的斗争。《新民丛报》假借爱

国以宣传其保皇主义；又说什么革命必生内乱，必招瓜分；中国只能实行立宪，而且还须以清朝政府实行所谓开明专制为过渡。此外，更诬蔑"平均地权"全系为乞丐流氓着想，实行起来，必致破坏社会秩序。针对着这些谬论，《民报》进行了有力的驳斥。它充分地宣传了推倒清朝政府的必要，并指出清朝政府是卖国的政府，真正爱国的人，必须起来推翻它；而且只有用革命的方法推翻清朝政府，建立民主共和国，中国才有出路；什么开明专制、君主立宪之类的滥调，都是替清朝政府帮凶的。同时还指出必须实行"土地国有"，以矫正贫富不均的现象。在《民报》坚决有力的进攻下，《新民丛报》终于弃甲曳兵，完全失败，最后不得不宣告停刊。《民报》在它的宣传中，把同盟会的纲领更加具体化了，但也有着严重的缺点：它把一切仇恨都集中到满族统治者身上，而把真正的民族敌人——帝国主义轻轻地放过了，我们从它宣布的六大宗旨中就可以看出它对帝国主义特别是日本帝国主义存有多么严重的幻想；同时，它只注意对汉族祖先的光荣传统大力宣扬，而没有集中力量去反对中国人民在国内的真正敌人——封建主义。正因为这样，它对《新民丛报》所提出的革命必引起内乱和招致瓜分的问题就不能提出完满的答案。从这里我们也可以看出：中国软弱的资产阶级是无力提出明确的反帝、反封建的革命纲领的。这一光荣任务，只好遗留给伟大的中国工人阶级去完成。

当《民报》和《新民丛报》笔战方酣的时候，在日本的中国留学生几乎都卷入了这场论战。记得 1906 年的冬天，一群四川留日学生在宿舍里展开了争论。绝大多数的人都赞成革命，惟独周先登拥护立宪。这位"可勒哇先生"（周说话时有"这个""这个"……的语病，被人用日语称为"可勒哇"先生）理屈词穷，犹不认输，还是在那里这个这个地纠缠不已，刘回子（庆恩）一怒之下，用火钵向他击去，登时满屋尘土飞扬，真象战场一般，周先登吓得抱头鼠窜而去。这刘回子是四川成都的一个回民，原在汉阳兵工厂作技工，是由张之洞派到日本去学习兵工技术的。其人身材魁梧，性情直朴，虽说话粗鲁，不如知识分子的温文尔雅，却主张正义，敢于斗争，人们都很喜欢他，把他唤作刘回子，而不叫他的真实名字。刘的痛击周先登，曾经在留日学生中博得一致的好评，从这件小事情上也反映了改良派在政治上的破产。

但是，康梁等人并不甘心于失败。当清朝政府假意宣布预备立宪的时候，他们欣喜若狂，积极组织立宪政党，准备回国去做清朝的立宪功臣。于是，革命派与立宪派（改良派）的斗争便由以理论为主而转为以行动为主了。1907 年 10 月，梁启超的政闻社在东京锦辉馆开成立大会，同盟会员当场痛打了梁启超，四川会员并把梁的走卒白坚（四川人）打得头破血流。对这一暴力行动，人们皆大为称快，可见立宪派是何等的不得人心。从此以后，立宪派只有在上层的士绅中去罗致它的党羽，而在广大的人民群众中则完全失去了同情。

十一、武装起义的失败

当全国革命运动日益高涨的时候，同盟会没有对各阶层人民的革命斗争实行有效的领导，尤其是对广大工农群众的革命斗争，更少过问，却把它的主要精力放到组织武装起义方面，希图用单纯的军事斗争，一举推翻清朝政府的反动统治。自 1906 年至 1908 年，它连续不断地举行了一系列的武装起义。

由于反对"取缔规则"而归国的同盟会员，成为在各地组织武装起义的积极分子。湖南的刘道一自从回国后，即联络会党在湘赣边境展开活动。至 1906 年末，著名的萍乡、醴陵、浏阳起义爆发了。在这次起义中，有安源矿工六千余人参加，他们参加起义虽然还是自发的，并没有阶级的自觉，但却为中国工人阶级的革命斗争史揭开了光荣的首页。

1907 年初，日本帝国主义应清朝政府的请求，驱逐革命党人，孙中山先生被迫离开日本，至安（越）南河内设立革命机关，策划军事。于是便爆发了潮州、惠州、钦州、廉州等地的起义。这些起义失败后，孙中山先生又和黄兴计划从安（越）南袭取镇南（友谊）关，进攻广西，于是又在中越边界的镇南（友谊）关发动了起义。

当孙中山先生在两广组织起义的时候，独树一帜的光复会员徐锡麟，于 1907 年夏在安庆刺杀了清朝政府的安徽巡抚恩铭，举行起义。秋瑾也在浙江绍兴响应徐锡麟。徐锡麟以起义失败死难，秋瑾也于被缚后慷慨就义。秋瑾是中国近代史上一位伟大的女英雄，她为民族解放和妇女解放事业付出了自己的生命，从而成为旧民主主义革命时期中国革命妇女的楷模。

孙中山先生和黄兴于镇南（友谊）关起义失败后，又转而谋在云南边境举行起义。由于英帝国主义侵略片马的事件，同盟会对云南边境早已注意，曾不断派人前去工作，其中尤以川、滇两省的同盟会员去得最多。1907 年，川籍同盟会员王仰思、秦彝鼎等应云南干崖土司刀安仁（同盟会员）的约请，前往干崖（现德宏傣族、景颇族自治州）发动革命。王仰思、秦彝鼎等启程之前，我们四川的一些革命同志曾在东京的锦江春饭店为他们饯行。大家在席间畅谈国事，放怀畅饮，一时酒酣耳热，情绪渐趋激昂。我县的同盟会员龙鸣剑（骨珊）于兴奋之际，忽而引吭高歌，他那悲壮的歌声，震动了每个人的心弦，使举座为之感动。这次午宴一直延续到黄昏时候方才散去。王仰思在路上还给我来了一封信说："锦江春之宴，大有'荆轲饮燕市、酒酣气益振'之概，毕生难忘。"自此以后，他们即再没有信来了。正因为同盟会在云南有一些工作基础，所以孙中山先生和黄兴才决定在那里举事。1908 年 3 月，河口起义爆发了。当起义军占领河口的胜利消息传来时，我们在东京的同盟会员无不兴高采烈，当即决定派一批人前去支援。但他们刚到安（越）南河内，即闻起义失败，因此又折返东京。只有喻华伟（喻云纪之弟）绕道缅甸，去到干崖与王仰思、秦彝鼎会合。后来喻华伟因病离开了干崖，而王仰思、秦彝鼎等则一直在那里从事革命工作，以至于死。他们为中国民主革命和民族团结的伟大事业贡献了自己光荣的一生。据 1959 年德宏自治州州长刀京版对我说：王仰思、秦彝鼎都是他的老师，现在自治州还有他们的坟墓，那里的各族人民至今仍在纪念他们。可见一个革命志士，无论死在哪里，他的革命精神都会永远受到人们的崇敬。河口起义失败后，龙鸣剑还曾到云南去从事过一段革命活动。龙鸣剑有一个叔父龙沛然，曾在云南昭通署理过知府，因此龙鸣剑到云南去工作也较为方便。龙鸣剑在云南工作了一个时期以后，又回到四川。他在四川被选为谘议局的议员，又在成都办了一所法政学堂，他就利用这些条件，积极地进行着革命工作。

　　四川的同盟会员谢奉琦、熊克武等自反对"取缔规则"运动回国后，也会同余英等积极筹划武装起义。1907 年的成都起义，还没有发动起来就被破坏了。王树槐、张治祥、黎庆瀛、江永成、黄方、杨维等"六君子"被捕下狱，这一事件曾经震动全川。接着，谢奉琦谋在叙府起义，事泄被捕牺牲。谢被捕后的英勇表现，使当时四川的臬台赵藩，深受感动。他为救谢不果，竟至辞官不做，足见清朝官府中的个别开明人士也已经感到革命潮流是不可阻遏的了。1908 年，熊克武等再来日本，我们为了帮助他进行起义，替他购买了一批军火。这些军火，运至四川忠州起岸后，送到同盟会员吴鸿恩（恩洪）家里收藏。后来因官府有所觉察，吴怕累及家庭，竟把它抛入江中，实为可惜。1909 年春，熊克武等在广安的起义也失败了，以后他逃至上海。1910 年春，黄复生、汪精卫谋炸摄政王被捕。是年秋，我从日本回北京营救黄复生、汪精卫未能成功，也来到上海。于是我同熊克武、但懋辛、井勿幕去香港，同黄兴等共同筹划规模更大的广州起义。这一次起义，虽然集中了同盟会大部分的精英，也终于以无比惨重的损失而失败。

同盟会所组织的这一系列的武装起义，都在清朝反动政府严厉的镇压下失败了。它说明要举行武装起义，必须首先作好艰苦的群众工作。只有当群众革命高潮达于顶点的时候，才可因势转入武装起义。而且在起义之前，还必须进行深入细致的准备工作。只有客观形势和主观条件都充分具备的时候，才可发动起义，起义才有获得胜利的可能。反之，任何脱离群众革命斗争的武装起义，都是军事投机，任何缺乏周密准备的军事斗争，都是冒险行动，而一切军事投机和冒险行动总是要遭到失败的。同盟会所领导的这许多次武装起义虽然都遭到了失败，但它却严重地打击了清朝政府的反动统治，吸引和鼓舞了相当广大的人民起来坚决地参加反对清朝反动统治的斗争，并且用事实向广大群众证明：只有实行武装革命才能推翻清朝政府的反动统治，其他的道路是没有的。至于在起义中的无数英雄、志士和先烈，他们为争取祖国的光明前途，而不惜抛头颅，洒热血，牺牲个人的一切，那种大无畏的革命精神，不仅为中华民族的历史写下了光荣的篇章，而且永远值得天下后世的人们歌颂和学习。

十二、办《四川》杂志

清朝反动政府除对各地的革命起义进行残酷的镇压之外，同时对一切的革命宣传也加以严厉的禁止和破坏。1906 年以后，《民报》运进国内就较前更加困难了。为此，留日学生中各省的革命同志，又纷纷以本省的名义创办和继续出版报刊，分散地运进国内，进行革命宣传。例如《云南》杂志就是这样办起来的。当时全国人民正在反对英帝国主义侵略我国云南边疆（片马事件），因此，《云南》着重地反对外国侵略，这样就使它得以比较容易地运进国内，并且受到广大读者的欢迎。《四川》杂志也是在这种情形下决定创刊的。

先是，四川留日学生雷铁崖、邓絜等人曾经出版了一个《鹃声》杂志，它对四川屏山县内官府的黑暗腐败揭露得淋漓尽致，而对全省全国的事情虽也慷慨陈词，却说得不够一些。雷铁崖的文章畅达锋利，很受时人赞赏，陈璧君（后来在抗战时期堕落为最大的女汉奸）就是在南洋读到雷在《鹃声》上的文章，由于仰慕他而来日本的。1907 年下半年，四川留日学生决定以《鹃声》为基础创办一个《四川》杂志，并推我来负责主持。1906 年我在成城学校毕业后，考入了日本国立的大学预科——岗山第六高等学校工科，并循例补为官费留学生，这样我的学费问题便解决了。这时我已经上课一年。从岗山到东京，坐火车也得半天的路程，要办杂志，不脱离学习是不可能的。于是我便称病请假一年，专门从事革命工作。为了革命活动的方便，我特地给《四川》杂志社租了一处比较宽大的房子，它后来不仅用作了出版机关，同时也用作了革命机关。由于有《鹃声》的基础，并且雷、邓也继续参加编写工作，经过不久的筹备，在 1907 年末，《四川》即以其鲜明的革命姿态与世人见面了。它一出世，即受到人们热烈的欢迎，销路很广，每期出版后不久都又再版发行。《四川》的特点是：对外坚决反对帝国主义；对内坚决反对清朝反动统治，主张革命。它虽然只出了三期，即遭封闭（第四期被没收），但通观全部内容，反对英帝国主义侵略我国西藏、反对英法帝国主义侵略我国云南、反对日本帝国主义侵略朝鲜和我国东北的文章即占了很大的分量；而揭露清朝反动政府卖国残民的罪恶、鼓励人民起来争取铁路主权、进行革命斗争的文章又占了很大的分量；此外，即使是诗词小品，也大都是沉痛的忧时爱国之声，而绝少无聊的吟风弄月之作。它的思想大抵是爱国主义的、民主主义的，同时并有若干无政府主义的成分。当然，那时的爱国主义思想还是比较简单和笼统的。那时的民主主义思想也只能是资产阶级的旧民主主义，有着很大的局限性。而无政府主义思想，谁都知道，对共产主义思想说来乃是一种反动的思潮，但在当时，它却鼓舞着人们去进行冒险的革命斗争，主要的作用还是积极的；不过同时也产生了一些崇拜英雄、轻视群众的消极作用。总之，《四川》杂志在当时的中国要算是最进步和最革命的刊物之一。

当我们在顺利地创办《四川》杂志的时候，《民报》正遭遇到极大的困难。由于经费不继，章太炎等人几乎有断炊之虞。他派陶成章到南洋去募捐，也无结果，因南洋华侨与兴中会关系较深而与光复会素少联系。因此，章大骂孙中山先生不支持他办《民报》。其实，孙中山先生这时到处搞武装起义都遭失败，也很困难。章的埋怨徒然暴露了同盟会内部派系之间的裂痕。看到这种情形，我觉得孙中山先生既无过错，而章太炎也可以原谅，于是便极力设法弥补。当时四川留日学生很多，并且很多人都已参加了同盟会，我便为《民报》向他们募捐，他们都很踊跃地捐输，家境富裕的固然捐得不少，就是家境困难的也是尽力而为，有的官费生为了捐钱，竟至把官费折子拿去当了（当时的官费折子是可以拿到小当铺里当钱的），可见人们的一片爱国热心。我把捐到的钱交与章太炎去维持生活，他很感动地说："同盟会中只有四川人才是好的，才靠得住。"他这话虽是对四川同盟会员的夸奖，并且出自衷心，但却是错误的。章太炎的门户之见过深了，所以到处都流露出来，无怪其后来走向分裂革命的道路。

1906 年至 1908 年，同盟会在国内组织的多次武装起义都遭到失败，有些不坚定的分子因此表现消极。有一次我去约吴鼎昌为《四川》杂志写文章，吴本是同盟会员，但这时他却说："我看现在还是不要再搞了吧！"坚决地拒绝了我的约请。这可算得是革命投机分子的一个典型。这时日本的同盟会组织也很涣散，孙中山、黄兴等领导人都不常在日本，宋教仁又没有威信，真是群龙无首，一盘散沙。我于是便和四川的张懋隆、李肇甫，湖南的欧阳振声、彭允彝、刘彦，广东的何天炯、熊越山，广西的覃超，江西的王有兰，江苏的陈剑虹，安徽的常恒芳、陈策（不是后来国民党政府里搞海军的那个陈策），福建的林时爽、李恢、郑烈，云南的吕天民、张大义，贵州的平刚，山西的景定成，陕西的井勿幕、赵世钰，山东的丁维汾等人经常联系，不断集会，这样差不多每省都有人参加，无形中形成了一个各省同盟会负责人员的联席会议，维系着同盟会的组织于不散，坚持着革命工作的进行。这时，由于国内环境更加险恶，许多会党中的革命分子纷纷逃亡日本，我的大哥也于这时来到东京，和我同住在《四川》杂志社内。我于是又和同盟会中的一些同志如焦达峰等人研究：最近一个时期，同盟会只顾去搞武装起义，差不多把会党工作忘记了，现在何不趁各省会党都有人在日本，把全国所有的会党通通联合起来。这个主张，凡是过去和会党有联系的同盟会员，都很赞成，因为他们知道下层社会有着巨大的革命潜力。我的大哥在四川哥老会中有相当地位，这时已由我介绍加入了同盟会，他很同意我的意见，对我说道："你要作会党工作必须参加进去，且先补个'老幺'吧，然后一升'老五'，就能在实际上管事了。"通过他的介绍，我就算入了袍哥。我首先在一些"大爷"当中进行联络。那时四川的"大爷"有张百祥、唐洁和我大哥三人；而湖南的焦达峰，湖北的孙武、居正，江西的邓文辉，广东的熊越山等人，他们或是"大爷"，或是会党中较有地位和较为积极的人物；经他们一起商量，召开了共进会的筹备会，我大哥以年长被推为临时主席——"坐堂大爷"，而我则升为"管事"，实际负责组织联络等筹备工作。经过我们这些同盟会员的积极活动，各地哥老会、孝友会、三合会、三点会等会党在日本的首领，终于在 1907 年的下半年结成了一个统一的组织——共进会。由于四川孝友会的首领张百祥在下川东一带拥有相当多的会党群众，而且在会党中的资格最高，对各地码头最熟，所以被推为共进会的共同领袖。共进会以同盟会的宗旨为宗旨，而特别着重于反满的宣传。因为会党中的上层分子有不少是地主阶级出身或与地主阶级有着密切联系的人，所以共进会把同盟会纲领中的"平均地权"改为"平均人权"，以便他们容易接受。尽管后来共进会的某些首领极力辩解，说什么"平均人权"比"平均地权"更有意义，更便于向会党群众宣传，但以后的事实证明：共进会放弃了"平均地权"的主张，终于使它无力去发动广大的农民群众，实际上是犯了一个历史性的错误。虽然共进会的纲领有严重的缺点，它的组织也很散漫，各派会党仍按原来的系统和各自的堂口去进行活动，并无集中统一的领导，但是，自有共进会以后，中国南方各省绝大部分的会党都在反满的旗帜下联合起来了，这就使同盟会增加了一个群众基础较为广泛的外围组织，从而有利于促进革命运动的高涨。

共进会成立后，我仍集中力量回来做同盟会和《四川》杂志的工作。由于《四川》杂志不仅进行着革命的宣传活动，而且进行着革命的组织工作，所以它和《民报》一样遭到清朝反动政府的迫害。1908 年秋后，唐绍仪被清朝政府派为专使访问美国。他路过日本的时候，秉承着清朝政府的意旨，要求日本政府查禁《民报》和《四川》杂志。我和章太炎为此都吃了官司。《民报》被控为"激扬暗杀、破坏治安"，除罚金外，并禁止发行。至于《四川》杂志，日本帝国主义故意把问题搞得更严重，不但罚金更多，而且还判处了我半年的徒刑。本来，自 1908 年暑假以后，我请假的限期已满，不得不回岗山继续上课。经过大家同意，我把《四川》杂志的责任交给了当时四川留日学生同乡会长、同盟会员廖希贤，由他继我为《四川》杂志的编辑兼发行人。因此，《四川》被控，按理应由他去出庭受审。但廖却不肯去，把责任推在我的身上。当时人们都很不平，一个叫童慎如的坚决不让我去。我想："'见义不为，无勇也。'到法庭有什么可怕呢？"于是毅然要去受审。大家都很感动，特地为我请了一个出名的日本律师樱井来替我辩护。到开庭那天，我泰然地去出席了，不少人要跟着去旁听，但法庭宣布案情严重，禁止旁听。人们非常愤怒，并为我担心，但又无可如何，只好在外边等候消息。一会开庭了，检查官提出了四大"罪状"：（1）鼓吹革命；（2）激扬暗杀；（3）煽动日本殖民地反对帝国；（4）反对天皇。当说到天皇的时候，还装模作样地致敬一番。接着，我的律师替我辩护，那天樱井没来，我的律师是由他请来的。律师说："鼓吹革命，在异国不能构成罪案；登了无政府党的文章，并不能就说是激扬暗杀；只有第三、第四两条确是不对，但都系转载不慎，只能算是过失，不能定罪。"经过一番辩论以后，问官暂时休息。大约等了半个钟头，又重新开庭了。这时法官出来宣判：说什么根据"罪证"，决定查禁杂志，并科罚金一百元，处编辑发行人有期徒刑半年。又说什么姑念该编辑发行人尚在求学，准予"犹豫（缓期）执行"。一场风波，就这样结束了。当我一走出法庭，等候的人们都为我欢呼；等我把全部经过告诉了大家以后，大家才了解到日本帝国主义原来和清朝政府串通一气，对中国革命施行压迫，所谓"审判""辩护""判决"等等，都不过是骗人的把戏而已。

十三、暗杀活动的风行

当俄国1905年的革命失败以后，有许多无政府党人逃亡到日本。当时我们在日本的一些中国革命者，从他们那里不仅受到了无政府主义思想的影响，而且还学到了许多从事恐怖活动特别是制造炸弹的技术。于是，与发动武装起义的同时，组织对清朝政府官员的暗杀，一时成为风气。本来，任侠仗义的刺客行为，在中国历史上一直受到人们的赞扬。而孙中山先生在他的革命活动中，也把组织暗杀作为重要的革命手段之一。例如他在 1900 年所领导的广东起义，即由史坚如到广州去进行暗杀，以响应郑士良在惠州发动起义。史坚如就是在这次暗杀活动中被捕牺牲的。至 1905 年后，这种暗杀活动更为扩大了，同盟会特地组织了一个专司暗杀的部门，由方君瑛（女）负责主持，我和黄复生、喻云纪、黎仲实、曾醒（女）等也参与其事。那时我们最爱读《铁假面》之类的惊险小说，经常仿照书中的人物研究进行暗杀的技术。我们怀着满腔的热忱，不惜牺牲个人的性命去惩罚那些昏庸残暴的清朝官吏，哪里知道暗杀了统治阶级的个别人物并不能推翻反动阶级的政治统治，尤其是不能动摇它的社会基础呢？这些道理，是必须掌握马克思主义的唯物史观以后才能理解的。

在当时从事暗杀活动的积极分子中，有一个值得我们特别纪念的英雄人物，那便是四川的同盟会员喻云纪（培伦）。喻云纪初到日本的时候，是个风流倜傥的翩翩少年，他当时在千叶医学校读书，成天注意的还是些弹琴、照相之类的玩艺，对革命并无多大兴趣。1908 年夏天，他与我大哥等同住在《四川》杂志社内。其时河口起义失败，他的弟弟喻华伟去到干崖，在那里染上恶性疟疾，回到新加坡医治，急需费用。我接到喻华伟求助的信后，立即在四川的革命同志中为他筹借，不几天即凑足三百元寄去了。喻云纪看到这种情形，深受感动，觉得革命既是大仁大义的崇高事业，而革命同志又复亲如手足，因此便要求加入同盟会。我在介绍他入会的时候，又向他说明了一个革命者必须竭尽精力以奉行革命的道理。果然从此以后，他便舍豪华而尚质朴，与前判若两人。他赋性聪敏，无论什么技艺，一学就会。他对小型机件（如钟、表之类），素来装拆自如，更兼他学过一些化学，所以后来在研究炸弹制造方面，有重要的创造发明。1908年秋，我回岗山复学后，他与我大哥等人另外租了一处房屋，专门在那里试验炸药。一日正换药瓶，一触炸裂，他被炸伤了手脸，所幸伤势不重，警察赶来时，他们装作做化学试验的样子，也就掩盖过去了。从此，他越发精心研究，终于制造出一种威力强大的炸弹。由于改进了发火机关，只要收藏得当，它平时绝不致有发生爆炸的危险。而且他还把炸药的外形，作得与朝鲜特产的麻糖极其相象，这样就便于往来携带，不易被检查发觉。

至1909年，同盟会所组织的许多次武装起义都遭到失败后，许多革命党人愤不欲生，亟谋刺杀清朝官吏，以为报复。这时把守长江口的两江总督端方和把守珠江口的水师提督李准，成为革命党人仇恨集中的焦点。是年夏，端方被调为北洋大臣，我们估计他会从汉口经过（当时没有津浦铁路，由江苏到北京以溯江至汉口转京汉铁路为最便当），决定由喻云纪同另外几个同志去汉口察看形势，布置一切；我们在日本购置器材和筹措经费。喻到汉口后住在孙武那里，孙也协助他进行工作。他亲自到汉口北面的刘家庙车站附近去勘察了地形。哪里布雷、哪里藏人以及如何引线拉火，他都作了周密的计划。当他把那份布置详图送来日本的时候，我们看了都很兴奋，立刻把准备好的东西派人送去。一切都准备妥当了，专等那万恶的端方前去送死，谁知端方却狡猾得很，他表面装作取道汉口，但到镇江后诡称要上焦山一游，即偷偷地转回上海乘轮船北上了。于是我们的一场心血归于白费。

随后，汪精卫居然也想去炸李准。这位貌若处子的书生，手无搏鸡之力，而且对爆炸技术也一窍不通。他之所以要从事暗杀活动，完全是因为对革命前途丧失信心，欲作孤注一掷，妄想借此以博取壮烈的美名。那时他正在香港，一天，突然来信向我索寄炸弹。我这时对暗杀活动的兴趣已不如前，而对他的从事暗杀更抱疑虑。因此，我在回信中说："征诸历史，各国革命失败时，则暗杀之风必盛。诚以志士仁人，见大势已去，惟有一死以报国。其志可嘉，其行亦可悯矣。今我革命非无希望，敌人正造谣说革命必归失败，以图涣散我革命之人心。……如果兄也随吾党勇壮之士去实行暗杀，即令有成，也徒使敌人造谣，志士灰心，党也受莫大损失。弟不赞成此举，故不能寄药品来。"从这封信可以看出，我不赞成他去实行暗杀，也还只是从各国革命的历史经验出发，并不是对暗杀活动的错误，有了真正的认识，所以对以后的暗杀活动，我仍然继续参加。汪接到我的回信后，又来信说什么"……革命之事譬如煮饭。煮饭之要具有二：一曰釜，一曰薪。釜之为德，在一恒字。水不能蚀，火不能融，水火交煎，皆能忍受。此正如我革命党人，百折不挠，再接再厉。薪之为德，在一烈字。炬火熊熊，光焰万丈，顾体质虽毁，借其余热，可以熟饭。此正如我革命党人，一往独前，舍生取义。……弟素鲜恒德，故不愿为釜而愿为薪。兄如爱我，望即赐寄各物。"汪精卫这一封信，虽然说得天花乱坠，却无意中暴露了他那卑劣的本质。试问一个素鲜恒德的人，怎么能够成为烈士呢？汪精卫后来被清朝政府软化、被袁世凯软化、被蒋介石软化，以至被日本帝国主义软化而当了头号大汉奸，绝不是偶然的。但我当时并没有看出他的本质，反而觉得他很坚决，便给他寄了些炸弹去。可是他接到炸弹后却又动摇起来了，终于没有勇气独自去进行暗杀。

当汪精卫回到日本的时候，喻云纪等人也都回来了。于是我们大家计议，决定集中力量去刺杀当时清朝政府的最高掌权者——摄政王载沣。根据决定，喻云纪、黄复生于 1909 年秋后赴北京组织机关，我仍在日本负责准备一切。喻云纪、黄复生到北京后，在琉璃厂开了一家守真照相馆，随即回日本来取炸药。这时，汪精卫与陈璧君正在恋爱，也常常说他们要亲自去炸摄政王，待喻、黄准备好了才去。对于汪精卫的参加这次暗杀活动，孙中山先生曾经说过：几次起义失败后，"汪精卫颇为失望，遂约集同志数人入北京，与虏酋拚命"。孙中山先生算是把汪精卫看透了，汪的确是由于失望才想去拚命的，并不象其他的志士那样满怀壮志和雄心。孙中山先生因为不了解详情，以为谋刺摄政王是由汪精卫"约集同志"进行的，其实，这次行动主要地应归功于喻云纪和黄复生，汪精卫只是后来才同陈璧君一道去参加的，而且他自始至终并没有作多少事情。喻云纪、黄复生在北京找到一个西瓜般大的铁罐，就把它拿到一家铁工厂去造了一个炸弹壳，然后把从日本带来的炸药安装进去，制成了一个大型的特别有效的炸弹。当时摄政王府在什刹海的西北，门外不远有一条水沟，沟上有一石桥，附近还有一个井形的石坑。这桥下正好埋炸弹，石坑正好躲人，而水沟又便于安设拉火的电线。只要布置得好，当摄政王经过桥上的时候，人在石坑里一拉电线，就会立即把他炸死，而拉线的人还可趁势逃跑。在 1910 年 4 月的一个晚上，喻云纪和黄复生偷偷地来到这个桥下。他们首先把炸弹安好，然后再来安设电线，谁知事前目测不准确，临时才发觉电线短了几尺。怎么办呢？不得已只好收拾重来。正在收拾的时候，暗中发现有人在桥边大便，于是他们只得暂时躲开。而这时摄政王府大门开处，有打灯笼的人等出来。喻、黄恐怕被他们发现，便顾不着去取炸弹了，只得任它埋在土里。等第二天晚上再去探取时，炸弹已被人取走了！他们估计：若是敌人取走，必定会惹起满城风雨；若是竟无声息，则是一般居民拿去了。过了一天、两天，一连几天皆无动静，他们估计无事，便派喻云纪、陈璧君再到日本向我取炸药，准备回头再举。他们回到日本，陈留在神户，喻到岗山来

找我。就在那天我们正要去准备器物的时候，忽然报上登出了黄复生、
汪精卫被捕的消息！原来敌人非常狡猾，他们发觉炸弹以后并未声张，
先拿到外国使馆找专家鉴定。这外国专家说："这炸弹威力强大，技术高
超，绝非中国境内制造；但外壳很大，且较粗糙而车有螺丝，必是就近
制造的。"于是清朝政府根据弹壳的线索，找到了那家铁工厂。然后由便
衣侦卒带着那家铁工厂的老板四处寻找，又在琉璃厂附近认出了黄复生
并发现了守真照相馆。于是侦卒们装着要照相，趁机把黄复生和守真照
相馆的人全部逮捕了。接着又利用一个给汪精卫送饭的人带路，把汪也
捕去了。陈璧君看到汪精卫被捕的消息，简直跟发了疯一般，竟无理辱
骂喻云纪怕死。喻云纪见她已失去理智，不愿在她悲痛中和她争吵，只
得把无穷的委屈压在心底。一天他对我说："她同我一起回来，却说我怕
死，……唉，谁怕死，将来的事实是会证明的。"言罢不胜唏嘘。从这时
起，他便已下了必死的决心。果然以后的事实证明：喻云纪不愧是留芳
千古、永垂不朽的民族英雄；而汪精卫、陈璧君则作了狗彘不食、遗臭
万年的无耻汉奸。

十四、辛亥三月二十九日的广州起义

黄复生和汪精卫被捕后，清朝政府鉴于单纯的镇压不足以消灭革命，
没有立刻杀害他们，只是把他们监禁起来，准备慢慢地实行软化政策。
1910 年的夏天，为了去营救黄复生和汪精卫，我从日本经过朝鲜潜赴北
京，住在我姊夫那里。那时，曾醒有一个弟弟曾季友在北京经商，我通
过他去打听消息和联络同志。经过一个多月的努力，还是想不出有效的
营救办法。至于以前所设想的劫狱，根据实际情况，更无实现的可能。
我的姊夫，素知我参加了革命党，这时又见我的行迹可疑，便不管我同
意与否，先替我买好车票，临时骗我上车，一直把我送到了上海。

在上海，我碰到了熊克武、但懋辛和井勿幕等人。我们于是一同南下，到香港去找黄兴和喻云纪，共同商议发动广州起义的事情。

在此之前，孙中山先生已与黄兴、赵声等在槟榔屿议定要在广东大举起义。为此，同盟会在香港设立了起义的领导机关——统筹部，由黄兴任部长，赵声为副长。这次起义的计划是很庞大的，除在广东积极准备外，并派人到广西乃至长江流域各省发动，同时通知在日本和南洋各地的同盟会员尽量参加。这是鉴于过去几次分散性的起义都归失败，因此要集中全力，实行决战，而不计成败如何。所以这次起义仍是一种军事投机性质的冒险，并不是客观条件真正成熟了的有把握的行动。由于有了过去几次失败的经验，这次起义的准备工作是做得比较充分和周密的。为筹措经费，孙中山先生亲自到海外华侨中去募集。各方募集的结果，约得二十万元左右。为储备军火，派了几批人向好几个国家去购买。我一到香港，即被分配到日本去负责购运枪弹。而喻云纪等还专门设立了制造炸弹的机关。为这次起义，特别组织了五百人的选锋队（敢死队），其后更增至八百人。为这次起义组织的秘密机关达三十余处，四川同志即曾以我的名义组织了一处机关，名曰吴老翁公馆（吴公馆）。后来起义失败，人们都风传吴老翁牺牲，把我算作烈士，其实我根本没有到过这个公馆，而先到日本买军火去了。

买军火也并不是一件容易的事情，特别是大批购买，并且要把它秘密地送到香港和广州，困难就更多了。记得我第一批购得手枪一百一十五支、子弹四千发，交由周来苏运往香港。香港原是无税口岸，向不检查行李，所以我们将军火装作行李运送。周来苏从横滨上船以后，我忽然接到黄兴来电，说香港近日对美国总统号轮船，曾经检查行李，要我注意。而周来苏这次坐的轮船恰恰就是美国总统号。我于是派王希闵赶赴神户，把周来苏的船票换为头等舱位，以避免检查。谁知周来苏胆小如鼠，当船过门司时，他忽然害怕起来，竟把所有的枪弹，一一投入海中。而船到香港，根本没有检查。香港诸人听说周来苏押械前来，无不喜如雀跃，待周到后，才知周已把枪弹完全丢了。大家于失望和愤恨之余，便给周取了一个外号，叫他"周丢海"。这样一来，我续购军火的任务就更重了。在购运军火的过程中，我也遭到过几次危险。一天正下雨的时候，我在急忙中亲自运送手枪子弹二千发到别处去。当时我手执雨伞，脚穿高脚木屐，两腋下各拴子弹一千发，外穿"和服"，行走起来极不方便，稍一不慎，就有摔倒的危险。不巧刚出秘密住所，偏偏遇上一个警察。我惟恐他看出破绽，便故意和他拉开一些距离，慢慢地走在他的后面。好容易走了半里之遥，右面横街又出来一个警察，走在我的后面，把我夹在中间。这时我真是提心吊胆，但又不敢稍露惊慌。我故意镇静地一直向前走去，大约走了一里之后，才趁势转到别的街道，把他们甩开了，并且安全地达到了目的地。当我卸下子弹时，虽然周身是汗，但精神上却格外轻松愉快，好象打了一个大胜仗一样。还有一次也很危险：平日军火装箱，都是由我亲自料理的。一连运出三四批以后，我因为事情太忙，就叫一个人去代替我管包装。这个人竟把一百二十支手枪装在一个长不到三尺、厚不过几寸的皮箱里。那箱子看起来不大，提起来却重得要命，几乎能使人跌倒。这样就引起了车站人员的怀疑，故意将交运牌子弄错。因为牌子错了，领取的人必须说明箱内装的什么东西，并且要打开箱子查看，如果完全符合，才能取走。这一箱子军火，怎么能打开看得？因此运到横滨后便被扣住了。我接到横滨的来电，急得不可开交。因为箱子写明运往香港，如果事情暴露，前几批军火正在船上，也会遭到没收；而且报上一张扬，甚至连广州起义的全盘计划都将由此破坏。我于是同陈策等立即赶到横滨。想什么办法去取那个箱子呢？他们首先买了一个同样的箱子，里面也装上一些沉重的东西，然后去找领事馆的秘书写信，说把箱子取出后即存于领事馆；如果能把箱子取出，则在途中偷偷地把它换掉。但那秘书正在写信的时候，却碰着领事出来，不让他写。实在无法了，我便让陈策冒险跑到车站去相机取出箱子。这时夜深人静，所有的行李都取走了，只剩下那个箱子，由一个日本人看守着。陈策装做很安详的样子，径直走到他的跟前，和颜悦色地同他交涉。陈说箱子是朋友的，钥匙早给带走了，实在无法打开，请他务必通融。他先打量了陈一阵，后来又听陈说得很诚恳，慢慢地态度已不那么严格了，而且表现出犹豫的样子。陈于是一面和他说好话，一面大胆地提着箱子就走了。当陈策提着箱子胜利地回到寓所的时候，我们是多么高兴啊！

当我开始在日本买军火的时候，黎仲实也来了。但他不是来买军火的，而是来要回扣的。他一见我就说："把回扣给我吧，我要去救汪精卫。"我说："我为革命买军火，从来没有拿过回扣，并以拿回扣为可耻。……现在既然要救汪精卫，那么就拿去吧。"当时我对汪精卫的印象还很好，听说要救汪，便立刻给了黎仲实三千元。我这次经手的款项前后大约有六万元左右，黎是按百分之五拿去的。黎拿到这三千元后即回香港去了。

在从香港往广州运送军火的过程中，还发现一个叫陈镜波的叛徒。因此又损失了一批军火。为了便于运送军火，曾专门在香港和广州开设头发公司，利用运头发藏运军火。为了运军火进广州和在广州城内运送，有时还不得不把女同志打扮成新娘，装做办喜事的样子，利用花轿来抬军火。总之，当时购运军火是十分困难和危险的，我们为此曾经想尽各种各样的办法。

正因为购运军火的困难，再加以温生才于4月8日（三月初十）刺杀了广州将军孚琦，引起了清朝政府当时在广州的反动统治者张鸣岐和李准等人的注意，所以原订于 4 月 13 日（三月十五）的广州起义，不得不展期到 4 月 27 日（三月二十九）。4 月 23 日（三月二十五），黄兴到广州指挥一切。4 月 25 日（三月二十七），张鸣岐、李准调巡防军二营来加强了广州的防务，胡毅生（大革命时期的坚决反革命分子）、陈炯明（后为孙中山先生的叛徒）忽生畏惧，要求改期；姚雨平也故意要枪五百支，存心刁难。黄兴无奈，便决心自己去拚杀李准，而令赵声等各部退去，免遭敌人搜捕。赵声等刚起身返港，林时爽、喻云纪等去黄兴处反对解散和延期，说巡警即将搜查户口，起义日期只可提前，绝不能展后。黄兴遂决定以三四十人攻总督衙门去杀张鸣岐。4 月 26 日（三月二十八），陈炯明、姚雨平报告：新来巡防军内多有革命同志，黄兴乃定4 月 27 日（三月二十九）仍按期举事。事后证明，陈、姚的报告并不可靠。而黄兴发电要香港的人赶去参加，时间已经来不及了。因香港到广州只有早晚两班轮船，而能搭早班轮船的人数极其有限。我们在香港接电后，除派一部分选锋于 27 日搭早轮赶着先行外，我和胡汉民等都只能搭晚轮动身，因此急电黄兴务将起义展缓一日。等我们的电讯达到黄兴手中时，他的号令早下，大家都已行动起来，无法更改了。而这时陈炯明、胡毅生忽借此不愿发动，于起义前逃出了广州城。谭人凤在城门口碰着陈炯明的时候，问他"往哪里去？"他慌张地回答了一声"出城一下"，就一去不返了。姚雨平在起义发动后也藏着不敢出来，和陈炯明、胡毅生一样做了可耻的逃兵。这样便使黄兴领导的起义队伍成了无援的孤军，不得不遭到失败。本来，陈炯明、胡毅生这样的人不但缺乏革命意识，而且存有浓厚的封建地方主义思想，他们不象大多数广东革命同志那样，对外地赶来参加起义的同志，表示热忱的欢迎和衷心的合作；反而认为既在广东起事，参加的又以广东人居多，即应由广东人出来领导，因而对黄兴（湖南）、赵声（江苏）的领导心怀不满，并以此而处处与黄兴为难，最后更任黄兴领着无数志士去赴汤蹈火而不顾，实际上这时他们即已对革命犯下了滔天的罪恶，而成了千古的罪人。

4月27日（三月二十九）午后5时半，广州起义爆发了。黄兴亲自领着一队人直攻总督衙门，及至攻入后堂，才发现张鸣岐早已逃避。再返出衙门，恰遇敌人的大队人马。林时爽误信其中颇有党人，便欲晓以大义。他刚喊话出口，即中弹牺牲；黄兴亦伤右手而断两指。此后黄兴仍领着队伍奋勇杀敌，且战且走，直到最后剩下他一个人，才避入一家小店，换了衣服，逃到广州河南女同志徐宗汉家，由她看护，以后他俩即因此而结成了夫妇。起义的那一晚上，喻云纪、熊克武、但懋辛等另为一路，他们从后面攻入总督衙门。喻云纪胸前挂着满满的一筐炸弹，所向披靡。他用炸弹炸开督署后墙时，但懋辛受伤了。熊克武一面扶但，一面战斗，颇为不利。他们走出督署，又与众往攻督练公所。喻云纪沿途抛掷炸弹，一人奋勇当先，敌人见之无不丧胆。但终因寡不敌众，横身被创，最后弹尽力竭，为敌所俘。当敌人审问他的时候，他慷慨激昂地说："学说是杀不了的，革命尤其杀不了。"然后英勇牺牲。

这次起义延续到第二天才失败。我们船近广州的时候，很远就听到了枪声，大家都很惊异，但因船上人杂，不便交谈。我估计是起义发动了，当海军士兵上船来检查时，我便问那操四川口音的军人，他说是城内革命党造反，打起来了。于是我也故意高声地附和，让大家知所警惕。我们下船后，立即赶至城外叫做"但公馆"的一所起义机关。这时枪声已经停止了。我们一面派人去了解情况，一面搜寻武器和制造炸弹的材料，准备马上行动起来，挽救这次起义。但四处搜寻的结果，仍是一无所得；而探消息的人回来又说起义已经完全失败了，并且官兵正在四处抓人。我们无奈，只得返回香港。

在这次起义中，革命党人表现了无比的英雄气概。例如从容就义的林觉民，在事前即给他妻子写了一封感情深挚的绝命书，受审时又挥笔写了一篇坚贞不屈的自供状，这些用血泪写成的文字，就是今天读起来还令人感动，足以流传千古。又如广东的李文甫和花县来的许多同志，据一米铺以米包为堡垒，与敌奋战，至死不屈。其余的烈士也都非常英勇。烈士们的英勇精神甚至使李准这样的刽子手也吓破了胆。李准在大肆屠杀之后又逮住了但懋辛。他亲自审问，当他得悉但系四川荣县人时，故意说："你是赵熙的学生吗？"而但却说："我不是赵的学生，我是革命党。"李于是又接着说："算你是革命党，自首免死。"不等但再说话，就把但拉下去关了起来，而没有杀害他。难道李准有点回心转意或是还顾及乡谊吗？不，不是的，杀人如麻的李准是毫无人性的，他从来不顾乡谊，更不会回心转意，他只不过是在革命者的鲜血面前发抖罢了。但懋辛下狱后，外边的人不知详情，误传他已自首，上海《民立报》还写了不少的文章骂他，后来事实弄清了，证明他被捕后还是坚决的。

这次起义，牺牲的人很多。后来有人收敛死难者的尸体，得七十二具。广州的人民为了纪念他们，把他们合葬在黄花岗。自此，"黄花岗七十二烈士"之名，遂传遍天下。

志士们虽然英勇无比，但是，没有发动广大群众参加的单纯军事行动，终于无法避免其失败的命运。这就是广州起义所以失败的根本原因。此外，如运送军火的失事，叛徒的混入以及陈炯明、胡毅生等人的临阵脱逃等等，都是造成失败的重要因素。对于陈、胡等个别广东人的封建地方主义，大家都非常不满。黄兴一到徐宗汉家，立即用左手在草纸上写了一封万言的长信，让我带交同盟会总部，其中说："实不啻集闽、蜀之同志而歼之"，对那些不顾大局的分子表示极大的愤慨。对于陈镜波那样的叛徒，人们更切齿痛恨。所以当陈不久以后来到香港的时候，洪承点便把他诱至郊外，用匕首将他刺死了，这一无耻的奸细终于受到了正义的惩罚。

广州起义虽然失败了，并且付出了无比高昂的代价，但是，烈士们的鲜血毕竟没有白流，它激发了无数的人们继起斗争，并使反动统治者吓得丧魂失魄。紧接着广州起义以后，辛亥革命的高潮就来到了，这并不是偶然的。因此，广州起义在中国历史上特别是在旧民主主义革命的历史上自有其一定的地位。

十五、铁路风潮

经过几年的斗争，粤汉、川汉铁路都归由商办以后，这两条铁路的股本虽然来自广大的人民，但铁路公司的权力却把持在绅商即地主和资产阶级手中。这些办理铁路的绅商，其腐败与清朝政府的官僚也相差无几。由于他们的贪污浪费，铁路股款已耗费很多，而铁路的修筑却很少进展。这种情形也曾引起人民的不满。但是，人民虽不满意于绅商把持路政，而对清朝政府把路权卖与外国，则尤其反对。1911 年初，清朝政府与英、美、法、德四国银行团订立借款合同，邮传部大臣盛宣怀建议以借款为资本，实行铁道国有政策。5 月 9 日，清朝政府颁布了一道"上谕"，说什么"干路均归国有，定为政策"。并威胁人民说："如有不顾大体，故意扰乱路政，煽惑抵抗，则照违制论。"当然，清朝政府实行的所谓铁道国有，实际上是把路权出卖给帝国主义，而便于那些亲贵和官僚买办如载泽和盛宣怀之流从中渔利。这批贪婪的家伙为了从人民手中夺取权利和财产，竟毫无顾忌地通过清朝政府于 5 月 18 日任命端方为"督办粤汉、川汉铁路大臣"，要他去强行接收四省铁路公司；而于 20 日又与英、美、德、法四国签订《湖北、湖南两省境内粤汉铁路，湖北省境内川汉铁路合同》，向帝国主义拍卖铁路权利。清朝政府这一劫掠和卖国的行径，立即激起了湖南、湖北、广东和四川各阶层人民的一致反对。

在此之前，清朝政府为了欺骗人民，缓和革命斗争，曾于 1909 年于北京设立资政院，于各省设立谘议局。参加谘议局的人虽然绝大部分都是立宪派的士绅和上层资产阶级分子，但由于清朝政府的铁道国有政策，直接侵犯了他们的切身利益，所以他们便利用谘议局这个类似资产阶级议会的机关来发起保路斗争。

首先起来反对的是湖南绅商。他们聚集在谘议局开会，并散发传单，抨击清朝政府借外债修路，丧失国家主权。学生们继而罢课抗议，使斗争更趋激烈。湖南巡抚杨文鼎见民气激昂，怕事态扩大，便奏请照前办理；但清朝政府却严加申斥，要他对人民的保路斗争实行镇压。

湖北人民的斗争更为尖锐。革命党人詹大悲以《大乱者，救中国之药石也》为题，在《大江报》上发表了鼓吹革命行动的文章。湖广总督瑞澂逮捕了詹大悲，查封了《大江报》，于是各界人士数千人齐集谘议局开会，并有人断指痛哭，大呼救国。他们推出的代表到北京请愿时，曾经绝食三昼夜，表现了很大的斗争决心。

广东粤汉铁路的股东会议也一致反对把铁路收归国有。由于两广总督张鸣岐出示取消股东会议案，引起广东人民更加愤慨，于是争持纸币挤兑，以为反抗。在反动统治的高压下，股东们被迫逃至香港，组织保路会，继续斗争。同盟会在香港出版的报纸《中国日报》及其他各报，都对斗争极力声援，吓得张鸣岐竟下令禁止港报入境。

四川人民的保路斗争不但十分激烈，而且更为广泛和深入。当铁道国有的"上谕"传到四川的时候，四川人民愤慨异常。6 月中，川汉铁路股东代表在成都开会。当时会场上一片哭声，情绪激昂，人们痛骂盛宣怀为卖国奴，邮传部为卖国机关。会议当场决定成立保路同志会，推立宪党人蒲殿俊、罗纶为正副议长，并派员分四路出外游说。接着，各县保路同志会次第成立，运动向全省发展，规模十分浩大。川省护理总督王人文见民情激愤，知道压迫必致引起变端，特为奏请暂缓接收铁路。昏庸残暴的清朝政府不但对王人文严加申斥，并将其革职，而且还派遣了著名的刽子手赵尔丰继任四川总督。赵尔丰以屠杀四川和西藏人民被称为"赵屠户"，他继王人文而任川督，更引起四川人民的愤慨。与此同时，清朝政府又强行接收了川汉铁路宜昌分公司，并要以川款继续开工修路。这样，清朝政府就不仅从人民手中夺去了路权，而且从人民手中劫去了股款，人民的愤怒愈加不能遏止了。于是自 8 月下旬起，成都人民开始罢市、罢课；至 9 月初，更进而实行抗粮抗捐。这时立宪党人怕斗争发展下去会破坏封建秩序，力图将运动加以控制。为此，蒲殿俊等曾发出告白，要人民只求保路，不要反抗官府，更不可聚众暴动。但是，广大人民的革命斗争岂是少数立宪党人所能控制得了的，何况还有革命党人从中推动呢？同盟会虽然并没有完全掌握这次运动的领导权，因而这次运动仍带有很大的自发性；但有一些同盟会员曾经在运动中起过较大的作用，在一定程度上推动了这次运动的发展。例如龙鸣剑和王天杰（子骧）等同盟会员，一开始就看透了蒲殿俊等立宪党人的本质，知道他们不敢触及清朝政府的反动统治，因而除与他们共同进行合法斗争外，又暗地联络会党，准备武装起义。8 月初，龙鸣剑、王天杰与哥老会首领秦载赓、罗子舟等于资州举行会议，根据龙鸣剑提出的"明同暗斗"的方针，决定组织同志军，发动武装斗争。当成都人民开始实行罢市罢课斗争的时候，龙鸣剑跑到成都城南农事试验场内，与朱国琛、曹笃等裁成木板数百片，写上省城业已发难，望各地同志速起救援的字样，然后将木板涂以桐油，包上油纸，投入河中。这就是后来人们所乐道的"水电报"。这些"水电报"顺着四通八达的河流漂去，下游的人便知道了成都发难的消息，纷纷揭竿而起。9 月 7 日，赵尔丰诡称北京来电有好消息，将蒲殿俊、罗纶、颜楷、张澜、邓孝可等人骗至督署，加以逮捕；同时并封闭了铁路公司。这一无耻行径，立即激起了成都数万人民，前往督署请愿，要求释放被捕者。赵尔丰又命令军警开枪，当场打死群众数十人，伤者不计其数。在赵尔丰的疯狂镇压下，人民并未屈服，反而把斗争扩大了。不久之间，整个四川都沸腾起来，形成了波澜壮阔的全省规模的带有全民性的大起义。这时，过去威风凛凛、杀气腾腾的赵尔丰，被四周各县的同志军团团围困，龟缩在成都城内，一筹莫展。而清朝政府也吓得手忙脚乱，刚调用岑春煊入川宣抚，又下令端方派兵镇压。岑春煊虽也曾卖弄文墨，发出一篇娓娓动听的文电，想以此收买人心，缓和局势；但一则革命已成燎原之火，再也无法扑灭；再则端方之受命用兵，又把岑春煊所能起的那点欺骗作用，一扫而光；这样一来，岑春煊走到汉口，也踟蹰不敢前进了。至于端方，他面对着四川人民起义的汹涌怒涛，本来也有些害怕，但既然参了赵尔丰一本，而清朝政府又一再督促，便只得硬着头皮，领着队伍，冒冒失失地闯入四川。端方的领兵入川，不但更加激起四川人民的仇恨，使四川人民斗争的火焰愈益增高；而且鄂军西调，武汉空虚，又给武汉的革命党人造成了一个发动起义的绝好机会。后来武昌起义之所以能够比较容易的成功，这是一个很重要的客观条件。

十六、荣县独立

1911 年 4 月的广州起义失败后，我和洪承点、熊克武等又匆匆地到了日本。因为洪承点刺死了叛徒陈镜波，在香港不能久待，所以我们走得很急。到日本不久，我看见铁路风潮兴起，估计革命运动会继续发展起来，便决心回国参加。6 月，我回到上海。这时，以宋教仁为首的一些同盟会员正在上海搞了一个同盟会的中部总部（中部同盟会）。这个组织虽号称为同盟会的分支机构，实际上是在那里闹独立性。不过，它主张以长江流域为中心、在中国的中部发动革命，而反对在边疆继续搞武装起义，这个意见在当时却是正确的。当时，全国各处都曾不断地发生饥民暴动和抗捐抗税的斗争，其中尤以长江流域和山东一带最为普遍。1910年春，长沙发生了规模巨大的饥民抢米暴动，参加者二万余人，把巡抚衙门和外国教堂都给烧了。同年夏，山东莱阳又爆发了几万人的抗捐起义。1911年，长江流域大水成灾，饥民暴动和抗捐斗争更为发展。例如湖南浏阳一带和浙江杭州、宁波等地饥民的抢米斗争，规模都是很大的，同时，上海、汉口等城市的工人斗争也日趋活跃，再加以铁路风潮的发生，就使得革命潮流更为高涨起来。中部同盟会虽然没有自觉地看到这种革命运动发展的趋势，但它所规定的活动方针在客观上却是符合于实际情况的。我在上海并未停留多久，也没有见着宋教仁。但宋教仁他们却给我安上了主持四川同盟会工作的名义；这大概是他们觉得张懋隆资望不够，因而故意把我的名字放在他的前面，其实，我并未与闻过这件事。随后，我从上海到了宜昌。一路上看到人们都对清朝政府十分不满，而对革命极表同情；到宜昌又看到那里的川汉铁路职工正在为保路而斗争，这一切使我预感到有什么非常的事件即将发生。在宜昌，我们换乘专门行驶川江的蜀通轮船，这轮船虽说十分简陋，由一只机器船牵带着一只拖驳船并行前进，但比我们当年出川时所乘的帆船说来，已经安稳而又迅速多了。就是这样一只简陋的蜀通轮船，也竟然要请外国人来管理。不仅技术人员是外国人，连船长也是外国人。这位外国船长摆着帝国主义者的架子，对中国人十分凶狠。因为船上人多很挤，天气又热，所以到晚上有很多旅客到划子上去睡觉，而把划子系在那只载人的拖驳船上。到第二天清早，轮船的服务人员并不等旅客全部登轮，只是由机器船上的洋人鸣笛一声，就立刻开船，并且用刀砍掉系绳，将划子上的旅客弃置不顾。这些旅客，刚从梦中惊醒，即见轮船开走，无不仓皇失措。而且轮船急驶，风浪很大，几乎要把划子淹没。于是这些旅客便大声怒号，高呼求救。看见这种情景，我心中实在难以忍受，便用言语激励轮上旅众，一齐到饭厅里开会。全船旅众对这件事情都很愤恨，因此便喧嚷起来，痛骂洋人不顾中国人的性命，太不讲理。那位洋船长在机器船上听到人们叫骂，非常生气，竟把他的手枪取出示威。但是，人们毫不畏惧，由于更加愤怒，骂声反而更高。这时，船上的买办见众怒难犯，便将那洋船长劝回房里去，并把那些被弃的旅客接上船来。一会，只听得那买办对船长说道："这帮人都是留学生，谁也惹他们不起。"呵！原来你们只怕留学生，我要你们看看中国老百姓的厉害。我于是继起向旅众演说团结救国的道理，一时人们的情绪又复高涨，纷纷议论不休，吓得那帮洋人和买办低头无语，再也不敢寻衅了。

我经过重庆的时候，见到了谢持、杨庶堪等同盟会员。这时四川的铁路风潮已经闹得很大了，但重庆的革命党人却没有大举起事的图谋。他们只派了朱之洪为铁路股东代表，到成都去作些合法的斗争。朱到成都后也参与了成都革命党人的一些革命活动。我在重庆住了一日即继续赶路回家。路过永川时，我看见满街都挂着黄布，到处都扎起"皇位台"。台上供着光绪帝的牌位，两旁写着一副对联：一边是"铁路准归商办"，一边是"庶政公诸舆论"。这是从光绪帝的"上谕"中摘出来的两句话，用以作为争路的根据的。市场两头的口子上，还有"文官下轿、武官下马"的牌子。一切全和皇帝死了办"皇会"一样。这种情形，乍看起来觉得非常可笑，但仔细一想，确是一种很高明的斗争方法。它既适合于当时人民群众的觉悟程度，又剥夺了统治阶级任何反对的借口，而且无论什么官员打从这里经过，都得下来步行，完全丧失了他们平日的威风。这种斗争方法虽是由立宪党人倡议的，但毫无疑问也是得到革命党人同意的。立宪党人取其温和而无犯上之嫌，而革命党人则利用它来广泛地吸引群众参加革命斗争。立宪党人用光绪帝的"上谕"来为自己服务，而革命党人又用立宪党人的方法来为革命服务，这段历史的发展是多么的有趣啊！

在夏历的"盂兰会"（七月十五）以前，我回到了家乡。一天，我往荣县城里去。走到南门外，看见一个人带着队伍，远远地走在我的前面，等进城后走到跟前一看，原来这个人就是龙鸣剑。他自从在成都用"水电报"发出起义的号召以后，马上赶回荣县，参加了王天杰等人发动的起义，组成了一支武装，现在正要率领这支起义队伍，前去攻打成都。他一见我，非常高兴，对我说道："你回来就好了。同志会由蒲、罗等立宪党人领导，作不出什么好事。我们必须组织同志军，领导人民起来斗争，才有出路。我马上要到前线去，一切大计望你细心筹划吧！"这样议定之后，他便和王天杰领着一千多人的起义军直赴成都去了。当出城门的时候，龙鸣剑异常激愤，他拔剑起誓道："不杀赵尔丰，决不再入此门。"同行的军士们都很感动。

龙鸣剑、王天杰没有到达成都，在仁寿附近即和清军遭遇，发生战斗。随后他们又与秦载赓率领的起义军会师，组成东路民军总部，由秦载赓、王天杰任正副统领，龙鸣剑任参谋长。东路同志军与清军转战于仁寿和成都附近一带，因装备悬殊，补充缺乏，在秦皇寺作战失利。于是龙鸣剑、王天杰乃分兵改道攻取嘉定。接着他们又进兵叙府。在行军途中，龙鸣剑以积劳成病，更兼作战不利，病况愈恶，后来竟在宜宾乡下含恨而死。龙鸣剑为中国的资产阶级民主革命奋斗一生，特别是在四川的保路运动中，他起了重大的作用。他运用正确的策略推动着革命运动的发展；而当时机成熟时，他又毫不迟疑地立即发动武装斗争。在辛亥这年最紧张的夏天，他冒着盛暑，往返于成都、荣县的途中达六七次，这种为革命事业而不辞劳瘁的精神，实在令人钦佩。正因为这样辛勤的工作，才损害了他的健康，丧失了他的生命。他临死之前，仍念念不忘革命工作，并对王天杰提出了许多重要的意见。他虽死在异乡，但入葬的时候，群众自动前往送葬的竟达一万二三千人，可见他是多么受着群众的爱戴。象龙鸣剑这样的人，才是辛亥革命真正的英雄，但过去的一些资产阶级"历史家"却不怎样提到他，这是极不公平的！但是，只有人民群众才是历史的创造者和历史的裁判者，既然群众是那样地拥护他，"历史家"纵然不肯秉笔直书，他最后也是不会被埋没的。

自龙鸣剑、王天杰率领起义军离开荣县以后，我便承担起后方的全部责任。就是龙鸣剑起程的那天，荣县城里的大地主张子和请客，我也被请去了。席上有人持大地主、大当铺老板郭慎之上县官一禀，说什么"三费局"（征收局）被匪（按指龙鸣剑、王天杰）劫去了八百两银子，要张子和签署。我一看即问张子和道："龙鸣剑和王天杰领着同志军去打赵尔丰，是替我们大家争铁路、争人格，他们是为国争权、为民除害，做的是正大光明的事情，怎么能说他们是土匪呢？"被我这么一问，满座的士绅们都哑口无言。我于是继续说道："同志军到前线去为我们打仗，我们在后方应该继起支援。我提议全县按租捐款，替他们筹军饷。"对于我的提议，他们心里虽然不赞成，但却没有人敢出来反对。席散，我即召集各方人士商议，通过了按租捐款的办法，就这样为同志军解决了糈饷问题。有了经费以后，我更加紧训练各乡民团，并且还开了一个军事训练班，准备不断扩大队伍，支援前线。

当龙鸣剑病重离开部队以后，王天杰感到孤单，便率领部队回到荣县。清朝政府的荣县知县和郭慎之等土豪劣绅一听到消息就都逃走了。王天杰等来找我商量办法。我提出应立即宣布独立，自理县政，大家都很赞成。这时，广安县的同盟会员蒲洵因来与我联系工作，正住在我的家里。我考虑到本县人出来管理县政，容易惹起纠纷，于是便想请他来主持荣县民政。我征得他本人同意后，便提出来请大家讨论，大家一致拥护。9月25日（八月初四），我和王天杰等在城内召集各界开会，由我发表演说，宣布荣县独立，并提议蒲洵主持县政。大家都知道我是刚从东京同盟会总部回来的人，自己不图官职，却把蒲洵推了出来；而蒲洵也是同盟会员，并且又是外县人，与各方面全无矛盾；因此都很满意。于是，在一致欢呼声中建立了荣县的革命政权，从此，东路民军也有了一块根据地作依托了。

荣县起义，发动于8月初，比武昌起义要早两个月。荣县宣布独立是9月25日，比武昌起义也早半个月。因此，它的影响很大，成为成都东南民军反清武装斗争的中心。在荣县独立的前后，起义军还曾经占领过彭山、眉州、青神、井研、名山、洪雅、夹江等十数州县，但都旋得旋失，没有得到巩固。只有荣县建立了革命政权，并且一直坚持下去。辛亥革命胜利以后，蒲洵还在荣县作知事，他的政声很好，受到群众拥护，替当时的革命党人保持了荣誉。

我们虽然在荣县站住了脚，但小小一县的革命政权，是难于单独存在的，因此必须向外发展。我们首先去攻威远，马上就攻下了。再攻自流井，却遭到大队巡防军的抵抗，相持不下。这时武昌起义已经爆发了。我们由于被敌人严密封锁，并不知道外边的情况，只是从各种风传中听说湖北革命党造反，有一个姓黎的当了都督。这又引起了我们的疑问：既是革命党人起义，就应该打出孙中山先生的旗号，怎么会钻出一个姓黎的人来呢？我们局限在一个地方斗争而不了解整个局势的发展，真是苦闷极了。我们必须和外面取得联系！

十七、武昌起义

当时的传闻倒也不是假的。传闻中所说的湖北造反就是革命党人于10月10日发动的武昌起义，那个姓黎的都督便是黎元洪。

武昌起义的爆发并不是偶然的。它一方面是全国革命形势发展的结果，而四川沸腾的铁路风潮和带有全民性的武装起义更是促使武昌起义爆发的最重要的因素；另一方面它又是两湖革命党人长期艰苦工作的结果，而革命党人在新军中的有效活动又是武昌起义能够取得胜利的最重要的原因。

早在1904年，武汉就出现了科学补习所和日知会等革命团体。日知会的会员分布在湘、鄂两省，同盟会成立后，他们纷纷加入，因此，后来日知会差不多成了同盟会的分支机构。萍浏醴起义时，日知会曾经图谋响应。1906年，日知会遭到破坏，刘静庵（敬安）、胡瑛、季雨霖、李亚东、张难先等被捕入狱。1908年7月，革命党人在武昌拟组织军队同盟会未成。12月，杨王鹏等人发起在新军中组织群治学社，并刊行《商务报》，积极鼓吹革命。1910年，群治学社拟乘长沙的抢米风潮举行起义，引起了湖广总督瑞澂的注意，遂改名为振武学社，表面上宣称讲求武学，暗地里从事革命活动，扩大革命组织。1911年初，因遭受挫折，又改名为文学社，以研究文学作掩护，而积极地在新军士兵中发展革命组织。同时发行《大江报》，从事革命宣传。文学社的主要分子为蒋翊武、詹大悲、杨王鹏、刘复基等，社员至1911年7月，已有五千多人。当时湖北的新军共计不过一万六千人左右，而文学社员却占了这么大的数量，可见作为清朝反动政府支柱的新军，已经随着革命运动的发展，由于革命党人的工作，而一步步地革命化了。此外，共进会在两湖地区也拥有一定的力量，这时湖北的孙武和湖南的焦达峰等，正在共进会的名义下，积极从事联络会党的工作。1911年夏，中部同盟会在上海成立后，极力策动共进会和文学社合作。经过多次协商，这两个群众基础较好的革命团体终于联合成功。8月，它们鉴于四川的铁路风潮已开始发展为武装起义，感到革命的时机已经成熟，便共同组织了一个领导机构，准备大举起义。起义的临时总司令部设在武昌小朝街85号，由蒋翊武任总指挥，孙武任参谋长。

9月初，清朝反动政府被四川人民的革命斗争吓坏了，连忙派端方从湖北调一部分新军入川镇压，湖广总督瑞澂知道新军中潜伏着大批革命党人，所以新军调走，他非常高兴。但革命党人却恐新军分散，于革命不利，因而急谋迅速举事。9月24日，革命党人举行会议，决定在中秋节（阳历10月6日）发动起义。此后，武汉的街头巷尾，到处都传遍了中秋节杀鞑子的故事，风声越来越紧。这时，瑞澂才感到军队调走，防务空虚，恰好给革命党人造成了良好的机会，给自己带来了无穷的困难，不仅从前的高兴化为乌有，而且吓得心神不安，坐卧不宁，竟自把行辕设在兵舰上，每天偷偷地到那里去睡觉。

由于准备工作没有做好，原定的起义日期被推迟了十天。谁知10月9日（八月十八）的上午，孙武等在汉口俄租界宝善里制造炸弹的时候，不慎失事，孙武头部受伤，机关遭到破坏，所有起义的旗帜、符号、文告、印信均被搜去。因为起义计划暴露，怕迟延遭到损失，蒋翊武便以总司令的名义发出紧急命令，决定当晚午夜起义。这一命令还没有完全传达下去，武昌小朝街的起义总部和其它许多机关，都又遭到破坏，起义的领导人员大批被捕，蒋翊武乘机逃走。这天晚上，瑞澂一方面残酷地杀害了被捕的起义领袖彭楚藩、刘复基、杨宏胜三人，一方面禁闭城门、封锁营门，根据所获名册到处搜索起义分子，弄得满城风雨，空气十分紧张。一时人心惶惶，谣言四起，不但革命分子人人自危，就是与革命党人稍微接近的人，也都惴惴不安，大家都感到与其坐以待毙，不如起而斗争。

10月10日（八月十九），瑞澂根据名册继续大索革命党人，并扬言要把革命党人斩草除根。这样一来，武汉三镇完全陷入恐怖的气氛中。至此，新军中的一些革命分子便决心起来反抗，以图死里求生。当晚7时，住在武昌城内的新军第八镇工程第八营后队，其中的革命党人熊秉坤、金兆龙等正欲行动，被排长陶启胜发觉。陶命左右绑金，金大呼"同志动手"，全队士兵齐声响应。反动军官或被击毙，或闻风逃走。起义士兵四十余人，在熊秉坤的率领下，一直向楚望台军械局进攻。当夜在楚望台防守的工程营左队士兵，也纷纷起来响应起义，于是军械局遂被起义军占领。这时武昌城各处革命党人听见枪声，也纷纷起义，并不断奔赴楚望台。经过大家计议，决定进攻督署，捕杀瑞澂。但因部队纷乱，缺乏指挥，进攻不克。这时，起义的士兵越来越多，起义的范围越来越大，熊秉坤感到指挥困难。恰好这时有一个士兵把工程营左队队官吴兆麟找到了。吴是在楚望台士兵响应起义时乘隙逃跑的。由于他平日在士兵中还有一些信仰，所以现在被大家推为临时总指挥。吴当即根据情况，提出作战方针，同时又申明纪律，重新发动对督署的进攻。瑞澂在猛烈的进攻下，破墙而出，逃上兵舰。其余清朝官员，也都在起义的枪声中逃得干干净净。至11日上午，武昌遂为起义军完全占领。

起义取得了初步的胜利，但由谁来负责领导呢？当时在起义军方面，从前的领导人员或则被捕，或则逃亡，正是群龙无首。他们在吴兆麟等人的建议下，把从前的新军协统黎元洪找出来做了都督，把从前的谘议局议长汤化龙找出来做了民政总长。汤化龙是一个著名的立宪党人，根本就不赞成革命。至于黎元洪，不但从前残杀过许多革命党人，就在起义那天晚上，他还手刃了一个送信的革命士兵，后来见起义势盛，才逃匿在他手下的一个幕友家里。当吴兆麟派人去请他的时候，他吓得浑身发抖。他见了吴兆麟，不但不肯拥护起义，反而责问吴为什么造反。以后大家把他拥为都督，他还是不敢在安民布告上签字。后来别人强迫把他的辫子剪了，他还为那条奴隶的标志哭了一场。等到汉阳、汉口光复，一直等到 10 月 17 日，驻汉口的各国领事都宣告"中立"以后，黎元洪才宣布就任都督的职务。武昌起义的结果既然是由黎元洪、汤化龙这样的人物出来当权，那末，它以后逐步走上和反动势力妥协的道路，就丝毫也不奇怪了。

随着武昌起义的胜利，各省也纷纷响应，宣告独立。清朝政府二百余年的反动统治，很快就陷于土崩瓦解的状态中。但是，各省的情况也和武汉相差不多，革命的果实没有落在人民的手中，而是被一些军阀官僚和立宪党人篡夺去了。

十八、内江起义

端方自从 9 月初奉到清朝政府"入川查办"的命令以后，即率领大队鄂军，浩浩荡荡地杀往四川。但是，他的队伍还没有到达成都，武昌起义就爆发了。在端方的鄂军中，有很多的革命党人，他们一进入四川，便极力想和四川的革命党人取得联系。鄂军后队中有一个名叫田智亮的革命党人，在万县遇着了四川的革命党人张颐。经过他们的密商，决定派人到资州一带联络前队士兵，发动起义，捕杀端方。端方刚入川的时候，虽然其势汹汹，但愈往前走，愈发感觉自己陷入了人民群众层层的包围之中；加以武昌起义的消息传来，更吓破了他的肝胆；所以到了资州，他便踌躇起来，再也不敢贸然前进了。他虽然派了一支队伍，去援救在自流井被民军所困的巡防军，但也只走到内江和威远交界的界牌地方就停下了。这时，我们民军方面，对整个大局并不了解，只见久攻自流井不克，巡防军愈聚越多，而端方又派兵前来，便感到形势十分严重，因此人心不免有些惊慌。同志们都要我赶快想办法。我于是和大家约定：由他们坚守阵地，我到外面去搬救兵。我说："只要你们能坚决死守，一星期以后必有救兵来到。"我早先就从孙武那里知道新军中潜有许多革命党人，现在端方领兵来到，我相信孙武他们是一定会派人来找我的，所以我才敢这样大胆地说。同志们因我从来不说假话，对我很有信仰，所以听了我的话以后，情绪十分高涨，都愿意死守待援。我看见这种情况，也就比较放心。11 月 21 日（十月初一），我同吴庶咸二人偷偷地越过敌人防线，走到贡井一个同盟会员家里住了一夜。这位同志潜伏在敌人的警察署里工作，成天地盼望民军打来，他好率部响应。我们把他那里的工作部署好了之后，又连夜轻骑赶赴内江。内江的革命党人很多，烈士喻云纪的家也在那里，极便于我们藏身和进行工作。我们于 23 日（十月初三）到达内江，住在喻烈士的家里。这时恰好有端方的队伍经过，我们很快就和其中的革命党人接上了头，决定由他们到资州杀掉端方，我们在内江发动起义。

11 月 25 日（十月初五），端方的队伍果然在资州起义了。平日骄横不可一世的端方，这时竟在起义的士兵面前哀求免死，胡说什么他祖先原本汉人，隶入旗籍还不满四世……，想以此骗取一条活命。但是，对于这个作恶多端的无耻家伙，起义的士兵们毫无怜惜地把他杀死了。士兵们公推革命党人陈镇藩为入川鄂军的统领，而陈也就马上派人到内江来与我联络。

11 月 26 日（十月初六），内江的知县听到了端方在资州被杀的消息，便立即逃走了。巡防军接着也逃跑一空。有人到喻云纪家来找革命党人。我们于是决定立刻行动，并且马上到了团练局。这时有些革命同志正在那里同团练局长谢仲辉谈判。谢说什么土匪来了他可派兵去打，同志军来了他可派人交涉，如果鄂军来到，治安问题他就无法负责了。我当即回答说："治安问题完全可以保证，但你必须首先将团练局交出。"谢不肯答应，聚集在外面的群众便大声怒吼："非交不可，一定要交！"谢不得已才允许交出。我们于是立即将团练局接收。接着，喻云纪的父亲和当地同志便去召集群众，在天后宫的大戏台前开会。一时前来参加的有好几千人，情绪空前热烈。当由我上台宣布革命宗旨，主张建立革命政权，群众听说，欢呼万岁，声震屋瓦。当场通过成立内江军政府，并一致举我为行政部长，吴庶咸为军政部长。当成千的群众把我们拥到县署去办公的时候，我深深地感到群众力量的伟大，真是顺之者昌，逆之者亡，丝毫不爽。

成都的革命党人，知道我曾经组织过共进会，而共进会与新军素有联系，因此，当端方的队伍逼近成都的时候，他们特派康宝忠和董修武两人赶到我家，邀我到成都去策划起义。他们到我家扑了个空，又跟踪追到内江，正赶上内江起义成功。他们到县署一见我就说："省城的同志都准备好了，专等你去，好发动起义，我们立刻一起动身吧！"我说："这里今天才组织起来，不能马上离开，你们请先回去，告诉同志们努力奋斗，我一星期后就到。"就这样，他们便赶回成都去了。

陈镇藩派人和我们取得联系之后，于11月27日（十月初七）率军来到内江，我们特开大会表示欢迎。内江人民看见这么多装备精良的军队和人民站在一起，情绪更为兴奋。起义军队受到人民的热烈欢迎，也非常感动。在欢迎会后，我要陈镇藩把军队留在四川，共图大举。他说："现在军心思归，而且武汉方面战争还很激烈，我要赶快率队回鄂，替革命效力，但求你们沿途替我疏通，我就万分感谢了。至于四川的事情，还望四川同志好自为之。"随后，他送了我们快枪四十余支，我们也送了他一千五百两银子，并且告诉了他沿途联系的方法。就这样我们便匆匆地分别了。

　　我们在内江举行起义的时候，还不知道重庆已经在 11 月 22 日（十月初二）宣布独立。原来 11 月 5 日，夏之时就在成都附近的龙泉驿率部起义。夏是四川合江人，曾经留学日本的东斌学校，并在那里加入了同盟会。他毕业回川后，在清军中担任排长，驻扎成都。当四川保路运动达到高潮的时候，他看到革命的时机已到，便准备发动起义。恰好这时他奉命率领步兵一队驻守龙泉驿。他趁机暗地向士兵们进行革命宣传，士兵们都很感动，愿意随着他参加革命。这时驻在龙泉驿的还有骑兵和辎重兵各一队，夏又派人去进行宣传，结果这两队的士兵也愿意和夏部一致行动。到了 11 月 5 日的晚上，夏之时集合三队的官兵二百余人，在驻地附近的一所庙里宣布起义，当场将驻龙泉驿指挥的东路卫戍司令魏楚藩处死。这天晚上，恰有新军教练官林畏生奉赵尔丰的命令，前去迎接端方，正好住宿龙泉驿。他听到庙内欢声大起，赶忙前去察看。有一个士兵认识他，马上举枪对他射击。夏之时立刻起来保护他，因此他虽然受伤，幸免于死，并且还参加了起义队伍。起义成功后，士兵们一致推举夏之时为革命军总指挥，当夜整装东行，直奔重庆。由于当时端方的部队驻在资州，所以他们绕道取小川北路线东下。他们沿途受到群众的欢迎，并不断地扩大了革命队伍。11 月 21 日（十月初一）夏军到达重庆近郊。当夏军接近重庆的时候，重庆的革命党人就派人前去与他取得了联系。11 月 22 日（十月初二）夏军在城内革命党人的协助下，胜利地开入了重庆城。由于夏军的到来，清朝反动政府在重庆的官吏见大势已去，除个别逃跑者外，其余的都被迫向革命党人投降。当天，重庆各界群众在朝天观举行大会，成立了蜀军政府，推举张培爵为都督，夏之时为副都督，并通电全国宣布独立。

　　重庆蜀军政府成立后，一再函电催我前往。这时我已知道武昌起义成功，全国纷纷响应，我把整个大局仔细考虑之后，觉得必须与领导全国革命的总机关取得联系，才好进行工作。因此，我把内江的工作安顿就绪之后，便于 12 月 2 日（十月十二）起程，连夜赶往重庆去了。

十九、重庆军政府的军事裁判会

重庆蜀军政府成立后，立即组织军队，准备西上讨伐成都。这时，在全国和全省革命潮流的袭击下，成都发生了一系列的政变。

自从端方在资州被杀、内江起义成功，进攻自流井的民军，因此也取得了胜利。于是，成都四周的民军，势力大振。这时被民军围困了几个月的赵尔丰，眼看救兵已经绝望，成都早晚要被打开，他便作这样的考虑：与其被革命党推翻，不如将政权交给立宪派，便于保存实力。就这样，11 月 27 日，在立宪党人和赵尔丰的勾结下，成都扮演了一出"独立"的滑稽戏，成立了所谓"大汉四川军政府"，由立宪派头子蒲殿俊担任都督，赵尔丰的心腹新军统制朱庆澜担任副都督。至于赵尔丰，仍被委以办理边防的重任，实际上操纵着军政大权。对于这样的"独立"，人民当然不会满意。各地民军都以"索赵"为号召，继续向成都进攻。这时，赵尔丰已确知清朝中央政府尚未垮台，于是又阴谋复辟。12 月 8 日，蒲殿俊到校场点兵，巡防军在赵尔丰的唆使下，发生哗变。蒲殿俊从此躲藏起来，连都督也不敢当了。四郊民军看到这种情形，非常愤慨，便相率入城，将赵尔丰围困在督署里面。赵尔丰的复辟阴谋终未得逞。经过这一场事变，成都军政府为了欺骗人民和敷衍民军，不得不实行一番改组。于是，曾经留学日本的前陆军学堂总办尹昌衡当上了都督，与哥老会有联系的罗纶当上了副都督，同时还拉了几个革命党人来当部长，以资点缀。但是，人民对赵尔丰的仇恨，始终不能平息下来。立宪党人看到不杀赵尔丰，不足以平民愤，将会引起深刻的革命，因此，才不得不借赵尔丰的头来缓和群众情绪。12 月 22 日，尹昌衡和立宪党人依靠着民军的力量，解决了督署的武装，捕杀了赵尔丰。立宪党人在捕杀赵尔丰之后，便马上回过头来对付民军。在他们软硬兼施的进攻下，缺乏正确思想领导的民军首领，有的被腐化收买，有的被残酷杀害。于是，轰轰烈烈的起义运动，竟被瓦解，人民艰苦斗争的果实，竟被立宪党人窃夺去了。

从这一系列的事变中，可以清楚地看到：赵尔丰是清朝反动统治在四川最顽固的代表者，他曾经用尽一切办法，来挽救清朝反动政府在四川所遭遇的危机，他自始至终没有动摇过对清朝政府的忠心，以至最后和清朝政府的反动统治同归于尽。以蒲殿俊、罗纶等为首的立宪党人，则代表着四川地主阶级和上层资产阶级的利益，虽然他们也曾假借革命群众的力量，向清朝反动统治者作过一定程度的斗争，但是，他们最害怕的是群众真的革起命来，动摇了封建统治的社会基础，所以，他们对赵尔丰等清朝反动统治的代表者总是特别"宽大"，而对起义群众却格外的残忍无情。至于起义的民军，它基本上是由自发参加斗争的广大下层群众所组成的，其领导成员多半为会党首领，只有少数是革命党人，他们当中有不少的优秀分子（如龙鸣剑等）大多在残酷的斗争中牺牲了，而剩下来的人后来却上了立宪党人的圈套，无形中成了替他们争夺江山的工具。但是，无论是争路运动和推翻清朝的功劳，都应该归之于这般下层群众和他们的领导者身上。赵尔丰是屠户、立宪党人大部分都是骗子、起义民军大部分都是好人，这并不是什么高论，而是广大人民群众早已作出的历史定评。但是，周善培却不同意这种论断，为此，他特地写了一本《辛亥四川争路亲历记》，把赵尔丰描写成实行禅让的尧舜，把立宪党人视为彬彬有礼之士，而把革命党人和起义群众则看作大逆不道的匪徒。但是，事实毕竟是事实，周善培的无耻妄说，有谁能相信呢？其实，周善培在这次运动中，担任了一个颇不光彩的角色，他曾经以提法使的地位参与了赵尔丰镇压和破坏人民革命斗争的一切残暴行为和阴谋活动。当然，平心而论，他和赵尔丰还是有所不同的，他虽然坐在他的大帅（赵尔丰）的那只船上，但他一看风头不对，就把一只脚踏到立宪党人的那只船上去了。因此，他比他的大帅总算要开明些。不过若与他的采帅（王人文）比较起来，他就未免有些逊色了。因为他的这位采帅，曾经为庇护立宪党人而丢掉了官职，也就是说，当他看到清朝政府这只破船快要沉没的时候，就从船上跳了下来，而不象周善培那样犹豫不决地踏在两只船上。因此，周善培根本就没有资格写什么《辛亥四川争路亲历记》，因为他根本就没有亲历过四川人民的争路斗争。他如果为人老实，肯把他们那帮人如何反对四川人民争路的亲身经历写出来，倒一定会有许多非常精彩的内容。但他不肯如此，却硬着头皮把他反对争路的亲历写作争路的亲历，因此就不免要大闹笑话了。读者只要翻开他的书一看，满纸都是大帅、采帅之类的称呼，他的反动立场就怎么也掩盖不住了。

当重庆蜀军政府正在组织军队准备讨伐成都的时候，它的内部曾经发生过一次严重的危机。这次军事行动，原定由夏之时以副都督的身分亲自领兵出征，而以总司令林畏生兼任北路支队长。林对此发生误会，以为摘掉了他的总司令职权，大为不满。本来林的参加革命就是出于被迫，根本没有什么觉悟，及至当了蜀军总司令，他自以为过去在新军中的地位比夏要高，因此，对夏常出不逊之言，态度非常傲慢。现在又误认夏在故意压抑他，一怒之下，即将支队长的委任文书和一切印信当众撕毁，并且破口大骂，持枪握拳，闯进军政府，声言要找夏之时拚命。而且林手下有一两个团长，更横行不法，纵容着士兵四出扰民。我到重庆的时候，正碰到这种情形，当时重庆到处街谈巷议，人心惶惶不安。而张培爵和夏之时对此却毫无办法。刚刚成立不久的蜀军政府，差不多陷入了无政府的状态中。张培爵见我来到，非常高兴，连忙要我想个办法。我严正地说："只有严明纪律，才能维护革命政权，现在必须召开一个紧急会议来讨论这件事情，并准备实行军事裁判，整顿军纪。"张培爵很同意我的意见。这时虽已深夜，但他仍立刻下令召集全体负责军政人员开会，不许携带武器，并令守卫妥为戒备。一会，人们到齐，会议开始。夏之时首先报告事情发生的经过，请全体讨论解决。这时林畏生毫不在意地起来大声说道："我林畏生罪多得很！砍官防，其罪一也；撕委任状，其罪二也；辱骂都督，其罪三也；闹军政府，其罪四也。看你们敢把我林畏生怎么样！"他气势汹汹，说完就坐下。过了许久，没有一个人敢起来发言。

我看见这种情形，非常气愤，心想既为革命党人，对清朝反动政府都敢起来革命，为什么对这样一员悍将就不敢斗争了呢？于是抑制着愤怒，从容地起来说道："我们革命的宗旨是推翻清朝专制政府，实行民主政治，解除人民痛苦，并不是以暴易暴。我们革命党人是不侮鳏寡，不畏强暴的。扶正义，打抱不平，正是我们革命党人的本色。如果我们今天刚一胜利，就横行霸道，和清朝官吏一样，实在违反革命初衷。……"

我沉痛地讲了两个小时，最后主张执行革命纪律，把这个会议变为军事裁判。全场热烈鼓掌，表示同意。这时林畏生才不时地看我，对我这样一个陌生人的讲话，感到惊异。

接着夏之时说："我是当事人，不便主持裁判。我提议请最近由同盟会总部派来的、孙中山先生亲密的朋友吴玉章同志作裁判长。"大家表示赞成。这完全出于我的意料。我想：由于我的提议才召开这次会议，现在要我来主持裁判，岂不是故意把杀人的事情推给我作吗？但接着又想：如果推辞，旁人也是一定不干的，事情又怎么解决呢？于是，便毅然接受了大家的推举，并且向大家说道："第一，我说明犯罪的行为时必须得众人的同意；第二，我判决的处罚也必须得众人的同意；第三，判决后犯罪人得申诉或声明不服，并说明不服的理由；第四，判决后一定要遵照实行。必须大家都赞成这四个条件，我才能就职。"

大家都说："这是最公平的裁判法，我们赞成。"

于是，军事裁判就立即严肃地开始了。我详细地说明林畏生的犯罪行为违背了革命宗旨，危害了人民利益，无异企图推翻革命军政府，应照军政府规定的军法处以死刑。问大家同不同意，大家表示赞成。于是又问林是否服罪，限他二分钟 ① 以内讲话。林却沉默着。又延长五分钟，他仍不讲话。经再三催促，他才说："说我想推翻军政府，我没有这个心思。"

我说："我不能知道你有没有这个心思。但判断犯罪以客观行动为标准，你的行动是危害军政府的。"

他再也没有话讲了。于是我就请夏之时执行判决。夏却犹豫起来了。他结结巴巴地说了几句应该特设什么什么的话。他的意思是说，裁判既是特设的，执行也应该特设。因为他说得不清楚，有些人就以为是"特赦"。于是他们又反过来为林畏生辩护，说林也是参加了起义的人，应该从宽处理，赦免他。

我坚决反对，认为大家刚才约定的条件，不应该马上就自己推翻。辩论了一小时，还是没有结果。有一个激烈的革命党人愤慨地说："象你们这样懦弱畏缩，我就拿炸弹来把大家炸死算了。"大家又纷纷反对他。我说："不必性急；我试问林畏生这样蛮不讲理的人，谁能保他以后再不作乱事呢？"

这时有一位姓舒的团长起来说："我保他，我们四团人保他。"

他话犹未了，卫队中几个士兵就齐声说："就是这个家伙最坏！"因

_____

① "二分钟"，第二卷《六十自述》作"三分钟"。

为士兵们说话时过于激动，挤得刀枪碰击作响，那位舒团长恐怕有人打他，急忙把头低下去躲藏，猛地一下碰到桌子角上，流出血来。大家以为士兵开了枪，都赶快逃避。石青阳尤为可笑，竟把茶几顶在头上，跑了出去。这时会场上就只剩下我和张培爵、夏之时、林畏生四个人。林也和张、夏两人一同劝士兵们归于安静。卫兵说："就是那舒团长劝林司令做坏事。"我说："现在暂把舒团长扣下，另案办理。今晚还是要把这个案子结束。"

接着又把大家都请了回来。好在军政府戒备很严，没有一个人逃得出去。大家坐定后，我看林畏生并未趁这次扰乱逃走或者有什么不好的表现，也就有从轻处罚的意思了。因此我就和大家商量："有人说要特赦他，但是谁能替他保证呢？"谢持、朱之洪说他们愿意担保。最后决定立刻解除他的职务，并且派人送他回湖北原籍。

这件事情充分地表现了当时蜀军政府的软弱无力，也表现了当时这些革命党人的畏缩、妥协。然而，经过了这一次严重的斗争，蜀军政府总算得到了暂时的巩固，更重要的是重庆人民都高兴为他们除去了一个祸害。

这时已是 1911 年的 12 月了，南京已被民军攻克，中华民国临时政府正酝酿在南京成立。孙中山先生也已经从国外回来，首途前往南京。因此，我也准备到南京去。于是，重庆蜀军政府就让我和杨庶堪作为它的代表到南京去参加临时政府的工作。

二十、南京临时政府

武昌起义爆发后，清朝政府非常惊慌，连忙派陆军大臣荫昌率领北洋军两镇前往扑灭。但北洋军的将领，都是袁世凯的爪牙，荫昌指挥不动。当时一切外国帝国主义者和中国封建统治阶级中的许多有力人物都认为袁世凯是个"人才"，只有他才能挽救中国反动势力的灭亡。清朝政府不得已，只好再度起用袁世凯。袁自从 1908 年被清朝政府解除职务以后，即在彰德"养病"，而实际上仍然控制着他自己所培植起来的北洋军队。现在，革命兴起，清朝垂危，正是他玩弄权术的绝好机会。清朝政府发表他作湖广总督，他故意坚辞不就。一直等到清朝政府答应了他的全部条件，赋予了他以全部权力，并且任命他为内阁总理大臣以后，他才出来组织力量，对革命展开进攻。

有一个名叫朱芾煌的川籍同盟会员，在武昌起义以后，估计到袁世凯一定会得势，便跑到袁那里去进行投机。他去到彰德，看见袁世凯布衣草帽，成天在那里钓鱼，装作不问国事的样子。朱于是劝袁趁机把清朝政府的军政权力夺取过来，然后投效革命，那么革命方面一定会推袁出来统一中国；并表示他愿意为袁在革命方面进行疏通。袁听了以后，表面上虽然没有什么表示，暗地里却非常喜欢。因此，他把朱芾煌留作策士，待以上宾之礼。不过，袁从清朝政府那里取得大权以后，并不是去投效革命，而是要革命投效他，由他来作中国的独裁者。在袁世凯还未北上组阁之前，清朝政府迫于形势，已经把汪精卫、黄复生等革命党人释放出来了。汪出狱以后，便和北方大官僚、大地主、大买办的代表李石曾等结合在一起，组成了一个京津同盟会。在京津同盟会里面，虽然也有不少真诚的革命分子（如彭家珍等），但它的主要成员如汪精卫、李石曾等，则专门为袁世凯捧场。他们和中外许多反动分子一样，认为只有袁世凯才能收拾当时中国的时局。汪精卫为了巴结袁世凯，还与他的长子袁克定结为兄弟。

袁世凯既从反革命方面取得了权力，又与革命方面的不肖分子有了勾结，他就可以在革命和反革命之间操纵自如，而对革命也既可以打又可以拉了。袁世凯奉命组阁以后，看到革命正在迅速发展，便决定对革命实行进攻。他一方面用计刺杀了准备在石家庄起义的革命党人清军第六镇统制吴禄贞，使反革命的中心直隶和北京得到巩固；一方面集中兵力，从革命军手中夺去了汉口和汉阳，并隔江炮击武昌，使武昌的军政府受到严重的威胁。但是，他并没有乘虚渡江进击武昌，因为他需要养敌自重。他于展开军事进攻的同时，又对革命方面展开了和平攻势。于是，12月中旬，在帝国主义的干涉和压迫下，民军代表伍廷芳与清朝政府（实际上是袁世凯）的代表唐绍仪达成了临时性的停战协定。自此以后，双方就没有再发生什么大的战事。

　　本来，武昌起义爆发以后，全国人民的革命情绪空前高涨。在革命党人的领导和影响下，各省的新军和会党纷纷发动起义。到11月下旬，全国二十四个省区，就已经有十五个省宣布独立。若把边远地区除外，这时清朝反动政府能直接控制的地方已经很少。就是这些地区，也在酝酿着革命。甚至它肘腋之下的直隶省，也曾经爆发过起义。而且，广大农民还掀起了反封建的斗争。例如江苏、广东和湖南等省，即有很多农民自动武装起来，惩办土豪劣绅，反对封建压迫。其他各省也都发生过大小不同的农民起义。至于四川的农民斗争，其规模之大，除了太平天国运动以外，近代史上再没有可以和它比拟的。为了保卫武昌起义，起义各省特别是湖北人民曾经作了英勇的斗争。无数工人、农民乃至一些知识分子，都纷纷参加起义军队，并且在战斗中表现非常勇敢。当民军和清军作战的时候，广大人民更是极力支援民军，打击清军。这说明革命思想已经深入人心，清朝政府的反动统治，再也无法继续维持下去了。但是，这样高涨的革命斗争，却没有一个坚强的政党来领导。同盟会自广州起义失败以后，即已趋于涣散；而至武昌起义以后，几乎陷于瓦解的状态。章太炎说："革命军起，革命党消"。这两句话虽是极端错误的，但用来形容当时的情况，倒很合乎事实。而立宪党人这时却很活跃。他们摇身一变，钻入革命阵营，并把革命的领导权窃取而去。昨天还在拥护君主，今天忽然"赞成共和"，许多立宪党人就这样成了"开国元勋"。由于他们的混迹革命，革命方面的矛盾和纠纷更为增加了。因此，武昌起义后，各省虽然纷纷响应，但好久也建立不起一个统一的领导机关来。当时，武汉和上海之间为了建立中央政权就发生过很大的争执。后来，上海方面让步了，起义各省代表才由上海转赴汉口开会。就在这个时候，袁世凯的反革命军队占领了汉口、汉阳。于是这批代表就跑到汉口的外国租界里去开会。他们不敢讨论如何组织力量，打退袁世凯的进攻；如何推进革命，争取全国的胜利；却在那里咬文嚼字地讨论什么临时政府组织法，把注意力集中在如何猎取官位的上面。更可怪的是，他们竟在袁世凯的炮火下通过了一个"如袁世凯反正，当公举为大总统"的决议，充分地暴露了他们在革命初起的时候，就早已作好妥协投降的准备了。

12 月 2 日，江浙方面的革命军队攻克了南京，于是各省代表决定以南京为临时政府所在地。在南京临时政府的筹备过程中，各派势力之间又因为争夺权势，闹得不可开交。直到孙中山先生于 12 月末回到上海，才打开了僵局。接着，孙中山先生被推为临时大总统，中华民国临时政府于 1912 年元旦正式宣告成立。但是，根据《临时政府组织大纲》的规定，临时政府只设立五个部，粥少僧多，怎能容纳这么多要作官的人呢？这时，有一个叫李肇甫的同盟会员，在总统府秘书处工作，他出身于官僚家庭，懂得旧式官府的那一套组织，于是由他提出一个扩大政府组织的办法来，把差不多所有的人都安置下来了，因此大家都很满意。这个临时政府，既有立宪党人，也有官僚军阀，但革命党人还是占着主要的地位。它是一个以资产阶级为主体的政权。因此，它极力想在中国实现资产阶级的民主政治。但是，由于中国的资产阶级的软弱性，资产阶级民主政治在中国是没有实现的条件的。而且，当时南京临时政府本身就处在风雨飘摇中。孙中山先生当选后，根据事前的规定，立即致电袁世凯，表示和议成功，即当避席。孙中山先生这个总统，实际上只不过是一个主持和议的总统罢了。

1912 年初，我到达南京。这时，南京临时政府和参议院都已经组织起来了。当我们还在途中的时候，重庆蜀军政府即已和成都大汉军政府达成协议：由双方共同派遣黄复生、李肇甫、熊成章三人为四川省的参议员。因此我们到南京后，即没有再作蜀军政府代表的必要了。内务部次长居正和秘书长田桐看见我没有作官，感到非常抱歉，忙对我说："你来晚了一步，若早来点，怎么也有一个次长当的。现在部长、次长都安置完了，内务部的司长、局长或是参事，你任便选一个吧！"我说："我们革命不是为了作官，你们且不谈这些吧。"但随后他们就给我送来了一张疆理局（即土地局）局长的委任状，我马上退了回去；接着，他们又换来了参事的委任状，我还是给退回去了。后来，孙中山先生要我在总统府秘书处工作，他对我说："你来得好，现在正要收拾残局，很需要你来帮忙。"我于是接受了他的邀请。这时，原来在总统府秘书处负责总务工作的李肇甫已经当参议员去了，我于是接替了他的工作。当时南北和议已成定局。很明显，和议一成，总统府秘书处就要取消。因此，开始很红的秘书处，现在变成了冷门。从前有很多人到秘书处钻营，现在却谁也不愿来这里工作了。甚至秘书处也有人另作打算，有的干脆到袁世凯那里去找官做。有个叫程明超的，他本来是个旧官僚，南京临时政府成立后在秘书处弄到了一个高位，这时即抱着五日京兆的心理，根本不来办事了。还有一个叫秦毓鎏的，他偷着为自己填写了一张委任状，准备回到他的家乡无锡去做知县，一时传为笑谈。从这些事情当中可以看出：在南京临时政府中，不仅原来的官僚政客，毫无生气；并且有些革命党人也在他们的影响下，开始蜕化，逐渐地丧失革命意志，而一味追求个人的官职和利禄去了。

二十一、袁世凯窃国成功

辛亥革命所激起的广大农民的反封建斗争，由于缺乏领导，并没有深入地开展下去。中国资产阶级本身既很软弱，又不敢发动农民起来革命，因此，它在帝国主义和封建势力的强大压力面前，除了退却和妥协之外，再没有别的出路了。孙中山先生刚回国的时候，颇不以和议为然。大家推他为临时大总统，他也很失望。因为他在英国的时候，曾经和英国政府谈定一笔小小的借款；现在总统既然是临时的，这笔借款当然也就无效了。因此，他对当时的和议条件很不满意。但是，当时各方面的"舆论"（当然只是上层阶级的舆论）几乎没有不赞成和议的。而一切帝国主义又都极力支持袁世凯，把他视为它们的新的代理人。尤其是英帝国主义，它的驻华公使朱尔典就是支持袁世凯绞杀革命的主谋。英帝国主义虽然也和孙中山先生拉点关系，但这就更显出它的奸诈。正因为中外反动派勾结成功，一致压迫要讲和，所以孙中山先生反对和议的主张，遭到当时南京临时政府绝大多数有力人物的非难。汪精卫甚至对孙中山先生说："你不赞成和议，难道是舍不得总统吗？"在各方面的包围下，孙中山先生后来也就不再坚持己见了。

临时政府成立后，和议继续进行。南京方面向袁世凯提出：和议成功后，保证举他为大总统；但必须以清帝退位和他赞助共和为条件。于是袁世凯开始逼宫，企图强迫清帝退位。但却遭到满洲贵族中的顽固分子宗社党人良弼等的坚决反抗。这时，京津同盟会中的川籍会员彭家珍，认为杀了良弼，便可导致共和，使人民安居乐业，因此决定拚死以除良弼。他怎么能够知道他的英勇牺牲，并没有发生多大的作用，只不过是帮助了袁世凯登上总统的宝座呢？彭家珍为了刺杀良弼，曾经用尽心机。

他把一切准备工作都做好之后，特地装扮成一个威武的军官，穿着整齐的军服，挂着明亮的军刀，于1月26日，装着良弼的一个好友前去谒见。但那天良弼刚好不在。当晚他又去，良弼又不在。但他刚往回走的时候，在不远的途中恰好良弼回来了。在路上一来一去的两辆马车相遇，彭就高声叫"赉臣……"（良弼的字），良弼未应，彭即调转马车，跟着良弼的马车追去。到了良弼的公馆，良弼一下车就走近门前，彭也急下车，趁良弼升阶正要入门之时，急投一弹，彭在阶下当时即被炸死，而良弼也负重伤，于两天以后就死了。宗社党人因此吓破了胆，同时又看到大势已去，便不敢再坚持帝制了。清朝皇室终于接受了退位的条件。袁世凯的逼宫竟因彭家珍的刺杀良弼而获成功。我们从当时和议双方达成的优待清朝皇族的条件，可以看到南京临时政府是多么的软弱！

　　清帝退位之后，和议很快成功。孙中山先生为了保障共和，想出了两个自以为非常高明的办法：一个是颁布约法，想用法律来限制袁世凯；一个是建都南京，想把袁世凯调离北京这个当时帝国主义和封建势力的老窠。从2月初开始，经过整整一个月的时间，南京的参议院根据资产阶级国家立法、司法、行政三权分立的原则，制定了一部中国宪政史上著名的《临时约法》。袁世凯对于这个《临时约法》并不怎么理会，因为他知道这些纸上的东西是可以随时撕毁的。他特别注意的是迁都北京的问题。2月13日，袁世凯在给南京的电文中，于通知清帝退位的同时，就表示他不愿南下。2月14日，南京参议院开会的时候，竟然通过了迁都北京的决议。本来在参议院中，革命党人占据多数，是完全可以根据孙中山先生的意见通过建都南京，反对迁都北京的。但14日开会的时候，革命党人李肇甫，却到台上去大放厥词，说了一通迁都北京的必要；参议员中原来就有不少人对袁的不愿南下表示同情，而李又善辞令，他这么一说，赞成迁都北京的人便成了多数。孙中山先生和黄兴知道这件事情以后，非常生气，当天晚上把李肇甫叫来大骂了一顿，并限次日中午 12 时以前必须复议改正过来。15 日晨，秘书处把总统提请复议的咨文作好后，需要总统盖印，而这时总统已动身祭明孝陵去了。我急着去找黄兴，他也正在穿军装、准备起身到明孝陵去。我请他延缓时间，他说："过了十二点如果还没有把决议改正过来，我就派兵来！"说完就走了。这怎么办呢？只好找胡汉民去。好容易才把他找到，拿来了钥匙，开了总统的抽屉，取出他的图章盖了印，把咨文发了出去。同时，并通知所有的革命党人，必须按照孙中山先生的意见投票。经过我们一天紧张的努力，当天召开的参议院会议终于把 14 日的决议纠正过来了。但是，袁世凯并不根据参议院的决议办事，他表面上不坚持迁都，却故意地提出去就问题来要挟。于是孙中山先生又派蔡元培、宋教仁、汪精卫等为专使，于 2 月末到北京去迎接袁世凯南下。袁世凯在破格欢迎的伪装下，暗地发动兵变，把蔡元培等人吓了一跳，使得这几个迎袁专使也觉得对袁的是否南下"尽可迁就"了。至此，南京参议院不得不允许袁世凯在北京就职。孙中山先生的计划完全失败了。

眼看着南京临时政府即将结束，不少的革命党人感到革命的理想并没有实现，内心非常痛苦。当时在南京的川籍党人很多，经大家商议，决定召开一个四川革命烈士追悼会，对先烈们表示崇敬和悼念，同时借此排遣自己的悲伤。开会的时候，孙中山先生也到了。章太炎则送来一副挽联，写道："群盗鼠窃狗偷，死者不瞑目；此地龙蟠虎踞，古人之虚言。"大家看了，不但很觉扫兴，而且感到愤慨。章太炎在同盟会里一贯闹派别纠纷；武昌起义后，又说什么"革命军起，革命党消"，主张解散同盟会；随后不久，他便正式宣布脱离同盟会，并和一些立宪党人搞在一起，专门和孙中山先生作对。他骂南京鼠窃狗偷，但当时鼠窃狗偷的大半还是立宪党人，而章太炎不正是和他们沆瀣一气吗？他反对建都南京，认为南京并非龙蟠虎踞，难道北京果真就是龙蟠虎踞的地方吗？很明显，章太炎为了反对孙中山先生，已经实际上站到袁世凯那方面去了。追悼会开完以后，我们又为死难烈士请求追赠。根据我们的建议，孙中山先生以总统的名义立即签署了一道命令，追赠邹容、喻云纪、彭家珍为大将军，谢奉琦为中将。其他各省也有继起仿效的。死者已经安置完了，活着的人怎么办呢？我们秘书处的人，决计不到袁世凯那里去作官。邓家彦因对和议非常不满，一定要出去办个报纸，反对袁世凯。又有人提议继续出洋留学，完成以前未竟的学业，大家都很赞成。当时蔡元培在作教育部长，经过他的批准，大批革命党人获得了公费留学的资格，接着便纷纷放洋而去。其中有不少好心的人，以为民国既经成立，自己就应该学点真实的本事，将来好从事建国的工作。他们当时并不了解：辛亥革命虽然推翻了清朝反动政府，但继起的袁世凯仍然是帝国主义和封建势力的工具。他们更没有料到：民国成立以后，中国不但没有兴盛起来；相反，民族的危机和人民的灾难却更加深重了。当时，我也获得官费留学的资格；但是，因为还有许多善后工作要做，所以没有立刻出洋。

二十二、回川之行

辛亥革命以孙中山先生的解职和袁世凯的登台而结束，实际上是失败了。中国的半殖民地半封建社会并没有改变，帝国主义和封建主义两座大山仍然沉重地压在中国人民的头上。但是，当时的革命党人对此并无认识，他们当中有不少的人对帝国主义和袁世凯还存在着幻想。1912年8月，孙中山先生应袁世凯的邀请去到北京。袁故意隆重地接待他，并百般地曲意相从，终于使孙中山先生入其彀中。孙中山先生从袁那里出来就对人说："今日之中国，惟有交项城治理。"因此，他便接受了全国铁路总监的任命，想在中国经营二十万里的铁路，实现他的实业救国的美梦。为了这个目的，他随后还到日本去了一趟。但是不久，他的梦想便被现实粉碎了。

南北和议成功之后，我也到了北京。一天，友人从一家报纸上看到了袁世凯要任命我作四川宣慰使的消息，赶快来告诉我。我感到很奇怪，估计是朱芾煌搞的鬼，便立刻去问他。他说："总统正要找你，请你和我一同回四川去调解成渝双方的纠纷，并要给我们宣慰使的名义。"我说："四川是我们的家乡，对于家乡的父老何能用这种名义？而且我在南京临时政府秘书处的时候，即已和大家有约，此后绝不任什么官职。"在此以前，李石曾和蔡元培、汪精卫等专使人员在从北京回南京的轮船上曾有"六不会"的组织，以不作官、不作议员、不嫖、不赌、不纳妾、不吸鸦片相标榜，有人甚至加上不喝酒、不吃肉两条，称为"八不主义"。我虽然没有加入"六不会"，并且知道他们是唱高调骗人的；但我却认为一个人如果违背了自己的初衷，总是问心有愧的，且将失信于人，为人所弃。就是由于这种种原因，我坚决地拒绝袁世凯给我任何的官职。袁不得已，后来才同意不给我任何名义，只要我同朱芾煌一起回川一行，去"慰问"四川人民，并促成四川的统一。我当时并不了解袁是因朱的资望不够，不足以替他完成统一四川的重任，因而想利用我为他服务。我只觉得促成四川统一，避免人民涂炭，为桑梓父老做点事情，是一种不可推辞的义务，因此便答应了。袁给了朱一笔钱，朱问我怎么开销，我说："我们每人一月六十元就够了，同行的人，还可酌量少一些。"朱同意了。说也奇怪，朱居然跟我一样，既没有争着作官，又没有争着要钱。我本来对朱的投靠袁氏，内心不取；现在见他这样，又觉得他之投袁，原是去争取袁氏赞助共和的，似乎也可以原谅。其实，我那时对朱的本质还是没有认识清楚。后来事实证明：他是一个野心并不太大的道地的投机分子。他投到袁的门下，知道袁也不过是利用他与革命党拉拉关系而已，因此对袁也不存奢望，只趁机会讨了一个夔关监督来当，弄了一批钱，然后便由官而绅，到北京城里买了一大片空地，修了许多房子，作起房东来了。

1912 年的夏天，我和朱芾煌回到了四川，这时，成渝双方已经妥协了。成渝的妥协也象南北的和议一样，是重庆投降了成都，革命势力投降了反动势力。其时杨维任军事巡警总监。杨是成都起义被捕的六君子之一，我觉得他似乎尚有可为，便推动朱芾煌用我们两人的名义电袁世凯建议，任命他为成都卫戍司令。袁当即下令委任，并升杨为中将。袁之出此一着，原不过想借以笼络革命党人。但这事却立即引起反动分子的不安。他们马上向袁的亲信四川人曾彝进、顾鳌等进行活动，要袁收回成命。袁虽然没有明白地收回成命，但因他不再支持，杨维终于无法就职。而且，袁见我的心事仍在革命，便急电我们回北京。这时，我正抽空回到了荣县家里。接到袁的急电后，我又匆匆地离开故乡，和朱芾煌一起赶回北京。

在四川的时候，我顺便地做了一件事情，那就是以留法俭学会的名义动员了一批青年到法国去留学。留法俭学会是由李石曾等无政府主义分子倡办的，这批无政府主义分子这时已堕落为袁世凯的帮凶，是完全反动的；但留法俭学会却送了一些人到法国去学科学，对社会多少总算有点益处。当然，李石曾之流搞这个俭学会的目的，并不存什么好意，纯粹是为了盗取"教育家"的虚名。这个留法俭学会在第一次世界大战期间及其以后，更发展成为留法勤工俭学会，送了更多的人到法国去留学。

我回到北京的时候，宋教仁等已经组成了国民党，正在为实现他的政党政治的幻想而日夜地忙碌着。他以为国民党只要在议会中取得多数，就可以组织责任内阁，中华民国即可成为真正的"民主国家"而得到"长治久安"，袁世凯的大总统就只剩下一个元首的空名了。他为了在选举中取得多数，不惜把大批的政客和封建余孽拉入党内。他为了使这些人能够接受，又不顾许多同盟会员的反对，把同盟会纲领中的革命内容尽行删除。"平均地权"被改为"注重于民生政策"，"力谋国际平等"被改为"维持国际和平"，这就是说，反对封建主义和反对帝国主义的革命精神完全被抛弃了。甚至连"男女平权"的主张也被取消，因此更遭到女同志们的反对。有个叫唐群英的女同盟会员，辛亥革命刚打下南京的时候曾经作过女子北伐队的队长，这时即因反对宋教仁取消"男女平权"的纲领而要打他，以致闹了一场风波。

1912 年底，国会选举开始，宋教仁到处演说，俨然象西方"民主国家"的竞选一样。后来选举"胜利"了，宋教仁更得意忘形，到处发表他的政见。正当宋教仁被"胜利"冲昏了头脑的时候，袁世凯已经为他挖好了陷阱。1913 年 3 月 20 日，宋教仁在上海车站被刺。他临死仍希望总统"开诚布公"，竟然还不明白就是这位总统要了他的性命。

宋教仁被刺后，革命党人的幻想破灭了，他们被迫于仓皇中起来和袁世凯斗争。

二十三、二次革命失败，继续追求真理

宋教仁的被刺，无论什么人都知道它的政治背景如何。袁世凯为掩盖天下耳目，故意装模作样地说要"穷究"和"严办"。很快真象就大白了。原来指使行凶的是国务院官员洪述祖，而指使洪的又是国务院总理赵秉钧。谁都知道，赵是袁世凯手下的特务头子，因此毫无疑问，指使赵的就是袁世凯自己。袁世凯的阴谋被揭露出来了。于是他一不作、二不休，干脆不经参议院通过就违法向帝国主义大举借款，扩充军队，准备用武力来彻底消灭南方各省的革命力量。

1913 年 4 月，袁世凯与英、法、德、日、俄五个帝国主义国家所组

成的银行团签订了二千五百万镑的"善后"大借款。同时，他命令段芝贵、冯国璋率师南下，准备以段芝贵所率李纯等部进攻江西；以冯国璋、张勋两部进攻南京；此外，并以郑汝成、汤芗铭率领海军协助作战。他于一切准备就绪之后，便在6月间借口江西都督李烈钧、安徽都督柏文蔚、广东都督胡汉民反对借款、抗拒中央，下令免掉这三个国民党人的都督职务。随后至7月间，他又发布"讨伐令"，向国民党人所率领的军队大举进攻。

孙中山先生于3月自日本回国的时候，恰好袁世凯暗杀宋教仁的事件发生了。他回到上海，非常气愤，决计兴兵讨袁，发动二次革命。这时，我为了反袁，也到了上海。当善后借款成立，风传袁世凯要撤销国民党粤、赣、皖、湘四督之际，我即向孙中山先生建议，主张四督联合通电，反对袁世凯违法，并声明在合法政府成立以前，不接受违法政府的命令，以此先发制人。孙中山先生很同意我的意见，但黄兴不赞成。黄兴说这样一来，就暴露了他反袁的军事准备。其实，这时国民党反袁，正如袁世凯反国民党一样，彼此都明白，还有什么秘密呢？结果袁世凯抢先宣布了免除国民党都督的职务，使我们的反袁在政治上陷于被动的地位。

7月12日，李烈钧在江西湖口宣布独立，组织讨袁军。接着，15日，黄兴在南京强迫苏督程德全宣布独立，响应江西讨袁。程德全是个首鼠两端的家伙，他于宣布独立后即托故离开南京，潜赴上海。我赶到南京去参加起事，见程不在，便责问黄兴。黄兴说他自己要走，谁也无法。我于是又赶去追程。而程到上海后即通电要黄兴取消独立，真是可恨极了！由于事前既不坚决，临事又不协调，这次所谓赣宁之役，很快就归于失败。接着，安徽、广东和四川的反袁斗争也失败了。但是，我对这些失败并不灰心，仍在上海继续奔走，企图挽救革命。当时我想如果能炸毁曾经归向革命后来又被郑汝成收买过去的肇和军舰，或者把它抢过来，上海就可能支持一个时期，革命也许能以上海为基点，重新发动起来。于是向孙中山先生建议，拿出二万元由我去布置这件事，虽然张静江反对，但孙中山先生同意了。我在法租界组织了一批人，准备好了炸弹、炸药和小船。一切就绪后，在一个晚上，我便带着这队人乘汽车出发，结果因过法租界时被阻，不得不返回，最后一次希望又落空了。至此，孙中山先生的二次革命于瞬息之间即告烟消云散。二次革命之所以如此迅速地失败，根本的原因在于自辛亥革命以后，国民党就已经放弃了革命纲领，逐渐地脱离了群众，因此，它发动的反袁斗争，再不象同盟会时代那样能够激起群众的热情了。

四川的反袁斗争发动得比赣宁为晚，但失败得一样的快。8月初，熊克武、杨庶堪于重庆举兵讨袁；接着，张百祥在绵阳响应；王天杰在荣县响应；其他川东、川北、川西也有响应的；但不出9月，全部失败了。这次反袁失败，四川的国民党人牺牲很大。王天杰于四川永川被俘牺牲；张百祥逃至上海后被捕，解到北京被杀。

袁世凯认为四川的反袁斗争是我策动的，因而对我下令通缉。我在国内待不住了，只好再度出国。好在公费留学的资格早已取得，北京教育部又有朋友为我办理一切手续，因此我便于1913年末起程赴法国留学去了。

在此之前，大约是6月间的光景，我的一位朋友任鸿年在杭州烟霞洞投井自杀。他是同盟会员，曾在蜀军中任书记，后因意见不合离去；这时看见袁世凯祸国殃民，与清朝政府无异，觉得过去的革命落空了，因而愤不欲生。接着，袁世凯对我下令通缉，那时我的二哥已经双目失明，而又贫病交加，他在成都一听到这个消息，觉得国家和家庭的前途都无希望了，竟悬梁自缢而死！辛亥革命给长期黑暗无际的中国带来了一线光明，当时人们是多么的欢欣鼓舞呵！但是，转瞬之间，袁世凯窃去国柄，把中国重新投入黑暗的深渊，人们的痛苦和失望，真是达于极点，因此有的便走上了自杀的道路。但是，我却是一向反对自杀的，我认为自杀最不值得，既然敢于牺牲，何不去和敌人斗争呢？而且，我对于祖国的前途总是抱着无限的希望。我相信我们伟大的祖国既有着几千年悠久而光荣的历史，又有着数万万勤劳而勇敢的同胞，她一定会冲破重重的黑暗而走上光辉灿烂的前程。但是，对于国家的危难、同志的牺牲和兄友的自杀，我毕竟也不能无动于怀。当我踏上出国的征途以后，有时一个人站在轮船的甲板上，看着无边无际的海洋，波涛汹涌，我胸中的热血，也不禁翻腾起来。啊！亲爱的祖国，你何时才能从沉重的枷锁中解放出来呀！

说也凑巧，我这次出国，偏偏坐的是日本轮船，又在船上碰上过1914年的元旦，而且这轮船上挂的万国旗中依然没有中国的国旗！我气愤极了，立刻鼓动全船的中国同胞起来向船长斗争。但是，除了让船长道歉之外，又能有什么别的结果呢？记得十年之前，也是在庆祝元旦的时候，我们在成城学校，为了争挂国旗曾经闹过一场斗争。谁知十年之后，我们的国家在世界上仍然毫无地位呢？我们十年来辛勤地从事革命工作，结果竟然如此！难道我们的道路错了吗？还是没有正确的方法呢？我必须研究明白。我迫切地追求着新的救国救民的真理。

真正能够救国救民的真理我后来果然找到了，那就是放之四海而皆准的、劳动人民自求解放的真理——马克思列宁主义。1917年十月革命的胜利，为全世界人民开辟了光明的道路。在十月革命的光芒照耀下，1919年中国发生了五四运动，1921年成立了中国共产党。此后，中国革命即在中国共产党和它的领袖毛泽东同志的正确领导下取得了伟大的胜利，而我自己也跟着毛泽东同志走到胜利，分享了胜利的喜悦。

在开学典礼上的讲话 *

（1961 年 9 月 19 日）

同学们，同志们！

新学年就要开始了。今天我们举行开学典礼，请让我代表学校、学校党委和全体师生员工，向新同学们表示热烈的欢迎。

今天还有我们聘请的中国科学院和其他兄弟院校到我校兼课的同志们来参加我们的开学典礼，我们对他们表示热烈的欢迎和感谢。

学校的情况和工作，胡副校长将向大家作报告。我想只简单地谈一谈如何办学的问题。

根据毛主席提出的培养有社会主义觉悟的、有文化的劳动者这一总目标，高等学校应该培养又红又专的专门人材。我们学校是一所哲学、社会科学的大学，是一所培养高等学校马克思列宁主义理论师资、研究人员和为社会主义服务的其他专门人材的学校。就是说，它担负着培养马克思列宁主义理论和财经、政法、历史、档案、语言、文学、新闻等方面专门人材的任务。

党和国家交给我们的这个任务是相当艰巨的。要完成这个任务，必须贯彻教学、劳动、科学研究三结合而以教学为主的方针。我想谈一些这方面的问题。

首先，关于红和专的关系问题。

---

* 录自《人民大学》1961 年 9 月 19 日，第 1、3 版。

红和专的关系，就是政治和业务的关系。正确地对待和处理这个关系，对于正确贯彻以教学为主的方针关系极大。红和专的关系，是辩证的对立统一的关系，所以我们提倡又红又专，两者不能偏废。既要重视必要的政治学习，又要重视业务学习。在目前，我们应该强调专业学习。认为政治学习可以代替业务学习而否认业务学习的重要性，或者是只重视业务学习而拒绝必要的政治学习，把两者看成是互相排斥、互相对立的，似乎专必定妨碍红，这些观点都是不对的、有害的。只专不红，固然不对，这会使人迷失政治方向；只红不专，也是无用的，这会使人成为空头政治家。

红，首先和主要的，是指人们的政治立场。在政治方面，对学生的要求首先是具有爱国主义和国际主义精神，愿为社会主义和共产主义事业奋斗。至于马克思主义世界观的建立，则是一个长期的不断前进的任务。学校应该积极地向学生进行世界观的教育，但如果要求学生在学校期间就建立起完整的马克思主义世界观，则是不现实的。

红，必须落实，不能空空洞洞的。它要通过具体的业务表现出来。一个学生红不红，一个很重要的方面，表现在对专业知识掌握得好不好。每一种专业知识中都包含着政治成分，不问政治的专业在我们社会主义社会中是不允许有的。一个学校办得好不好，主要表现在它所培养出来的学生是不是合乎规格。学好专业，就是学生的政治任务；培养出合乎规格的大量的专家，是学校的政治任务。

其次，要认真读书，踏踏实实地研究学问。

在学习和研究学问的问题上，我们要好好学习无产阶级革命的导师马克思、恩格斯、列宁、斯大林以及我们毛主席研究学问的态度。马克思曾经讲过，"在科学上面是没有平坦的大路可走的，只有那些在崎岖小路的攀登上不畏劳苦的人，有希望到达光辉的顶点"。他教导我们，要想在科学上有所成就，不下苦工夫，不经过一些困难和曲折，是不可能达到的。我们也要学习古人的好学精神。例如，孔子读书就是"发愤忘食，乐以忘忧，不知老之将至"。他还引用《诗经》上的话来教导人们，在学习上要"如切如磋，如琢如磨"，认真刻苦钻研。他的这种求学精神，也是值得我们学习的。对于其它历史遗产，也应该抱着"取其精华，去其糟粕"的态度，使之古为今用。我觉得，在学校除了学习马克思主义理论和专业知识外，学点历史，经常关心时事和政策问题，对于青年同志们说来，也是十分必要的，十分生动活泼有趣的。

第三，在学术问题上，要正确贯彻"百花齐放、百家争鸣"的方针。在贯彻这一方针中，要正确划分政治问题和学术问题的界限。正确贯彻这一方针，必须要由党来领导，并要鼓励持不同学术见解的人互相尊重，互相探讨，虚心辩论，团结共事。要提倡尊重群众，尊重实践，尊重事实。在学术问题上，一定要有自由民主，要保证批评和反批评的自由，要培养革命性和科学性相结合的学风。一切学术问题，要通过自由讨论的办法来解决。只有这样，才有利于学术发展，有利于团结人民内部，同敌人作斗争。

最后，我还要提一提吃苦耐劳的问题。我建议同学们研讨一下《孟子》上"天将降大任于是人也，必先苦其心志，劳其筋骨"那一段文章。是会从中得到好处的。

同学们，同志们！我前面曾经说过，党和国家交给我们的任务是光荣的，也是艰巨的，我们一定要尽一切努力办好这所学校。要办好我们的学校，团结的问题极为重要。要团结一切可以团结的力量，要调动一切可能调动的积极因素，同心同德，相互尊重，团结一致。我相信，在党的领导下，我们有无数有利条件，完全可以把我们的学校办好！

祝同学们、同志们在新学年中学习和工作都取得新的胜利！

参考提纲 *

（1961 年 9 月）

一、高等学校最中心的任务

根据毛主席提出的要培养"有社会主义觉悟的有文化的劳动者"这一总的目标，高等学校应该是培养又红又专的高级专门人材。因此，学校应该是以教学为主。而教学搞得好不好，教员又起着很大的作用。（插在海参崴的故事）

学校又是党的学术机关。因此必须研究学问。否则就培养不出专门人材。我校这方面要加强，要团结一切从事教学工作的人，才能办好学校。

重要的不是靠一个人或少数人搞，而要靠培养新生力量。

二、红与专的问题

我们当然是培养又红又专的人材，红与专要联系起来，我们反对的是白，并不是反对专。只专不红当然不对，但只红不专也不对。

政治与业务的问题，也是如此。政治在我们学校里是首位，是灵魂，是统帅，这是不可动摇的，今后仍应加强政治工作。但是政治不能占据一切，代替一切。政治应该渗透在一切方面，即具体贯彻到各门业务

---

* 录自荣县吴玉章故居陈列展档案，原文为手稿。

中去。

作政治工作的人要学习，要善于与教师学生成为知心人，真了解他们，真关怀他们，与他们说得上话，有共同语言。

三、以团结为重

要团结两方面的干部：一是教学工作干部，一是政治工作干部。过去对一些教学干部批判的面宽了些，过头了一些，现在已在纠正，这是好的。但不能认为已经都解决了。要是非说清楚，要真正从思想上解决问题。要和和气气，以团结为重。要有批评自我批评精神。（插在莫斯科的故事）

据我所听到的反映，大家都强调团结，这是很好的。……。

四、关于干部

要发挥各方面的积极性，就要根据中央的精神和风细雨整整风，大家把问题弄清楚，思想搞通。要在总结经验的基础上接受教训。

周扬同志讲过 1942 年整风对取得抗日战争、解放战争起了决定性作用。可是解放后，许多同志把延安整风精神忘了，很有必要再学习一下《改造我们的学习》、反对"三风"等文件。我建议我们学校在这次整风中再重学学那些文件。对于我们改进工作、改进作风很有好处。

为了加强学校的工作，对于干部的适当加强和调整是必要的。当然不要变动太大，不要伤害了好同志的积极性。如教务工作、党务和人事部门都应适当加强。……。

…………

总之，以团结为重，以办好学校为重，这是我最大的期望，也很有信心。否则，我总觉有负于党中央。

最近，教育部制定了教育工作六十条，定一、康生、周扬同志也都讲了话，我认为都很正确，应该在我校贯彻执行。

学校过去我没有多管，偏劳了大家，谢谢同志们，今后还希望大家多做些。但是一些重大问题，如主要干部的任免调动，特别是处罚，希望与我商量一下，我也或许提供些有用的意见。因为我比较长期的办教育，而且还比较有兴趣，同时，对学校干部还比较熟悉。

我校可以说是革命教育传统的结晶，而且老干部多，我想只要大家团结一致，在党中央、教育部、市委的领导下，一定能办好。

在历史系纪念辛亥革命五十周年学术报告会上的讲话[*]

（1961 年 10 月 12 日）

同志们，同学们：

　　今年是辛亥革命五十周年，我们纪念它，有很大的意义。辛亥革命包含着丰富的内容和深刻的经验教训，值得我们好好研究，这不仅对于我国青年有重大的教育意义，而且对于全世界正在蓬勃发展的反对帝国主义、反对殖民主义的斗争也有借鉴的价值。

　　我们生活在一个幸福的时代，这个时代，要由有阶级的社会过渡到没有阶级的社会。我们要努力写出真实的历史。

　　写历史，就要做到：事实确实，立论公平。要作到事实确实，必须广泛地搜集资料，对这些资料，进行仔细的考查、分析。司马迁写《史记》，就曾周游全国，读了很多书，下了很大的功夫，所以，他的书写得好。司马光编《资治通鉴》也是十分严肃认真的。当然，我们现在看来，他们这些书，事实有些地方还不够确切，对事实的论断，问题也很多，因为他们都受着他们的阶级和时代的限制。

　　我们要用马克思主义的唯物史观来研究问题，分析问题。我们研究历史，不能割断历史。评论古人，不能脱离当时的历史条件。不能以今天的马克思主义的水平来要求古人，因为那样是不合乎历史真实的。他们有缺点，要批判，但不能脱离当时的历史条件，更不能抹杀他们的优点。要如实地反映历史。我国历史上，杀身成仁、舍身取义的人是很多的。我们对他们要给以历史的、正确的、公平的论断。这样做，不仅对古人是公平的，而且对我们后人才有教育意义。

关于辛亥革命，我们也要写出真实的历史来，这就要求我们认真地做研究工作，发扬百花齐放、百家争鸣的精神。

我们今天召开这个会很好。这个会将讨论有关辛亥革命的几篇论文。要写出好的历史论文，不是容易的事，有一些问题，可能是有争论的，需要经过很多次的讨论。

现在，我国人民在党和毛泽东同志的领导下，正在把我国建设成为一个具有现代工业、现代农业、现代科学文化技术的伟大的社会主义国家，将来还要建设共产主义社会。这是一部多么生动的历史啊！我们必须很好地研究我国的历史。

研究历史，是一件非常重要的、光荣的事情。历史是最公正的裁判者，它教育人们怎样做人。如果我们对前人和前代的事看法正确，对后代会有很好的帮助；如果我们的看法不正确，对后代就会有很坏的影响。希望我们这一代的青年，很好地学习，用马克思列宁主义的立场、观点、方法，写出事实确实、立论公平的真实的历史来。希望大家鼓足干劲，把我们学校的历史教学和科学研究工作做好。

在辛亥革命五十周年学术讨论会上的讲话 *

（1961 年 10 月 16 日）

同志们！

这几天，全国各地都举行了辛亥革命五十周年纪念会，在政治上产生了很好的影响；今天我们又在辛亥首义的武汉举行学术讨论会，我相信我们在学术上的收获也一定是很大的。

利用历史事件或历史人物的周年纪念来进行学术活动，是推进学术研究的一个很好的方法。我们过去在这方面注意很不够。实际上，我们提出纪念过去的某事某人，其目的都是为的对我们的人民进行教育，是面向现在，而不是面向过去。我们应当把这种教育建立在科学的基础上，认真地对待它。大家平时做了研究，就有责任对群众做这种教育工作，至少应当使他们了解这是什么一回事，对我们有什么意义。要把这个工作做好，不是容易的。有些历史事件，本身很清楚，但是要做出科学的说明，让群众懂得，并且在认识上有所提高，也还是要下一番功夫才行的。有些历史事件，大家都知道，好象很清楚，其实都没有确实可靠的知识，过细考察一下，往往发现还有很多问题没有解决，这就更加需要研究。所以认真地对待纪念活动，对学术研究有促进的作用。我们应当有计划地利用这种机会，推动大家来做研究，不断地提高学术水平。我

---

　　* 录自《教学与研究》1961 年第 4 期，第 1～3 页。

们现在举行辛亥革命讨论会的意义，也就在这里。

近年来，关于辛亥革命的研究，是比较活跃的。每年都发表了不少有关这个题目的论文，人们对这个事件的认识，也比过去高多了。有关辛亥革命的资料的搜集和出版，更是空前的。今年纪念辛亥革命五十周年，许多参加过这次革命的老人写了回忆录，提供了很多宝贵的资料。但是，所有的资料工作，无论文字资料的整理，调查访问的进行，或回忆录的征集，都要更有计划地来做，并且加紧做。我相信，只要大家努力，一定可以做出更多的成绩来。

有了丰富的资料，就应当进行系统的研究，写出有较高的学术水平的科学著作来。当然，所有近代现代中国历史上的重要专题，都应当有人做系统的研究，我们现在讲辛亥革命，就要求将来会有关于辛亥革命的大著作出现。这对于提高我国历史科学的学术水平，是有重要意义的。

为了提高我们的学术水平，必须树立严肃的学风。马克思主义创始人的学风是严肃的，没有半点虚假的。大家应当向他们学习治学态度和治学方法。只有这样，才能产生真正的科学成果。

史实可信是科学的最基本的要求。一切正确的理论都是从可靠的事实中引出来的。如果史实错误，不管议论多么宏伟，也是站不住脚的。历史要求事实完全可靠，不允许有任何的虚构和夸张。要做到这点并不容易。一切剥削阶级的历史家，由于他们的阶级偏见，是不可能做到史实完全可靠的。只有无产阶级的历史家，只有马克思主义者，才敢于面对历史的真实。因为无产阶级是最革命、最先进的阶级，它不需要对过去的历史作丝毫的隐讳。有人说，辛亥革命离我们较近，有不少亲身经历过的人还健在，因此，写成信史比较容易。我看不尽然。假若没有实事求是和刻苦钻研的精神，关于辛亥革命中若干问题的真象也是很难弄清楚的。有关辛亥革命的文字资料已经不少，但文字记载不一定可靠。

最近写出的一些回忆录，就对过去许多错误的记载作了切实的订正。文字记载不完全可靠，那么，访问记和回忆录是否就完全可靠呢？这也要看情况。人们的记忆是可能发生差错的。关于一件事情，几个人的回忆就往往不一致。这固然可能是各人记住一个方面，但事隔多年，也可能有人把事情记错了。因此对于回忆录资料和对于文字资料一样，也应加以分析，因为其中有可靠的，也有不可靠甚至完全错误的。由此可见，要写真正的信史是很困难的。没有正确的立场固然不行，没有实事求是的精神也不行。同时，如果不经过努力，不肯刻苦钻研，不认真地去做考证和辨异的工作，也还是不能说明历史的真象。历史是一门老老实实的学问，研究历史是不能偷懒取巧的。

但是做到史实可信，并没有结束研究，历史科学要求从大量可靠的事实材料中找出历史发展的规律来，一般参加重大历史事变的人，例如参加过辛亥革命的人，知道很多事情，能够提供正确的材料，但是一般说来，他们并不认识他们参加过的事变，因为他们不是历史家。历史家应当不仅是知道历史的人，而且是说明历史的人。有许多资产阶级历史家否认历史发展的规律性，认为历史就是许多偶然事件的堆积，这是错误的。从表面看去，历史现象确乎是很复杂的，有很多偶然的因素在起作用。实际上凡偶然性起作用的地方，都隐藏着内在的规律。偶然性是服从这种内在的规律的。历史科学的任务就在于发现事变中的真实联系，说明一般的运动规律。要能够正确地担负起这个任务，就必须认真地学习马克思主义，学习毛泽东著作，掌握研究历史的最基本的方法。

我们有些同志研究历史，熟悉很多材料，但是不能说明这些材料，写文章的时候，常常没有主意。当然，我们共同写一篇文章或者一个文件，是要大家来出主意的，不能以一人的主意为依归。做学问就不能也是这样。如果也是这样，那就不会有什么独到的见解了。学术思想必须许多人都各有独到之处，互相发明，才能有发展。连个主意都没有，完全无思想状态，那就不可能产生什么学术水平。这种无思想状态，必须加以改变。改变的办法，就是努力锻炼思想的能力。思想的能力是人人都有的，可以加以锻炼和发展的。怎样锻炼思想能力？恩格斯说，只有一个办法，这个办法就是学习以往的哲学。研究历史的人往往钻在材料里面，忽视哲学的修养，见树木不见森林，这是必须警惕的，材料要钻，哲学要学。捡了这桩，丢了那桩，是不好的。

我们中国历史家还有一个优良传统，就是很注意历史事件的表述和人物的描写。有许多历史著作，同时也是很好的文学作品。我们应当保持这个传统。力求使我们的历史著作不但有丰富的材料，卓越的思想，而且写来有声有色，从内容到形式都很精美。这是一个比较次要的要求，但是很希望大家努力这样做。我想这是可以做得到的。

今天这个会是学术讨论会，应当认真地贯彻"百花齐放、百家争鸣"的方针。大家知道，"百花齐放、百家争鸣"是我们党为了繁荣学术而提出的正确的方针。必须坚持这个方针，在学术上提倡不同意见的自由讨论。没有自由讨论，便没有学术的繁荣和进步。最近一个时期，由于贯彻了"百花齐放、百家争鸣"的方针，历史科学是比较地活跃起来了。但是还有进一步加以提倡的必要。我希望大家不要怕争论。任何一种见解，都必须经得起争论的考验。经不起争论的见解，是站不住脚的。当然，也不要为争论而争论，以致把争论发展到无味的地步。所以要使讨论真正是有利于学术的，首先还要力求发表真正经过思考的反映客观真理的见解。一次做不到，下次再来。只要能够一步比一步提高，这就很好了。

我的话讲到这里，愿大家得到成功！

在首都各界庆祝十月革命四十四周年大会上的讲话 *

（1961 年 11 月 7 日）

同志们，朋友们!

今天，我国首都各界人民在这里隆重集会，热烈庆祝伟大的十月社会主义革命四十四周年。这个节日是苏联人民的盛大节日，也是全世界无产阶级、劳动人民、被压迫民族和全体进步人类的共同节日。

四十四年前，在无产阶级伟大革命导师列宁和俄国布尔什维克党的领导下，英勇的俄国无产阶级和全体劳动人民，继承了巴黎公社的光荣传统，举行武装起义，推翻了地主资产阶级的统治。十月革命，打断了世界帝国主义的锁链，在世界六分之一的土地上，建立了一个没有人剥削人的社会，开始了人类从资本主义过渡到社会主义、共产主义的新纪元。

从十月革命胜利的第一天起，国际帝国主义就把世界上第一个社会主义国家视为眼中钉，企图把"苏维埃婴儿掐死在摇篮里"。在列宁和苏联共产党领导下的苏联人民，进行了英勇的战斗，粉碎了帝国主义的武装干涉和国内反革命的叛乱，保卫了伟大十月革命的胜利果实。

帝国主义在武装干涉失败以后，又企图用经济封锁和颠覆活动，来扼杀和摧毁苏联。伟大的列宁向苏联人民指出了在资本主义包围下一国

---

　　* 录自《光明日报》1961 年 11 月 7 日，第 3 版。

建设社会主义的道路，制定了社会主义工业化和农业集体化的方针。列宁逝世后，斯大林同苏联共产党其他领导人一起，继承了列宁的事业，维护了列宁的路线，向反对列宁主义、反对社会主义的敌人——托洛茨基分子、季诺维也夫分子和其他反革命分子，进行了坚决的斗争。他们领导苏联人民，以无产阶级大无畏的英雄气概和自力更生的精神，克服了严重的困难，取得了社会主义建设的伟大胜利，并且为后来苏联在反法西斯战争中取得胜利准备了条件。

1941 年，德国法西斯对苏联发动了进攻。十月革命的英雄儿女，以无比的毅力和牺牲精神，进行了伟大的光荣的卫国战争。在这场战争中，苏联担当了反法西斯侵略的主力，并且以鲜血帮助东欧各国人民赢了自己的解放，帮助亚洲各国人民打败了日本帝国主义。从此，世界政治形势大大地改观了，世界革命运动更加蓬勃地发展了。

中国革命的胜利是继十月革命胜利之后，又一次具有伟大世界历史意义的胜利。这个胜利，扩大了十月革命的伟大影响，突破了帝国主义的东方战线，极大地促进了亚洲、非洲、拉丁美洲民族民主革命运动的发展，对于世界帝国主义体系，是一个极其沉重的打击。中国革命的胜利，在很大程度上促进了世界力量对比发生有利于社会主义的变化，加强了伟大的社会主义阵营。这个阵营拥有世界人口三分之一，土地面积四分之一，包括阿尔巴尼亚、保加利亚、匈牙利、越南民主共和国、德意志民主共和国、中国、朝鲜民主主义人民共和国、蒙古、波兰、罗马尼亚、苏联、捷克斯洛伐克十二个社会主义国家。社会主义阵营的出现，根本改变了国际阶级力量的对比，形成了人类历史发展的一个伟大的新的转折。

在反法西斯战争胜利之后，苏联人民迅速医治了战争创伤，进一步发展了国民经济。从 1959 年起，苏联开始执行七年建设计划，进入了全面开展共产主义建设的新时期。工业和农业都获得了巨大的发展，人民的物质和文化生活水平有了进一步提高。今年，苏联两次成功地把载人宇宙飞船送入了太空，并且胜利地返回地面，为人类征服宇宙的事业作出了光辉的贡献。最近，苏共二十二大通过了新的纲领，这个纲领提出了建设共产主义的宏伟计划。苏联人民在全面开展共产主义建设中所取得的辉煌成就，极大地增强了苏联和整个社会主义阵营的力量，鼓舞了全世界人民争取世界和平、民族解放、民主和社会主义的伟大斗争。在这里，我们向苏联人民，向苏联共产党，向以赫鲁晓夫同志为首的苏联共产党中央委员会，表示热烈的祝贺。

同志们，朋友们！ 1957 年《莫斯科宣言》，总结了一百年来特别是十月革命以来国际共产主义运动的经验，阐明了各国共产党在社会主义革命和社会主义建设中必须遵守的共同原则。1960 年《莫斯科声明》，以三年来的国际形势和国际共产主义运动所面临的一系列重大问题的正确分析，丰富了 1957 年的文件。这两个文件，是国际共产主义运动的共同纲领，是所有马克思列宁主义政党的战斗旗帜和必须遵守的行动指南。我们应该高举马克思列宁主义的旗帜，十月革命的旗帜，《莫斯科宣言》和《莫斯科声明》的旗帜，奋勇前进！

同志们，朋友们！我们每年都要纪念十月革命这个伟大的日子，究竟为的是什么呢？就是要激励我们永远继承十月革命的革命传统，永远高举马克思列宁主义的革命旗帜。今天，在美帝国主义加紧推行战争政策和侵略政策的情况下，在以南斯拉夫铁托集团为代表的现代修正主义者力图磨灭十月革命的伟大革命精神的情况下，我们纪念这个节日，感到特别亲切，特别有意义。

当前的国际形势，正在进一步朝着有利于世界和平、民族解放、民主和社会主义的方向发展。帝国主义的日子越来越不好过了。社会主义力量日益明显地超过帝国主义力量，和平力量日益明显地超过战争力量。但是，以美国为首的帝国主义者，决不甘心于自己的失败。不论是在西方，还是在东方，美帝国主义到处煽风点火，制造紧张局势，进行扩军备战和战争威胁。在柏林、古巴、老挝、越南南部、朝鲜南部等地区不断进行军事挑衅，并且继续霸占我国领土台湾。这一切充分暴露了美帝国主义在"和平"假面具掩盖下的穷凶极恶的狰狞面目。帝国主义存在一天，总要捣乱一天。正如毛泽东同志所指出的，"捣乱，失败，再捣乱，再失败，直至灭亡——这就是帝国主义和世界上一切反动派对待人民事业的逻辑，他们决不会违背这个逻辑的"。

维护世界和平、反对帝国主义战争政策和侵略政策，是全世界人民的迫切要求。全世界人民日益团结，已经形成了以社会主义力量为核心，包括民族解放力量、民主力量和和平力量的广泛的国际统一战线。只要全世界人民继续加强团结，坚持斗争，就一定能够粉碎帝国主义的战争计划，缓和国际紧张局势，取得世界和平与人类进步事业的新胜利。

以南斯拉夫铁托集团为代表的现代修正主义，是帝国主义手中的工具。南斯拉夫现代修正主义者，阴谋挑拨社会主义阵营各国之间、各个兄弟党之间和各国党内部的团结，把颠覆和破坏社会主义国家，当作自己的职业。南斯拉夫现代修正主义者按照美帝国主义的意旨，力图破坏亚洲、非洲、拉丁美洲人民的民族解放运动，挑拨它们同社会主义国家的关系，引诱它们脱离反对帝国主义、反对殖民主义的正确方向。

面对着以美国为首的帝国主义和它的走狗现代修正主义者的疯狂进攻，维护和加强国际共产主义运动的团结，特别是十二个社会主义国家的团结，具有特殊重要的意义。社会主义阵营的团结，国际共产主义运动的团结，是世界人民大团结的核心。我们这种团结，是由共同理想和共同事业联结起来的，是在对共同敌人的共同斗争中巩固和发展起来的，是以马克思列宁主义和无产阶级国际主义为基础的。团结就是生命，团结就是力量，团结就是胜利。社会主义各国人民懂得，必须象保护眼珠一样来保护社会主义阵营的团结。敌人的任何破坏这一团结的阴谋诡计，必然遭到可耻的失败。

中苏的团结是社会主义阵营和国际共产主义运动团结的基石，是世界人民大团结的基石。中苏两国人民长期以来就存在着深厚的友谊。在反对帝国主义侵略和保卫世界和平的事业中，中苏两国人民始终是互相援助，互相合作，共同奋斗，共同前进。我国的社会主义革命和社会主义建设事业，得到了苏联人民、社会主义各国人民和世界人民的支持和援助，这是中国人民永远感谢，永远不会忘记的。刘少奇同志说过："苏联人民和中国人民都有增强两国人民团结的强烈的愿望。当我们每次说到要增强两党两国之间团结和人民之间的友谊的时候，人们就十分高兴；相反，任何不利于我们两党两国之间的团结的言论和行动，任何损害这种团结的基础——马克思列宁主义的基本原理——的言论和行动，那在中国的人民中是通不过的，在苏联的人民中也是通不过的。我还相信，这在社会主义阵营所有国家的人民中也是通不过的，在资本主义世界总人口的 90% 以上的人民中也是通不过的。"中苏两国人民的团结和友谊，是任何帝国主义者、任何反动派和他们的走狗所不能破坏的，它必将日益发展，万古长青。

同志们，朋友们！十月革命开辟了人类历史上无产阶级世界革命的新纪元。这个革命，是以马克思列宁主义的伟大学说作为思想指导的。马克思、恩格斯在同资产阶级思想体系，同资产阶级革命家和空想社会主义者的偏见和幻想作斗争中，建立了科学的共产主义学说。共产主义是人类历史上从未有过的最伟大、最崇高的理想。它是任何资产阶级革命家曾经提出过的一切理想和口号所不可比拟的。

　　四十四年以前，社会主义、共产主义还只是人们头脑中的理想。十月革命开辟了把这个伟大理想变为人类生活的现实的道路。毛泽东同志在二十一年前曾经说过："资本主义的思想体系和社会制度，已有一部分进了博物馆（在苏联）；其余部分，也已'日薄西山，气息奄奄，人命危浅，朝不虑夕'，快进博物馆了。惟独共产主义的思想体系和社会制度，正以排山倒海之势，雷霆万钧之力，磅礴于全世界，而葆其美妙之青春。"现在，共产主义的思想体系和社会制度，已经在世界的更大部分取得胜利。十月革命所开辟的人类通向社会主义、共产主义的道路，是任何反动势力所不能阻挡的。共产主义必将在全世界取得胜利！

　　伟大的十月社会主义革命万岁！

　　中苏两国人民永恒的、牢不可破的团结和友谊万岁！

　　社会主义阵营大团结万岁！

　　世界人民大团结万岁！

　　马克思列宁主义万岁！

相信古巴必将取得新的胜利 *

（1961 年 11 月 21 日）

美帝国主义企图再次发动对古巴新的武装侵略，中国人民感到极大愤慨。中国人民一直是战斗的古巴人民的忠实朋友，我们始终把支持古巴和各国人民的革命斗争当成自己崇高的国际主义的义务。古巴人民可以相信，曾经饱受帝国主义的侵略和压迫的中国人民，过去是、现在是、将来也永远是古巴人民最可靠最忠实的朋友。

现在，一次新的武装侵略正在严重地威胁古巴，美帝国主义最近正在积极加紧进行入侵古巴的准备工作。不久前，肯尼迪政府从"特别军事计划"中拨款两千一百万美元作为侵略古巴军事活动的"特别基金"，集中了大量的用于进攻古巴的军事物资，甚至把美国飞机涂上古巴反革命组织的标记，准备轰炸古巴；在美国本土已经建立了二十个雇佣军的训练营地，并且在纽约、芝加哥、迈阿密、旧金山、洛杉矶等城市继续招募和组织雇佣军；在中美尼加拉瓜、多米尼加、萨尔瓦多等国设立了十五个以上的雇佣军训练基地；同时还在中美举行了一系列的军事会议，成立了"中美洲联合情报机构""中美联合防务委员会"。为了配合军事行动，美帝国主义继续组织和利用古巴反革命分子，在古巴国内进行破坏活动，公开号召古巴反革命分子"聚合起来"，组织一个以普利奥为首

＊ 录自《光明日报》1961 年 11 月 21 日，第 1 版。

的流亡政府；并积极派遣特务潜入古巴，进行种种恐怖和破坏活动，甚至组织专门力量，企图刺杀菲德尔·卡斯特罗总理和其他革命领导人。美帝国主义还大力施展政治、经济上的欺骗、威胁手段，企图迫使其他拉丁美洲国家参加对古巴的"集体干涉"。

美帝国主义的这些无可抵赖的罪行，在拉丁美洲人民和全世界人民面前更加暴露了它的可耻的侵略本质和豺狼的嘴脸。过去的事实证明，今后的事实还将证明，肯尼迪比起艾森豪威尔来，是更加恶毒和更加阴险。

一切事实都表明，美帝国主义是世界各国人民的公敌，是世界和平最凶恶的敌人。和平欺骗的一手骗不了英雄的古巴人民和世界各国人民，战争威胁的一手也吓不倒英雄的古巴人民和世界各国人民。

英雄的古巴人民正在从各方面进行准备，信心百倍地准备反抗敌人新的武装入侵。如果美帝国主义胆敢发动对古巴的新的武装侵略，那么美帝国主义的下场决不会比入侵吉隆滩的结果更好一些。

古巴人民决不是孤立的。尽管美帝国主义已经用了各种阴谋诡计，将来还会用各种阴谋诡计，但是他们的阴谋最后一定要失败，相反的，拉丁美洲各国人民反对美国控制、反对独裁的斗争，一定会继续高涨。

历史的发展是决不会以美帝国主义及其追随者的意志为转移的。形势发展的规律将继续证明，拉丁美洲各国人民的民族民主运动浪潮和保卫古巴的斗争，是任何力量阻挡不了的，亚洲、非洲和世界各国人民都是同情和支持古巴革命的，而古巴和拉丁美洲各国人民反对美帝国主义的斗争，也是对世界各国人民的有力支持。

我们深信，已经站起来的古巴人民，在古巴革命政府和菲德尔·卡斯特罗总理的领导下，在中国、社会主义各国和全世界人民的支持下，必将粉碎美帝国主义的任何新的军事冒险，不断取得新的胜利。

《历史文集》序言 *

（1962 年 2 月 15 日）

　　我从小就喜欢历史。我十二岁的时候，便和我的二哥在一起读《通鉴辑览》等史书。我们读到民族英雄岳飞、文天祥等人的事迹时，都深受感动。我的爱国思想就是这样萌芽的。

　　以后我参加了同盟会的革命活动。同盟会的革命活动家都爱宣扬汉族的光荣历史传统，以此来激发人们的革命情绪。这使我认识到历史在革命宣传中的巨大作用。在我主办的《四川》杂志中就用了许多篇幅来讲述历史。我也经常在革命宣传中运用历史这个有力的武器。

　　辛亥革命失败以后，我再度出国到法国去留学，由工科改学政治经济，更多地学习了世界史，特别是西洋史，其中我尤其喜欢法国革命史。这对我后来接受马克思主义思想是有帮助的。

　　接受了马克思主义思想以后，我对历史的兴趣更增加了。我很想用历史唯物主义的原理来解释中国历史上的许多问题，但是紧张的革命工作使我无暇从事历史的研究。

　　第一次国内革命战争失败以后我去苏联。这时我一方面潜心研究马克思列宁主义理论，一方面开始运用马克思主义原理来研究中国历史上的一些问题。一九三〇年以后，我开始从事中国历史的教学工作。在

　　* 录自《历史文集》，生活·读书·新知三联书店香港分店 1978 年版，第 1～4 页。

教学过程中，我编写了一部名叫《中国历史教程》的讲义。同时为了教学方便，又根据讲义写了一个教学提纲——《中国历史大纲》。直到一九三六年，我在苏联都是根据这部讲义和这个提纲进行教学的。

抗战初期，我回到了中国。秦博古同志看到了我的讲义，极力怂恿我将它出版。我认为要出版必须进行加工，没有立即答应他。后来虽然把讲义的绪论发表了，但因工作繁忙，始终没有抽出工夫来把讲义全部修订出版。

第三次国内革命战争爆发之初，我在重庆工作。我从重庆撤回延安的时候，党中央已开始从延安撤退。在这次撤退中，我的讲义被遗失了一部分。对于这部残缺不全的讲义，我以后就未再过问。

一九四八年华北大学成立后，我不断向师生们讲授中国革命的历史。为了教学上的需要，我拟订了一部《中国最近五十年民族民主革命运动史提纲》。我本想根据这个提纲系统地写成一部讲义，而革命的发展极其迅速，我的事情也越来越忙，因此这个愿望也始终没有实现。

近年来，在报刊编辑同志们的催促下，我断断续续地写了一些回忆录；有时难却别人盛情的邀请，也作过几次有关历史问题的报告；但系统地研究和讲授历史的工作却中辍了。去年为了纪念辛亥革命五十周年，我以一百天的时间，匆匆地写成了《辛亥革命》一书，偿还了我三十年的宿愿。还在三十年前我初到苏联的时候，我和林伯渠、徐特立、何叔衡、方维夏等同志在莫斯科中国劳动共产主义大学特别班学习，他们就鼓励我，要我把亲身参加辛亥革命的真实历史情况写出来，我当时爽快地答应了。以后革命斗争紧张，对于写这类东西，我既没有这样多的时间，也没有这样大的兴趣，因此就搁下了。一九五六年，全国政协邀我去作了一次有关辛亥革命的报告。我随后将这个报告整理成一篇文章发表，继又装印成册，一些同志认为我写得太短，应该多写些。一九六〇年林伯渠同志逝世，我于哀痛之余，更加感到有实践诺言的必要。于是便趁纪念辛亥革命五十周年之际，一鼓作气完成了这项工作。书成之后，如释重负，感到无限的轻松。

去年十月在武汉召开辛亥革命学术讨论会的时候，同志们看到了我的《辛亥革命》一书，又听说我还有些历史著作未曾出版过，他们除鼓励我继续写回忆录之外，还希望我把从前的历史论文、讲义和教学大纲等一齐整理出版。本来，对于历史，我只是一个爱好者而已。从前写的东西，都是因工作需要应急而作的，那有印刷的价值呢？不过考虑到中国较早的运用马克思主义来研究历史的人并不太多，我们当年走过的道路，尽管迂回曲折，而且有许多错误的地方，但对后来的人也许正好是可鉴的前车，因此我才决定编印这本《历史文集》。

搜集到这个文集中的一共有三部分内容：第一部分是关于如何研究历史的讲演和文章；第二部分是关于中国历史上若干问题的论文；第三部分是两个教学提纲。第一部分都是曾经在报刊上发表过的。第二部分有些文章发表过，但大部分则是从我的《中国历史教程》那部讲义中摘录出来的。因为讲义写得比较拉杂，而且又残缺不全，所以没有全用；其中的"绪论"已经印过两次，这里也就无需编入了。这部讲义的原稿，我准备交给中国人民大学图书馆保存，以供参考。第三部分的两个提纲，第一个从未印过，第二个华北大学曾经印过，但份数不多，现在已很难找到了，所以都编了进去。对于过去写的东西，现在自己看了，也很不满意。但为了供研究者的参考，我还是尽量保持原来的样子。这次整理的时候，我的原则是"删而不改"。删是为了节约，不改是为了存真。但这也不是绝对的，有的地方，为使读者容易明白，我也作了些字句上的修改。

我学习、研究和讲授历史的时间不可谓不长了，但回顾起来，却很惭愧，因为成绩实在太小了。只是经过数十年的摸索，倒也有几条基本的经验，可供今天从事历史工作的同志们参考：

根据我切身的经验，深深地感到历史是一件很有力的革命斗争武器。研究历史，可以使我们懂得社会发展的规律，获得进行革命斗争的知识和坚定我们革命胜利的信心。因此，工人阶级必须培养出自己的历史学家，让他们熟练地掌握这件武器来为革命事业服务。工人阶级的历史学家必须实践学术为政治服务的原则，一切为学术而学术、为历史而历史的观点和作法都是错误的。

历史工作者必须认真的学习马克思主义理论。当我未接受马克思主义以前，虽然很喜欢历史，但却不了解历史发展的规律，对许多历史现象都不能作出正确的解释；只有接受了马克思主义以后，对历史上的一些问题才有了科学的理解。因此我深刻地体会到，没有马克思主义便没有科学的历史，要想掌握历史科学必须首先掌握马克思主义。

历史既然是一门科学，而科学都是老老实实的学问，因此，研究历史就必须采取老老实实的态度。研究任何一个历史问题，都必须占有充分的材料，进行认真的分析，史实务求其真实，评论务求其公允，只有这样，才能取得一定的成绩。"事实确实，立论公平"，这就是我研究历史的座右铭。

以上几条，并非什么高论，但要做到也颇不容易。我自己是否做到了呢？同志们一读我的文章，就会发现其中有不少的问题。我热烈地期待着同志们的批评和指教！

共产党员对待错误的态度问题 *

（1962 年 2 月 23 日）

　　一个共产党员的重要品质，是有没有自我批评的精神。

　　少奇同志最近讲过两段话："总结经验，切实改进工作的同时，必须把党的战斗力大大地加强起来，克服主观主义、官僚主义、分散主义这些同人民利益不相容的坏思想，坏作风。""……这些人为了争名誉、出风头，不惜向党作假报告，有意夸张成绩，隐瞒缺点，掩盖错误。"我是把这两段话写在笔记本上，作为自己的箴语。好好领会这两段话，对于正确估价学校的工作和解决目前所存在的分歧很重要，对于端正态度具有现实教育意义。

　　列宁说，没有不犯错误的人，犯了错误，只要认识、承认和改正，仍然是好党员（大意）。这不仅不会降低威信，反而会挽回和提高威信。反之，将会得到相反的结果。

　　我同意同志们提出的许多好意见，即用原则的态度，对待原则问题。周荣鑫同志所说："否定成绩是从总的方面说，是指否定三面红旗说的；检查一个具体工作单位的缺点错误，不能随便套否定成绩。"这句话很值得我们注意。的确，不能认为谈了学校缺点、错误就是否定成绩。不能乱套。成绩和错误是两回事，不是数学上的正负关系，可以相互抵消。

　　＊ 录自《吴玉章文集》上，重庆出版社 1987 年版，第 540～542 页。

重要的是实事求是，既要充分的（但不是夸张的）估计成绩，也不隐瞒错误。否则，就不是一个共产党员应有的态度。要站在党的立场上，老老实实，诚诚恳恳，成绩和错误都是否定不了和掩盖不了的。否认成绩和错误，也是办不到的；因为是客观存在。……

本来，中央为了我的健康，要我对学校的事不要多管；我非常感激中央对我的照顾。但从我个人来讲，我觉得中央命我管学校，我应当尽我的力量，完成中央的委托，因此也尽力管一点。从前校部就在我住的旁边（东四六条三十八号），有会我常常参加，觉得很好。1957 年底校部迁西郊后，我就少参加了。但并不是我不应该管，也不是不可以管。对我近两年来管了管学校的态度怎样呢？……"五四"青年节那天，我在铁狮子胡同一号给师生作报告，讲话中讲到学校有成绩，也有缺点、错误。在登《人民大学周报》时，把我讲话中的"错误"二字删掉了，为什么那么怕讲"错误"二字呢？

诸葛亮的《出师表》中说："亲贤臣，远小人，此先汉之所以兴隆也。亲小人，远贤臣，此后汉之所以倾颓也。"读一读这段话，或许对我们有启发。

学校问题当然很多，许多领导骨干和有学问的教师（其中有一些是没有被"批判"的）向我要求离校或提出辞职。这并不是这些同志对学校没有感情；他们本来是舍不得离开学校的……。这难道不值得警惕和猛省吗？学校长期以来处于"半瘫痪"状态，这种状况究竟拖到什么时候？唯一的办法就是站到党的立场上来。

从我六十多年的革命斗争中体验到，有许多志同道合的人，只同路了一段，如黄芝、周克群这些是改良派的人，结果"分道扬镳"了，姑且不去说它；还有搞革命和改良派斗争而作妥协的人，如汪精卫，后来也离开了革命，甚至投降日寇，走上了作汉奸的道路。这些是资产阶级革命时代，由于阶级不同，不能同现在的事相比。

但是，在我党领导的革命斗争时代，也有类似的事。如王明同志，我本来已知他犯了错误，但还是望他好的。在七大时，我按毛主席指示的精神，在小组会上说服同志们同意提名选他为中央委员。当时黄松龄同志同我一个小组，想还记得。因为我对王明过去印象还好，特别是我衷心拥护毛主席这种宽大为怀、治病救人的态度。可是，王明在七届二中全会的讲话，只把主席恭维一番，只字不提自己的错误，也就是拒绝承认错误，同志们都起来批评他；我当时气极了，也起来批评他。从此我们就断绝了来往。他到北京后很伤心，他对人说，到北京来没人理他了，于是要求到苏联去医病，中央允许他去了。到如今他还不知改悔，要顽固到底，这难道不值得警惕吗！

……为了党的事业，为了同志间的互相帮助，我现在的感情真是"垂涕泣而道之"。我想了很多，心情纷繁，不可能谈那么多，也不可能谈全面，但我的一片真诚的心，我希望能理解我。我衷心地希望以团结为重，以党的事业为重，以完成中央对我们的委托——办好学校为重。从这里出发，问题才能解决。

我要说的话主要就是这些。希望学校领导同志好好学习一下少奇同志《论共产党员的修养》。

发扬"五四"运动的革命传统 *

（1962 年 5 月 4 日）

　　"五四"运动到现在，已经四十三周年了。四十三年来，中国发生了翻天复地的巨大变化。中国人民在中国共产党的领导下，不但推翻了帝国主义、封建主义和官僚资本主义的统治，取得了民族民主革命的伟大胜利，而且在社会主义革命和社会主义建设方面，也取得了伟大的胜利。在这许多伟大的革命斗争和社会主义建设中，青年们作出了巨大的贡献。值此"五四"运动四十三周年到来的时候，谨向青年同志们致以热烈的祝贺，并预祝大家继续努力，争取新的更大的胜利。

　　当前，国际形势对我们是有利的，东风压倒西风是国际形势发展的主流。社会主义阵营在不断加强和壮大，亚洲、非洲、拉丁美洲的民族解放运动正在蓬勃发展。帝国主义阵营的矛盾日益尖锐，帝国主义者的日子越来越不好过了。但是，帝国主义是不会甘心失败的，它必然要进行垂死的挣扎。美帝国主义现在变得比过去任何时候都更加疯狂和更加阴险毒辣，它一方面玩弄和平手段，一方面积极扩军备战，推行侵略和战争政策，到处建立军事基地，策划对社会主义国家的颠复活动，镇压各国人民的革命运动和民族解放运动。在这种情况下，我们要发扬"五四"运动彻底地不妥协地反对帝国主义的革命精神，与帝国主义进行

---

　　* 录自《中国青年报》1962 年 5 月 4 日，第 1 版。

针锋相对的斗争。同时要加强社会主义阵营的团结和力量，支持各国人民反对帝国主义的斗争；团结一切可以团结的力量，最大限度地孤立美帝国主义，不断揭露美帝国主义的和平阴谋，坚决打击它的侵略和战争政策，争取世界和平，保卫我国的社会主义建设。

目前国内的形势也是好的。几年来在党和毛主席的英明领导下，在总路线、大跃进、人民公社三面红旗的光辉照耀下，社会主义建设已取得了伟大的成就，已奠定了一个独立的、完整的、现代化的国民经济体系的初步基础。同时在这几年的伟大实践中，我们也摸索出了一套建设社会主义的经验。具有伟大历史意义的人民公社已走上了健全发展的道路。虽然连续三年的严重自然灾害，给我们带来了相当大的困难，但是党领导全国人民作了很大的努力，在克服困难方面已取得了很大的成效，目前，我国经济情况已经开始好转，我们的前途是光明的。

青年同志们，我们伟大的理想是要在中国实现共产主义社会，而现在则是要把我国建设成一个具有现代工业，现代农业，现代科学文化的社会主义强国。但是，旧社会留给我们的是一个一穷二白的烂摊子，我们的国家现在在经济和文化方面还没有摆脱贫穷落后的状态；因而要实现这些伟大的任务，必须作长期顽强的努力，必须付出巨大的劳动。毛主席教导说："要提倡勤俭建国。要使全体青年们懂得，我们的国家现在还是一个很穷的国家，并且不可能在短时间内根本改变这种状态，全靠青年和全体人民在几十年时间内，团结奋斗，用自己的双手创造出一个富强的国家。社会主义制度的建立给我们开辟了一条到达理想境界的道路，而理想境界的实现还要靠我们的辛勤劳动。"这就是说，落在青年一代肩上的任务是光荣的、伟大的，但是同时也是艰巨的。这就要求青年同志们树雄心、立大志，要有伟大的理想和抱负，要有实现理想的顽强革命意志，要真正掌握建设社会主义的本领。因此，在纪念"五四"的时候，我们要学习和发扬革命前辈树雄心、立大志和艰苦奋斗的伟大革命精神。

"五四"前后，中国社会是黑暗的，民族危机和人民群众的苦难都很深重。当时许多爱国志士，为了救国救民，就立下了推翻旧社会解放全国人民的大志，并且为实现这个伟大的理想进行了不屈不挠、前仆后继的斗争。无论是敌人用屠杀、监禁来镇压或是用金钱、官爵来诱惑，都动摇不了他们坚贞的革命意志。正是由于无数革命先烈的流血牺牲和艰苦奋斗，才取得了今天的伟大胜利。革命前辈们这种伟大的革命精神，是值得我们永远学习的。

现在，我们是生活在伟大的毛泽东时代，社会主义社会制度给我们开辟了实现伟大理想的广阔途径，不会再有革命前辈们经受的那种艰险了。但是建设社会主义和实现共产主义的任务非常艰巨，这就要求我们树立雄心大志，要有艰苦奋斗的思想准备。同志们要想不辜负党和人民对我们的希望，担负起建设社会主义的重任，对人民有较大的贡献，在年轻的时候就应该有大的志向，并且始终不渝地为实现自己的理想而奋斗。一个人如果庸庸碌碌，没有志气，那么这个人在事业上就不会有什么成就，不会有大的出息。就像一只飘泊在汪洋大海中的船一样，只有当它确定了方向，并且经过努力，才有达到目的地的可能；如果没有方向，随风飘摇，那是不会到达目的地的。中国古代有很多大思想家都很重视立志，明朝的王阳明就讲过："志不立，天下无可成之事。"三国时候的诸葛亮也说："夫志当存高远。"孟子也说："故天将降大任于是人也，必先苦其心志，劳其筋骨，饿其体肤，空乏其身，行拂乱其所为，所以动心忍性，曾益其所不能。"这都是说一个人要担负大的责任，必须立大志，必须经过艰苦的磨练，然后才能胜任。对于古人的这些话，我们如果能够批判地理解和正确地运用，还是很有益的。我们伟大的领袖毛主席也常常教导大家要有雄心壮志，要藐视敌人，藐视困难，要有胜利的信念。根据毛主席的教导，我们立志的内容是同前人大不相同的。旧社会有些人也谈立志，但是他们大都是站在地主资产阶级的立场上，以自私自利，个人名利为目的，因而他们的立志除了升官发财、光宗耀祖等外，是没有别的内容的。这种所谓立志是与广大人民群众的利益根本对立的。现在我们的国家是社会主义国家，人民群众是国家的主人，我们每个人的前途和发展，都是和党的事业分不开的，我们的理想和抱负也应该是与广大人民群众的根本利益紧密地结合在一起，就是说要建立在为祖国建成社会主义和实现共产主义的基础之上。一个人如果有了这样的雄心壮志，就能够高瞻远瞩，任重致远，就不会在胜利的时候骄傲，在困难的时候动摇或者迷失方向。

有了雄心壮志以后，还需要实现雄心壮志的途径，在这方面，"五四"运动的经验是可以借鉴的。"五四"运动给中国青年指出了一个正确的方向，这就是知识分子与工农群众相结合。毛泽东同志曾说过："……知识分子如果不和工农民众相结合，则将一事无成。"当前我国农业战线是最薄弱的一环，党提出农业、轻工业、重工业的方针，提出了加强农业战线的号召，这正是知识青年与工农群众相结合的大好时机。知识青年应该发扬"五四"时期知识青年与工农群众相结合的优良传统，凡是有条件的都应当积极响应党的号召，投身到农业战线上去。

农业是国民经济的基础，毛主席很早就提出了这个伟大的思想。最近几年来，在农业遭到严重的自然灾害以后，农业在国民经济中的重要地位就显得更加突出了。农业的减产，直接给社会主义建设带来了很大困难。如果不加强农业战线，全国人民的生活，工业生产都要受到重大的影响。因而加强农业战线，争取农业丰收，就成为当前社会主义建设的重要任务。参加农业战线，也就是到最重要的革命岗位上去，也就是去完成党交给我们最光荣的革命任务。在农业战线上的广大青年同志们，应该学习革命前辈投身到工农群众中去的革命精神，虚心地向农民群众学习，充分发挥自己的所长，努力钻研农业技术，力争农业丰收，为社会主义贡献自己的力量。在城市的青年，也要时刻准备响应祖国的召唤，到农业战线上去。我国的农村现在还是很落后的，正需要有千千万万有知识有文化的青年去改变这种状况。有知识有文化的青年在农村中一样可以充分发挥自己的作用。我们伟大的领袖毛主席亲切地教导青年说："农村是一个广阔的天地，在那里是可以大有作为的。"只要我们勤勤恳恳，听党的话，就会作出成绩，就会对党对人民作出贡献，就是大有出息。当然，农村同城市比起来，某些条件还比较差，困难也比较多；但是，只要大家能充分认识到加强农业战线的重大意义，紧紧依靠党，和人民群众一道，依靠自己辛勤的劳动，这些困难都是可以逐步得到克服的。

青年同志们！当前国内外形势都是好的，摆在我们面前的任务虽然很艰巨，只要我们能发奋图强，我们就能克服一切困难，完成我们的光荣责任。让我们继续高举三面红旗，为伟大的社会主义建设贡献自己的青春和力量吧！

继承和发扬"五四"革命精神 树雄心立大志发奋学习 *

——为中国人民大学城内青年作报告（摘要）

（1962 年 5 月 4 日）

第一，要继承和发扬"五四"运动彻底地不妥协地对帝国主义进行斗争的革命精神。敢于革命，敢于斗争，这在当时的历史条件下是不容易的。这种精神直到现在，仍有深刻的教育意义，它教育我们，也教育全世界被压迫人民，只有对帝国主义进行坚决的斗争，才有出路。害怕帝国主义，不敢和它作斗争，一味向帝国主义乞求和平，无数历史经验证明：此路不通！而且终归是要吃亏的。

第二，要继承和发扬革命前辈树雄心立大志和艰苦奋斗的革命精神。"五四"运动之所以取得重大胜利，就是当时的先进青年一开始就树立了反对帝国主义、反对军阀的雄心大志，并为之进行不屈不挠的斗争，甚至不惜献出宝贵的生命。"五四"运动提出的革命任务在当时虽然没有完成，但在中国共产党领导下，经过数十年的艰苦斗争，不仅完成了民族民主革命的任务，而且取得了社会主义革命和社会主义建设的伟大胜利。

现在时代不同了，但我们的任务仍然是非常艰巨的。这就是要建成社会主义和实现共产主义。要实现这些艰巨的任务，更非立雄心壮志不可，而且还要经过长期的艰苦的斗争。

---

* 录自《人民大学》1962 年 5 月 14 日，第 1 版。

对于青年人来说，在年轻的时候就要树立雄心大志，并要作好艰苦斗争的思想准备。孔子曾说："吾十有五而志于学，三十而立，四十而不惑。"他又说："志士仁人，无求生以害仁，有杀身以成仁。"孟子也曾说："富贵不能淫，贫贱不能移，威武不能屈。"他又说："故天将降大任于是人也，必先苦其心志，劳其筋骨，饿其体肤，空乏其身，行拂乱其所为，所以动心忍性，曾益其所不能。"对孔子和孟子的话，我们可以这样地理解：人在年轻的时候就应该有雄心大志，而有了雄心大志以后，还需要经过艰苦的斗争才能达到。我们能批判地继承和运用古人的教训在今天也还是有益的。毛主席也常常教导我们树雄心立大志，我们要记住毛主席的教导，做一个有雄心壮志的人。

对于你们来说，当前主要的任务是学习。语言和文学专业、新闻专业、历史档案专业都是社会主义建设中必不可少的重要科学部门。希望你们继承和发扬"五四"运动的光荣传统，刻苦钻研，努力攻克科学堡垒，以便将来为祖国社会主义建设贡献力量。

当前国际形势对我们是有利的，东风压倒西风仍然是国际形势的主流。社会主义阵营日益强大，鼓舞了正在斗争中的被压迫民族和人民。亚洲、非洲、拉丁美洲革命浪潮不断高涨，帝国主义的殖民主义体系正在迅速瓦解。社会主义阵营和民族解放运动两支巨大力量正在互相支持、互相鼓舞，推动着历史前进，改变着世界面貌。帝国主义的各种矛盾日益尖锐，它的日子越来越不好过了。但是它将进行垂死挣扎，因此，我们要警惕，要继续斗争，以保卫世界和平和我国社会主义建设。

国内形势也是好的。在党的总路线指导下，我国社会主义建设取得了伟大胜利，已经为建立一个独立的、完整的、现代化的国民经济体系奠定了初步基础。具有重大历史意义的人民公社，已逐步走上了健全发展的道路。在克服自然灾害和其它困难方面，也已取得很大成效。我们今后的任务，就是要继续高举总路线、大跃进、人民公社三面红旗，在毛主席的英明领导下巩固已取得的成就，进一步克服当前困难，争取新的胜利。

我们要总结经验，发扬成绩，克服缺点，改进工作，把学校办得更好。

担负起培养新一代的光荣任务 *

（1962 年 6 月 1 日）

　　"六一"儿童节到来了，让我向全国儿童致以节日的祝贺，向儿童教育工作者表示崇高的敬意。

　　全国解放十多年来，在党和国家的关怀下，在教师和儿童工作者的直接培养下，祖国亿万儿童，正在茁壮地成长。儿童是我们的未来，是我们的希望，是共产主义的接班人，我们壮丽的事业，都寄托在他们的身上。因此，关心和培养新一代的成长，就成为党的事业的重要部分之一，就成为每个教师、每个家庭、每个社会成员的光荣职责。

　　为了使新的一代能够担负起共产主义接班人的光荣而艰巨的任务，就要培养他们成为具有高度科学文化知识的、具有共产主义道德品质的、体魄健壮的、全面发展的新人。也就是说要把他们培养成为爱祖国、爱人民、爱劳动、爱科学、爱护公共财物、健壮、活泼、勇敢、诚实、全面发展的新的一代。少年时代是人一生的开始，人在少年的时候，正是长知识长身体的时候，还没有独立判断是非的能力，还没有形成固定的观念和性格，因而最容易受外界的影响。有人把少年的思想比作一张白纸，你给它涂上什么颜色它就会成为什么颜色，这是有道理的。要想使新的一代成长为共产主义的接班人，就得从少年时代开始，对他们精心

---

　　* 录自《人民教育》1962 年第 6 期，第 1～2 页。

栽培和耐心教养，这好象对一棵刚出土的嫩苗一样，要想让它开放美丽的花朵，结出丰硕的果实，就需要园丁辛勤地劳动，精心地培育。古人说："玉不琢，不成器"。这就是说白玉如果没有能工巧匠的雕琢，仍然是一块废料，人也是如此。人不管天资多么聪明，如果没有正确的教育和培养，也不会有大的成就，如果对儿童采取放任态度，他们就会因缺乏教育而向着不正确的方向发展，不好好学习，不遵守纪律，不尊敬师长，恶劳好逸，贪图享受，甚至受到资产阶级思想的侵蚀，走上犯罪的道路。因此，希望家长和教师同志们以对共产主义事业的高度责任感来对待祖国新的一代，来培养教育少年儿童。

对少年儿童应该从那些方面进行教育呢？我想：首先要教育少年儿童努力学习。应该鼓励他们的上进心，注意培养和发展他们的才能，培养他们认真学习和钻研科学的精神，使他们明确认识到只有用科学知识武装自己的头脑，将来才会成为一个有用的人。其次，要通过各种具体生动的、容易为少年儿童理解和接受的事实，对他们进行革命传统的教育。教育他们爱祖国，爱人民，诱导他们向革命前辈和英雄模范人物学习，启发他们树立崇高的理想和远大的志愿。在少年时代，就培养他们建立起共产主义思想的基础。第三，要教育他们热爱劳动和养成艰苦朴素的作风。通过各种有益的活动，使少年儿童树立起正确的劳动观点，养成良好的劳动习惯，使他们了解到劳动是光荣的、伟大的，劳动改造世界，任何伟大的事情都得付出巨大的劳动，未来的共产主义社会需要新的一代用辛勤的劳动去建立。在当前要特别注意对少年儿童进行热爱农业劳动的教育。第四，要对他们进行共产主义道德品质的教育。教育他们爱护公共财物，遵守公共秩序，尊敬师长，爱护弟妹，坦白诚恳，勇敢活泼，严守纪律。第五，少年儿童正是长身体的时候，应该通过各种有益的活动，增进他们的身心健康，培养他们勇敢的性格和坚强的意志。

对少年儿童进行教育，应该根据他们的特点，采取长期的、细致耐心的、正面教育和讲道理的方法。只有采取上述方法，深入了解他们的心理状况，善于进行启发和诱导，才能收到良好的效果，如果对少年儿童采用急躁粗暴的办法，对他们实行体罚、辱骂，甚至进行批判斗争，就会严重地损害他们的身心健康，因而是极端错误的，必须坚决反对。为此，要加强教师和家长的思想修养。教师和家长必须使自己成为一个有共产主义觉悟的高尚的人，用自己的实际行动去启发和影响少年儿童。许多事实证明，教师和家长的行为和作风，乃至一言一行，对少年儿童都会有直接的影响，古人说"近朱者赤，近墨者黑"，就是这个道理。

同志们，教育和培养祖国新的一代是我们每个人应尽的职责，为了我们的后一代，为了我们祖国的未来，我们要在党的领导下，勤勤恳恳，共同努力，担负起培养新一代的光荣任务。

在中央社会主义学院第三学期学员结业式上的讲话（摘要）*

（1962 年 7 月 14 日）

　　我们这一期的教学计划是比较圆满地得到实现，绝大多数同学经过学习都取得了显著的收获，思想认识都有所提高，为社会主义服务的积极性都有所增长，这是很值得我们庆贺的。

　　同学们的收获，据我个人的了解，主要表现在以下几个方面：（一）通过学习，逐步明确了学习马克思列宁主义和毛主席著作的目的，是为了逐步改造世界观。特别是认识到学习毛主席著作，对于改造世界观的重大意义。进一步提高了学习毛主席著作，进行自我改造的自觉性。正如许多同学所体会到的："不学习马克思列宁主义，不学习毛主席著作，就无法正确观察问题和分析问题，就会迷失政治方向"，"只有学习马克思列宁主义，只有学习毛主席著作，才能真正掌握自己的命运，才能在国际国内阶级斗争的风浪中站稳脚根"；"无论改造客观世界和主观世界，都必须认真学习毛主席著作"。（二）通过学习，懂得了社会、自然和思想发展的一些基本规律，明确了劳动观点、群众观点、阶级观点和辩证唯物主义观点。取得了这些基本理论知识，认识到要真正掌握自己的命运，和在工作上做出成绩，必须按照客观规

_____
　　* 录自《光明日报》1962 年 7 月 15 日，第 1 版。

律办事，进一步提高了进行世界观的自我改造的自觉性。许多学员还从理论上认识到必须接受党的领导和走社会主义道路才是正确的；进一步加深了对于党的路线、方针、政策的理解；同时提高了明辨是非和识别方向的能力，使今后自己的实践和行动更有自觉性。此外，对于学习毛主席的思想方法和工作方法的重要性，也有了初步体会。许多学员认识到在工作中，要从实际出发，要重视调查研究和走群众路线；要认真对待矛盾，要用分析矛盾，解决矛盾的观点来指导自己的认识和实践。正如有些同学反映："过去苦于看不出问题，不知道怎样解决问题，学习了毛主席的《实践论》和《矛盾论》之后，便感到有路可循了。"（三）通过学习，懂得了我国社会主义建设的一些基本理论，进一步认识了党的社会主义建设总路线和一套具体政策的正确性，坚定了对于三面红旗的信念，增强了克服困难和建设社会主义的信心，这就有可能提高和坚定自己树立改造社会的雄心壮志。（四）通过学习，许多学员还养成了认真读书的习惯，培养了理论联系实际和批评、自我批评的优良学风，这为今后继续进行自我教育、自我改造创造了一个有利的条件。

短短一个学年的学习，能取得这许多成效是值得庆贺的。愿同学们珍重这些宝贵的收获。但是必须认识世界观的改造，要有一个长期的过程，不是经过短期学习就可以完成的。何况客观形势是不断发展变化的，这就要求我们要继续学习马克思列宁主义和毛主席著作，不断进行自我教育和自我改造，来适应客观形势的发展和要求，以便为社会主义事业做出更多的贡献。

一年以来，中共中央统一战线工作部和政协全国委员会对中央社会主义学院不断给以关怀和指导；各民主党派中央和有关各方面的人士给中央社会主义学院以很大的支持和协助；使我们能够比较正确地执行党的方针任务，实现教学计划，并及时克服了一些工作上的缺点。我们的工作，曾经得到同学们不少的帮助。学院各个民主党派的基层组织，在教学工作上，也作了密切的配合。学院表示谢意。

忆赵世炎烈士 *

（1962 年 7 月 19 日）

7 月 19 日，是赵世炎烈士牺牲的三十五周年。三十五年来，我没有一天忘记过烈士的英雄形象。

赵世炎同志，四川酉阳龙潭人。生于 1901 年，死于 1927 年。1919 年五四运动，他开始参加政治活动；1927 年大革命失败，他献出了他的生命。他参加政治生活的时间虽然这样短促，但从他生命里放射出来的光和热，却永远温暖着工人阶级和一切劳动者的心，永远照耀着革命人民前进的道路。

赵世炎烈士，是我的学生，也是我的引路人。1917 年，我在北京办了一所留法勤工俭学预备学校（法文专修馆）。他因受当时民族危机的刺激和新文化运动的影响，急于寻求国家和民族的出路，便来这个学校学习法文，准备出国留学。1920 年 5 月，他和一些志士赴法国勤工俭学，寻求救国救民的真理。他们这伙爱国青年，到法国后，迎着当时汹涌澎湃的世界无产阶级革命的潮流，迅速地接受了马克思列宁主义思想，到 1921 年 2 月，他已是旅法共产主义小组的成员之一。党成立后，他是党中央驻巴黎的通讯员。1922 年，他和周恩来等同志组织了旅欧中国少年共产党（后改名旅欧共产主义青年团，亦即中国社会主义青年团旅欧支

---

* 录自《人民日报》1962 年 7 月 19 日，第 6 版。

部）。同年，中国共产党旅欧总支部成立，他是总支部领导人之一，并且是法国组的书记。1923 年，他到莫斯科入东方大学，并与李大钊等同志出席过共产国际第五次代表大会。1924 年秋，他回到国内，先后担任中共北京地委书记和中共北方区委宣传部长兼职工运动委员会书记。

在他出国期间，我也在十月革命和五四运动的影响下，逐步走上马克思主义的道路。1923 年，我在成都和杨闇公等同志组织中国青年共产党。后因受军阀迫害离开四川，于 1925 年初来到北京。这时，原中国青年共产党成员中的童庸生已加入了中国共产党。他对我说明：中国共产党完全是按照布尔塞维克的建党原则组织起来的；并且提出了切合中国实际情况的革命纲领；同时已和孙中山领导的国民党建立了革命统一战线，从而推动了中国革命走向高涨。我听了非常兴奋，决定加入中国共产党，并认为中国青年共产党已无存在的必要，应写信回去将它解散。赵世炎同志知道了我的意见以后，十分满意，特来找我谈话，并介绍我加入了中国共产党。我的这位优秀的学生这时便成了我的引路人。

上海"五卅运动"掀起了一场席卷全国的大革命风暴。赵世炎和李大钊等同志领导着北方的广大群众进行着反对英、日帝国主义和奉、直军阀的斗争，成为领导群众革命斗争的最活跃的人物。1926 年 3 月 18 日，为了反对日本帝国主义干涉中国内政、支持奉系军阀攻打国民军，北京人民举行了盛大的抗议示威游行。赵世炎和李大钊、陈乔年等同志不仅领导了这次运动，而且亲自指挥和参加这次游行。游行队伍在铁狮子胡同执政府门前遭到卖国贼段祺瑞的残酷镇压，造成了著名的"三一八"惨案。从此，使全国人民进一步认识了反动军阀的凶残面目，觉悟到必须用武装斗争来解决中国革命问题，从而推动了北伐战争的到来。"三一八"后，赵世炎同志被调到上海工作，担任中共江浙区委组织部长兼上海总工会党团书记。他到上海后，化名施英，在《向导》上写了许多指导工人斗争的文章，同时从事工人运动的组织工作，成为上海工人最爱戴的一位领袖。1926年10月至1927年3月，上海工人举行三次武装起义，赵世炎同志是组织者和领导者之一。第三次起义时，他和周恩来同志担任总指挥，他们亲临前线，指挥着无比英勇的工人纠察队和成千上万的工人群众，打败了负隅顽抗的反革命武装，解放了中国最大的城市上海，为工人运动史写下了光辉的一页。

"四一二"后，蒋介石疯狂地屠杀共产党人和工农群众。7月2日，由于叛徒的出卖，赵世炎同志被捕了。在被捕的时候，他利用空隙让夏之栩同志转告王若飞等同志及时迁移，避开敌人的搜捕。赵世炎同志在龙华监狱中受尽了各种酷刑，但一切折磨都不能使英雄屈服。最后，在7月19日晨，反革命把他推到枫林桥畔杀害。就在这样严重的时刻，赵世炎同志在刽子手的大刀面前，仍然昂首挺胸，高呼革命口号。

赵世炎烈士虽然与世长辞了，烈士的精神是不朽的！每当春暖花开的时候，上海的人民，尤其是工人们总爱到龙华凭吊。他们看着枫林桥畔如海的桃林，想起烈士英雄的事迹，无不肃然起敬。他永远活在人民的心中。

附诗五首

一

十月传来炮一声，
中华儿女奋雄鹰。
翱翔四海求真理，
胼胝甘为劳动人。

二

故都千载夜漫漫，
红楼灯火照沙滩。

"三一八"流多少血？

血债必须用血还。

三

上海工人志气豪，

冲锋陷阵涌如潮。

三次起义君前导，

争得红旗沪上飘。

四

雨暴风狂天地昏，

娘娘报警未闻声①。

临危毫不改颜色，

犹有从容计救人。

五

龙华授首见丹心，

浩气如虹铄古今。

千树桃花凝赤血，

工人万代仰施英。

---

① 1927年7月2日下午，敌探到家坐待赵世炎同志。世炎同志的岳母夏娘娘机警地将窗口的花盆推到马路上摔碎，为世炎同志报警，因雨倾盆，天昏地暗，未发生作用。——作者原注

忆杨闇公同志 *

（1962 年 8 月）

锦城五一树红旗，革命风云壮华西。

为救万民于水火，不辞千里转成渝。

打枪坝上留英迹，扬子江心系健儿。

血沃鹃花红四野，巴山蜀水显神奇。

杨闇公同志，四川省潼南县双江镇人。生于 1898 年，牺牲于 1927 年。他是中国共产党四川地方组织的创建人之一，是第一次大革命时期四川党组织的优秀领导人。

闇公同志很早就参加革命活动。他小时候就对旧社会和旧教育不满。1913 年考入江苏军官教导团。1915 年开始参加反对袁世凯的革命活动。1916 年秘密到江阴炮台策动官兵起义，反对袁世凯窃国称帝，因事泄未成。1917 年赴日本留学，先入成城学校，后进日本士官学校，专学军事。到日本后，因积极参与"留日同学读书会"学习进步理论，曾被日本反动当局拘留过。五四运动时，因联络留日学生在中国驻日公使馆门前举行抗议示威被捕，并被判刑坐监。

闇公同志在日本期间，阅读了许多马克思列宁主义著作，用以武装自己的头脑。随后，他决定回国参加实际斗争。1920 年他回国返川。回

* 录自《吴玉章回忆录》，中国青年出版社 1978 年版，第 155～171 页。

川后，一面进行马克思列宁主义的启蒙宣传，一面进行革命的组织工作。

1922 年，我担任成都高等师范校长；闇公同志这时也住在成都；我们就是在这年夏天认识的。他给我的印象很好。忠实可亲，精明能干。1923 年秋后，闇公同志通过我与刘伯承同志认识。由于我们志同道合，很快便成了知心朋友和革命战友，经常聚会在一起讨论局势，研究问题。

这时，四川省的新文化运动已经开展起来，革命形势很好。我和闇公等同志以成都高等师范为基地，积极展开革命活动。我们除了在校内活动外，还派人深入工厂，发动罢工，组织工会；深入乡村，发动农民，组织农会。

当宣传和组织工作深入到工人、农民中去以后，我们迫切感到有成立一个无产阶级政党的必要。这时，中国共产党早已成立，但因四川地处偏远，我们还不知道；社会主义青年团（简称 S.Y.）虽然已在高师建立了组织，但因我已年过四十，又不能参加；我于是便与闇公等同志在 1923 年冬秘密组成了"中国青年共产党"（简称 Y.C.），作为领导革命斗争的机构，并发行《赤心评论》，作为机关报。

有了领导革命的机构以后，我们的革命工作就更有计划和更有组织了。1924 年 5 月 1 日，"社会主义青年团"与"中国青年共产党"在成都联合召开了追悼列宁的群众大会。大会的筹备工作，实际上是由闇公同志与社会主义青年团负责进行的。在大会筹备初期，军阀杨森还假意表示欢迎，但当有人告诉他说我们"阴谋聚众夺取政权"时，他便撕下假面具，调集军队，实行戒严，把预定的会址"少城公园"派兵看守起来，还扬言要捉拿我，空气十分紧张。在这紧张时刻，英勇不屈的成都工人阶级和革命青年学生，不畏强暴，照计划开了大会。参加这次大会的工人就有五千多人，只是城郊农民队伍因反动军队的阻止，未能入城会师。我在闇公等同志力阻下，未能亲身参加。大会由闇公等同志主持。

他在大会上作了《国际帝国主义侵略中国的情形》的讲演，演辞精彩，博得全场群众的热烈欢呼。会后他又到各地讲演，揭露军阀压迫人民的罪恶。通过这一事件，使我们进一步认识了工农群众的伟大力量，看清了反动军阀的凶恶面目，从而更加激励了我们的斗争意志。

闇公同志对时局具有比较深刻的见解。他认定："社会的过程，……有自然的定律。"他认为当时中国的社会"已全陷于半殖民地的状态了。国内的军阀，无论哪一个后面都有帝国主义在作背景，此仆彼起，混战不休"。他看到国际帝国主义对中国的侵略，"奋斗的雄心油然而生，内心的信仰更加坚决"。他对军阀不抱幻想，而且认为军阀"外强中干"，是能够打倒的，他说："我总认定军阀自身有绝大的矛盾，不久自然要崩溃的。""所以我们最重要的责任，是在预备与军阀作决斗的人才和工具，不在希冀他们大人先生们垂怜我们。"他主张"我们目前须要努力的是在宣传和组织两样（工作）上，尤其要使敌我的界线分明，要向左转走，要向民间去才有办法。换句话说，就是要以民众为后援，尤其是无产阶级，不然谈不上革命"。他又说："我们要……从民众的团结上着手，外而打倒国际帝国主义的侵略，内而铲除封建军阀的统治，中国人民才能解放。"

"五一"事件后，我因在成都站不住脚，被迫离开四川去上海。接着，闇公同志也因工作需要去重庆，先任共产主义青年团重庆地委组织部长，后任书记。他积极组织革命团体，培养革命干部。11 月，他领导了因日本帝国主义的轮船"德阳丸"号私运旧铜币（清朝的铜币），并打死重庆地方检查员的事件所引起的群众斗争。1925 年，为响应召开国民会议的号召，他组织了重庆国民会议促成会，并选派童庸生等十多人为代表，到北京出席国民会议。中山先生逝世后，他又在重庆组织了追悼大会，并广泛地进行宣传活动。"五卅"惨案发生后，他根据党的指示，组织了重庆国民外交后援会，推动这一运动的发展。这些，都为大革命高潮的到来，在政治上、组织上作了准备。

阘公同志在组织革命团体的时候，力说"不宜滥收同志"，"对人要考察过去的历史，和他目前的动作、人格"，"今后当注意同志的学识，择优秀分子，为中坚的骨干，因群众运动，非有中坚人物不可"。他认为"将来要使团体支配人，不要人来支配团体"，"个人利益不要拳拳于心"，"一个团体的精神全在工作的表现，并且在内部的人能否团结得坚固，对于这两点，后者较前者尤其重要"。由于阘公同志具有比较正确的思想，他在识别好人和坏人、选择中坚骨干时也就比较准。例如：他刚刚认识刘伯承同志，即认为"伯承机警过人，并且很勤学的，头脑也异常清晰，不是碌碌者可比，又兼有远大志向，得与之交，我心内是很快活的。目前我们虽说不上深厚的情感来，但我已决意与他长久交好，他堪当益友之列，并可同行于一个道路"。他对恽代英同志的看法是："此君谈话很有真理存在，……他非常注意向民间去工作，与我所主张的很相同。"他认为罗世文同志："此人是本团的健者，很可造的。"他对当时就表现不好的人，都有所警惕。例如：他认为陈子于"实际说来，他的头脑中，充满了升官发财的欲念"。他认为王国源的"实业救国""真是做梦，全不懂社会的必然律和进化法则"。当有人向他宣扬资产阶级改良主义的时候，他说"与痴人说梦何异"。后来的事实证明，阘公同志对于这些人的判断基本上都是正确的。

阘公同志很注意群众工作。特别是对青年寄予很大的期望。他说："青年之可敬可爱，逐处都可以看得见，加以团结训练，必能达光明之途。"他也认识到在当时社会条件下青年的弱点，教育青年"不要畏惧强力的压迫，要努力奋斗，才能打破现实的铁圈，进向光明道上"。他说："青年的人性多因情而动，尤易随波而靡"，"宗法式的家族制不打倒，……

要被它阻滞着若干好青年哟！意志薄弱的人，终难跳出它的圈外的，并且还要误死许多有作为的人们呢！""故我觉得年轻的人们，要想把一切的万恶的源泉消灭，非与环境奋斗，创造新环境来作代替，不能免掉软化的危险的。""有思想的人们，决不会盲从的，有强有力意志的，必具有特殊的反抗性！除俯首于真理外，决不屈从于任何势力之下的。能具有这种资质，才能说得上从事革命来。"

阚公同志在领导群众工作中，表现出很好的组织才能。例如：1924年重庆市商人为了反抗军阀的苛捐杂税，组织"商业共进会"，举行了罢市斗争。他一方面称赞他们，一方面又觉得他们内部，"缺乏组织力"。因而想"使 S.Y. 去助他们，或不至虎头蛇尾，没得结果"。以后便"决计加以援助，不达目的不止"。又如：当"德阳丸"事件爆发，群众发动起来以后，他认为"群众激动是很容易的，今后如能加以特别训练，则收的功效，更见大了"。当他看到"德阳案的空气，近来颇有搁浅现象，群众的狂热被消极的言论冷却了许多"时，便极力加以激励，于是"群情因之激烈异常！"他领导群众斗争的艺术是很卓越的。阚公同志很注意接近和了解工农。一有机会接近农民，"遂与之交谈。他们应对中着实亲切得很，诚实的样子，从言语中流露出来。农民们的生活着实太苦"。他对农民的了解是很深入的。对于工人阶级的力量，他更是深信不疑。他说："吾人既已有了认识，只有努力为之奋斗，领导着第四阶级（按：即指工人阶级）们前行，无论环境如何的险恶，决没有一毫的妥协可言。"

阚公同志虽然出身于地主家庭，但他自己却认为："我是旧社会的叛徒，是新社会的催生者。"他抱着"人生如马掌铁，磨灭方休"的决心，勇敢地投身到无产阶级的革命事业中去。他认为"奋斗得来的结果，才是真快乐"。他说："左右的环境，又如潮的压迫而来，处此城中，惟有奋斗。此身不死，必是光明。"他虽然工作很多，但在实践活动中感到

"书到用时方觉少"，对学习很勤奋。他每天"晨起频读二三小时的书，以免将来应用时产生学少缺憾"。闇公同志不仅注意自己的修养，也很关心弟妹们的成长。他常常给弟妹们讲时事，要他们研究马列主义，指示他们应走的道路。我看到他的弟妹们都很听他的话，也和他一样感到高兴。

1925 年春我到北京参加了中国共产党以后，即写信请闇公同志等宣布取消"中国青年共产党"，个别地参加中国共产党。闇公等大多数同志都同意并且按照我的建议做了。但也有少数人认为把自己组织起来的团体解散，再个别地加入中国共产党太吃亏，因而不肯照我的建议办，这些人后来便走上了错误的乃至反动的道路。这是很深刻的教训，一个人要革命，便不能有私心，否则是不会有好结果的。我入党后，党命我仍留在国民党内，做统一战线工作，并要我先到广州去和国民党中央取得联系，然后回川整顿四川的国民党组织。

1925 年 8 月，我回到了重庆，和闇公等同志商量了整顿国民党的计划，决定先办一个学校，以培养干部，并立刻动手筹备起来。

我们一面筹备经费，联络熟人；一面分头找校址，买家具。我们冒着盛暑，每早外出，中午回二府衙闇公同志家里开会，交换情况，商量办法，下午继续奔走。闇公同志虽然体质较差，但工作特别积极。他的父亲杨淮清先生也热情地为我们服务，常说："你们去忙吧！累了就回来休息、吃饭。"我们也就把闇公同志的家当成了自己的家。在杨淮清先生和其他友人的帮助下，我们果然在大溪沟办起了学校，定名为"中法大学"。

学校成立了，学生来源呢？恰巧这时，江北中学、合川联合中学和重庆第二女子师范因罢课有许多进步学生被开除。反动派不喜欢的进步青年，正是我们所喜欢的；他们开除的学生，正好成了我们学生的来源。

我们立即决定招收这些学生。于是，各地进步学生闻风而来，一下子就招收了将近三百人。9月4日，学校就正式开学了。

与筹备中法大学的同时，我们又着手整顿国民党的组织，把省党部迁到莲花池新址，由闇公同志负责实际领导责任。不久，许多县市的党部也都建立起来。为适应革命形势发展的需要，在中国共产主义青年团重庆地委的基础上，正式成立了中国共产党重庆地方委员会，闇公同志被任为书记。

这时，国民党定于1925年11月在广州召开第二次代表大会。我们赶紧筹备，要各县市代表就地选举。结果，我和杨闇公、童庸生、廖竹君（廖苏华）、廖划平（他当时是共产党员，后来成了可耻的叛徒）、黄复生六人，当选为代表去广州出席大会。这六个人中间，除黄复生以外，都是共产党员，可见当时四川的国民党内，左派势力是占很大优势的。

1925年11月，我们离开四川，赶往广州。到广州后，大会已决定延期到1926年1月1日。为进行大会筹备工作，国民党中央开会，推举我担任大会秘书长，闇公同志等分别在大会秘书处担任工作。

国民党第二次代表大会的筹备工作，完全是在我党领导和我党党员的努力下进行的，因此进展迅速，能以在1926年1月1日如期召开。

这时，革命形势空前高涨。大会的代表以共产党员和国民党左派人士占压倒优势，情况对我们非常有利。但是，由于陈独秀右倾机会主义的领导，在选举问题上错误地让步，结果，在选举出来的国民党中央执行委员和中央监察委员中，共产党员仍占极少数。这给后来的革命事业带来了很大的恶果。

闇公同志在大会期间十分活跃。他到广州后，发觉"川中留粤的人，太涣散，往往被反动的人把他们迷惑着"。就发起组织"四川革命青年同志会"。他看到会场内外革命空气高涨，极为兴奋。他对大会"取的策略是拥护左派，拆散右派"，特别是对开除右派分子石青阳、马君武等的党籍，非常拥护，认为"在工作前途上，又去了一些障碍"。他对"右派的人们，拼命的在运动票，每票出四百元"，付之一笑。他对毛泽东同志的宣传报告十分称赞，认为"较前此各种报告都要有系统些，他能把具体的事实指得出来，并对于每个时期所施的宣传口号也恰中客观的需要"。他对于汪精卫和蒋介石的报告很不满，认为汪精卫的报告"对罗廷（按：指苏联首席顾问鲍罗廷）只说其知无不言，言无不尽，而不说其具体的功绩，其用心可见"。认为蒋介石的报告"抹煞一切农工援助的事实，而表示自我太强，这都是别有用心的人啊！"尤其对会上有人提议全体起立为蒋介石致敬，他更为不满地说是"笑话！"他对会议的结果，如宣传和党报以及工人、农民、商民运动等决议，还比较满意，但仍认为"站在我们的观点上看来，不满意的地方太多"，并决计今后要更加努力工作，以谋改进。他为了在会后能更好的开展工作，在离广州前还应约访问了徐特立等同志。

大会结束后，闇公同志先回四川。随后，我也回川。这时国民党右派更加猖狂。蒋介石于3月20日制造了中山舰事件，又于5月间提出了"党务整理案"，凶相开始暴露。四川的国民党右派也更加反动。西山会议派头子石青阳等，回重庆另外成立了一个伪省党部，设在"总土地"，人称"总土地党部"。他们专门与我们设在莲花池的省党部唱对台戏。他们经常派人到莲花池省党部来吵闹打架，并且打伤了我们许多同志。闇公同志主张与右派进行坚决斗争，同时也很讲究策略。

为组织力量反击右派，我和闇公同志分工，他负责我党组织工作，开展工农运动；我因过去留学日本，同盟会员认识较多，便负责整顿国民党的组织，在中上层和军队中进行活动。闇公同志在组织群众团体的时候，很注意扩大与整顿相结合，他"觉得二者万不可偏废"。这时我住在浮图关刘伯承同志家里，闇公同志仍住二府衙，我们常在他们家里开会讨论工作。我们的工作进行得很顺利。不论是策动军队、整顿国民党组织以及发动群众的工作，都有很大的成绩。闇公同志极注意发动群众，他常说："只要把群众发动起来了，军阀们那几杆烂枪是没有多大用处的。"他对军阀武装的反革命作用估计得未免太低了。

军阀刘湘对我们搞群众工作非常害怕，他怕群众"赤化"，便暗中扶持总土地党部与莲花池党部捣乱。他曾说："莲花池这一批人很厉害，他们是要彻底挖我们的墙脚呀！"的确，我们发动群众的目的就是为了铲除军阀。

为了扩展国民党左派的力量，整顿国民党的组织，我们计划在 8 月召开一次四川省国民党代表大会。这次会议，在我与刘伯承同志再去广州后，由闇公同志等具体组织，如期召开了。

1926 年 9 月，以闇公同志为首的中共重庆地方委员会，为反抗英帝国主义军舰炮轰万县事件，组织了"万县惨案雪耻会"，发动了声势浩大的群众斗争，迫使英帝国主义的军舰和所有的英国侵略分子不得不撤离四川。

这时，国民革命军已出师北伐，并于 10 月攻克武汉。随着北伐战争的节节胜利，蒋介石更加飞扬跋扈。为了限制蒋介石的独裁，我们在广州召开了一次国民党中央执行委员和监察委员联席会议，通过了反对蒋介石独裁、二五减租等决议案。这时，四川军阀中仍效忠北洋军阀的杨森，竟从万县、宜昌一带侧击武汉，给北伐进军造成严重的威胁。在此之前，朱德同志已被党派回四川，并在杨森部担任党代表，想争取他参加国民革命军。但杨森是个投机家伙，他一面答应参加国民革命军，一面又奉北洋军阀的密令侧击武汉。就在这时，邓演达和我们讨论二次北伐的问题，冯玉祥的代表徐谦等要求设法接应冯玉祥的军队出陕西与北伐军会师中原。考虑到冯玉祥部困在西北、杨森部侧击武汉等情况，根据我党意图，我在会上提出派刘伯承同志回川策划军事工作。当时设想：如果在四川建立起自己的军队或策动一部分四川部队起义，就可以推动四川军阀易帜，参加国民革命军。必要时也可以带领起义军会师武汉；或拉到川陕鄂边，北出西安，接应冯玉祥军队，配合北伐。大家同意了我的提议，决定给刘伯承同志以"特派员"名义回川。同去者还有欧阳钦同志。接着，我随国民党中央和国民政府迁到武汉，伯承同志等回到四川。伯承同志回川向闇公、朱德同志传达了党的意图后，即由杨闇公、朱德、刘伯承三同志组成中共重庆地委的军委，并由闇公同志兼任书记。军委当时决定，努力争取所有地方军阀都反对北洋政府，倾向国民政府，抑止其出兵东下，威胁武汉。在具体策略上，是利用军阀内部矛盾，策动一部分军队举行起义，建立自己的武装，以推动和争取更多的军阀武装易帜倒戈，配合北伐进军。

为了实现上述目的，军委会决定策动驻防顺庆和合川的黄慕颜、秦汉三、杜伯乾三个旅和驻防在泸州的袁品文、皮光策、陈兰亭三个旅，举行顺泸起义，由刘伯承同志任总指挥。这时，陈毅同志正由中共北方区委派回四川执行任务，也参加了顺泸起义的领导工作。当时的计划是：争取驻防顺庆和合川的三个旅首先发动起义，在川北站住脚跟；随即发动驻防泸州的三个旅起义，以相策应；然后把泸州起义的部队，拉到川北会合，扩编为六个师、一个军。如果能在四川立足，便在川北建立根据地；如果不能在四川立足，便拉到川陕边境，策应武汉，或北进西安，与冯玉祥军配合。

1926 年末，顺泸起义先后爆发。顺庆起义被迫比预定计划提前，非常仓卒。刘伯承同志及我党派去的其他人员赶到时，各路军阀部队的反扑已经逼近。由于起义的是旧军队，还没有得到改造就遭到围攻，又没有与工农群众运动相结合，因此战斗力差，很快就遭到失败。只有一小部分，跟着刘伯承同志到了开江县。紧接着顺庆之后，泸州起义也爆发了。按原订计划，泸州起义部队是要迅速开到川北去与顺庆起义部队会合的。但起义部队的将领都是些军阀，他们起义的目的只不过是为了升官发财，现在因起义胜利才得到泸州这块肥肉，他们哪里肯放呢？为了争夺泸州城每月十万元的盐税，他们甚至发生内哄。陈毅同志也曾对他们反复解说，他们哪里肯听。陈毅同志见他们无望，就离开了。后来，伯承同志赶到泸州，对起义部队力加整顿。这时蒋介石已公开反动，他指示四川军阀，一面在重庆布置大屠杀；一面调动军队包围泸州，企图消灭起义部队；而川黔各个地方军阀，为了抢夺泸州这块地盘，凡是能赶得上的，各人都派出一支军队把泸州包围起来。等刘伯承同志赶到后，泸州城已被团团围困了。与此同时，"三三一"惨案发生。伯承同志一面通电讨伐"三三一"惨案的祸首刘湘，一面积极布置守城。由于我党在泸州的工作较有基础，所以一经我党发动，广大群众就积极地起来支援起义部队。工、农、商、学各界，特别是学生界，积极参战，有的甚至壮烈牺牲。全城军民在刘伯承同志卓越的指挥下，英勇地坚持了四十余天的守城战斗。当整个形势已经不利，而且起义军阀正在酝酿着投降出卖的阴谋时，刘伯承同志便乘机突围而走。接着，所谓起义将领，果然投降敌人，泸州起义就最后失败了。

顺泸起义时我在武汉。起义之初闇公同志派人来汉口告诉我，顺泸起义已发动，请求国民政府给起义军队以国民革命军番号。我在国民政府会议中，提议按军队序列给顺泸起义部队以国民革命军第三十五军的番号，委刘伯承同志为该军军长。会议通过了我的提议。但别有用心的谭延闿（这时汪精卫不在武汉，谭代理国民政府主席）借故推延，说什么需要经过蒋介石，并将此案交给苏联顾问加伦将军顺便带往南昌蒋总部"划行"。这时蒋介石正在与帝国主义勾结，阴谋叛变革命，他怎么能够同意我党建立军队呢？但国民政府会议既已通过，根本不需要经过蒋介石。因此，我们后来就没有理会谭延闿，公开发表了国民政府给顺泸起义军以国民革命军的番号和给刘伯承同志的委任，只是军队番号改成了暂编第十五军。

1927年春的革命形势，一方面是革命势力猛烈发展，一方面革命内部的分化也日益剧烈。在武汉地区，工农运动在我党领导下蓬勃地发展起来；在上海，工人阶级经过前后三次武装起义，终于取得了胜利；同时，国民革命军第二、六两军又于3月24日攻克南京。但是，蒋介石的反革命活动也加紧了，他首先在赣州惨杀了总工会委员长、共产党员陈赞贤同志，随后又在九江、安庆捣毁了国民党党部和总工会。英美等帝国主义在国民革命军攻克南京的当天公然出动军舰，炮轰南京，死伤达二千多人。就这样，帝国主义与蒋介石相互勾结，同时举起屠刀，对革命展开进攻，天空出现乌云，革命处于危急中。

当时四川的形势也与全国的形势一样。在四川人民反帝反军阀的群众革命运动不断高涨和北伐战争节节胜利的情况下，四川军阀虽然大部都已先后易帜，改悬青天白日旗，改称国民革命军，但他们钻进革命阵营的目的，不过是想利用革命旗帜，来保持和扩大自己的地盘，保存和扩张自己的实力。这批封建军阀，翻云覆雨，奸狡异常，他们既利用革命，又害怕革命，同时更伺机反革命。

当蒋介石在1927年春决心勾结帝国主义实行反革命阴谋的时候，他派遣爪牙向育仁、戴弁、杨引之等入川，以国民党右派作基础，勾结四川军阀和一切地方上的封建反动势力，准备首先在四川实行反革命屠杀，以配合他整个的反革命计划。于是，四川的时局紧张起来了。

在这种形势下，闇公同志主张发动群众，反击反革命的进攻。南京事件发生后，中共重庆地委决定于 3 月 31 日在重庆打枪坝召开群众大会，举行游行示威，反对帝国主义干涉中国革命，反对蒋介石独裁，反对四川军阀卖国（四川军阀刘湘，当时曾以川滇铁路作抵，向帝国主义借款，密订卖国条约），支援北伐战争，拥护武汉革命政府。在地委会议上，曾经估计到大会可能遭到镇压。但由于对军阀的反革命性认识不足，只认为最大的可能是解散大会，至多也不过杀几个人，没有想到会发生大屠杀。因此，在组织上没有作应变准备——去一批，留一批，而是全部骨干一齐出动，结果几乎损失了全部骨干，使组织受到严重破坏。这是一个惨痛的教训。

敌人侦知 3 月 31 日要召开群众大会的消息，立刻密报蒋介石，蒋随即电覆刘湘，并派卢师谛传达指示，嘱其镇压。接着，敌人就拟定"黑名单"，决定实行屠杀。敌人对这次斗争，先是采取威胁利诱的办法，要闇公同志取消群众运动。3 月 30 日，刘湘指使他的师长罗汉三恫吓闇公同志说："明天的大会最好不要开，外面部队的大炮已脱去了炮衣。"闇公同志严辞拒绝。当晚，闇公同志有一位在刘湘那里当参谋的亲戚，又派人送信来说："明日大会将有事故发生，恐对你不利。"又说："若能不去赴会，军座（指刘湘）定有好音。"闇公同志看完信后，冷笑置之。

不管形势多么险恶，大会还是如期召开。当浩浩荡荡的群众队伍进入会场的时候，发现一些身分不明、行迹可疑的分子混入会场，闇公同志便指挥工人纠察队和童子军把他们劝了出去，以防不测。大会刚要开始，忽然枪声大作，军阀王陵基预伏在会场里面的便衣队和布置在会场周围的武装，里应外合，刀枪并用，对手无寸铁的广大群众，实行有计划的血腥屠杀。一时血流遍地，呼声震天，惨不忍睹，痛不忍闻，当场死难者即达五百多人，伤者不计其数，这就是著名的重庆"三三一"惨案。

当会场上枪声四起时，阇公同志正在主席台上。他连忙指挥大家不要惊慌，就地卧倒。后来枪声更密，死伤渐多，会场秩序大乱，已无法指挥，阇公同志才跳城墙而出。他跳出城墙后，敌人又紧紧追击，由于他机警灵活，设法甩开敌人，才暂时脱险。第二天，阇公同志又冒着极大危险布置好善后工作，然后准备亲自去武汉向中央报告。这时重庆到处密布暗探，尤其是阇公同志住家周围，更是特务如麻。亲友劝他暂避一时，他声泪俱下地说："敌人虽然万分残暴，一想到同志们死得那样惨，我岂能顾及个人安危啊！"4月2日晚，他动身上船，因发现有便衣跟踪，当夜就退回家中。次日晚，他又化装起程，与他的爱人赵宗楷和另外一位同志，同上亚东轮船，不幸被敌人发觉。第二天黎明，轮船开至江心，特务们借口检查，将阇公同志一行逮捕。阇公同志为了救出那位共产党员，便假装不认识他，故意问道："我是共产党员，被他们逮捕，你先生又为了什么事情，遭受逮捕？"特务们一听，认为这个同志不是共产党员，就把他释放了。

阇公同志被捕的时候，敌人问他："你是不是杨阇公？"他面不改色地说："我是，你们又怎么样？"敌人说："那你不要干什么共产党了，跟到我们才有命。"他斩钉截铁地说："你们国民党反动派、反动军阀是什么东西！你们是一伙凶恶的强盗，无耻的卖国贼，是一伙屠杀工农的刽子手，你们眼看就要死无葬身之地了。"敌人要把阇公同志和赵宗楷同志分别押走，阇公同志镇定地对宗楷同志说："你不要害怕和难过，转告同志们，我会斗争到底的。孩子们大了，要他们为我报仇！"

后来，宗楷同志经营救获释，阇公同志则被囚在浮图关蓝文彬军阀司令部。军阀刘湘、王陵基、蓝文彬及蒋介石派来的特务，共同审讯他。无论敌人实行威胁利诱，或用严刑拷打，阇公同志都丝毫不为所动，并且痛骂敌人无耻。敌人问他："你难道不怕死吗？和我们一起干，你的前途还大嘞！"阁公同志回答说："哼！怕死，只有你们才怕死，也必然快要死无葬身之地。你们只能砍下我的头，绝不能丝毫动摇我的信仰。一句话，我头可断，志不可夺。"敌人用尽一切卑鄙手段，都无法使阁公同志屈服，便于1927年4月6日夜在浮图关把他秘密杀害了。阁公同志临难时还慷慨高呼："打倒帝国主义！打倒滥军阀！中国共产党万岁！"表现出共产党人临危不惧、视死如归的伟大崇高的革命气节。

继"三三一"惨案之后，上海又发生了"四一二"大屠杀事件，蒋介石在革命人民的血泊中建立起他的南京反动王朝。"三三一"惨案，是四川地区革命势力与反革命势力进行的一场尖锐剧烈的阶级斗争；是蒋介石对外勾结帝国主义，对内结合全国各地封建军阀和反动地主阶级，实行反革命阴谋的整个计划的一部分；是"四一二"政变的序幕。

我在武汉听到"三三一"惨案的消息，极为悲愤。后来得知这次惨案的凶手杨引之，要去向蒋介石报功，我们便派人到宜昌等着他，跟踪他到武汉，然后将他逮捕。当武汉的革命法庭审判杨犯时，我极力主张将他当场正法，但是身为国民政府司法部长的徐谦却坚不同意。经过我们力争，最后才把杨犯判处死刑。这个嗜血成性的刽子手终于受到了正义的惩处。消息传出后，人们无不拍手称快。

但是反革命逆流，很快也席卷了武汉。7月，武汉国民党汪精卫集团背叛革命，第一次大革命失败了。从此，全国陷入极端严重的白色恐怖中。为了挽救革命的失败，我们四川许多共产党人，朱德、刘伯承、陈毅等同志和我，都跑到南昌去参加了"八一"起义。

阁公同志在我党领导的第一次大革命中英勇地牺牲了。他的牺牲不仅使我失去了一位多年同甘苦共患难的亲密战友，而且使党失去了一位坚强的优秀的战士。每念及此，悲痛万分。但是，阁公同志和我党许多先烈的鲜血并没有白流。中国共产党人在白色恐怖下仍然继承着烈士们的未竟事业，继续进行顽强的战斗。三十多年来，中国人民在中国共产党及其伟大领袖毛泽东同志的领导下，不仅取得了民主革命的伟大胜利，而且取得了社会主义革命和社会主义建设的伟大胜利，并将为在中国建成社会主义社会和实现共产主义理想而奋斗到底。这是可以告慰于先烈们的。

　　闇公同志千古!

在首都各界庆祝十月社会主义革命四十五周年大会上的讲话 *

（1962 年 11 月 7 日）

同志们，朋友们！

伟大的十月社会主义革命四十五周年到来了。我们在这里隆重集会，热烈地庆祝全世界工人阶级、劳动人民和全体进步人类的共同的光辉的节日。

十月社会主义革命是人类历史上一个最伟大、最彻底、最有深远意义的革命。正如伟大的革命导师列宁所说，十月革命在世界历史上开辟了一个新的时代，无产阶级的政治统治代替资产阶级统治的时代。十月革命开辟了人类历史的新纪元，改变了整个世界历史的方向，划分了整个世界历史的时代。伟大的十月社会主义革命，使全世界一切被压迫民族和被压迫人民觉醒起来，并且坚决地相信，无产阶级必然能够战胜资产阶级，社会主义必然能够战胜资本主义，被压迫民族必然能够战胜帝国主义。

十月革命的胜利，宣告了人剥削人、人压迫人的旧世界已经开始崩溃，宣告了没有人剥削人、人压迫人的新世界已经诞生。十月革命从根本上动摇了国际帝国主义的统治。十月革命的道路，是全世界无产阶级、

---

* 录自《文汇报》1962 年 11 月 7 日，第 2 版。

一切被压迫人民和被压迫民族，争取彻底解放的康庄大道。世界上没有任何力量能够阻止各国人民沿着这条光辉的道路胜利前进。

列宁在纪念十月革命四周年的时候说过，十月革命"离开我们愈远，俄国无产阶级革命的意义就愈明显，我们对整个实际的工作经验也就了解得愈深刻"。事实正是这样。

四十五年前，帝国主义垄断集团正在进行重新瓜分势力范围的罪恶战争，欧洲的革命危机已经成熟。在这革命的紧要关头，机会主义者领导下的第二国际，公开背叛了无产阶级革命事业。面临着这样的形势，伟大的列宁和他所缔造的俄国布尔什维克党，同第二国际机会主义者实行了公开的决裂，举起了无产阶级革命的红旗，广泛地动员了俄国无产阶级和劳动人民，依靠群众的革命斗争，采取武装夺取政权的革命手段，彻底摧毁了俄国地主、资产阶级的反动国家机器，在世界六分之一的土地上创立了第一个无产阶级专政的国家。

十月革命胜利以后，伟大的苏联人民，在光荣的苏联共产党的领导下，在国际无产阶级和全体进步人类的支持下，依靠广大群众自己的伟大力量，巩固和加强了无产阶级专政，实现了社会主义工业化和农业集体化，把苏联建设成为一个强大的社会主义国家。四十五年来，苏联人民对国内外敌人，对各种困难，不断地进行了英勇顽强、艰苦卓绝的斗争。十月革命胜利不久，苏联人民就遇到了国际帝国主义和国内反革命力量的联合进攻，经历了极其严重的困难。在四十年代之初，当苏联的社会主义建设事业取得了伟大胜利的时候，苏联人民又经受了德国法西斯疯狂进攻的严峻考验。苏联人民以无产阶级大无畏的英雄气概，战胜了国内外敌人，克服了各种困难，坚持了伟大十月社会主义革命的光荣旗帜。四十五年来的历史证明，苏联人民不愧为伟大的人民，英雄的人民。在这里，请允许我以中国人民的名义，向兄弟的苏联人民致以崇高的敬意，祝贺苏联人民在苏联共产党的领导下，四十五年来取得的光辉成就，并且预祝苏联人民在今后取得更大的成就。

伟大的十月社会主义革命的炮声，唤醒了全世界被压迫民族和被压迫人民。毛泽东同志说过，"十月革命给世界人民解放事业开辟了广大的可能性和现实的道路，十月革命建立了一条从西方无产者经过俄国革命到东方被压迫民族的新的反对世界帝国主义的革命战线"。四十五年来，这条革命战线不断发展和壮大。在伟大十月社会主义革命的旗帜下，全世界被压迫民族和被压迫人民反对帝国主义及其走狗的革命斗争，已经成为历史的潮流。这个巨流，正以不可阻挡之势，汹涌澎湃地向前发展。

第二次世界大战以后，欧洲、亚洲一系列社会主义国家的诞生，使社会主义超越了苏联一国的范围，形成了强大的社会主义阵营。从朝鲜民主主义人民共和国到德意志民主共和国，从越南民主共和国到阿尔巴尼亚人民共和国，社会主义各国人民进行了大规模的社会主义革命和社会主义建设，并且取得了一系列的成就。国际阶级力量的对比，发生了有利于全世界人民争取和平、民族解放、民主和社会主义的根本变化。

中国革命事业是沿着十月革命的道路前进的。中国共产党和毛泽东同志领导中国人民，经过长期的、艰苦的武装斗争，打碎了蒋介石的反革命国家机器，永远结束了帝国主义、封建主义、官僚资本主义对中国这样一个广土众民的国家的反动统治，建立了实质上是无产阶级专政的人民民主共和国。中国革命的胜利，突破了帝国主义的东方战线，扩大了十月社会主义革命的伟大影响，促进了各国民族民主革命斗争的发展，对于国际帝国主义是一个极其沉重的打击。中国人民革命的胜利，是十月革命道路的胜利，是马克思列宁主义的胜利。

古巴人民革命的胜利，是当代具有伟大历史意义的事件。英雄的古巴人民，在自己的伟大领袖菲德尔·卡斯特罗同志的英明领导下，经过长期的、艰苦的武装革命斗争，彻底推翻了美帝国主义及其走狗巴蒂斯塔反动集团在古巴的黑暗统治，打断了美帝国主义强加在拉丁美洲人民身上的锁链。在革命胜利以后，古巴人民又经过艰苦的斗争，巩固和发展了古巴的革命事业。古巴人民根据自己的意愿，选择了社会主义的道路，在拉丁美洲建立了第一个社会主义国家。古巴革命为拉丁美洲人民的解放事业，为拉丁美洲各国的民族民主革命运动，开辟了新的光明前景。古巴革命的胜利，是伟大的十月社会主义革命光辉照耀下的又一次伟大胜利。

全世界被压迫民族争取解放的革命运动，在第二次世界大战以后，席卷了亚洲、非洲和拉丁美洲。这巨大的革命潮流，冲击着垂死的帝国主义殖民体系，摧毁着帝国主义的战争和侵略阵地。亚洲、非洲、拉丁美洲的民族民主革命斗争不断高涨，不断取得胜利。在现在的世界上，社会主义体系的形成和壮大，民族解放运动的高涨以及在这个运动的基础上一系列新独立国家的出现，是第二次世界大战以后具有历史意义的两个伟大潮流。这两个伟大的潮流，使得帝国主义统治的地盘大大缩小了，并且还在继续缩小。

现在，亚洲各国人民争取和维护民族独立，反对美国颠覆、控制和武装干涉的斗争，正在日益深入地发展。老挝实现了停战和成立了临时政府。越南南方人民的爱国武装斗争不断地取得胜利。印度尼西亚人民为收复西伊里安进行了胜利的斗争。日本人民为反对美帝国主义及其走狗进行了连续的、英勇的、伟大的爱国斗争。在非洲，新的民族独立国家一个接着一个地诞生。阿尔及利亚人民经过长期的、英勇的武装斗争，取得了民族独立。阿尔及利亚民族革命的光辉胜利，是非洲和全世界民族解放运动中一个重要的事件。阿尔及利亚人民斗争的榜样，鼓舞着非洲人民走向新的胜利。在拉丁美洲，民族民主革命运动正在蓬勃高涨。

用古巴革命斗争经验和拉丁美洲各国革命斗争经验写下的两个《哈瓦那宣言》，已经成为拉丁美洲各国人民革命斗争的光辉旗帜。"要古巴、不要美国佬"的呼声，响彻了拉丁美洲的每一个角落。两亿拉丁美洲人民已经纷纷站立起来，同美帝国主义及其走狗进行坚决的斗争。

社会主义力量、民族民主革命斗争的力量，是当代保卫世界和平的中流砥柱。社会主义力量愈壮大，民族民主革命斗争愈发展，帝国主义战争势力所受的打击愈大，世界和平就愈有保障。现在，保卫世界和平的斗争已经遍及世界各大洲，形成了广泛的群众运动，沉重地打击了以美国为首的帝国主义的战争政策和侵略政策，有力地保卫了世界和平。

全世界的社会主义力量、民族解放斗争力量、人民革命斗争力量、维护世界和平的力量，结成了最广泛的反对美帝国主义者、其它帝国主义者及其在各国的走狗的统一战线。全世界的革命力量和一切爱好和平、主持正义的力量，在斗争中互相鼓舞、互相支持，从胜利走向更大的胜利。

毛泽东同志在十月革命四十周年的时候指出，十月社会主义革命是人类历史上的一个转折点，现在是一个新的转折点。五年来国际斗争的演变，充分地证实了毛泽东同志的这个马克思列宁主义的论断。世界的风向已经变了，现在不是西风压倒东风，而是东风压倒西风。正如 1960 年《莫斯科声明》所说，在世界舞台上，社会主义力量日益明显地超过帝国主义力量，和平力量日益明显地超过战争力量。

在世界人民革命斗争的猛烈冲击下，帝国主义、反动派正处在风雨飘摇之中。如果说，在第一次世界大战以后，资本主义世界还有过一个相对稳定的时期，那末，在第二次世界大战以后，资本主义相对稳定的局面已经不可能出现了。世界资本主义体系处于进一步衰落和瓦解的过程中。垄断资产阶级没有任何办法挽救资本主义。资本主义经济不能避免发生新的深刻的危机。帝国主义的头子美国，在战后时期经济危机特别频繁，现在正面临着新的严重的经济危机的威胁。强大的社会主义阵营的存在，全世界被压迫民族和被压迫人民争取民族独立、民主和社会主义斗争的不断高涨，全世界各国人民维护世界和平的群众性斗争，大大加深了帝国主义的危机。

世界反动势力的主要堡垒美帝国主义，为了摆脱日益深刻的危机，挽回自己的颓势，为了反对社会主义、反对全世界一切被压迫民族和被压迫人民的革命斗争，正在纠集各国反动派和它的一切走狗，在世界各地进行种种罪恶活动。特别是肯尼迪上任以来，美帝国主义变本加厉地推行它的以独霸世界为目的的侵略和战争计划。美帝国主义不断绞杀刚果的民族独立，在越南南方进行灭绝人性的"特种战争"，在老挝继续进行捣乱，并且鼓励和支持蒋介石匪帮准备窜犯我国大陆。特别是美帝国主义最近公然向伟大的、革命的古巴发动了新的、疯狂的战争挑衅。这是对古巴人民、拉丁美洲人民和全世界人民的又一次猖狂进攻，这是美帝国主义破坏世界和平、走向战争的一个严重步骤。这一严重事件，又一次证明肯尼迪比艾森豪威尔更坏、更反动、更冒险。美帝国主义的冒险行动，彻底地暴露了它的狰狞面目，彻底地暴露了它是亚洲、非洲、拉丁美洲各国人民最凶恶的敌人，是一切被压迫民族和被压迫人民最凶恶的敌人，是全世界人民最凶恶的敌人，是世界和平最凶恶的敌人。

美帝国主义侵略古巴，激起了全世界人民的怒潮。保卫革命的古巴已经成为全世界人民当前最迫切的任务。保卫古巴，就是保卫世界和平。如果不粉碎美帝国主义的严重的战争挑衅，听任肯尼迪的讹诈和恫吓政策得逞，美帝国主义就会更加肆无忌惮地为所欲为。为了粉碎美帝国主义的战争挑衅，保卫古巴的主权，保卫古巴的革命，保卫拉丁美洲和全世界的和平，英雄的古巴人民，在自己的伟大领袖和民族英雄菲德尔·卡斯特罗总理的领导下，全面动员起来，进一步实行全民武装，七百万人团结得象一个人一样，进行着英勇的、顽强的、伟大的斗争。全世界人民都站在古巴人民一边，坚决地支持古巴人民的正义斗争。这些天来，全中国人民以万分激动的心情，关注着古巴人民的正义斗争，卡斯特罗总理的声明和电视演说，得到了亿万中国人民最热烈的同情和最坚决的支持。数以百万计的各界人民举行了空前规模的群众性示威游行，坚决支持古巴政府的五项主张和严正立场，坚决反对任何侵犯古巴独立和主权、损害古巴革命果实的阴谋。中国人民誓为兄弟的古巴人民的后盾，决心同古巴人民同甘苦、共患难。我们坚定地相信，胜利一定属于伟大的、英雄的、革命的古巴人民！

国际范围内的阶级斗争正在激烈地进行着。以铁托集团为代表的现代修正主义者更加卑鄙地背叛了十月革命的光荣旗帜，更加卑鄙地背叛了共产主义的事业，竭力迎合帝国主义的需要。铁托集团公然主张不分帝国主义国家和社会主义国家，不分侵略国家和被侵略国家，不分压迫民族和被压迫民族，都可以不分彼此地实现“经济一体化”，进而达到“政治一体化”，他们妄想使全世界人民“一体化”为帝国主义的奴隶。为了破坏社会主义国家的团结、国际共产主义运动的团结和全世界革命人民的团结，南斯拉夫现代修正主义者不遗余力地进行了种种阴谋活动。揭露以铁托集团为代表的现代修正主义者的叛徒嘴脸，对于保卫马克思列宁主义的纯洁性，对于保卫世界人民的革命事业，具有极其重要的意义。十月革命的光荣旗帜，永远是胜利的旗帜，马克思列宁主义永远是不可战胜的，现代修正主义者一定要遭到可耻的、彻底的失败，全世界人民的革命斗争一定会得到更加伟大的胜利！

面对着帝国主义、各国反动派和现代修正主义者的猖狂进攻，全世界革命人民必须百倍地提高警惕，坚持斗争，努力加强自己的团结。我们应当继续高举无产阶级国际主义的旗帜，为维护和加强社会主义阵营、国际共产主义运动的团结而斗争。我们应当继续高举马克思列宁主义的革命旗帜，坚持 1957 年《莫斯科宣言》和 1960 年《莫斯科声明》的革命原则，为保卫马克思列宁主义的纯洁性而斗争。

中国人民在中国共产党和毛泽东同志的教导下，一向根据无产阶级国际主义的原则，始终不渝地维护和加强中苏两国人民的伟大友谊和团结。任何人要损害这种友谊和团结，在中国人民、苏联人民、社会主义各国人民和全世界革命人民之中都是通不过的。帝国主义、各国反动派和现代修正主义者破坏中苏团结、破坏社会主义阵营团结、破坏国际共产主义运动团结的罪恶活动，一定要遭到可耻的失败。

中国的工人、农民、知识分子，全体爱国分子，全国各族人民，正在热烈地响应着中国共产党第八届中央委员会第十次全体会议的号召，更加紧密地团结在党中央和毛泽东同志的周围，更高地举起总路线、大跃进、人民公社三面红旗，在社会主义建设的胜利道路上，奋勇前进。中国人民将更加紧密地同苏联和社会主义各国人民和全世界人民团结在一起，在反对帝国主义，争取和平、民族解放、民主、社会主义的斗争中，继续前进。伟大的十月社会主义革命的光芒，照亮着我们前进的道路。在我们前进道路上，一切困难都一定会被人民群众的伟大力量所克服，一切的敌人都将被人民群众所战胜。我们的前途无限光明，十月革命所开创的伟大事业，一定要在全世界取得彻底的胜利！

伟大的十月社会主义革命万岁！

马克思列宁主义万岁！

中苏两国人民的伟大团结和友谊万岁！

社会主义阵营所有国家的团结万岁！

世界人民大团结万岁！

好好学习和贯彻八届十中全会精神 *

（1962 年 11 月 10 日）

　　党的八届十中全会，通过了关于进一步巩固人民公社集体经济发展农业生产等项重要决定，这对于我国社会主义建设具有重大的历史意义。

　　全会对于国际国内形势作了深刻的分析。

　　当前的国际形势正在朝着更加有利于各国人民的方向发展。尽管以美国为首的帝国主义者、各国反动派、现代修正主义者，加紧反对共产党，反对全世界一切被压迫民族的革命运动，但是各国人民的革命斗争，仍在继续高涨。国际共产主义运动也在日益壮大。最近国际形势的发展，证明了全会对于国际形势的分析是完全正确的。美帝国主义封锁古巴和准备对古巴进行直接武装侵略的行动，遭到古巴人民的坚决抵抗，遭到全世界爱好和平人民的坚决反对。这就证明，一个广泛的反帝统一战线正在迅速成长和壮大，革命运动正在继续向前发展。

　　当前的国内形势也在逐步好转。我国人民坚定地团结在党中央和毛泽东同志的周围，高举总路线、大跃进、人民公社三面红旗，发扬了艰苦奋斗、勤俭建国和自力更生、发奋图强的精神，在向困难作斗争中取得了辉煌的成就，特别是自从贯彻党对国民经济的"调整、巩固、充实、提高"的方针以来，已经取得了显著的成效。尽管我们前进的道路上还

---

　　* 录自《人民大学》1962 年 11 月 10 日，第 1 版。

有一些暂时的困难，但是整个国民经济的情况正在一天天好起来。最近国内形势的发展，也证明了全会对于国内形势的分析是完全正确的。农业比去年有了增产，工业以及其他各种建设事业也都有了新的发展。所有这些都证明，我国社会主义建设的一个伟大的新的高涨时期不久就会到来。我们的前途是光明的。

全会还特别指出，在无产阶级革命和无产阶级专政的整个历史时期，在由资本主义过渡到共产主义的整个历史时期，存在着无产阶级和资产阶级之间的阶级斗争，存在着社会主义和资本主义这两条道路的斗争。从近来国际国内阶级斗争的情势看来，全会重新强调这一马克思列宁主义的英明论断，是具有现实意义的。帝国主义者、各国反动派、现代修正主义者，对我国人民所遇到的暂时困难幸灾乐祸，并且加紧进行反华。国内的反动分子和反革命分子，也随着国际间尖锐的阶级斗争，妄想乘机活动。毫无疑问，一切反动派的阴谋诡计，都不会得逞，更不能阻挡中国人民继续前进。同时，国际国内的阶级斗争，也必然反映到我们党内来。对于这一点，我们也必须引起警惕。

全会向全国人民提出了当前的迫切任务，这就是贯彻执行毛泽东同志提出的以农业为基础以工业为主导的发展国民经济的总方针。我们要在过去已有成绩的基础上，继续努力，争取使我国社会主义建设及早地进入一个伟大的新的高涨时期。

为了完成上述任务，我们学校应该好好学习和贯彻八届十中全会的精神，充分调动全校师生员工的政治积极性，继续深入地执行党和国家关于高等教育的方针、政策，贯彻以教学为主的原则，进一步提高教学质量，为国家培养质量更高的社会主义建设人材。同时，要加强马克思列宁主义和毛泽东著作的学习，加强形势教育和阶级教育，进一步提高政治理论水平和阶级觉悟，在理论战线的现实斗争中作出贡献。我们还要好好学习少奇同志《论共产党员的修养》，正确地贯彻民主集中制，总结经验，发扬成绩，克服工作中的缺点和错误，把我们学校办好。

总结经验，增强团结 *

（1962 年 11 月 15 日）

一

我们学校有许多优越条件，这曾经是一般高等学校所没有的。例如：我们有革命根据地办大学的经验，有久经锻炼的老干部，有大批苏联专家的帮助，特别重要的是我们党中央强有力的领导和各方面的支持。建校之初，中央为我们学校制定了正确的教育方针，少奇同志和中央很多负责同志亲自参加了我们的开学典礼。中央对我们学校抱着很大的希望。当时，全校教职员工都是劲头十足，决心要把这个学校办好，我们学校是只许办好，不许办坏的。

12 年来，我们学校在中央教育部和北京市委的领导下，由于全体学工人员的努力，取得了很大的成绩，我们为国家培养了 22 000 多名社会主义建设人才，我们的教师队伍也在逐渐地成长，现在已有教师 1 000 多名，其中一部分在政治上和业务上的进步是比较显著的。我校是执行了中央所规定的"教学和实际联系，苏联经验和中国情况相结合"的教育方针的。当时我们曾经抽调了一批干部和知识分子，向苏联专家学习，实行"边学边教"，把苏联专家的主要精力放在编写讲义和帮助培养教师方面，并且还仿照了苏联高等学校的制度来建立学校。当时学校是朝气

---

* 录自《吴玉章教育文集》，四川教育出版社 1989 年版，第 240～245 页。

勃勃，进步很快的，全国各个方面对于我们学校的影响也是十分良好的。

当然，在学习苏联经验过程中，曾经发生了教条主义的毛病。中央曾经指出我们的错误，我们克服教条主义的学习方法是完全应该的和必要的。我们加强和业务部门联系，研究中国社会主义建设的实际问题，这对克服教条主义的学习，提高理论和业务的水平都是很有帮助的。我们之所以发生教条主义，一方面是因为我们没有办正规大学的经验，另一方面是当时我国社会主义建设刚刚开始，各方面的经验还是不多的，同时，要马上把这些经验反映到教材方面来，还需要一定的过程。因此，对于领导思想来说，我们是应该从中吸取教训的；对于广大教师来说，就不能没有历史的观点，就不能不很好地肯定他们的劳动成绩。

1958 年，党提出"教育为无产阶级政治服务，教育与生产劳动相结合"的方针，这是我国教育史上一件具有伟大革命意义的事件。从那时起，我们工作进入了贯彻新的教育方针的阶段。当时，学校各级领导同志对贯彻中央的教育方针是努力的，全校师生员工积极参加了各次运动，下乡下厂参加体力劳动和基层工作，在校内也风起云涌地办起了许多工厂。大家对贯彻教育方针所表现出的这种高度的热情，是十分可贵的。通过各项运动我们在这方面也确实取得了很大的成绩。这是党的教育方针的胜利，这是大家努力的结果，对此我们必须予以肯定。

但是，我们学校在贯彻教育方针中间，没有很好研究学校的实际情况，从实际情况出发，因此，几年来学校的教育工作和党的工作发生了不少的缺点和错误，其中有些缺点和错误是十分严重的。当然，我个人是应该负很大责任的。

第一，在一个相当长的时间里，学校工作没有以教学为主，不是把政治运动和教学工作结合起来，而是只搞运动，不管教学工作，使教学工作受了很大的损失。当然，为了进行某些有重大意义的政治运动，停止一个时期的教学工作是应该的。但是，有些运动，如"体育大跃进""诗歌满墙""卫生红旗""超声波"等也要停止上课，也要造成那样大的声势和规模，则是不必要和不应该的。这样的作法，是和中央和市委历来指示的精神不相符合的，甚至是违背的。因他们是叫我们运动和教学两不误，而我们只抓了运动，丢了教学，势必影响教学工作的进行。

在贯彻新的教育方针以后，学校认真组织师生参加一定时间的体力劳动和基层工作，也是完全必要的。这样做对加强学生的阶级观点、劳动观点、群众观点以及实际工作的能力都是有很大帮助的。但是，在过去相当长的时间内许多系的教师和学生用很长的时间去参加体力劳动和基层工作，是完全不应该的。我校第六届党代表大会的报告中还曾经主张："五年制本科学生，在前三年的时间里，平均每年应下放三个月，四年级学生则下放到本校基地十个月。"虽然实际执行的情况各系并不完全一样；可见，这种思想片面到如何的程度。这一方面固然是我们经验不足，另一方面是我们不善于听取别的同志的意见，说他们"坚持教条主义的错误路线""反对中央的教育方针"等等。

第二，我校没有树立起一种好的马克思列宁主义的学风。在教学和科学研究工作中，缺乏实事求是的作风和刻苦钻研的精神。在教学改革中，没有认真研究我们课程设置的实际情况，就不适当地合并和取消了许多门课程。如果根据科学的需要和实际情况的发展，对于课程作一些分合，是必要的。但是，轻率地没有根据地对课程进行大合大并，则是错误的。这样做的结果，使多数专业受到了不同程度的影响，打乱了课程的体系，推迟了课程的建设，并且削弱了专业的教学。经过几次教学检查，虽然也发现教材讲义中这样那样的一些缺点和错误，但是，过去许多教材讲义都被否定了，这不是一件小事情，这在实际上是把广大教师的辛勤劳动都否定了。在科学研究中，我们没有引导大家从实际出发，搜集材料，来探索事物本身的规律，而是眼睛向上，凭空气办事；不是从客观材料中引申结论，而是断章取义、望文生义等等，这在政治运动中表现得最为突出和明显。在教学检查中，把一些学术问题，错误地当成政治问题。例如，关于中国历史分期和中国资本主义萌芽的问题，本是个学术问题，但却错误地把它提高到"两条道路""反毛泽东思想"的政治原则上来加以斗争。更严重的是：在很多场合把马克思、恩格斯、列宁、斯大林、毛泽东同志及其他中央负责同志的话，也当成修正主义进行批判。这是十分严重的错误。如果这种学风不改变，就不可能培养出真正的人才来。

第三，关于政治运动问题。我校几次政治运动中所发生的缺点和错误，除了一般性的原因之外，有它特殊的原因。我们在作风上粗枝大叶，不从实际出发，不进行调查研究，已经发展到极为严重的程度。正因为如此，在政治运动中扩大了斗争面，仅反右倾和教学检查两项运动，据不完全统计就斗了上百人，这些人绝大多数都是教学骨干，个别人在思想上虽然也有这样那样的毛病，但是，经过甄别，绝大多数都弄错了。这样，就大大地伤害了我们的教学力量，推迟了学校的建设。

我校已经有 12 年的历史了。12 年的时间是不算短的。一个人如果认真研究的话，是完全可能成长为专门的人才的。学校的工作如果能够少走或不走弯路，少犯一些错误，我们的教师队伍就会得到更快的成长，就会培养出一批真正学有专长的教授和专门的人才来。现在我们离这个要求还有不小的距离。

二

尽管我们学校工作中产生了不少的缺点和错误，其中有的甚至是十分严重的，但是，只要我们正视这些问题，真正把大家团结起来，我们完全是有信心和有条件把学校办好的。

在这里，既不能只看到我们学校工作中的缺点和错误，而看不到我们学校工作中的成绩，这样就会失掉前进的信心，这是不对的。但是，另外一方面，也不能只是满足成绩，看不到自己工作中的缺点和错误。如果同志们一说我们工作中有缺点和错误，就是否定成绩，就是思想右倾，就是"两条道路"斗争等等，这样，今后谁还敢对工作提出意见呢？工作没有人提意见，工作是不可能前进的。

我们学校现在的一个中心问题，就是要有一个健全的领导核心，没有健全的领导核心，学校根本无法办好的。要做到这一点，必须加强领导干部间的团结。团结决不是光说空话所能办到的，必须是主要领导同志在实际工作中，在处理各种问题中，是真正要团结大家的，那样才会逐渐团结起来。当然，别的同志也要顾大局，把学校办好。如果我们不是这样做，光看别人的缺点，不看别人的长处，一有机会就想斗争人，那是永远不可能做到真正的团结的。因此，学校能否办好，关键就在于我们领导同志有没有一个大公无私的精神，一个端正的工作态度。我们这次总结工作能够变成我们学校发展的里程碑，从这里开始一个新阶段。只要我们本着党的精神，按《高等学校暂行工作条例》办事，提高学校的工作水平，我相信在五年到十年的时间内，学校一定会有很大的进步，一定会取得比今天更大的成绩。

在全总八届四次执委会上的发言（节录）*

（1962 年 11 月）

　　教育工会主要是做知识分子工作的，党的八届十中全会指出："要加强对知识分子的团结和教育工作，使他们发挥应有的作用。"这个指示的精神，应该成为教育工会工作的指针。教育工作必须根据党的八届十中全会精神和这次全总执委会议的精神，结合自己的特点积极开展工作。

　　教育工会应该在党的领导下，团结和教育全体教工，充分发挥他们的积极性，更好地为社会主义教育事业服务。为此，工会需要从思想、生活、业务等方面做许多工作。当前，除切实抓好教工生活福利工作外，特别要在党的领导下，加强对教师的阶级教育和国际主义、爱国主义、社会主义教育，继续提高他们的政治觉悟；加强党的方针政策教育，继续巩固教育为无产阶级政治服务的观点。只有这样，才能巩固地加强团结，鼓舞干劲，进一步提高教学质量，使教师们为我国的社会主义建设作出自己应有的贡献。

　　我国知识分子，在解放后经过党十多年来的教育，阶级觉悟都有了很大提高，政治面貌已根本改变。但是，在当前国际国内尖锐的阶级斗争形势下，还有一些人存在着糊涂的思想。这说明，知识分子还要进行世界观的改造，教育团结和改造知识分子的工作，自然是一项长期的

---

　　* 录自《吴玉章教育文集》，四川教育出版社 1989 年版，第 360～362 页。

任务。

各级教育工会的组织，近几年来，在各级党委和总工会的领导下，作了许多工作。但是整个说来与形势的发展还不能适应。目前教师队伍很大，有300多万人，要作好这样大的一支知识分子队伍的工作，任务是艰巨的。党委和教育行政部门希望教育工会能发挥应有的作用，教工群众对工会也有迫切的要求。因此，教育工会的工作还需要进一步加强，以便真正起到党的得力助手的作用。

教育工会与工矿企业的工会比较起来有自己的特点，而且教工遍及全国城乡，十分分散。为了进一步加强教育战线的工会工作，我希望把各级教育工会组织健全起来，以便在各级党委和总工会的领导下，与教育行政密切协作，结合自己的特点，积极开展工作。教育工会全国委员会，国际国内工作任务繁重，现在人手太少，希望全总能给增加点人。各省市教育工会组织，也希望本着精简精神，配备一定数量得力的干部进行工作。全国教工，70%以上在县镇农村，十分分散，问题不少，过去工会对他们管得不够，希望全总和各地总工会去研究县镇工会工作的时候，适当解决县教育工会的组织建设问题。

其次，我想谈一谈民办教师的问题。据了解，民办学校教师的队伍有几十万人。这些教师，有一些自从学校由公办转为民办后，仍然是会员，享受会员的待遇；有一部分还不是会员，成为人民公社社员；有一部分尚未明确，教师们对此很有意见，希望能够入会。这个问题我认为应该研究解决。有些地区的领导同志建议民办教师仍可参加教育工会。我认为这个建议是好的。这样做，对加强民办教师的团结和教育，巩固这支队伍，调动他们的积极性，办好民办教育事业，都有好处，把这一部分教师团结起来很重要。因此，我同意这个建议，并认为是社员也可以同时是会员。可否这样？请大家调查研究一下，提出意见。

在苏联 *

（1962 年）

一

　　1924 年至 1927 年的中国人民大革命，由于蒋介石和汪精卫的叛变而被葬送了。1927 年 10 月，我随八一南昌暴动的部队南进到了汕头，军事失败后到了流沙，开会分配工作人员停当，方始根据党的决定，乘一叶扁舟渡海到了香港，住不多久，党又决定我到苏联学习。我就和刘伯承同志和我的侄子吴鸣和等回到上海，乘苏联轮船秘密地离开祖国，十一月，我们就到达了苏联海参崴。这时，海参崴已有许多中国同志，萧三、梁柏台、许之桢等同志都在那里。我们在海参崴停留了十多天，又乘火车赴莫斯科。联共中央和中共中央在苏联的负责同志，为了加深对我们的培养和改造，第二天就介绍我进入莫斯科中山大学，介绍刘伯承、吴鸣和同志进了军事学院。

　　中山大学原来是为国共合作时的国民党创办的，它曾为中国第一次大革命培养了许多干部。自从蒋介石叛变革命，国民党变质后，改为中国劳动者共产主义大学。当时的校长是拉基卡尔（拉狄克），副校长是米夫，党委书记是别尔曼。拉基卡尔后来发现是托洛茨基派。米夫在第一次革命武汉政府时期来过中国，对我很了解，两人感情很好，他主张我

---

　　* 录自《吴玉章文集》下，重庆出版社 1987 年版，第 1108～1123 页。

进中山大学研究所。这时，由于多年的革命奔波，我的身体很弱，痔疮发得很厉害，快过年的时候，住进了医院。经过割除手术，到 1928 年 2 月底虽已痊愈，但身体仍很弱，又被介绍到黑海边休养院休养，直到夏天，身体逐渐复原后，才返回莫斯科。

1928 年我刚回莫斯科不久，林伯渠同志也由日本辗转来到这里。记得伯渠同志刚到莫斯科的时候，住在车站的旅馆里，我去接他，见面的时候，真是悲喜交集。悲的是：由于陈独秀的右倾投降主义和我们对反革命的斗争缺乏经验，以致没有能够挽救第一次大革命的失败；喜的是：过去同生死共患难的战友，在异国重逢，得以共同学习革命理论，共谋革命前途大计。此后，我们两人都进了研究所，开始了同住、同窗的学习生活。

这时在国内，革命暂时转入低潮，中国共产党开始独立地领导人民继续坚持革命斗争。蒋介石、汪精卫等为了建立他们的反革命统治，在"宁可枉杀一千，不可使一人漏网"的口号下，对共产党员、青年团员和革命群众展开了血腥的大屠杀，使全中国变成恐怖世界。中华民族的无数优秀儿女惨遭杀害，我党的许多领导干部如陈延年、赵世炎、罗亦农、向警予、彭湃等同志先后慷慨就义。当时在莫斯科曾有这样一个传说，汤坑失败后，我们一位青年女同志被国民党军队捉住了，她在监狱里，表现了高尚的革命气节，当一排国民党士兵押着她进入刑场的时候，她从容地说："我快死了，给我松开绑，让我说几句话。"排长不允，但士兵被她视死如归的革命英雄主义感动了，齐声叫喊："给她松绑，让她讲话！"排长被迫答应。我们那位女同志就慷慨激昂地讲开了革命的道理和主张。排长厉声制止，士兵则骚动起来。排长见势不妙，举枪欲射，枪声响了，但倒下的是排长自己。我们那位女同志立即向士兵们说："你们不能回去了，大家起义吧！"她就带领着这一排起义士兵，奔袭了国民党军队营部，然后拉到山上，打游击去了。这个消息是否确实，无从查考，但它却象征了中国人民顽强不屈的革命精神。这个消息在我们学校中，在苏联同志中，传颂一时，激励我们努力工作，并引起我们对国内同志们的深切怀念和对国内斗争的无限向往。

这时期的中国革命，经过南昌起义、秋收起义、广州起义和夺取城市的失败，证明了以城市为革命中心，或直接夺取城市的道路，在当时的形势下，是行不通的。革命低潮的新形势，要求新的革命道路：将革命的重心由城市转入农村，依靠农村来积蓄和发展革命力量，逐渐包围并最后夺取城市。以毛泽东同志为代表的一部分同志，就是本着对客观形势的正确估计，毅然率领着秋收起义的部队向井冈山进军，把革命的红旗插上了井冈山。而由朱德、陈毅率领的一支南昌起义部队则转战湘南，1928 年 4 月到达井冈山，和毛泽东同志领导的工农革命军会师。中国工农红军以创造农村革命根据地的实际行动，为中国革命开辟了一条新的胜利的道路。我们对于中国革命的这一新的进展，感到兴奋鼓舞。虽然革命暂时处于低潮中，引起中国革命的矛盾一个也没解决，而且一天天的加深，但是，革命的新高潮是必然会到来的，我们在苏联就是抱着这样的信心来奋发学习，以迎接新的革命高潮的。

二

在大革命时期，我虽说在党的领导下，热情地积极地作了许多工作，但由于当时的条件，没有能够好好地学习马克思列宁主义，理论水平是不高的。现在到了列宁的故乡，有了这样好的学习条件，就如饥似渴地阅读马克思、列宁的著作和共产国际、联共的决议和文件。张仲实同志正在苏联作翻译工作，他把自己翻译的书送给我看，其中许多是过去不曾看到的。后来我又进了"特别班"系统地学习理论，马克思列宁主义水平有了显著提高。我真像得了一面镜子，照透了自己，开始认识到自己以前从事革命，大半都是不满现状，出于"爱国爱民"的"英雄"思想，对于革命的出路和社会发展规律是没有深刻认识的，只是凭热情和毅力去干工作，有没有错误，自己往往看不出来。我也认识到过去看人看问题，还不能用严格的阶级分析方法，比如说在作统一战线工作时，还以为可以用感情去转移人，如对孙中山先生，因为以前跟随他革命，感情好，就只看到他的伟大，而看不到他所领导的资产阶级革命的阶级局限性。在大革命时期，对汪精卫本质的认识更是如此。又好像得了一把钥匙，打开了认识世界一切事物的大门，脑筋豁然开朗了。它使我懂得，观察事物，不但要注意事物的互相联系和互相制约，而且要注意事物的运动和发展。当时，我真是高兴极了，非常庆幸能够得到这样一个学习和改造的机会。

1928 年 7 月，在共产国际的帮助和指导下，中国共产党在莫斯科召开了第六次全国代表大会。这时我因在黑海边休养，没有参加这次大会。

党的第六次全国代表大会，正确地肯定了第一次国内革命战争后的中国社会性质仍旧是一个半殖民地半封建的社会，从而指出了当时的革命性质仍然是资产阶级民主革命，因此党的总任务是建立反对帝国主义、反对封建主义的工农民主专政，并规定了工农民主专政的十大纲领。同时，大会对第一次国内革命战争失败后的政治形势作了正确的估计，指出当时的政治形势是处在两个革命高潮之间的低潮，在这种政治形势下，党在当时的策略路线不是在城市实行进攻和组织起义，而是争取群众，以迎接新的革命高潮的到来。

大会在总结以往的经验教训中，还进行了两条战线的斗争。一方面彻底地清算了陈独秀的右倾投降主义；另方面批判了"左"倾盲动主义的错误。大会认为，盲动主义者在敌人力量占绝对优势的大城市举行武

装暴动，是一种强迫命令的军事冒险，会使党脱离群众。因此，"左"倾
盲动主义就成为当时党内最主要的危险。

以上是六大的主要功绩，但是它也有缺点和错误，大会对于农村革
命根据地的重要性和民主革命的长期性认识不足，对于中间阶级的两面
性和反动势力的内部矛盾，也缺乏正确的估计，因而没有制定出正确的
策略和政策。这就妨碍了对当时已经存在的"左"倾错误的纠正，并使
后来的"左"倾机会主义分子发展成为更完备的路线错误。

六大以后，毛泽东同志在实践上和理论上，解决了六大没有解决或
没有正确解决的有关中国革命的重要问题。在毛泽东同志"以武装革命
的农村包围并且最后夺取反革命占据的城市"这一战略思想的指导和影
响下，全国各地的红色政权和革命武装逐渐发展起来，到 1930 年初，农
村革命根据地已遍及江西、福建、湖南、湖北、安徽、河南、广东、广
西、浙江等省，红军已发展到十万人。与此同时，党在国民党统治区的
组织和群众工作，也有相当恢复，革命正在走向高潮中。

但是，就在这时，党内以李立三同志为代表的"左"倾思想发展起
来，并发展成为第二次"左"倾路线。他们过分乐观地估计了形势，根
据一些错误的理论，规定了组织全国中心城市总起义和集中全国红军向
中心城市进攻的冒险计划。结果使党和革命力量特别是使国民党统治区
的秘密组织，受到了严重损失。但是，立三路线在党内没有统治多久，
就受到以毛泽东同志为代表的广大党员的抵制和反抗，并在 1930 年 9 月
党的六届三中全会上得到了纠正。此后，在毛泽东同志正确的土地革命
路线和正确的军事路线指导下，开展了轰轰烈烈的土地革命斗争，胜利
地粉碎了蒋介石反动派的第一、二、三次围攻，巩固和扩大了革命根据
地。红色政权已由"星星之火"发展成为"燎原之势"。中国革命走向新
的高潮。我虽然没有参加党的第六次全国代表大会，但是回莫斯科后，

听到大会所取得的成就，和后来中国革命的新发展，异常兴奋。

　　我和伯渠同志都很关心国内的土地革命斗争，我们进入中山大学研究所后，除了研究马克思列宁主义著作外，为了驳斥托洛茨基派拉基卡尔和取消主义者陈独秀关于中国革命性质的谬论，他们说什么由于中国土地可以自由买卖因而已经没有封建主义，从而否认中国现阶段革命是资产阶级民主革命；同时，我们从过去的革命实践中，深感土地问题是中国革命中的大问题，很有研究的必要，于是决定共同研究中国土地问题。我们天天去列宁图书馆看书，寻找材料。列宁图书馆存有许多中国古书，其中有许多是国内所没有或难以看到的。如清廷的《宫门抄》、太平天国的《天朝田亩制度》等等。当我们占有了材料后，就反复讨论，共同切磋，由我执笔，写成了《太平革命以前，中国经济社会政治的分析》的论文。我们列举了许多历史材料，同时举出了许多现实的农村阶级关系和高利贷剥削的事实，论证：中国自秦朝以来，虽然进行了改革土地制度，废封建诸侯制，改郡县制，人民可以自由买卖土地，但这并不是资本主义土地所有制的特征，而只是造成了特殊的封建形式。正是由于土地可以自由买卖制度的推行，富有者和豪强者占有的土地就一天一天多起来，贫弱者的土地则一天一天少起来。结果，富的越来越富，穷的越穷，形成了封建地主阶级和农民阶级。占人口百分之几的地主，拥有大量土地，依靠地租和高利贷剥削过着奢侈的生活，而占人口百分之八十以上的贫苦农民，则不得不租种地主的土地，维持低困的生活。这种情况，直到帝国主义侵入中国以后，情形才有了变化，但也只不过是增加了殖民地性质，成为半封建半殖民地的社会性质罢了。我们就是以此来驳斥了托派和陈独秀取消主义的观点，论证了中国革命在现阶段进行资产阶级民主革命的必要性。

　　1928年暑假期间，何叔衡、徐特立、叶剑英、夏曦等同志也来了莫斯科。学校考虑到我们这些年龄较长，文化较高又具有一定实际工作经验的特点，于次年二月，特为我们成立了一个特别班。我和伯渠同志为了系统地学习马克思列宁主义，也由研究所转来了特别班，与叔衡、特立等同志一同学习。我们这些"老人"，虽然精力不如青年，但理解力较强，学习都很努力；对于马列主义、辩证唯物主义、政治经济学诸门课程，既有兴趣，也学得很好，都得到教员的优等评语。经济学教授曾说全班要算我和钱亦石同志对《资本论》的学习成绩最好。

这时，苏联的社会主义建设已经取得很大成就，工业化取得了决定性胜利，农业集体化已由限制富农的政策，过渡到全盘集体化基础上消灭富农的政策。托洛茨基、季诺维也夫反党联盟公开出来维护富农的利益，反对联共的农业集体化政策，不仅在联共党内引起了争论，而且大大地助长了富农阶级的反抗。联共党和人民不得不奋起斗争。我们的学校也不例外，卷入了这场斗争。这场激烈的斗争，最后以党的胜利而告终，我也在这过程中，受到了一场尖锐复杂的党内斗争的考验。

国民党反动派为了巩固它的反革命统治，除了对红色区域进行军事"围剿"以外，为了取得帝国主义进一步的支持，一方面进行一系列的丧权辱国的卖国活动；一方面大肆进行反苏反共的阴谋活动。它奉承帝国主义的意旨，利用了联共党内意见分歧的时机，制造了一系列事件，掀起了一股反对以斯大林为首的苏联社会主义国家的逆流。1927 年 12 月，国民党反动政府造谣说广州起义是苏联领事馆煽动的，并以此为借口，围攻广州苏联领事馆，惨杀副领事等十余人。同时，通令撤销承认苏联驻各省的领事；勒令苏联一切国营商业机关停止营业；对苏联侨民任意迫害。苏联政府为了避免国民党反动派的迫害，撤回了广州、上海、武汉、长沙等地的领事及商业机构。1929 年，国民党反动政府破坏 1924 年的《中苏协定》，制造了中东路事件，非法抢夺了中苏共管的中东铁路。5 月 27 日，国民党军警又包围和搜查了哈尔滨苏联领事馆，并公然逮捕苏联公民，进行劫掠。国民党不顾苏联政府的抗议，于 7 月 10 日下令解除了中东铁路的苏联局长和各处处长的职务，并驱逐他们回国。苏联政府忍无可忍，于 7 月 14 日提出了强硬抗议，并向国民党政府提出了和平解决办法。但是国民党政府不仅毫无和平谈判的诚意，而且集结军队和流窜到东北的白俄残余武装向苏联进逼。苏联政府迫不得已，于 7 月 17 日宣布与国民党政府断绝外交关系，撤回一切驻华外交使节及各方面的工作人员，停止中苏铁路交通，命令驻苏中国外交人员离境。

中东路事件发生后，各帝国主义国家乘机趁火打劫。帝国主义的阴谋遭到失败后，美帝国主义又策动中国反动军队进攻苏联。10 月，蒋介石命令东北军八万多人向苏联突然进攻。苏联人民被迫还击，结果，在强大的苏联红军猛烈打击下，国民党军队和白俄匪帮迅速溃败，迫使国民党不得不与苏联进行谈判。国民党这一系列的反苏反共和侵略苏联的罪行，遭到世界公众舆论的强烈谴责，激起了苏联人民和在苏中国侨民的无比愤怒。当反动军队向苏联进攻的时候，我们学校的师生纷纷要求奔赴前线，协助红军作战。我们特地组织起来，由叶剑英同志负责进行军事训练，还出版了油印小报，揭露国民党反苏反共的阴谋和侵略苏联的罪行，宣传苏联人民反侵略战争的正义性，以及红军必胜、蒋军必败的道理，以支援苏联人民反抗侵略的战争。我们特别班的"老人"不甘落后，也和青年同志们一样，每天天刚亮就起床进行军事操练，准备随时与青年同志们一道，奔赴战场，与苏联红军并肩作战，打击侵略者。当听到苏联红军把国民党反动军队击溃的消息后，我们与苏联人民一样高兴，共同来庆祝这一伟大的胜利。苏联人民与中国人民的传统友谊，以及共产党人的国际主义精神，在反对国民党反动派侵略苏联的斗争中，又一次表现了出来。

1930 年暑假，我们毕业了。有些同志回了国，有些同志暂时留在苏联。党决定我和伯渠、江浩、唐彬等十几人到远东工作，从此，我们便结束了两年多的学习生活，走上了新的工作岗位。

三

1931 年 6 月，我在海参崴工人列宁主义学校工作的时候，刘斌同志从莫斯科来找我谈拉丁化新文字问题。当时苏联正在进行扫除文盲的工作，曾经考虑到在苏中国工人的扫盲问题，而在苏的中国工人同志，看到苏联扫盲工作进展很快，而汉字又十分困难，迫切希望有一种简便易学的新文字，以帮助识字和提高文化水平。为了适应他们的需要，为了便利工农扫除文盲、普及和提高文化，我不仅赞成此举，而且极愿参加工作。

还在 1928 年，在莫斯科的许多同志，就开始研究中国的文字改革问题，我也曾参加了这一工作，并且是一个积极分子。经过一年多的研究，作了几次草案，最后综合大家的意见，写成了一本叫作《中国拉丁化字母》的小册子，其中规定了字母和几条简单规则。于是，拉丁化新文字已初具雏型。

我对中国文字改革的兴趣由来已久。还在我幼年读书的时候，就深尝过汉字难学、难认、难写、难记的苦头。小学的时候就读过《说文读韵本》和守温 36 字母，总觉既杂无系统，也不好学用。及至年龄稍长，特别是开始接触到外国文字以后，觉得拼音文字比方块汉字优越得多。从此，便立志在中国文字改革方面下些功夫。我曾经研究过汉字的产生和变迁以及它的发展趋势，也曾研究过中国文字的切韵及字母的发明，试图找出一条改革中国文字的道路。

从清朝末年起有不少人致力于汉字的改革，产生过许多拼音方案。

历史上的一切方案，我认为只有拉丁化新文字的方案比较完备。因为它既能给汉字注音，帮助认识汉字和统一读音，又笔划简单、明了、清楚、美观、便于横书连写，而且也符合文字发展的规律。因此，我不仅赞成这一方案，而且决心推行这一方案。从此，我便把文字改革工作作为党的事业的一部分，决心贡献自己的力量。

1931 年 9 月，我党驻莫斯科代表团派萧三与苏联科学院汉学家龙果夫来到海参崴。经过我们共同筹备，在中国大戏园召开了中国新文字第一次代表大会，到会代表二千多人。大会推我和伯渠、萧三以及龙果夫等同志为制定新文字方案的起草人。我们汇集以往各种方案，作出了一个草案。与会代表热烈拥护制定中国新文字。经过几天热烈讨论，通过了《中国汉字拉丁化的原则和规则》的规定，并且宣布所有代表都是新文化建设的突击队员，为中国文字革命和世界文化革命奋斗。

会后，为了推行拉丁化新文字，我一方面到工人中去进行试验，一方面进行理论研究工作，根据以往研究所得，写了一本《中国新文字的新文法》和一本《中国文字的源流及其改革的方案》，并被苏联科学院远东分院聘为中国部主任。我曾在该院作过关于中国文字改革问题的报告。1933 年在列宁格勒分院也作过报告。拉丁化新文字的推行，对于当时在苏联的中国工人同志的扫盲工作和提高文化水平方面，起过相当的作用。

1931 年 9 月 18 日，日本帝国主义突然向中国东北大举进攻，在国民党政府的不抵抗政策下，仅百余日，东北三省即为日寇所侵占。1932 年 1 月，日寇又进攻上海，虽然遭到上海军民坚决抵抗，但仍遭到蒋介石的破坏，并与日寇签订了卖国的《上海协定》。

当日本帝国主义侵占我国东北三省后，在苏联的中国人无不悲愤填膺。我们远东工人列宁主义学校曾举行了抗议集会和示威，并分赴各地进行抗日宣传。当"一·二八"事变发生后，我们又在远东工人中掀起了反日大运动，动员和派遣了杨松、杨志民等许多同志参加东北义勇军，并进行募捐，接济慰劳义勇军。当义勇军王德林部在东北无法坚持需要进行休整时，我们又为他们联系和布置退入了苏联境内。东北义勇军（后改编为东北人民抗日联军）在党的领导和影响下，后来发展到相当规模，有力地牵制了侵华日军，对于整个中国的抗战起了很大的作用。

<h2 style="text-align:center">四</h2>

我于1933年夏回莫斯科，林伯渠同志已于1932年夏回国去了。我原想和伯渠同志一样立即回国参加实际斗争，因为工作需要，由我党驻共产国际代表团决定我仍留苏联，担任莫斯科东方大学中国部主任，负责训练中国干部的工作。我愉快地服从了组织的决定，并于9月到职，当时中国部已有学员数十人，其中有林铁、金明、林娜等同志，他们学习的主要内容，除了马克思列宁主义外，还学习中国历史和中国革命的实际斗争经验。学员学习都很努力，成绩也很好，其中许多同志后来成为中国革命的骨干。

1935年，日本继续向中国北部发动新的进攻，直逼平津，中国民族危机空前严重。国民党政府在日寇新的军事进攻下，又与日寇签订了丧权辱国的《何梅协定》。接着日寇无理要求撤换察哈尔省主席宋哲元，煽动河北省东部"饥民"叛乱，组织"维持会"；嗾使汉奸殷汝耕成立"冀东防共自治政府"；纠合伪军李守信和德穆楚克等组织所谓"内蒙自治政府"。国民党政府为了适应日寇的胃口，成立了"冀察政务委员会"，使冀察两省成为变相的"满洲国"。在这种情况下，中国抗日运动更加高涨起来。

与此同时，红军在突破国民党第五次围攻后，1935 年 1 月，在遵义召开了中央政治局扩大会议。在这次会议上，否定了错误的"左"倾军事路线，肯定了毛泽东同志正确的军事路线；改变了"左"倾机会主义的领导。遵义会议后，红军继续北上，在制止了张国焘的分裂路线和经历了无数战斗和艰难困苦以后，于 1935 年 10 月，胜利地到达了陕北革命根据地，与陕北红军会合。我们在苏联的同志和在国内的同志一样，都欢呼红军长征的伟大胜利。

我们在苏联的许多同志，虽然对国内情况不大了解，但也感到第三次"左"倾路线不对头，尽管也有人对毛主席的正确革命路线加以诽谤，或者进行非组织活动，但都遭到了应有的反对和抵制。他们不仅在中国党员中缺乏威信，在兄弟党中威信也不高。这种情况，在第三次"左"倾路线被纠正，确立了毛泽东同志的领导以后，才有所改变。中国共产党的威信就迅速提高了。

1935 年 8 月，共产国际在莫斯科召开了第七次代表大会，我作为中共代表团成员之一参加了大会。在这次大会上，季米特洛夫同志作了报告。他根据当时的形势，提出了在资本主义各国建立工人阶级反法西斯统一战线和反法西斯人民战线，以及在殖民地和半殖民地国家建立反帝国主义统一战线的任务。

在当时，德国共产党和中国共产党是除苏联党以外两个最大和最有力的党。德国共产党在 1932 年 11 月国会选举时，获得了六百万选票，而中国共产党则拥有数十万红军和几个大的根据地。一般同志都认为这是在国际共产主义的核心——苏联以外的东西方两个大铁锤，一个代表资本主义国家的革命运动，一个代表殖民地和半殖民地国家的革命运动。所以这两个党在国际上具有很高的威望。

在共产国际第七次代表大会上，滕代远等同志和我都发了言。当谈到党的新的统一战线、红军的英勇斗争和长征伟绩以及苏维埃运动的发展时，常常引起与会代表的欢呼。共产国际间的这种友爱团结，真是使人感动和兴奋。

由于日寇步步进逼，特别是《何梅协定》后国际关系和国内阶级关系的新变化，要求党由在三个条件下与国民党中愿意同我们合作抗日的部分订立抗日协定的政策，提高到建立全民的抗日民族统一战线政策。中共驻莫斯科代表团在共产国际的帮助和指导下，起草了一个《为抗日救国告全体同胞书》，经过大家热烈讨论，作为党中央和中国苏维埃政府宣言加以公布。这就是著名的"八一宣言"。这个宣言，号召全国人民在亡国灭种迫在眉睫的关头，无论过去和现在有任何政见和利害不同，都应该团结一致，共同抗日，并号召一切愿意抗日救国的人和工农民主政府、工农红军及其他抗日军队，共同组织全中国统一的国防政府和抗日联军。

这个宣言，正在共产国际第七次代表大会前夕和红军长征快到陕北时宣布，在国际国内都发生了很好的影响。我当时非常兴奋，觉得中国革命又开辟了一个新局面。这时方振武秘密地到了莫斯科，要求见我党代表团，代表团派我同他见了面，我把"八一宣言"交给他看，他也很高兴，并答应到美国去进行宣传。

在党中央和主力红军胜利地到达陕北以后，党中央于 1935 年 11 月又发表了宣言。这个宣言指出，在日本帝国主义企图灭亡中国和蒋介石出卖中国的危险面前，抗日反蒋是全中国民众救亡图存的唯一出路，并且着重指出，抗日反蒋的斗争只有在中国共产党领导下才能取得胜利。这一宣言比"八一宣言"更进了一步，纠正了"八一宣言"的某些缺点。

接着，在党的领导和党的正确政策的影响下，"一二·九"学生运动发生，抗日救国运动在全国范围内蓬勃发展起来。为了适应新的形势，

12月间，党中央政治局举行了会议，作出了《关于目前政治形势与党的任务的决议》，此后，毛泽东同志又作了《论反对日本帝国主义的策略》的报告。这个报告成为我党建立抗日民族统一战线和建立世界反法西斯和平阵线的理论基础。

共产国际第七次代表大会结束不久，代表团决定派我去法国巴黎扩大正在出版的《救国报》(后改为《救国时报》)，以加强宣传世界反法西斯阵线和中国抗日民族统一战线政策，于是，我就于1935年10月，由苏联动身到法国去了。

五

我到巴黎后，就忙于筹办《救国时报》，在完成我的任务后，于1936年7月返回莫斯科。我回莫斯科后，被分配在赵毅敏同志主办的东方大学分校任教。这个分校是专门培训我党干部的。当时学校需要一本中国历史讲义，学校要我负责编写。于是我就接受了这个任务，一边编写，一边讲授。我认为历史是人类社会自己发展的过程，人类社会最根本的特点，是人类能劳动生产，因此，人类社会的历史，是劳动生产者发展的历史。历史又是一种科学，它是要发现整个人类社会发展变化的规律的科学，尤其要研究劳动者推进人类社会发展的规律的科学。我们知道，一切过去的历史，除了原始社会以外，都是阶级斗争的历史。因此，研究过去的历史，主要的是研究一定阶级社会的产生、发展和衰落的过程，研究阶级斗争，研究怎样消灭阶级以达到无阶级的社会。历史还是革命斗争的有力工具。因此，我们应该知道人类真正的历史，是劳动者被奴役和争取解放斗争的历史，应该知道它从哪里来又往哪里去，这样才能坚定我们的胜利信心，使我们获得进行斗争和争取胜利必需的知识。这就是我们研究历史的意义。至于研究中国历史的方法，我认为只有用马克思主义的辩证唯物主义和历史唯物主义来研究中国历史，才是唯一正确的立场与方法。同时认为历史课程，应该在年代的联系性中，叙述最重要的事变和事实，从而给历史人物以确切的评价，而不能把经济形态抽象的定义简单的教给学生或者拿抽象的社会学公式代替有年代联系的具体叙述的历史。

我就是根据上述原则经过了一番努力，写成了自史前时期到近代时期的一部讲义，后来印成《中国史教程》，其中"研究中国历史的意义"一段，曾登于《解放》第 52 期上面。后来学校国际教育处又要我写一本简短的《中国历史大纲》，也写成了。这两本书曾得到学校和学员同志们的好评。

学校的学习生活很活跃，学生学习成绩很好，情绪也很高，为了活跃学习生活，学校定期出刊墙报，大家公推我作编辑领导工作，每一期我都配以简短警语，配着动人的报头和图画，大家都很喜欢它。它成为学生学习国际国内形势和活跃学习生活的园地。

这时国内局势仍在急剧变化。1936 年 12 月 12 日，发生了西安事变，消息传到莫斯科后，大家极为振奋。后来听说在我党的调解下已和平解决，大家又感到我党政策十分英明正确，其气度之伟大，真是使全球震惊，使国民党顽固派哭笑不得，使同情我党的人眉飞色舞，全国舆论莫不为之折服。

1937 年 7 月 7 日，爆发了芦沟桥事变，日本帝国主义向中国大举进攻，中国共产党领导全国人民奋起抗战。从此，开始了神圣的抗日战争。我们在苏联的同志也和全国人民一道，以各种实际行动参加了伟大的抗日战争行列，许多同志立即回国参加了实际的抗日斗争，而我则被党派往西欧进行抗日战争的国际宣传工作。

关于《救国时报》的回忆 *

（1962 年）

　　1935 年，国际国内形势发生了重大的变化。在国际上，德、意、日法西斯联盟已开始形成，并在世界许多地区加紧了它们的侵略行动；世界各国人民，也采取了各种形式来抵御法西斯的侵略，一个广泛的世界人民反法西斯阵线正开始形成起来。在国内，日寇继占领我国东北四省以后，又不断对我发动新的侵略，妄图囊括平津、席卷华北，进而占领全中国。日本帝国主义在 1935 年制造的所谓"华北事件"，其目的即在于此。中国的民族危机至此空前严重。国民党反动政府对于日寇的新进攻，仍采取臭名昭著的不抵抗政策，节节退让。1935 年夏，它与日寇订立了丧权辱国的《何梅协定》。接着，在日寇新的压迫下，它又准备成立半傀儡性的所谓"冀察政务委员会"，想牺牲冀察两省的主权，来满足日本侵略者的胃口。但是，中国人民对于日本帝国主义的侵略行为和国民党反动政府的卖国政策，决不答应，他们在中国共产党的领导下，坚决展开了抗日救亡的斗争。一个新的爱国运动的高潮即将到来。

　　与此同时，红军在突破国民党第五次"围剿"后，中国共产党于长征途中召开了著名的遵义会议，改变了"左"倾机会主义错误的领导，确立了以毛泽东同志为首的党中央的新领导，然后在毛泽东同志的正确

　　* 原载于《社会科学战线》1978 年第 4 期，第 1～5 页，录自《吴玉章回忆录》，中国青年出版社 1978 年版，第 176～185 页。

领导下，完成了举世闻名的二万五千里长征，于 1935 年 10 月，胜利地到达了陕北革命根据地。红军到达接近抗日前线的陕北，对华北人民的抗日斗争，起了巨大的推动作用。

由于日寇侵略所引起的太平洋国际关系和中国内部阶级关系的变化，中日民族矛盾已上升为主要矛盾。这种形势，要求我党采取抗日民族统一战线的政策，联合一切抗日人民和军队来抵抗日本帝国主义的侵略。中国共产党正是在这样的情况下，于 1935 年 8 月 1 日发表了《为抗日救国告全体同胞书》（"八一宣言"）。这个宣言，号召全国人民在亡国灭种迫在眉睫的关头，"无论各党派间过去和现在有任何政见和利害的不同，无论各界同胞间有任何意见上或利益上的差异，无论各军队间过去和现在有任何敌对行动，大家都应当有'兄弟阋于墙外御其侮'的真诚觉悟，首先大家都应当停止内战，以便集中一切国力（人力、物力、财力、武力等）去为抗日救国的神圣事业而奋斗"。宣言并号召组织全中国统一的国防政府和组织全中国统一的抗日联军。"八一宣言"传到国民党统治区以后，得到了各阶层人民广泛的同情，促进了抗日运动的发展。

1935 年 7 月—8 月，共产国际在莫斯科召开第七次代表大会，季米特洛夫在会上作了一个著名的报告。这次大会根据当时的国际形势，提出了在资本主义各国建立工人阶级反法西斯的统一战线和各民主阶层反法西斯的人民阵线，以及在殖民地和半殖民地国家建立反帝国主义侵略的民族统一战线的方针。中国共产党的"八一宣言"，就是根据这一新的方针发表的。

我在莫斯科参加了共产国际第七次代表大会以后，党决定派我到法国巴黎去扩大正在那里出版的《救国报》，以加强反法西斯和建立抗日民族统一战线的宣传。1935 年 10 月，我由苏联动身去法国。

11 月初，我秘密地到达巴黎。一到巴黎，我就按着原来的规定，到一家咖啡馆去和约定的同志（曾同过路，彼此认识）接头。外国的咖啡馆和中国的茶馆差不多，只要买点东西，呆上半天，主人也不干涉。这天我到咖啡馆的时候，里面人来人往，十分热闹，我也要了些咖啡、点心，又时而看看书报，以消磨时间，避人耳目。由于我的行动自然，并没有引起旁人的注意。但是一直等了四个多钟头，还不见接头的人来。这时咖啡馆里来去的人已变更多次，如果再呆下去，就会引起别人的怀疑。我非常着急。当时我想，来接头的同志怕引人注意也许在门外等候，便慢步出门寻视。不久，远远望见他走来了。在他的示意下，我便跟他走去。我们就这样又接上了关系。接着，我们便开展了工作。但这时，法国政府在中国南京国民党政府的要求下，忽令《救国报》停刊。为了反抗法国政府这道命令，使报纸继续出版，我去找法国共产党的同志们商量，问他们是否可以通过起诉，争取复刊。那时法国共产党在共产国际的领导下，很有国际主义精神，对中国革命极力帮助。他们对我说：这不是什么法律问题，而是政治问题。这次令《救国报》停刊，是法国政府为了外交关系由内阁决定的。起诉无用，抗议也无济于事。并说：好在法国政府自来标榜言论、出版自由，如果把报头的汉字和法文稍加修改（保持大意相同），仍可继续出版。这时，抗日民族统一战线正在开展，国内人民和国外华侨纷纷来函订报，各方需要很急，而且报纸的纸版要从莫斯科航空寄来，如不赶快设法，很容易使报纸脱期，从而会引起各方面的疑惧。因此，我急电领导请示，建议改称《救国时报》。在得到回示同意后，我们赶忙把莫斯科寄来的纸版改了报头，使报纸一期也不脱，《救国时报》居然在"一二·九"那天，又继《救国报》而出版了。把汉字报头增加一个"时"字，并不大引起人们的注意；而在法文报头上，却如同新出一家报纸似的，法国政府因此也就不再追问。

就在《救国时报》出版那一天，1935 年 12 月 9 日，国内爆发了伟大的"一二·九"爱国运动。北平学生为了反对日本帝国主义侵略华北，反对"冀察政务委员会"半傀儡政权的建立，以挽救中国的危亡，他们突破了反动军警的封锁，不顾大刀水龙的袭击，英勇地走上街头，举行了激昂悲壮的示威游行。由北平学生掀起的抗日高潮，迅速席卷全国，打破了国民党统治区多年来白色恐怖的反动局面，使蒋介石经常夸耀的所谓"安内攘外"的卖国政策一天天地趋于破产。我们在国外听到这个消息，当时兴奋之情，真非言语所能形容。我们决心加紧工作，办好《救国时报》，希望它能在日益高涨的抗日运动中发挥积极的作用。

还在我从莫斯科赴巴黎之前，为了扩大报纸的规模，我们就决定要在巴黎创办印刷所。那时陈云同志也在莫斯科。由于他和商务印书馆有长期的关系，他特为我给上海商务印书馆写了一封托买汉字铜模的介绍信。我到巴黎后即把信发出。"一二·九"运动发生后，我们是多么盼望这套铜模赶快到来啊！1936年3月，铜模果然运到了巴黎。经过大家紧张的筹备，印刷所建立起来了。印刷所的建立，不仅避免了由莫斯科航运纸版常因气候关系致使报纸有脱期的危险，而且从此扩大了报纸印刷的规模，解决了国内外所需要的发行数量。

《救国时报》是我党在国外从事抗日宣传的机关报。它从1935年12月9日创刊到1938年2月10日，历时二年余，共出版了152期。它的主要任务是宣传我党的抗日民族统一战线政策。从创刊号起，就明确地指出，在民族危机空前严重的条件下，中国的唯一出路，就是全民族一致对外，建立全民救国的联合战线。它发表了许多论文；刊载了许多中共中央的文件和毛泽东同志的著作；不断地报道国内抗日救亡运动的发展情况，特别是东北抗日联军的斗争情况；并经常揭露蒋介石进行反革命内战和向日本帝国主义妥协投降的阴谋活动。它为推动中国抗战，作了不少工作。此外，它还经常发表斯大林、季米特洛夫等同志的论文、演讲词，不断报道苏联社会主义建设的成就，以及国际共产主义运动的发展情况。这些，对于当时正处在苦难中为建立抗日民族统一战线而斗争的中国人民说来，是很大的鼓舞。

因为《救国时报》的言论代表了广大人民的要求，所以它在国内外拥有广泛的读者，成为当时国内外同胞特别是进步青年很喜读的报刊之一。它的发行数量增长很快，在创刊时仅销行五千份；不到一年，就增至两万份，而且还远不能满足读者的需要。在销行的两万份中，国内约一万余份，不仅北京、上海、广州、重庆等大城市，就是西康、新疆等边远地区和若干小县城内也有它的读者，而且几乎是每份报纸都是许多读者传阅；它在国外的发行范围，遍及四十三个国家，拥有九千六百余订户，欧洲华侨中有它的读者，美洲华侨也很喜欢它，南洋一带和澳洲、非洲、印度等地也都有它的读者。

也正因为《救国时报》反映了人民的要求，所以它得到国内外广大群众的支持。1936 年 2 月 11 日，一个新加坡的读者来信说："这边——马来亚的华侨对于贵报的态度表示很拥护，凡是读过贵报的人，都愤恨日本和一切卖国贼汉奸，而且争先恐后地要先读贵报。记得有一友人带《救国时报》一张往马六甲，该报由侨胞互相传递，直至破烂不堪，字迹模糊，还是不肯放手。这个事实，正是说明贵报的态度正确。"1936 年8 月 12 日，东北抗日联军第一军总司令杨靖宇同志来信说："贵报之内容精彩，议论正确，固不必说，而所标出宗旨为'不分党派，不问信仰，团结全民，抗日救国'正与敝军之宗旨相合。我们的口号也是不分党派，不问信仰，只要是抗日救国的，都一致联合起来。正因为如此，故贵报甚得敝军全体士兵的欢迎。我们应该更感谢贵报的，就是你们关于东北义勇军抗日的消息登载独多，使我们全体士兵看到，抗日杀贼的意志愈益坚决兴奋。"1958 年我到哈尔滨参观革命博物馆时，就看到东北抗日联军保存下来的《救国时报》，有些还是烈士们的遗物。据说明员同志说：该报在当时东北抗日联军中广为流传，深受广大官兵热爱，对于他们坚持东北游击战争，起了很大的鼓舞作用。各地读者不仅在精神上支持我们，而且在经济上也援助我们，例如在有一段时期内，我们收到读者自动汇来的捐款即达六千余法郎，其中有杨靖宇同志和全体将士捐输的，也有国内外同胞捐输的。这些，都给了我们《救国时报》的同志们以很大的鼓舞。

《救国时报》在它的发展过程中，也曾遇到过许多困难，其中最主要的是经济上和发行上的困难。它虽然有《救国报》的资金作基础，也得到各地同胞解囊支援，但因它并非营业组织，收入有限，而各种费用支出颇巨，两者相较，常常不足。虽然同志们节衣缩食，甚至继以典质，即使"罗掘俱穷"，也还是难以为继。因此后来有时不能按期出版，或出版后又无钱付邮。在发行上，由于国内外反动派的检查，报纸常被扣留，订户及代派处往往收不到。那时国民党反动政府对报刊入口检查最严，我们的报纸往国内发行极不容易。为此，我们不得不想更多的办法。记得1936年初，上海生活书店的一位同志到了巴黎，他手头上有《新生周刊》的订户名单及住址，那时《新生周刊》已被查封，我们便利用它的订户名单及住址来寄《救国时报》，使我们的报纸得以在国内广为流传。总之，《救国时报》虽然遭遇到许多困难，但由于得到广大群众的支援，再加上报社全体人员同心同德地艰苦奋斗，终于克服了一切困难，坚持了两年多的斗争，完成了它所负的光荣的历史使命。

我在巴黎办《救国时报》的时候，为了加强在欧洲各国的中共党员的联系，交换情况和交流工作经验，于1936年1月，在巴黎召开了一次旅欧党员代表会议，到有在英国、德国、比利时、荷兰、法国等国工作的党员代表十余人。我在会上作了《关于抗日民族统一战线——党的新政策》的报告。会议讨论了组织各国华侨抗日救国联合会的问题，并制订了筹备计划。这些长期散居在国外的同志，由于客观环境很难与党的领导组织联系，而各兄弟党领导他们也有困难，因此，他们的工作不能很好地开展，情绪也有些沉闷。于是，大家建议成立一个统一的领导机构来加强对旅欧各国党员的领导和联系。这个问题虽然未能得到解决，但通过这次会议，大家听了我的报告和讨论了今后的工作，觉得有了党的新政策可以遵循，都非常高兴地返回了各自的工作岗位，生气勃勃地展开了工作，比起从前来总算进了一步。

我在巴黎除了办《救国时报》以外，为了宣传抗日和争取实现抗日民族统一战线，还作了一些其他的工作。1935 年 12 月中旬，听说胡汉民到了法国，住在宜斯（法文 Nice，地名）海边休养，我想他在国难当头的时期，思想或许有所转变，便派我的儿子（震寰）持函往见，想约他见面，对他谈谈我党的统一战线政策。谁知这位在大革命时代就著名的右派分子，这时仍然顽固不化，见我的信后竟不敢作答。我知其行将就木，已经不可救药了，便没有再去理他。后来胡愈之等来巴黎，我和他们畅谈，颇为投契。他们要求到苏联，我为他们联系，并代办了入境手续。

1936 年 3 月，世界学生联合会为援助中国学生的抗日救国运动在伦敦召开大会。在这以前不久，曾在比利时首都开过一次国际青年代表大会。在会上，我们的代表为了扩大统一战线，把表面看来似乎左倾一点和比较与我们接近一点的国民党分子王海镜推入大会主席团，谁知这位王海镜后来竟反对我们的代表在会上讲话。鉴于这一教训，我想这次伦敦大会，再不能蹈覆辙，便写信给德国我党支部负责人王炳南同志，力说我们一方面要顾到统一战线，一方面要保持我党的独立性、斗争性，断不能因为统一战线而把自己的手足束缚起来，并要我们的代表去伦敦后找侯雨民同志好好筹商办法。因时间紧迫，稍缓即要误事，我们又没有预定秘密通讯方法，怎么办呢？考虑到以前几封信都没有失误过，想来这一次也不一定会出问题，便大胆地写了一封指示信，急忙挂号寄出。谁知这时王炳南同志已另调工作，新接任的刘光德（刘咸一）同志又搬了家，他两天后到旧房东那里取得我的信，已被人拆过了。后来，当大会开始的时候，出乎我们代表的意料，国民党特务忽在会场上散发以"民族先锋社"名义影印的我那封信，并大嚷什么大会是共产党所召集和操纵的。他们还以"留德中国学生会"名义致电大会，反对我们的代表出席会议。我们的代表都很惊讶。但是国民党特务这一无理取闹，在我党代表的有力驳斥下，并没有得到多少同情。大会执行主席柯乐满当场驳斥了他们，大会筹备委员会也回信驳斥了他们的来电。这次大会并没有被他们所破坏，终于获得了成功。我们的代表返巴黎后，说起这件事，并把影印的信给我看，果然是我用假名"平洋"写的那封信。我这时深深地感到：自己的警惕性还不够高，考虑问题还不够周密，在反动统治下做革命工作，必须随时警惕啊！后来查明，这件事原来是国民党政府驻德国大使馆的人干的。他们经常派出特务跟踪共产党人，窃取机密。就是他们把我那封信秘密偷去影印后又送回了原处。他们不仅把影印的信在大会会场上散发，而且遍寄国内外，企图以此来挑拨离间，破坏我们进行的统一战线工作。接着，国民党政府驻德大使程天放，就串通德国法西斯组织"冲锋队"对我们施加迫害，逮捕了刘光德同志和反帝同盟的许德瑗等人。为了反抗反动派的迫害，我们发动了许多团体向德国政府抗议，并要求国民党大使馆将人保出。程天放自然是不会答应的，我们对他也并不存在什么幻想，这样做只不过是为了更加暴露他的嘴脸而已。由于许多团体的抗议，加上德国和国际舆论的谴责，德国政府不得不将许德瑗等释放，但刘光德同志却被无理驱逐出境。这一消息传出后，党组织惟恐我也发生危险，便急电要我返回莫斯科，并派人来接替我的工作。

原来我到法国去是非法居住的，没有居留证，是经不得检查的。刚到巴黎时，报社又被查封，同志们怕有危险，不要我到报馆去，但我每天总要设法去一次。我还常约同志们到咖啡馆商量工作，有时风声很紧，大家都为我担心。当时法共的同志们给了我很大的帮助，极力设法掩护我。我一到巴黎，他们就把我送到一个同情分子开的旅馆里，住约十月之久，未出问题。这固然是由于法共同志们和旅馆主人的掩护，同时也由于我自己小心谨慎，举止大方，和自己装扮的身分相称，并注意保守秘密。主人一家因此都很喜欢我。1937 年，我再到巴黎进行抗日战争的国际宣传工作时，曾去看他们，并告以中国抗日民族统一战线已经形成，抗战胜利有望，他们一家人都非常高兴。直到如今，对于法共同志们和法国朋友们的帮助，我仍感激不忘。正是由于他们的国际主义的援助，才使《救国时报》胜利出版，并使我胜利地完成了党所交给我的任务。

1936 年 7 月，我把报社的工作交代以后，返回莫斯科，又走上了新的工作岗位。

关于《新华日报》的回忆 *

（1962 年）

　　《新华日报》是抗日战争时期和解放战争初期我党在国民党统治区出版的一种人民报纸。它是我党和毛主席的抗日民族统一战线胜利的产物。从 1938 年 1 月 11 日在武汉创刊起，到 1947 年 2 月 28 日在重庆被国民党反动派封闭停刊止，历时九年多，它代表着人民的利益，始终不渝地坚持着正义的斗争，胜利地完成了党所赋予它的光荣使命。

　　因为《新华日报》是人民的喉舌，所以它的命运和国民党统治区广大人民一样，经常遭到国民党反动派的种种压制和迫害。但是，在党的正确领导下，在报馆全体工作人员的英勇斗争和全国人民的积极支持下，它在抗日战争时期，高举着坚持抗战、反对妥协，坚持团结、反对分裂，坚持进步、反对倒退的旗帜；在解放战争时期，高举着和平民主和独立解放的旗帜；向渴望真理的国民党统治区人民，宣传了党的纲领和政策，宣传了马克思列宁主义和毛泽东思想，有力地打击了国民党破坏抗战、发动内战和出卖民族、残害人民的罪恶活动，推动了我党所倡导的抗日民族统一战线和人民民主统一战线的扩大和发展。它在我党的报刊史上写下了光辉的一页。

　　1945 年 12 月，我随周恩来同志前往重庆，出席政治协商会议。不

　　* 原载于《重庆日报》1963 年 2 月 28 日，录自《吴玉章回忆录》，中国青年出版社 1978 年版，第 205～213 页。

久，党为了更好地领导四川人民的革命斗争，决定成立四川省委会，命我任书记。从此，我和《新华日报》的关系更为直接而密切了。

大家知道，抗战胜利后，蒋介石集团便在美帝国主义的支持下，想用反革命的内战来消灭共产党和人民解放军。为了争取时间，它玩弄了反革命的两手。经过国共谈判和《双十协定》，又经过政协会议和军事调处，到 1946 年 6 月，蒋介石在完成了他的内战部署之后，就发动了全国规模的内战。

对于蒋介石反革命的两手，我党用革命的两手和他作了针锋相对的斗争。在这一斗争中，《新华日报》成了我党手中一件有力的武器。当全面内战还未爆发以前，《新华日报》着重揭露蒋介石的内战阴谋和抨击他反共反人民的罪行。例如 1946 年 1 月，当政协会议还在进行的时候，重庆各界人士在沧白堂举行政协代表报告会，国民党特务曾多次到会场捣乱，造成了所谓沧白堂事件；当 2 月政协闭会后，重庆各界人民在较场口召开庆祝大会，国民党特务更大施暴行，当场打伤了郭沫若、李公朴等多人，制造了较场口事件。对国民党特务的这些无耻罪行，《新华日报》作了详细的报道，给以无情的抨击。2 月下旬，国民党反动派在全国各大城市导演了一出反苏游行的丑剧，并在重庆捣毁了《新华日报》营业部和民主同盟的机关报——《民主报》。在敌人的暴力面前，《新华日报》毫不退缩，它一方面对反动派的罪恶活动坚决抗争，一方面对被欺骗的青年大力争取，结果使反动派的阴谋遭到破产；而那些一时被骗的青年，也都慢慢地觉悟过来。伪中央大学曾经参加重庆反苏游行的三十五个学生，事后致函《新华日报》说："上一次当，学一次乖，阴谋家的嘴脸我们看得更清楚了。"另一群学生也给《新华日报》来信说："我们深信我们的同学们，会因为这次游行而更加觉醒。他们更会密切地关心时局，认真研究现实，从而得出正确的结论来。对于这次暴行，他们是无罪的，他们将会以更大的热情和你们站在一起，来对抗这些反动分子层出不穷的阴谋。"

全面内战开始以后，全国人民都把希望寄托在人民解放军的胜利上面。这时，《新华日报》对解放战争胜利消息的宣传特别注意。例如：1946 年 7 月，解放军在苏中七战七捷，消灭蒋军五万多人；1947 年 1 月，解放军在鲁南枣庄、峄县地区消灭蒋军五万多人，2 月，又在鲁中莱芜地区消灭蒋军六万多人。所有这些胜利消息，《新华日报》都设法广为传播，或发号外；或登消息；或者在极困难的条件下，就登一个启事；办法极灵活，效果也很大。国民党统治区的人民，从这里得到莫大的鼓舞。尤其是把蒋军被俘军官名单在报上公布，并号召其家属和他们通信，更使国民党反动派感到丧气。

国民党统治区的人民运动，是解放战争的第二战场，它对人民解放军的作战，起了很好的配合作用。《新华日报》对它的报道极为重视。1946 年 12 月，在北平发生了美国兵强奸北大女学生的暴行，由此引起了全国规模的抗暴运动。在重庆，抗暴运动至 1947 年 2 月春节期间达到了高潮。《新华日报》详尽地报道了这一运动，对运动的发展起了指导的作用。

《新华日报》对国民党统治区一切黑暗的现象，无不尽情地加以暴露；对广大人民群众的痛苦生活，则代他们发出沉痛的呼声。诸如贪官污吏的作弊、特务党棍的横行以及土豪恶霸和保甲长的种种不法行径，都不时被《新华日报》揭露出来。至于征兵征粮和其它各种横征暴敛中的许多丑事奇闻，以及人民为反对这些苛政而进行的各种斗争，《新华日报》也都竭力加以刊载。与此同时，《新华日报》还把解放区的各项建设和人民的幸福生活，尽可能详细地介绍出来，使国民党统治区的人民看了，益加对反动派的黑暗统治感到愤慨。

为了进一步提高人民的觉悟和满足读者学习理论的要求，我们的报馆还出版和发行了一批书籍。如我们自己编辑的《中国革命的理论与实践》，就曾经广泛的发行。

由于《新华日报》反映了人民的愿望和要求，所以它得到广大人民的爱戴和拥护，并和人民建立了血肉般的联系。有一位读者来信说："我们虽然未曾见面，但我敢相信，我们中间已在无形中建立起一种不朽的友谊——远超过任何一种，因为我们是在同一目标之下努力着。"远在滇西的一位读者来信说："为着中国民主的前途，斗争到底。我虽然远在这迤岭滇西，但我们的心是互相联系着的。血腥的统治只能封锁我们的行动言论，而不能封锁每一个不愿做奴隶的人的心。"我们的报纸，不仅是革命宣传者，而且还起了革命组织者的作用。

《新华日报》象一把尖刀一样插在敌人的心上，因此，敌人天天都想拔掉它。还在 1946 年 4 月，敌人就借口《新华日报》登了《驳蒋介石》一文，说什么"侮辱了元首"，大肆叫嚷要封闭我们的报馆。后来又想出一个办法，捏造了一些团体，在柳州、开封等地法院控告我们。柳州法院把这一控诉案转到重庆，重庆法院便想借此打击我们。但在我们严词驳斥和律师界朋友的帮助下，重庆法院不得不批出："查我国法律无侮辱元首之条文。如系毁谤，须本人起诉。"蒋介石怎么好来起诉呢？这个案件就这样不了了之。

全面内战爆发后，反动派对《新华日报》更加痛恨。他们大叫："世界上那有这样的怪事，在打仗的时候，竟允许敌人在自己的区域发宣言、发战报，进行宣传？"想以此作为迫害我们的借口。接着，他们又制造谣言，说我们要暴动呀，藏有军火呀，并借此派重兵在报馆周围安据点、筑工事，甚至设置机关枪阵地，如临大敌一般。与武力威胁同时，敌人对《新华日报》的稿件更加紧了控制。新华社的稿件不准登，前线的胜利消息不准登，国民党统治区人民反内战、反饥饿的消息不准登，如此等等。我们有时也作些不损原意的改动，更多的时候根本不理睬，该登的还是照样登。敌人对我们毫无办法。为了混淆视听，国民党特务机关特地办了许多小报，其中有一个《新华时报》，专与我们唱对台戏，天天谩骂、捣乱。但是，敌人这样做的结果，不仅没有损害《新华日报》的声誉，反而更加暴露了国民党反动派的丑恶面目。国民党反动派为了缩小《新华日报》的影响，还加紧限制它的发行。为了反抗国民党邮政机关经常扣压和没收我们的报纸，我们早就招收和培养了一批工农出身的报童，把报纸直接送给市内和远郊乡村的订户，并在街上销售。他们虽然经常遭到特务的毒打和特务机关的拘押，但总是早出晚归，不畏艰险、不怕威胁、不受利诱，既坚贞又机智地去完成光荣的使命。他们那种对工作负责、为读者服务的精神，真是令人钦佩。报馆内部的工作人员和工人同志们，也在编辑、采访和印刷、出版工作中，付出了辛勤的劳动。他们外出时，也常被特务"盯梢"，并有失踪的危险。但他们毫不畏惧，始终坚持着自己的岗位，英勇顽强地和敌人进行着不屈不挠的斗争。

为了扩大《新华日报》的影响和争取更广泛的群众支持，我们在1947年1月11日《新华日报》成立九周年的时候，特地举行了纪念会和宴会，举办了展览会和游艺晚会。我们原来邀请的人数很少，但来的人很多，竟达五百多人。来宾中有各民主党派团体代表，有各报馆同业，有工程师和教授，有戏剧家、小说家和诗人，有地方名流士绅，也有工人、学生、妇女和儿童，一时少长咸集，盛况空前。他们和我们一起共度报庆，感情极为融洽。在我们收到并在报纸上登出的许多题词中，既有我党中央周恩来、朱德等同志的，也有各民主党派和无党派民主人士郭沫若、沈钧儒、邓初民等人的。他们的题词给了我们很大的鞭策和鼓舞。我当时也曾题词："千万人民的正义呼声，胜过独裁者的百万雄兵。"

我相信人民的报纸确实有这样的威力。为我们举行九周年报庆，国民党反动派十分恼怒，大叫什么"究竟重庆是谁管？真是无法无天了！"是的，我们就是无法无天，我们既不承认国民党的法，也不承认国民党的天，我们只承认人民的法和人民的天，而且我们坚信：重庆迟早也要实行人民的法，变成人民的天。

随着时局的发展，蒋介石更加肆无忌惮，倒行逆施。1946 年 11 月，反动的伪"国大"在全国人民坚决反对和唾骂声中召开。此后，国民党的宣传机器如《中央日报》《扫荡报》等，更加紧了对我们的诽谤，直到公开称我们为"共匪"。我们已经预感到报纸有被封闭、人员有被驱逐甚至被消灭的危险了。但我们大家坚定沉着，决心斗争到底，除非有党中央的命令，誓不离开自己的岗位。为了应付可能发生的突然事变，我们早已作了精神上和组织上的准备。在此以前，我们已经疏散了一批同志，并对留下的同志加强了政治思想教育。为了坚定同志们的信心，对同志们进行革命气节教育，我给同志们讲过许多次的课。除了讲时局、讲革命前途和我党斗争历史以及共产党员的修养以外，我还讲了历史上许多英雄人物以及我党许多先烈英勇斗争、慷慨就义的故事，同志们听了很受感动。经过党的政治思想教育，省委和报馆的同志们，都立志象在战场上一样，准备流血，准备牺牲，并且准备了被捕以后的斗争计划，大家都信心百倍地迎接最残酷的斗争。

果然不出所料，1947 年 2 月 28 日早晨三时许，国民党军警一连多人，突然包围了我们的住处——曾家岩 23 号。接着破门而入，进行搜查和抢劫，并拘禁了所有工作人员，对我则专派军警住在房内加以监视。我领导同志们与敌人进行了坚决的斗争。当时我估计到乡下红岩的新华日报馆也一定同时被包围、抢劫和拘禁。我对同志们的斗争精神是放心的，但对同志们的安全却十分挂念。我用电话联系，电线已被切断；派人联系，又已失去自由。第二天伪重庆警备司令孙元良到我处，我除向他抗议外，还要求与报社负责人见面。直到3月2日，报社负责同志才在宪兵特务的监视下，前来向我汇报。他们刚要说话，一个特务就气势汹汹地说："只许讲四十五分钟！"我严厉地质问他："为什么？我们不是囚犯，难道连讲话的自由都没有了吗？我准备讲三个钟头……"那个特务也就不敢作声了。从报社负责同志的汇报中我才知道：伪重庆警备司令部命令《新华日报》在2月27日夜12时前停止一切活动，同时以两团兵力包围了报馆，并实行戒严。他们当夜就想进城向我汇报，但刚出大门就被宪兵特务扣留了。

我报馆的同志接到伪警备司令部的命令后，立即召开了紧急会议，商讨对策。然后便埋藏了收发报机，烧毁了秘密文件，并计划如果敌人实行武装袭击，就拣起凡是可以当作武器的东西，坚决地自卫抵抗。说也奇怪，敌人夜间包围了报馆，却一直到拂晓才敢进门。原来他们根据谍报人员的"真实情报"，说我们报馆内藏有许多武器，有机关枪、手榴弹和驳壳枪，并且修筑了防御工事，怕我们抵抗，才不敢冒进。真是活见鬼，我们的确有枪，也有手榴弹，但都不是真的，只不过是同志们作体操用的一些木制品罢了。据说为这件事，伪警备司令部还把谍报人员臭骂了一顿。

敌人闯进报馆办公室和宿舍以后，把所有人员统统集中看管起来，并以"机枪点名""活埋""关集中营"等相威胁；威胁不成，又转而利诱，说什么愿回家者可发路费和安家费。同志们的回答是："收起你们那一套吧！我们是不会上当的！"在敌人的威胁利诱下，同志们意志坚定，镇静如常，仍然照旧学习、做操、表演秧歌舞、高声歌唱。同志们这种临危不惧的精神，不仅感动了报馆周围的群众，有些国民党士兵也受了感动，有的甚至感动得流泪。

我听过报社负责同志的汇报后，对同志们团结一致地进行斗争，表示满意。随后我说："国民党这次暴行，是它要最后关死和谈之门，决心内战到底。我们要保持共产党员的人格，不怕牺牲。我们三百八十个人要团结得象钢铁一样，不怕任何压力。我们牺牲一个人，会有一万个人来代替……"当我们的谈话结束，报社负责同志临走时，我又再一次要他们回去转告同志们："要团结得象钢铁一样。"他们大声回答："我们一定不怕！"是的，他们不仅没有怕，而且进行了顽强的斗争，保持了共产党人的人格和尊严。他们不愧为党的好儿女！

由于我们的坚决斗争，又由于我们的报纸得到广大人民的拥护，国民党不敢承认以武力驱逐我们。孙元良在一次记者招待会上说：中共人员撤退，中共党报当然无人办理了。还说什么要"护送"我们回延安。这时，我感到没有自己的报纸，无法揭露事实真象，真是痛苦，我更加感到报纸的重要性。

3月1日，收到董必武同志来电说，将有飞机把我们送回延安。经过一番斗争和交涉，我们在重庆的全部人员，终于在3月8日和9日，先后胜利返回延安。接着同志们又奔赴人民解放战争的前线，踏上了新的战斗途程。

当我们被迫离开重庆的时候，大家都有这样一个信念："我们是一定要回来的！"果然，相隔只有两年多，中国人民解放战争就取得胜利，我人民解放军解放了大西南，而《新华日报》又在解放了的重庆复刊，在人民的天下和党的阳光下，开始执行它新的历史使命。

做革命的接班人 *

（1963 年 1 月 1 日）

　　党的八届十中全会，精辟地分析了国际国内形势，提出了我国人民当前斗争的任务。这不仅对于我国社会主义建设，而且对于国际共产主义运动和世界人民革命运动，都具有伟大的历史意义。

　　党的八届十中全会，再一次深刻地论证了过渡时期的阶级斗争问题，并在分析了国内社会各阶级关系和动向以后，着重指出："在这些情况下，阶级斗争是不可避免的。这是马克思列宁主义早就阐明了的一条历史规律，我们千万不要忘记。"党再一次告诫我们千万不要忘记阶级斗争，是非常适时的和必要的，我们一定要记住这个教导。

　　阶级斗争的学说，是马克思列宁主义理论的一个根本问题。经常地向全党全民进行阶级斗争的教育，这是非常重要的任务，而对青年进行阶级斗争的教育，更具有突出的意义。这是因为青年是我们的未来，是我们的希望，是革命的接班人。我们这一代过去进行革命斗争的主要任务，是推翻帝国主义、封建主义、官僚资本主义在中国的统治。这个任务，自从中华人民共和国成立后，已经基本完成了。我们今后的任务，是要在我国建成社会主义社会，并最终实现人类最伟大的理想——共产主义社会。这是我们这一代还没有完成和不可能完成的更加艰巨和更加

_____

　　* 录自《中国青年》1963 年第 1 期，第 2～5、9 页。

光荣的任务。这个任务，就落在青年同志们的肩上。青年是革命的接班人，又是敌人争夺的主要对象。青年具有可贵的优点，他们单纯，较少沾染旧的见解；他们具有对新鲜事物敏锐的知觉，接受新鲜事物快；他们热情活泼，朝气勃勃，上进心强，进步快。但是，青年也有不足之处，他们缺少实际斗争的锻炼，缺乏知识，包括阶级斗争的知识，缺乏确定方向的能力。敌人往往利用青年的这些弱点，企图把青年引入歧途。因此，青年同志要当好革命的接班人，就必须加强阶级斗争的修养和锻炼，认识阶级斗争的规律。阶级斗争规律，是阶级社会的一条普遍的根本规律，它是不以人们的意志为转移的，是客观存在的。阶级搏斗是无情的，要末就是社会主义胜利，要末就是资本主义胜利。问题就是这样明显地摆着的。在国际范围内是这样，在国内也是这样。过去是这样，现在是这样，在将来一个相当长的历史时期内也还是这样。我们这一代的人，对于这个问题，体会很深。现在我想拿一些历史事实和我个人的经历来说明这个问题。

<h2 style="text-align:center">（一）</h2>

我是从激烈复杂的阶级斗争中走过来的。从 1898 年变法维新运动起，我实际上就参加了革命斗争。六七十年来，大致可分为两个时期：一个是旧民主主义革命时期。这一时期，由于没有找到马克思列宁主义真理，虽然参加了变法维新、辛亥革命等运动，但并不是对阶级斗争有了认识，而是出于救国救民的满腔热忱。一个是新民主主义革命时期到现在的社会主义革命和社会主义建设时期。这一时期，由于找到了马克思列宁主义真理，特别是自 1925 年参加了中国共产党以后，才真正开始比较自觉地参加了党所领导的一系列的革命运动，并在党的教育下，经过实际斗争的锻炼，逐步懂得了阶级斗争的理论，成为一名无产阶级的

战士。这个过程是漫长的，其中经历过许多挫折和胜利、失败和成功，教训是很多的。从我亲身参加的革命斗争中，有以下几点体会。

第一，阶级斗争是你死我活的残酷斗争，不能对反动统治阶级有幻想，希望它们发善心，自动接受人民的要求。1898（戊戌）年的变法维新运动，就是一个显著的例子。变法维新运动，是以康有为、梁启超为代表的资产阶级改良主义运动。由于1894（甲午）年中日战争中国战败，民族危机加深，维新派就以"变法图强"为号召，组织力量，要求在中国实行地主、资产阶级联合统治的君主立宪制度，并得到光绪皇帝的支持。但是由于当时的军政实权都操纵在以慈禧太后为首的顽固派手中，虽然光绪颁发了广开言路，办农会、商会，允许私人办工厂等一批维新诏令，但并未贯彻施行。不久，顽固派发动政变，光绪被囚禁，维新派首脑人物谭嗣同等"六君子"惨遭杀害，康、梁被迫流亡。于是，变法维新运动失败了。

当时，我在四川荣县贡井的"旭川书院"读书。我本来在甲午战败后，就为国家危亡忧心忡忡，想找一条救亡图存的道路，但出路何在呢？我有些茫然。正在这时，传来了变法维新思想，我就热烈地接受了它，并在书院内组织一些青年进行宣传。由于我热心于变法维新的宣传，人们给我取了一个外号，称我"时务大家"。可惜好景不常，正当我们兴高采烈的时候，"戊戌政变"发生了，守旧分子立刻向我们反攻，嘲笑我们说："早说不对嘛，要杀头哩！"我们并不屈服，仍然与他们进行斗争。但是，中国的旧势力毕竟太强大了，我们的斗争由于缺乏科学理论的指导和广大群众的支持，终于不能挽救这次运动的失败。

回想起来，我之所以参加变法维新运动，并不是出于革命的自觉，也没有什么革命理论作指导，而只是出于救国救民的热忱。不过从这一事件中已经开始感觉到，反动统治阶级是十分残酷的，它们连进行一点点政治改良，都是不容许的。像戊戌变法这种不触动反动统治制度的改良办法，是行不通的，必须寻找新的出路。

第二，搞革命，搞阶级斗争，必须发动群众，搞掉统治阶级的国家机器和它的社会基础，只搞掉少数统治人物，是不解决问题的，只依靠少数知识分子的力量，也是不能成功的。例如，1905 年同盟会建立以后，由于孙中山先生的资产阶级革命思想的传播，中国的革命运动有进一步的高涨。这时，同盟会并没有对各阶层人民的革命斗争实行有效的领导，没有充分地做"唤起民众"的工作，而在一系列武装起义失败后，又转而进行对清朝官吏的暗杀活动。为此同盟会还成立了一个专管暗杀的部门，我也是这个部门的成员之一，并且负责组织工作。当时我还在日本留学。为了组织对清朝官吏的暗杀，我们最喜欢读《铁假面》之类的惊险小说，并从中研究进行暗杀的技术。1909 年夏，我们知道曾经担任过两江总督的端方被调为北洋大臣的消息后，估计他会经过汉口（当时还没有津浦路）沿京汉路北上，便立即派人去汉口北的刘家庙车站安置好炸弹，等着截杀他。但狡猾的端方，并未取道汉口，而是由海路北上了。结果，我们的计划落了空。此后，我们又决定集中全力刺杀当时清朝政府的最高掌权者——摄政王载沣，并于秋后由黄复生、喻云纪等人到北京来组织机关，在琉璃厂开了一个"守真照相馆"作掩护。他们筹备了好久，到 1910 年 4 月的一个晚上，当到什刹海西北的摄政王府附近的小石桥下埋炸弹的时候，由于事前目测不准确，临时发现电线不够，又发现桥边有人，不得不弃弹返回，准备重来。不料第二天炸弹被敌人取走，随后有两个同盟会员被捕，这一计划又告失败。当时我们怀着满腔热血，不惜牺牲个人生命，企图用暗杀来惩罚那些昏庸残暴的清朝官吏。但是，我们并不了解这个办法不对头。因为我们当时还不懂得：暗杀了统治阶级的个别人物，并不能推翻反动阶级的政治统治，更不能动摇它的社会基础。又如，我在辛亥革命失败亡命法国后，当时第一次世界大战已经爆发，世界资本主义制度的危机已经暴露，科学社会主义和所谓社会主义思想的各种流派，盛行一时。这时我与侨居法国的中国无政府主义者李石曾，讨论社会主义问题。他主张：只搞教育，宣传互助、合作，以感化别人；至于总统、皇帝及其他官职，让人家去当没有关系。即主张所谓"教育救国"。我当时虽然并不认识革命的基本问题是政权问题这一马克思列宁主义原理，但从我以往的革命实践中，特别是从辛亥革命失败的教训中，觉得这种不要组织革命团体的主张是行不通的，并不同意他的意见。我认为宣传教育固然重要，但组织工作尤其重要；如果没有强有力的组织，团结和培养人才，并发动群众，革命是搞不起来的；你不去侵犯皇帝、总统，他也要来侵犯你；仅仅有一个美丽的理想，而没有实现理想的革命方案和革命策略，是不行的。但是又怎样去具体进行呢？我还是有些茫然。我在法国的一段时间，虽然接触了一些社会主义流派，它们也没有给我指出一条拯救中国的光明大道。直到我入了党，学习了马克思列宁主义的理论以后，才算懂得了这些道理，也才认识到推翻帝国主义封建主义在我国的统治、获得彻底解放的正确道路。

第三，要搞革命，就要搞到底，不能半途而废。并且要有阶级分析的观点，对敌人保持高度警惕，而不要受其蒙骗，使革命遭受损失。例如：1911 年的辛亥革命。辛亥革命是中国近代史上一次资产阶级民主主义革命。这次革命，推翻了清朝的统治，结束了中国两千多年的君主专制制度，建立了中华民国。但由于资产阶级的革命软弱性，对帝国主义既没有足够认识，对袁世凯的反革命本质也认识不清，而在南北和议中，虽然有孙中山先生和一些同志反对妥协，但在帝国主义和封建军阀袁世凯的威胁利诱下，终于采取了妥协的方针，把政权拱手让给了买办地主阶级的代理人、窃国大盗袁世凯。接着袁世凯就向革命方面开刀。革命者后来虽然起来反抗，组织了二次革命，但是已经晚了，无可挽回了，辛亥革命终于失败了。又如：1924 年至 1927 年的第一次大革命。这次革命是中国共产党领导中国人民进行的第一次伟大的反对帝国主义反对封建主义的革命战争。当时中国共产党同国民党合作，建立了广东革命根据地，并于 1926 年开始了北伐战争，取得了很大胜利，工农运动也有很大发展。但当革命事业正在发展，革命基础尚不巩固的时候，国民党反动派蒋介石、汪精卫等在帝国主义的策动和帮助下，乘机对革命进行了突然袭击。同时由于党内陈独秀投降主义的领导，以毛泽东同志为代表的党内正确意见遭到压制，因而对于反动派的进攻，不能组织有效的抵抗。结果，使轰轰烈烈的第一次大革命遭到了失败。

第一次大革命期间，我奉党的命令继续留在国民党内，做统一战线工作。这时我已经没有以前那种单枪匹马地搞革命的感觉了，在我的背后，有着马克思列宁主义政党的领导和工农运动的支持，对自己所进行的工作抱着极大的信心和勇气。那时，虽然因为忙于实际革命斗争，无暇好好学习马克思列宁主义理论，但由于有党的领导，已经能够初步根据阶级分析的观点，团结和争取国民党左派，与国民党右派进行斗争。在当时我对蒋介石的恶迹是有所戒备的，并且策划和组织了许多次抵制；对于陈独秀投降主义的领导也是不满的。但是在实际工作中，还存在着"感情能够转移人"的旧的思想残余，特别是对于汪精卫这个暗藏在革命内部的大奸细缺乏足够的警惕，而被他的狡猾和伪装进步所迷惑，直到蒋介石已经叛变，他也即将叛变之前，还对他存在着一定的幻想，认为他不至于叛变。他曾经在"四一二"惨案发生后，也跟着别人拍桌子，大骂蒋介石，其实他骨子里却无时无刻不想反共，他与蒋介石本是一丘之貉。事实正是这样，很快汪精卫也叛变了。这件事情使我深刻地认识到，对待一切人，都必须具有阶级分析的观点，否则，是要上当的。

现在的青年，虽然与我所处的历史时代不同，但是，从上面几个片断事例中就可以看出，要革命，必须有明确的阶级斗争的观点，必须发动群众，彻底摧毁反动阶级的政治统治和它的社会基础，要把革命进行到底，对阶级敌人不能抱有幻想，要保持警惕。否则，革命是不可能成功的。这些道理，只有掌握了马克思列宁主义的阶级斗争的理论以后，才能真正了解。我们在当时的历史条件下，要完全懂得这点，是不可能的。但作为历史教训，对今天的青年来说，还是有教育意义的。

（二）

现在我国青年，主要是在解放后成长起来的。他们在党的教育和培养下，经过自己努力学习，并经过各种革命运动的实践和锻炼，阶级觉悟和政治思想水平都有了很大提高，他们不愧为革命的新生力量。但是这还不够，还需要继续努力。这是因为他们是在和平环境中长大的，对于旧社会的压迫和剥削，没有或很少经历过，也没有经历过以前那种你死我活的动刀动枪的武装斗争，就是解放以后参加了一些革命运动，经历也还是有限的。因此，青年更需要学习阶级斗争的知识。

有人说，我国社会主义革命已经胜利了，我们不仅取得了政权，建立了无产阶级专政，而且基本上实现了生产资料所有制的改革，还取得了政治战线和思想战线上的社会主义革命的决定性胜利，因而阶级斗争已经结束，或者快熄灭了。这种看法对不对呢？

不容否认，政权的取得，无产阶级专政的建立，生产资料所有制的基本改变，特别是在政治战线和思想战线上取得了社会主义革命的决定性的胜利，是我国社会主义革命的伟大胜利。由于这些胜利，使得我国阶级斗争的总趋势是趋向缓和的，但阶级斗争并没有结束，只不过在新的历史条件下采取新的形式罢了。

　　过渡时期阶级斗争是长期的，复杂的，曲折的。因为一切被推翻的阶级，总是不甘心死亡和退出历史舞台的。它们不仅有复辟的企图，而且还有复辟的力量和社会基础。国际帝国主义的存在，台湾还没有解放，国内没有改造好的各种反动分子和残余反革命分子的存在，就是它们复辟的力量。剥削阶级残余的存在，资产阶级的政治观点、思想意识和生活习惯等的存在，小生产者自发资本主义倾向的存在，是它们复辟的社会基础。因此，过渡时期在政治上、经济上、意识形态方面的阶级斗争，不仅存在，而且是长期的。过渡时期阶级斗争的复杂性表现在，既有敌我矛盾，也有人民内部矛盾，而且这两类矛盾常常错综复杂地交织在一起，并且在一定条件下可以转化。阶级斗争的形式，又是多种多样的，有公开的，也有隐蔽的。过渡时期阶级斗争的曲折性表现在，随着社会主义革命节节胜利和步步深入，一方面阶级力量的对比总是向着有利于工人阶级的方向发展；另一方面，往往我们取得一个胜利以后，资产阶级就暂时退却，每当我们社会主义革命深入一步的时候，阶级敌人总是抗拒，或在它们认为所谓"有利时机"就发动进攻。因此，这一时期的阶级斗争，并不是按着直线进行，而是波浪式地时起时伏，时高时低，有时缓和，有时甚至相当激烈。

　　懂得了过渡时期阶级斗争的长期性、复杂性和曲折性，就可以使我们保持应有的警惕，在顺利的时候，不骄傲自满，不麻痹大意；在斗争尖锐的时候，不惊慌失措。同时，能够使我们在处理敌我矛盾和人民内部矛盾时，界限分明，以便团结人民大多数，最大限度地孤立敌人，并最后击败敌人。

　　我们还应该看到，社会主义革命胜利了，并不等于社会主义制度就巩固了。社会主义制度的巩固，需要经过长期的斗争。历史上任何一种革命，都是有反复的，资产阶级革命是这样，社会主义革命也是这样。

例如，英国资产阶级革命和法国的资产阶级革命，都经过封建势力的复辟过程。社会主义革命后的资本主义复辟，在历史上也是有先例的。而且资产阶级的复辟，比历史上任何一种复辟更来得狡猾和阴险。它有时是用"武"的形式，即武装叛乱和武装进攻的形式；有时又用"文"的形式，即促使无产阶级政权蜕化变质的形式。1871年世界历史上第一个无产阶级专政的政权——巴黎公社的复亡，1919年德国巴伐里亚苏维埃共和国和匈牙利苏维埃共和国的失败，是资产阶级用"武"的形式进行复辟的事例。十月革命后，帝国主义武装干涉苏联和1956年的匈牙利事件，又是资产阶级用"武"的形式进行复辟的尝试。南斯拉夫蜕化变质为资本主义国家，则是资产阶级用"文"的形式，即帝国主义经常炫耀的所谓"和平演变"的形式，进行复辟的最典型事例。

综上所述，过渡时期不仅存在着阶级和阶级斗争，而且还存在着资本主义复辟的可能。列宁曾经多次指出，无产阶级夺取了政权，不是无产阶级革命的终结，而是无产阶级革命在新的条件下的开始。这就是说，在无产阶级夺得政权后的相当长的时期内，阶级和阶级斗争还是存在着的。那种认为社会主义革命胜利了，阶级斗争可以熄灭了的观点，不仅是错误的，而且在政治上是极其有害的。我们必须充分认识过渡时期阶级斗争的长期性、复杂性和曲折性，保持清醒的头脑，顽强地与阶级敌人进行斗争，把阶级斗争进行到底，直到取得最后胜利。

也有人说，现在我国虽然还存在着阶级斗争，但阶级斗争并不是我的任务，我的任务是搞生产斗争；至于阶级斗争，是别人的事情。这种看法是对生产斗争与阶级斗争的关系没有正确理解。马克思主义者认为，在阶级斗争存在的社会里，任何一种生产斗争，不论是工业的，或是农业的，或是其它的，都不能离开阶级斗争。因为每个人从事的工作虽然有所不同，但是大家都是同样生活在有阶级斗争的社会里，社会上的阶级斗争，特别是两种世界观的斗争，不可能对某些人根本不发生影响，或者根本不反映到他们身上。这就是说，阶级斗争是客观存在的，任何人都逃避不了，即使有人没有自觉到，阶级斗争也是会去找他们的。所以不能说阶级斗争只是某一部分人的事情，而与另一些人根本没有关系。也就是说，无论是搞什么生产斗争的人，都离不开社会，因而也离不开阶级斗争。人们总是在和自然界作斗争中，同时改造社会，也改造自己。当然，一个工业专家，一个农业专家，一个医学家，不一定同时是一个政治家，但是，不管是搞什么的或是学什么的，都必须学习马克思列宁主义。只有既掌握了马克思列宁主义，又掌握了业务知识，才能把自己锻炼成为又红又专、能文能武的全面发展的社会主义建设人才。不错，我们今后的主要任务是进行社会主义建设，但是，不进行阶级斗争并在斗争中取得胜利，就不能保证社会主义建设。大家可以试想，解放以后，如果没有镇压反革命，"三反""五反"，抗美援朝，对资本主义工商业的社会主义改造等一系列的革命运动，那里还能有今天社会主义建设的胜利？因此，为了保证社会主义建设，必须积极地参加阶级斗争。当然，我们决不能忽视生产建设，而是要百倍努力地学习科学技术，提高建设的本领，把自己担负的具体任务，更加出色的完成，以增强国家的物质力量，这无论对国际国内的阶级斗争，都是具有重大意义的。

还有人说，在社会主义制度下，可以自发地成为社会主义者；在社会主义学校里，可以自发地成为有社会主义觉悟的有文化的劳动者。因而认为现在不需要进行思想改造了。这种思想对不对呢？我看，也是要不得的。

马克思主义者认为，社会主义思想并不是自发地产生的。无产阶级虽然由于自己的阶级地位而自发地倾向于社会主义，但绝对不可能自发地产生社会主义思想。无产阶级要具有社会主义意识，必须有党的启发和教育。如果说最先进、最革命的无产阶级，都必须从外面灌输社会主义思想的话，那么对于非无产阶级出身的人，特别是非无产阶级出身的青年，就更需要从外面灌输社会主义思想了。

不容否认，社会主义制度具备着能够把人们培养成为有社会主义觉悟的有文化的劳动者的广泛可能性。但这只是可能性，要变为现实性，还需要党的教育和自己的主观努力。因为社会主义社会是过渡性质的社会。在社会主义社会里，不论在政治、经济和思想意识形态方面，既存在着社会主义因素，又存在着资本主义的残余。我们生长在社会主义社会里，既能受到马克思列宁主义的教育，又会受到资产阶级思想和旧的习惯势力的影响，如果不接受党的教育并努力进行思想改造，不仅不能成为有社会主义觉悟的有文化的劳动者，相反，在资产阶级思想的侵袭下，还可能走向它的反面。

可见，思想改造是能否使自己成为有社会主义觉悟的有文化的劳动者的关键。尤其在今天，帝国主义正在玩弄反革命的两手，推行它的"大棒和胡萝卜相结合"的政策，大肆叫嚷什么"促进共产党的政策的建设性转变"，以实现"和平演变"。现代修正主义者也在大力宣扬什么"经济一体化""政治一体化"，以实现"阶级合作"。它们还大力宣扬虚伪的"自由、平等、博爱""人道主义""和平主义"等等，以麻痹人民的斗争意志，削弱和破坏社会主义阵营、国际共产主义运动和世界人民革命运动。在我国内部，资产阶级思想影响也还在起作用。在这种情况下，我们必须加强与各种各样的资产阶级思想作斗争，更不能忽视或放松自己的思想改造。

青年同志们！我们的国家是具有光荣历史传统的国家，我们的人民是具有光荣革命传统的人民，我们的党是具有光荣的优良的革命传统的党，我国青年也是具有光荣革命传统的青年，我们又是生活在伟大的社会主义革命和社会主义建设的时代，有着伟大的光荣的正确的中国共产党和英明的领袖毛主席的领导，只要你们努力学习马克思列宁主义，学习毛主席著作，加强实践锻炼，并肯于改造和提高自己，就一定能够成为坚强的无产阶级战士、革命的接班人。

在中国人民大学新的党委会第一次会议上的讲话（摘要）*

（1963 年 6 月）

今天是新党委会的第一次会议，我想谈几个问题的个人意见。

（一）关于团结的问题

要加强团结，特别是领导骨干之间的团结。这个问题十分重要，从我们学校的当前情况说来也十分必要。对于这个问题要站得高，看得远，一是要向前看而不要向后看；二是一时难于解决的问题可以暂时放起来，通过今后工作实践中逐步解决。

对待干部，既要严格要求又要切实爱护，两者要正确地统一。同志之间，要开诚布公，与人为善，互相帮助，共同提高。千万不要闹无原则纠纷，更不要犯自由主义。

领导干部要以身作则。如果领导之间不团结或不融洽，势必削弱党的领导，影响大局。凡事要站到党的立场上，以大局为重，以办好学校为重。这是能否办好学校的最重要的关键。

（二）关于贯彻民主集中制的问题

要贯彻好民主集中制，就要按照党章规定的"在民主基础上的集中和在集中指导下的民主"，要少数服从多数，个人服从组织，下级服从上级，全党服从中央。这些都是大家都知道的常识。不过要做得好，也不

---

* 录自《吴玉章文集》上，重庆出版社 1987 年版，第 557～559 页。

是一件容易的事情。为了贯彻好民主集中制，凡是重大问题，都要经过集体讨论决定。既要虚心倾听和研究不同的意见，又要根据多数作出决定。而既经决定了，就要步调一致，统一行动。

（三）对于学校工作的一点估计

自从郭影秋同志调来我校担任实际领导工作以来，由于他艰苦的努力，各项工作都在稳步前进。我对这一阶段的工作是满意的；他的深入踏实的工作作风，反映良好。我对进一步办好我们的学校充满着信心，我相信大家也有这个信心。

（四）关于房子的问题

郭影秋同志来校后，我就觉得他住的房子不合适，住在三层，上下不方便；环境不安静，闹得很；设备很差，连个洗澡盆都没有。后来又知道他有严重的失眠症，一夜要吃四次安眠药，这样对于身体很有害。本来，中央调他来是为了加强我校领导的，而我校的工作又是这样繁重。如果因为休息不好而病了，这怎么行？我想，我们应该给予适当安顿。我为此很着急。我曾经要他到社会主义学院给我留的房子去住，他不肯；要他暑假中暂时搬到教室大楼去住住（这当然不是长久解决的办法）他也不肯。后来，有同志提议说校部搬到东风楼办公后，把原来的办公室改为宿舍，如果在那里划出点房子，让郭影秋同志和几位年老的同志住，虽然是简陋一些，但环境尚安静，而且稍事修整即可以住，化不了多少钱。我很赞成。

前几天听说有同志对此提了一些意见。同志们可能是好意，也可能不了解情况。

据我所知，影秋同志是很能吃苦，很俭朴的；他过去一直就是一位勤俭朴实的同志。在我想办法给他解决房子问题时，他一直谢绝。但我作为校长，这点责任应该承担起来，不然党中央会责备我的。

致毕业同学 *

（1963 年 7 月 7 日）

毕业同学们：

你们在学校里经过几年学习后就要毕业了。在你们即将离开学校走上工作岗位的时候，特向你们提出三点希望：

一、在分配工作时，要坚决服从国家分配。今年的毕业生分配工作，国家是根据党中央提出的以农业为基础、以工业为主导的发展国民经济的总方针和有关方针政策，结合当前和长远需要以及你们的具体情况进行统一分配的。在具体安排上，将尽可能做到人尽其才，才尽其用。希望你们以国家需要为重，坚决服从国家分配。

二、毕业分配后，在劳动实习期间，希望你们自觉地严格要求自己，通过劳动锻炼提高思想觉悟和阶级觉悟。当前国内形势和国际形势都是好的，希望你们认清形势，努力学习政治，刻苦钻研业务，兢兢业业地工作，积极参加阶级斗争、生产斗争和科学实验，通过各种实践，把自己逐步锻炼成经得起任何考验的真正又红又专的无产阶级战士，当好革命的接班人。

三、希望你们在工作岗位上与母校保持联系。把你们在实际工作中所感觉到的对学校教学以及其他工作的意见提出来，以改进和提高我校工作。

最后，祝你们身体健康，精神愉快！

＊ 录自《人民大学》1963 年 7 月 13 日，第 1 版。

在开学典礼大会上的讲话 *

（1963 年 9 月 14 日）

同学们，同志们！

　　新学年开始了。今天我们举行开学典礼，请让我代表学校向新同学表示热烈的欢迎。

　　我还想在这个大会上正式宣布一件事，即中央已于四月十三日决定，调南京大学党委书记兼校长郭影秋同志来我校担任党委书记兼副校长。郭副校长已于五月间到职工作，国务院也早已任命公布。我们特向他表示热烈的欢迎。

　　中国人民大学是在老解放区革命大学的基础上建立和发展起来的，是党中央直接创办的最早的一所新型的社会主义大学，它现在设有：哲学系、政治学系、政治经济学系、历史学系、法学系、语言文学系、新闻学系、档案学系、计划统计系（准备分为经济计划学系、统计学系）、工业经济学系、农业经济学系、财政贸易系（准备分为贸易经济学系、财政信用学系），还设有各种进修班担负轮训干部和培养理论教师的工作。

　　中国人民大学从一九五○年建校起，十三年来，在中央指导和教育部、北京市委领导下，经过全体师生员工的努力，取得了很大成绩，也

---

　　* 录自《人民大学》1963 年 9 月 14 日，第 1、2 版。

取得了许多宝贵的经验。我们设立了马克思列宁主义政治理论和经济科学等方面的专业，培养了大批政治理论师资和经济建设干部，建立了一支一千多人的教师队伍，编写和出版了大量教材。我们在宣传马克思列宁主义、毛泽东思想以及配合当前国际国内的实际斗争中，也做了许多工作。但是，我们在具体工作中也发生了一些缺点和错误。这些缺点和错误，我们已经根据党的"调整、巩固、充实、提高"的方针进行了检查总结，有的已经纠正，有的正在纠正。毫无疑问，我们学校的工作，一定能够在已有成绩的基础上更好地前进。

当前国际国内形势都是好的。在国际上，尽管帝国主义、各国反动派和现代修正主义对世界人民革命运动和国际共产主义运动进行各种阴谋破坏，而世界人民的革命运动和国际共产主义运动仍在蓬勃发展；在国内，我们胜利地克服了连续几年自然灾害和其他原因所带来的暂时困难，形势已大大好转。与此同时，国际范围内的阶级斗争正在剧烈地进行着，国际共产主义运动中马克思列宁主义同现代修正主义正在展开尖锐的斗争；国内无产阶级和资产阶级之间的斗争，社会主义道路和资本主义道路之间的斗争，还是长期的、曲折的、复杂的，有时甚至是很激烈的。

在这种形势下，我们文教战线光荣而艰巨的任务是：高举毛泽东思想旗帜，保卫和发展马克思列宁主义，反对帝国主义、现代修正主义、一切反动思潮；研究社会主义革命和社会主义建设的理论问题和实际问题，探求社会主义革命和社会主义建设的客观规律；在当前国际共产主义运动中，推动世界无产阶级革命事业的发展，提供社会主义革命和社会主义建设的理论和经验。因此，建设一支足够数量的、立场坚定的、水平较高的政治理论队伍和经济科学队伍，就成为一项极端重要的任务。

中国人民大学是一所哲学、社会科学性质的大学，是培养马克思列宁主义政治理论和经济科学等方面人才的一个重要基地。它在实现上述任务中，担负着特别重大的责任。因此，我们应该根据当前整个形势发展的需要，结合我校的基础和条件，确定我校的发展方向。

我校今后的发展方向是：继续办好本科，办好政治理论教员和经济建设等干部的轮训工作。同时，为培养更多的研究生创造条件。在条件成熟时，增设培养研究生的研究院。方向定了以后，要力求稳定。实现这个方向，要一步一步地走，有计划有步骤地做到。我们要本着这个方向踏踏实实地工作，以便在阶级斗争、生产斗争、科学实验这三项建设社会主义强大国家的伟大革命运动中，为党和国家做出更多的贡献。

毛泽东同志是当代伟大的马克思列宁主义者。我们的一切工作，必须以毛泽东思想为最高指导思想。无数历史事实证明，凡是按照毛泽东思想做了的，工作就是胜利；凡是离开了毛泽东思想的，工作就要犯错误、受损失。为此，必须：

（一）坚决贯彻执行党的"教育为无产阶级政治服务，教育与生产劳动相结合"的方针。认真贯彻以教学为主的原则。

（二）在教学和科学研究工作中，坚决贯彻"百花齐放、百家争鸣"的方针。在贯彻这一方针中，要严格区别和分别对待学术问题和政治问题，这对正确贯彻这一方针具有重要意义。

（三）加强党的领导，坚持民主集中制。民主集中制是我们党和国家的根本制度，正确地贯彻民主集中制，对于做好工作具有重大意义。为了更好地贯彻民主集中制，要坚持"从群众中来，到群众中去"的群众路线。凡是重大问题，一定要经过一定的会议讨论和决定；领导要发扬民主，善于倾听不同意见；要深入群众，与群众打成一片。

（四）加强党的政治思想工作。我们要有一个坚强的、有战斗力的、经得起任何考验的党的队伍，要建立一套适合于学校特点的思想政治工作的方法和制度。

（五）加强团结。团结的问题对于做好工作十分重要。团结就是力量，必须加强团结。

（六）要牢牢记住毛主席"虚心使人进步，骄傲使人落后"的教导，并且要贯彻到实际行动中去。除了要虚心倾听群众意见以外，还要学习兄弟院校的先进经验。在这个问题上，我们要真正具有甘当小学生和小弟弟的精神。

只有这样，才能够调动一切积极因素，团结一切可以团结的力量，致力于一个目标——办好学校。

此外我还想单独谈谈函授教育。我校的函授教育，根据各地的反映是办得好的。各地对我们的要求很多很高，要充分满足他们的要求是困难的。但我们要加强对函授教育的领导，从各方面给予必要的支持和支援，以便能够尽我们力所能及的责任。

我们还应该办好夜大学。除了准备先吸收校内干部参加学习以外，还准备逐步吸收部分校外干部，以便在帮助北京市（包括中央机关）加强在职干部的业余教育中尽一点力量。

同学们！你们在学校期间的主要任务是学习，希望你们严格地遵守教育部规定的学生基本守则，这就是提高觉悟，努力学习，热爱劳动，锻炼身体，尊敬师长，团结同学，遵守纪律。

下面我分别提几点意见：

（一）要努力提高觉悟。在学习上要牢固地树立起对国家负责的观点，要认识到你们在学校的学习质量直接关系到将来的工作质量，学习成绩的问题，不只是个人的问题，而首先是关系到国家建设事业的问题。因此，必须严格地要求自己，既要注意学习政治，认真学习马克思列宁主义、学习毛主席著作，又要注意学习业务，认真学习专门知识，两者不可偏废。要正确地解决红与专的关系问题。

（二）要努力学习。要坚持学习上持久而紧张的劳动，要刻苦顽强，孜孜不倦，循序渐进，持之以恒。在学习方法上要注意理论联系实际，力求把学到的理论用来解释和解决国内外阶级斗争和社会主义建设事业中的实际问题。

（三）要热爱劳动。你们在校期间要根据学校的规定参加生产劳动，这对培养劳动习惯，树立劳动观点，帮助改造世界观，促进理论与实际结合，逐步实现"知识分子劳动化"的任务，都是必要的。

（四）要锻炼身体。要积极参加文化体育活动，以增强体质，保证学习任务的完成和保证将来更好地为社会主义建设事业服务。

（五）要尊敬师长。你们在校学习，必须依靠教师的指导。虚心学习，听从教师的指导，对于学业的进步有极大关系。我校的教师，一般都是学有专长的，能在各项专门业务方面指导同学们完成学习任务；同时，他们在政治上一般也是比较好的。其中有些教师，学识渊博，有些则是经过长期革命锻炼的。他们不仅在学习中能帮助你们，而且在许多方面都可以成为你们的学习榜样。

（六）要团结同学。同学之间要发扬团结友爱的精神，在政治上互相帮助，在学习上共同切磋，互相勉励，共同进步。

（七）要遵守纪律。要自觉地遵守国家法令和学校校规，遵守社会秩序，爱护公共财物，做一个好公民。

只有这样，才能够逐步达到"有社会主义觉悟的有文化的劳动者"的目标，成为真正又红又专的无产阶级知识分子，承担起坚强的革命接班人的责任。

同学们，同志们！党和国家对我们学校的期望是很大的，而我们的学校现在也比过去更有条件有把握办好。只要我们提高信心，鼓足干劲，谦虚谨慎，团结一致，完全按照毛主席的思想办事，坚决而正确地贯彻中央的方针政策和上级指示，我们一定能够完成党和国家赋予我们的艰巨而光荣的任务。

祝同学们在新学年里学习上取得优异成绩，祝同志们在新学年里各项工作都取得新的成就。

中国最近五十年民族与民主革命运动简史（纲目）*

（1963 年 10 月）

上　编

旧民主主义革命时代

——甲午中日战争至"五四"运动

（一八九四年至一九一九年）

目　录

总　纲

世界事变：资本主义最后阶段的帝国主义的形成、发展与帝国主义第一次世界大战，俄国无产阶级十月革命的胜利，开始了资本主义总危机，一九一九年凡尔赛的分赃会议，世界革命潮流的高涨。

中国事变：甲午中日战争，帝国主义列强争夺中国利权，改良主义的得势与失败，义和团运动与八国联军陷北京，辛亥革命的胜利与流产，"五四"反帝反封建军阀运动及新文化运动的高涨。

第一章　甲午中日战争

资本主义最后阶段的帝国主义的形成与其争夺中国领土及利权的狂澜，中国社会经济的破坏与国家财政的破产，救国运动勃兴，革命派与改良主义的斗争。

---

　　* 录自《历史文集》，生活·读书·新知三联书店香港分店 1978 年版，第127～138 页。

第一节 甲午中日战争的失败及《马关条约》的丧权辱国、割地赔款。

第二节 帝国主义列强的争夺中国利权及租借地与不割让（势力范围）条约的签订。

第三节 中国经济的破坏与国家财政的破产。

第四节 中国革命潮流的高涨，革命派与改良主义的斗争。

第二章　戊戌变法

改良主义的得势与惨败，袁世凯叛变，谭嗣同等被惨杀，反动势力抬头。

第一节 改良主义的得势。

第二节 新政的颁布。

第三节 新政的失败与反动势力的猖狂。

第三章　义和团反帝运动

中国人民自发的反帝运动，八国联军陷北京，清朝政府卖国求和。

第一节 帝国主义政治经济文化侵略的加强及宗教压迫的加甚。

第二节 义和团农民暴动的发展。

第三节 清朝反动政府利用义和团拒外又残杀义和团。

第四节 八国联军陷北京及清西太后皇帝奔西安。

第五节 丧权辱国大付赔款的辛丑和约。

第六节 中国知识青年革命思潮的高涨，《新民丛报》的出版及其影响。

第四章　辛亥革命

第一节 日俄战争，俄国一九〇五年革命。中国留日学生大发展，东京成了革命活动的中心。

第二节 革命同盟会的成立，其机关报《民报》出版，大受欢迎。

第三节 各地武装起义的失败。

第四节 清朝政府假立宪的欺骗。

第五节 广州三月二十九日起义的失败及其影响。

第六节 清朝政府出卖铁路与帝国主义，引起全国反对，四川保路同志会的革命运动。

第七节 武昌起义、清皇朝被推翻，中华民国成立。南北妥协、袁世凯窃得政权，革命未能完成。

第八节 袁世凯窃国称帝，与日本秘密签订卖国的二十一条。

第九节 讨袁军起，袁世凯死，段祺瑞等北洋军阀不断地进行内战。

第十节 帝国主义第一次世界大战，俄国无产阶级十月革命的胜利。

第五章 "五四"运动①

第一节 中国资本主义的发展，工人阶级的革命斗争。

第二节 十月革命在中国的影响，马克思主义在中国的传播，中国新文化运动的勃兴。

第三节 参加欧战与段祺瑞的阴谋卖国。张勋胁迫黎元洪解散国会与拥溥仪复辟。国会南迁，广州设立军政府，以孙中山为大元帅。段祺瑞驱逐张勋，召集新国会。中国分为南北两政府。

第四节 一九一九年的凡尔赛分赃会议。"五四"运动的经过及其意义。

第五节 世界革命潮流高涨。

下 编

新民主主义革命时代

—— "五四"运动至中华人民共和国的产生

（一九一九年至一九四九年）

---

① 五四运动是新民主主义革命的开始，本应放在下编，这里为了叙述方便，仍放在上编。——作者原注

第一分册　目录

总　纲

世界事变：共产国际成立，苏联发表第一次对华宣言放弃帝俄侵略中国的一切权利。资本主义暂时稳定与总危机加深。资本主义最后阶段的帝国主义进而为更公开凶恶专制侵略好战的法西斯主义。德、意、日法西斯国家出现。苏联社会主义建设胜利发展，国际反战反法西斯统一战线形成。

中国事变：中国共产党产生。中国工人阶级革命运动的高涨。国民党改组。国共合作完成。第一次大革命。国民党叛变。土地革命。日寇武装进攻。国民党不抵抗主义与反共内战。红军北上抗日与二万五千里长征。抗日民族统一战线形成。

（一九一九年至一九三五年）

第二节　苏联与中共协助国民党建立黄埔军校。

第三节　曹锟贿选总统。奉直战争，冯玉祥倒戈反曹、吴，加入革命，成立国民军一、二、三军。曹锟下野，吴佩孚逃亡。

第四节　孙中山发表北上宣言，主张废除不平等条约及召开国民会议。

第五节　孙中山到北京反对段祺瑞召开军阀式的善后会议。孙中山逝世。国民党反动派召开西山会议。

第六节　北京、上海学生爱国运动高涨，工人运动大发展。第二次全国劳动大会在广州举行。

第三章　北伐战争

第一节　"五卅"惨案。沙基惨案。广州省港罢工委员会成立。革命潮流高涨。广州国民政府成立，廖仲恺被刺。

第二节　国民党第二次全国代表大会。蒋介石制造三月二十日中山舰事变窃取国民党党政军大权阴谋反共。广州国民政府出师北伐。国民党执监委员开联席会议于广州，议决提高党内民主、反对独裁，实行二五减租、发展工农运动。

第三节　北伐军占领长沙、武昌、南昌、宜昌。四川、贵州军阀加入国民革命军。北伐军占领南京，帝国主义炮击南京。上海工人第三次起义胜利，占领上海。

第四节　武汉工人英勇收回英租界。以武汉为中心的反蒋斗争。国民党第三次中全会决议取消蒋介石党政军独裁制改为民主委员制。汪精卫回到武汉，在上海与陈独秀共同发表《汪陈宣言》，并与蒋介石秘密联合反共。蒋介石在上海举行"四一二"政变，屠杀工人与共产党员赵世炎、陈延年等，并在南京成立反革命的国民政府，南京成了反革命的中心。

第五节　武汉举行讨蒋大会，并誓师北伐，武汉成了革命的中心。

武汉工人运动高涨。两湖，特别是湖南农民运动蓬勃发展，农民协会成了乡村政权，土地革命迅速开展。中国共产党第五次全国代表大会。毛泽东同志提出《湖南农民运动考察报告》，陈独秀未予重视。

第六节　蒋介石嗾使王陵基在重庆屠杀革命青年，发生"三三一"惨案。许克祥在长沙举行反革命的马日事变。杨森、夏斗寅叛变进攻武汉，败走。何键在武汉发动反共运动。北伐军占领郑州。汪精卫、唐生智等开郑州会议，秘密联蒋反共。汪精卫七月十五日开分共会议，议决与中共分裂。宁汉战争。

第四章　土地革命

第一节　"八一"南昌起义，起义军在汕头一带失败。中共开"八七"会议检讨革命失败原因。毛泽东同志领导湖南农民秋收起义，在井冈山建立革命根据地。

第二节　一九二七年十二月十一日广州工人起义，旋即失败，国民党屠杀工农及共产党员七八千人。国民党政府与苏联绝交。

第三节　中共第六次代表大会。朱德同志率南昌起义余部到井冈山与毛泽东同志会师。各省边区陆续建立革命根据地，成立苏维埃政权，实行土地革命。蒋阎等军阀混战。

第四节　中共三中全会与四中全会——反对立三路线，第三次"左"倾路线的得势。

第五节　日本帝国主义武装进攻中国，发动"九一八"事变。国民党的不抵抗主义与加剧反共内战。中华苏维埃第一、二次全国代表大会开会。福建事变。国民党前后四次"围剿"中央苏区，均告失败。中共领导下东北人民抗日义勇军的发展。

第六节　一九二九年世界经济大恐慌。德国法西斯头子希特勒举行政变。

第七节　苏联社会主义建设第一个五年计划四年胜利完成，继续进行第二个五年计划。共产国际第七次代表大会号召全世界工人阶级结成反战反法西斯统一战线。

第八节　中共遵义会议——纠正"左"倾路线。

第九节　日本帝国主义加紧侵略中国。中国经济更加破坏。民族解放斗争浪潮高涨。中国共产党为抗日救国的民族统一战线而斗争，发表"八一宣言"。国民党对中央苏区进行第五次"围剿"。中国共产党宣言实行停止内战，北上抗日，经过二万五千里长征，到达陕甘宁边区。国民党厉行白色恐怖残杀工农及共产党员数十万人，各大城市革命力量被摧毁殆尽。

第十节　北平学生的"一二·九"抗日爱国运动。中国共产党在新环境中的斗争，改工农共和国为人民共和国，修改了土地政策。上海各界救国联合会成立，拥护中共团结抗日主张。抗日民族统一战线迅速发展，停止内战一致对外的呼声响遍全中国，聂耳的《义勇军进行曲》正是表现每个爱国人士的心情。

第二分册　目录

总　纲

世界事变：德、意、日法西斯国家反共同盟。意国进攻阿比西尼亚。德、意助西班牙反革命弗朗哥进攻革命。德、意、日发动第二次世界大战。日寇占领中国大部分领土。德、意灭亡欧洲大陆十四个国家，并进攻苏联。中、苏、美、英反法西斯统一战线成立。反法西斯第二次世界大战获得完全胜利。德、意、日法西斯国家灭亡。世界民主阵营与反民主阵营的形成与斗争。

中国事变：西安事变与国共重新合作。"七七"开始的八年抗日战争中，中共领导的军队（八路军、新四军、两广纵队等）在敌后进行游击战，建立了许多根据地，抗拒了百分之五十以上的敌军和百分之九十以上的伪军。蒋介石消极抗日，积极反共，退守川、滇、黔一隅，而以三十万大军一直包围陕甘宁边区，未尝以之对敌。苏联出兵攻日，日寇投降，抗日战争胜利。国共成立《双十协定》，召开全国各党派代表及社会贤达的政治协商会议。在抗战期中更加发展成为经济上独占、政治上独裁的官僚资本主义的法西斯头子蒋介石，撕毁停战协定与政治协商会议决议，作美帝国主义走狗向人民进攻。人民解放军反攻获得伟大的胜利，中华人民共和国的产生。

（一九三五年至一九四九年）

第一章　抗日战争

第一节　日寇广田提出对华三原则要求"中日共同防共"。

第二节　东北义勇军成立抗日联军，以杨靖宇为总司令。

第三节　一九三五年十一月三日国民党政府发表金融改革令，规定以中、中、交三行所发行之钞票为"法币"，实行"白银国有"，禁用现金，当时受英国金镑的支配，抗战以来则美元支配了"法币"一切。

第四节　一九三六年双十二西安事变的经过及其影响。

第五节　中共中央致电国民党三中全会，提出停止内战一致对外的五项要求、四项保证。国民党三中全会，宋庆龄、何香凝等提出恢复中山先生手订联俄、联共、扶助农工三大政策案。顽固派通过《根绝赤祸案》。

第六节　一九三七年七月七日，日寇向芦沟桥进攻，二十九军自动抗战。全国要求立即全国抗日。蒋介石被迫抗日。红军改编为八路军、新四军，陕甘宁苏区改为国民政府直辖下的特区政府。国共重新合作完成。上海、南京失守。

　　第七节　八路军在平型关大战，歼灭日寇精锐坂垣师团大部。成立晋察冀边区、冀热辽抗日根据地。

　　第八节　台儿庄之战。徐州、武汉、广州失守。蒋介石退重庆。八路军坚守太行，建立晋冀鲁豫边区、晋绥边区，与新四军共同建立山东、华中抗日根据地。华南游击队建立华南（东江、琼崖）抗日根据地。

　　第九节　国民参政会民主与反民主的斗争。蒋介石密令部下反共，以胡宗南三十万大军包围陕甘宁边区。平江惨案。阎锡山反共的新军事变。

　　第十节　皖南事变。日寇与蒋勾结联合进攻中共领导的抗日军的阴谋。

　　第二章　中共更加布尔塞维克化，提高理论，健全组织。

　　在边区实行减租减息，发展生产，自力更生，支援前线

　　第一节　一九四○年毛泽东同志发表《新民主主义论》。

　　第二节　毛泽东同志提出整顿学风、党风、文风的号召。加强理论学习。

　　第三节　中共召开全国第七次代表大会，毛泽东同志提出《论联合政府》的报告。

　　第四节　中共领导的边区，实行减租减息的政策，发展生产，自力更生，支援前线。坚持团结、抗日、民主，反对分裂、妥协、独裁。

　　第三章　德、意、日法西斯国家反共同盟，意国进攻阿比西

　　尼亚，与德国共同援助弗朗哥进攻西班牙革命。德并吞奥

　　国、捷克、波兰，发动第二次世界大战。苏、美、英、

　　法联盟。反法西斯的第二次世界大战获得完全胜利

　　第一节　德日签订防共协定后，设常设委员会于柏林。

　　第二节　意大利占领阿比西尼亚与德国共同援助弗朗哥进攻西班牙

革命。西班牙革命军保卫马德里的英勇战争。

第三节　英法出卖捷克，与希特勒、墨索里尼开慕尼黑会议。

第四节　英法与苏联谈判保护波兰协约未成。希特勒进攻波兰，灭亡波兰、法国等十四个国家。英兵退保伦敦。

第五节　希特勒、墨索里尼联合进攻苏联。苏联保卫莫斯科、列宁格勒、斯大林格勒的英勇战争。

第六节　英、美、苏反法西斯统一战线成立。开罗会议。德黑兰会议。雅尔达会议。

第七节　英美联军在法国西海岸登陆。苏联大反攻，解放波兰，解放巴尔干半岛各国，占领维也纳、柏林。墨索里尼与希特勒死。法西斯国家灭亡。

第八节　欧洲反法西斯战争完全胜利。波茨坦会议。

第四章　苏联出兵东北攻日。日寇投降。抗日战争获得完全胜利。

国共谈判，成立《双十协定》、《停战协定》、政治协商会议决议

第一节　苏联出兵东北攻日。日寇完全崩溃，无条件投降。

第二节　蒋介石横蛮不许中共军队接受敌人投降，反由美帝国主义代其运输军队到各地方去劫收。

第三节　为了和平统一，毛泽东同志赴重庆商谈。国共成立《双十协定》《停战协定》，召开政治协商会议，成立五项决议。

第五章　蒋介石联合美帝国主义向解放区进攻。

人民解放军反攻大胜利。中华人民共和国产生 [①]

第一节　美国军事调处的欺骗。蒋介石进攻东北。撕毁《停战协定》、政协决议。发动全国内战。美国以大量军火援助蒋介石打内战。蒋介石出卖海陆空国权。签订中美协定等许多卖国条约。

---

① 这一章的最后几节，是以后补写的。——作者原注

第二节 人民解放军由防御转入进攻。刘邓大军南下，直抵大别山，解放中原广大地区。西北人民解放军收复延安，解放黄龙山区，进攻渭北，直达宝鸡，包围西安。

第三节 中共土地会议，发表《土地法大纲》。解放区土地改革陆续完成。

第四节 蒋介石政府的军事、政治、经济、文化等的总崩溃，青年学生及各阶层广大群众掀起反饥饿、反压迫、反卖国、反美帝国主义的英勇斗争。

第五节 人民解放军解放石家庄，华北解放区打成一片，成立华北人民政府。中国第六次全国劳动代表大会在哈尔滨举行。中原解放军解放洛阳、南阳、襄阳、郑州等重要城市。华东解放军解放济南、开封、兖州、菏泽、淮阴等重要城市。两军会攻徐州，与蒋匪军在淮海大战，歼灭匪军六十万，长江以北大部解放。华北解放军围攻太原、大同，解放保定、张家口、承德等重要城市。东北解放军大反攻，锦州、辽西大捷，蒋匪在东北一百万大军全军复没，东北完全解放。东北解放军入关与华北解放军会攻平津，解放北平、天津，华北完全解放。

第六节 美帝国主义策动蒋介石引退，以李宗仁代理伪总统，玩弄假和平。中共中央毛泽东主席发表关于时局的声明，提出八项和平条件。

第七节 中国人民政治协商会议成立，中华人民共和国产生。

在教育工会全国工作会议上的讲话 *

（1963 年 11 月 3 日）

　　我们工作中还有不少问题，工作发展还不平衡。所以我们就要开开会，大家来议论议论，交流些经验，以达到统一思想，推动工作的目的。

　　为了把会议开好，我们要议大事，落本行。议大事要站得高，看得远，方向明确；落本行要钻得深，扎扎实实。要把大事和本行结合起来。

　　党中央说提高教育质量是一个战略任务，中小学教育的根本目的是培养坚强的革命后代。大学当然也是要培养坚强的革命后代。也就是说要培养有社会主义觉悟的、有文化的劳动者。

　　要解决这个问题，主要就是要坚决贯彻党的教育方针，把我们的教育事业办好。党的教育方针是完全正确的，但是我们具体搞教育工作的同志，包括广大的教职员，是不是都已经正确地领会、接受和贯彻了党的方针呢？我看还不能这样说。贯彻党的教育方针，是一场深刻的教育革命，这里有认识问题，有方法和经验问题，但根本的还是思想问题，无产阶级的教育思想和头脑里的资产阶级教育思想斗争的问题。这种斗争实质上反映了两种世界观的斗争，不是一句话，一次学习就全通了，道理上通了，也不等于具体问题上都通了，需要长期反复地进行教育。所以说能不能切实贯彻党的教育方针、提高教育质量，归根到底，取决

---

　　* 录自《吴玉章教育文集》，四川教育出版社 1989 年版，第 363～366 页。

于教育者本身的政治思想觉悟程度。

马克思说"教育者必须受教育",这是至理名言。我们的教师同志们这些年来已经有了很大的进步,但决不能因此自满起来。特别是在当前国内外阶级斗争的形势下,教师们应该努力学习马克思列宁主义和毛泽东思想,继续自觉地进行自我思想改造。世界观的改造是一个长期的任务。有些同志不大愿意听"改造"两个字,其实改造并不可怕。无产阶级在改造客观世界的过程中要改造自己的主观世界,更何况知识分子呢?自觉地改造自己,是对人民、对社会主义事业高度负责的表现,也是客观上的需要,应该把思想改造成为自觉的迫切的要求。

对教师要做好团结、教育工作。我们一定要团结绝大多数,团结95%以上的人,团结一切可能团结的力量。不这样做,我们也会犯错误。但是这种团结并不是无原则的,团结并不等于没有斗争。只有加强教育,才能使团结有牢固的政治思想基础。团结必须教育,教育为了团结。团结起来做什么?共同为社会主义建设和社会主义革命而奋斗。团结到什么地方?团结在党的周围,团结到社会主义的道路上。我们不要一讲阶级斗争就忘了团结绝大多数;也不要一讲团结就放松了教育。要辩证地看这一问题的两个方面,照党的政策办事。

教育工会的工作是很重要的。党需要这样一个助手,教工群众需要这样一个组织,阶级斗争需要这样一个工具,各级教育行政部门也很希望工会能够发挥应有的作用,成为一个可以依靠的力量。所以我们要努力把教育工会工作做好。怎样才能做好?怎样才能联系和团结广大教工呢?我想简单说来有两条:第一,对群众有教育。工会是共产主义的学校,理所当然地要帮助自己的成员成为名符其实的工人阶级知识分子。第二,要帮助群众解决实际问题。不关心、不解决生活上、工作上许多实际问题,光讲大道理是不行的。不过解决实际问题要政治挂帅。所以工会工作要紧紧抓住政治思想工作这个纲，把政治思想工作大大加强起来，并带动其它各项工作的发展。

有了正确的方针任务，还要有正确的工作作风和工作方法。我们党历来就提倡深入实际、调查研究、实事求是、群众路线的作风和方法，我们要发扬党的优良传统。教育工会的工作对象主要是知识分子，我们要善于关心他们、熟悉他们、了解他们。学会针对知识分子的特点，有的放矢地进行工作。我们要把工作做得深入细致些，向纵深方向发展。

同志们做了不少调查研究，工作中也有不少实际经验，希望大家把这些好东西都写出来，共同研究，群策群力，一起把我们的会议开好，回去以后把实际工作做好，使教育工会的工作向前推进一步。

新年话家常 *

（1964 年 1 月 1 日）

　　新年前夕，看过话剧《年青的一代》，很受感动。这确是一出好戏，它提出了一个很重要的问题，即青年人应该走什么道路的问题，并且通过肖继业、林岚和林育生等几个不同类型青年的生动形象，对这个问题作了正确的回答。因此，它受到了青年、老年和社会各个方面的一致好评。

　　青年人走什么道路的问题，是关系国家兴亡和革命成败的大问题。这个问题，不仅青年人关心，老一代和家长们也都是关心的。青年人所以关心，是因为他们想找一条正确的道路，使自己的一生有所作为，为国家做出贡献。老一代和家长们所以关心，是因为他们不仅希望自己的子女是好孩子，更主要的是希望青年做我们革命事业的接班人。他们想到的是，如果青年走上了正确的道路，我们的国家就会兴盛，革命事业就会继续发展下去；反之，我们的国家就有衰亡、革命事业就有被断送的危险。剧中林坚说："我们这代人千辛万苦打下了江山，我们的下一代呢？他们都会继承我们的事业还是可能出现一些败家子呢？"这句话的确道出了我们老一代人的心情。所以，当我们看到剧中肖继业、林岚这样的青年，真正继承了老一辈的革命精神，不计较个人得失，不怕艰

---

　　* 录自《中国青年》1964 年第 1 期，第 1～7 页。

难困苦，走上了革命的道路，心里充满了希望，感到无限欣慰。当看到林育生那样的青年，忘记了父辈的教诲，不顾国家和革命的利益，只顾追求个人享受，贪图安逸，走上了歧途，心中又着实痛心；当看到林育生在肖奶奶、林坚和肖继业等的教育帮助下，认识了错误，重新走上了正确的道路，又深深感到我们老一代对青年一代进行教育，又是何等的重要。

每一个青年，要想找到一条正确的道路，并且能够沿着这条正确道路走下去，是不容易的。这不只是因为青年比较幼稚，还缺乏选择生活道路的能力，更重要的是由于在阶级社会里，各阶级都在激烈地争夺青年，青年要找到一条正确的道路，需要经过多么严重的考验和长期的生活磨炼啊！像我们老一代人，在年青的时候，是经过了千辛万苦才找到了革命道路的。就拿我来说吧！

我的少年时代，是中国最后一个封建王朝——清朝统治的末期，当时内忧外患，国事日危，心中十分焦虑。为救亡图存，我一心想寻找一条革命的道路。1898（戊戌）年的以康有为、梁启超为代表的资产阶级改良主义运动——变法维新运动兴起时，我便热烈地参加了。但是不久，维新运动就遭到统治阶级的残酷镇压而失败了。维新运动的失败，证明那种不触动反动统治制度基础的改良主义道路，在中国是行不通的。为挽救祖国的危亡，我于1903年留学日本，继续探索革命的道路。

到日本以后，我接受了孙中山先生的资产阶级革命思想，并在1905年参加了中山先生领导的资产阶级革命政党"中国革命同盟会"，为宣传革命主张，在日本办过《四川》杂志；为扩展革命组织，联系组织过"共进会"；为组织起义，购运过军火，并参加了1911年4月27日的广州起义；在四川领导川省人民进行"保路斗争"，并策动了荣县独立、内江起义等等。

　　1911 年 10 月 10 日，辛亥革命成功，推翻了在中国历史上延续两千多年的帝制，建立了中华民国。我曾经为此极为喜悦。但不久，由于中国资产阶级本身的软弱，和不敢发动广大群众起来革命，同时对反革命的复辟阴谋缺乏警惕，对帝国主义存在着幻想，结果，辛亥革命的胜利果实被袁世凯窃取而去。辛亥革命又失败了。这使我非常痛心。当时，袁世凯下令通缉我，我在国内待不住了，同时，为了寻求新的救国救民的真理，我于 1913 年末启程流亡法国去了。在法国巴黎，接触了各种社会主义思想，加上孙中山先生的三民主义和中国古代大同学说，脑子里交织成一幅未来社会的美丽远景。但如何实现它？仍旧是茫然的。

　　袁世凯统治垮台后，我于 1917 年回国，希图在国内继续进行革命工作。为培养革命干部，办过留法勤工俭学；为反对北洋军阀段祺瑞政府，我作为四川省代表，参加了孙中山先生在广州成立的"护法"军政府工作。但不久，护法运动又失败了。

　　从辛亥革命起，我们为推翻清朝而迁就袁世凯，后来为反对北洋军阀而利用南方小军阀，结果都失败了。究竟怎样才能找到一条正确的革命道路呢？我十分烦闷和苦恼。

　　正在这时，伟大的十月革命爆发了。1919 年，中国发生了划时代的"五四"运动。我感到革命有希望，中国不会亡，但要改变过去的老办法。虽然当时还没有系统的完整的新见解，但"走俄国人的路"的思想，在我头脑中逐渐强烈和明确起来了。此后，我参加和组织过四川人民反对北洋军阀的"自治运动"，后来又在成都的工人农民中进行过宣传组织工作。直到 1925 年才真正找到党，正式加入中国共产党。

　　我入党时已经四十七岁。我的前半生是在一条崎岖不平的道路上摸索前进的。从我少年时代起，就为国家的忧患而痛苦，而焦虑，而奔走，企图在豺狼遍地的荒野中找出一条光明大道。但是，找了将近三十年，经过失败，胜利，再失败，直到十月革命，马克思列宁主义传到中国以后，我才找到了真理，踏上了一条正确光明的革命大道。我所经历的途程是多么漫长，多么艰难啊！

过去找一条正确的革命道路之所以不容易，主要是因为时代不同。当时的国家，外受帝国主义侵略，内部又极其腐败，一般青年都对现状不满，而有志青年，虽有强烈的改变现状的要求和救国救民的愿望，但是，既没有马克思列宁主义理论的指导，也没有无产阶级政党的领导，要革命，主要是靠自己摸索寻找。即使找到一条比较正确的道路，要想沿着走下去，也不容易。因为在旧社会，要革命，首先就要冒杀头的危险，而且在前进的道路上，暗礁和陷阱很多，既要经受反革命的迫害和利诱，又要应付人与人之间因为阶级利益不同多是尔虞我诈的关系。在这种恶劣的环境中，真是一不小心，错走一步，就会坠入深渊。

回忆当年，有多少人因跟不上时代而掉了队，或者是被历史车轮所摔开，所压碎。其中有因革命失败而悲观失望自杀身死的；也有经不起革命斗争考验而中途妥协的；还有在敌人的淫威面前，在敌人的收买和利诱下，变节投敌，当了反革命帮凶的；等等。这些人在革命的洪流中，沉沦下去了，被冲刷被淘汰了。但是，随着革命潮流的不断前进，真正坚持革命的青年，终于排除千难万险，英勇地走过来了。尽管在漫长的艰难岁月里，有无数的革命战士牺牲了；然而，他们的壮烈行为却唤醒了更多的青年，投入革命的行列中来。

今天的情况与过去根本不同了。现在的青年，是处在一个崭新的时代——伟大的社会主义革命和社会主义建设时代。我们既有马克思列宁主义理论的指导，又有党和毛主席的英明领导，青年们不必像我们当年那样，要经历那么多的坎坷险阻去寻找革命道路，只要听党的话，自觉地按照党所指引的方向走去，是不会走错路的。今天的广大青年，正是按照党所指引的方向，走上了革命的道路，并且在社会主义革命和社会主义建设的各条战线上，发挥着自己的才能，做出了贡献。剧中的肖继业、林岚，就是他们的代表。

但是，是不是可以说，今天的青年走什么道路的问题已经完全解决了呢？每个青年都能够很轻易地就走上革命的道路呢？我想，还不能这样说。因为今天国际国内还存在着严重的阶级斗争，阶级敌人与我们争夺青年一代的斗争还在激烈地进行着，国内阶级敌人的复辟阴谋，和美帝国主义搞的"和平演变"的阴谋，都是把主要希望寄托在我们后代人的身上。而且当前阶级敌人与我们争夺青年一代的斗争，主要表现在意识形态方面，采取了更加狡猾、更加阴险的糖衣炮弹的手法，或是在革命词句的掩盖下施放毒素，企图磨灭青年的革命意志，扼杀青年的革命理想，败坏青年的道德品质。同时，青年人又具有本身的弱点，他们比较幼稚，缺少实际斗争的锻炼，缺乏阶级斗争的经验，辨别方向的能力也比较差。因此，他们如果不加警惕，也就比较容易在不知不觉中受到资产阶级潜移默化的影响，受骗上当，误入歧途。再加上今天的青年，多是在和平环境中长大的，他们没有看到旧社会的黑暗，没有尝到阶级剥削的痛苦，现在又过着比较安宁舒适的生活，这又容易使青年滋长害怕艰苦和贪图安逸的情绪，因而缺乏强烈的革命要求，这也在客观上给了阶级敌人以可乘之机。剧中林育生所走的一段弯路，就是一个明显的例子。

在这种形势下，对于今天的青年一代来说，仍然存在着走什么道路的问题。每个青年只有认清这种形势，加强思想锻炼，从各方面抵制资产阶级的影响，努力学习马克思列宁主义、毛泽东思想，才能逐步树立起无产阶级世界观，走上革命道路。作为老一代和家长，我们也一定要认识这种形势，加强对青年的教育，帮助他们走上革命的道路，培养他们成为革命接班人，这是我们义不容辞的责任。

　　在我们的社会里，对年青的一代，主要是靠社会教育，但家庭教育也很重要，也是培养革命接班人整个工作中不可缺少的一部分。青年与家长相处时间长，接触多，又有一种天然的感情联系，家庭教育往往对他们印象深刻，影响深远。这从我所受的家庭教育和后来所发生的影响看来，也说明了这一点。

　　在我童少年时代的家庭教育，多是"富贵不能淫，贫贱不能移，威武不能屈"和"临财毋苟得，临难毋苟免"等等的教育。在我刚懂事的时候，父亲就教育我长大后做一个"顶天立地"的人。祖母对儿孙辈要求也很严，她力禁烟赌，不准妄取人物，常告诫说："小来偷针，大来偷金，不义之物，宁饿死，不接受"，"从艰难困苦中长成的人才更有用"。并且从小就要我做如洒扫庭院、整理什物等儿童应做和可做之事，要我"有始有终"。当亲朋夸奖我时，她就告诫亲朋说："不要过于夸奖他，锅盖子揭早了会出气。"这样，我也就不偷懒，不苟且，不半途而废。我的家庭也很注意对我进行历史教育。长辈们常常给我讲一些岳飞、文天祥、黄淳耀等人的历史故事，我也喜欢读这类书文。这样，就逐渐培养起一种崇敬"忠烈"、鄙视叛徒的思想情绪。这些教育，对于我后来参加革命活动，对于培养我的民族气节和革命气节，对于我参加革命后的生活习惯和作风，都曾发生过积极的影响。

　　关于家庭教育，中国历史上也曾有过许多"教子有方"的事例。如大家所熟知的"岳母刺字"的故事；岳飞教子岳云苦练武功的故事。清代钟令嘉教子蒋士铨的故事，也传为佳话，她呕尽心血，利用一切可以利用的时间，甚至在劳动时间，也不放松教子读书识字。当然，旧社会家庭教育的目的，是"望子成龙"，希图一朝发迹，光显门楣，荣宗耀祖。这种家庭教育的目的以及某些过于严刻的方法，在今天当然是不可取的，但他们那种严格要求和苦心教育子女的精神，还是有借鉴作用的。

　　我们今天家庭教育的目的，则不只是为了子女个人的前途，为了自己家庭的利益，而首先和主要的是为了国家的前途，为了革命的利益。这就是说，我们进行家庭教育的目的，主要是配合党和国家把青年一代培养成革命事业的接班人。因此，我们老一代和家长们，在家庭教育这个问题上，也要破除旧观点和旧影响，树立无产阶级的新观点和新风尚，很好地担负起教育后代的责任。

　　正确教育子女的方法，我以为最主要的应该是爱和严相结合。在生活上，既要给予子女以适当的父母之爱，在政治上又要严格要求他们，特别要舍得让他们到艰苦环境中去锻炼，在风雨中成长。这才是真正的爱。只有这样，才能锻炼出人才，成为真正有作为的人。孟子说过这样一段话："故天将降大任于是人也，必先苦其心志，劳其筋骨，饿其体肤，空乏其身，行拂乱其所为，所以动心忍性，增益其所不能。"孟子的这段话中关于"天命"的说法，当然是不对的。但他这种必须在艰苦中磨炼出来的人才能担当"大任"的道理，还是好的。在今天我们的社会里，父母送子女到艰苦环境中锻炼，已经成为一种社会风尚。这是一种移风易俗的变化，也可以说是家庭教育的一个革命。例如中共北京市委万里书记夫妇送儿子万伯翱到河南国营农场劳动，人民解放军将军夫妇坚持要儿子解伟到北大荒农场劳动，许多父母鼓励子女到农村安家落户，等等，都是我们老一代和家长们应该学习的。

　　教育子女走革命道路，培养青年成为坚强的革命接班人，是一件复杂细致的工作，是很不容易的。我想，在这"送旧迎新"，过新年的时候，在总结我们一年来工作的时候，不妨也回顾一下我们在教育子女方面做得怎样，以便从中找出经验教训，进一步改进和加强教育子女的工作，更好地配合其他方面的教育，把我们的后代培养成经得起风险的、真正可靠的革命事业接班人。

大家来写校史 *

（1964 年 1 月 17 日）

　　去冬以来，各地都根据党的八届十中全会的精神，在全党和全民中开展了以阶级教育为中心的社会主义教育运动。这是一次伟大的革命运动。这个运动的开展，对于提高全党全民的阶级觉悟、坚定人民走社会主义道路的信心和决心，已经发生并将继续发生深刻的影响。

　　进行社会主义教育的方式，是多种多样的。用村史、公社史、厂史、校史、家史以及由老工人、老干部、老农民讲自己的亲身经历，是让青年一代了解过去、对比现在、展望将来的好教材，也是向青年进行阶级教育的好办法。

　　中国人民大学是有着光荣的历史和传统的。它的前身，可以追溯到抗日战争初期。抗日战争爆发后，大批进步青年从全国各地涌入革命圣地——以延安为中心的陕甘宁边区。我党为了争取、教育一切愿意抗日和革命的知识分子，培养革命干部，一九三七年九月，在延安成立了陕北公学。一九三九年七月七日，我党为适应抗日战争形势的发展，由陕北公学、延安鲁迅艺术学院、工人学校、战时青年训练班等四校合并成立了华北联合大学。经过三千里长途行军，通过敌人封锁线，到达晋察冀敌后抗日根据地。在延安则由社会科学院、自然科学院、行政学院等

　　* 录自《人民大学》1964 年 1 月 17 日，第 1 版。

合并成立延安大学。一九四五年日本投降后，华北联合大学迁到张家口，同从延安开赴前方的延安大学部分干部合并。一九四八年八月，为迎接人民解放战争的胜利和全国大解放，中央决定原属晋察冀的华北联合大学和原属晋冀鲁豫的北方大学合并成立华北大学。一九四九年十月一日，中华人民共和国成立后，伟大的社会主义革命和社会主义建设开始。党中央和政务院为培养具有马克思列宁主义素养的新中国建设干部，决定以华北大学为基础，合并政法大学，并调来原华北人民革命大学的部分干部，成立中国人民大学。一九五〇年十月三日，新中国第一个新型的、正规的大学——中国人民大学正式诞生了。

从陕北公学成立起，它一直遵循着党办教育的方针，即毛泽东主席所经常教导的理论与实际一致、所学与所用一致的原则，坚持党在延安时代所发扬的三八作风，即正确的政治方向、艰苦朴素的工作作风、灵活机动的战略战术。由于它贯彻了党的这些原则和方针，积累了党办教育的经验，在战时和战后培养了大批干部，在我国的革命和建设事业中起了重要作用。根据党在解放区和新中国办教育的经验，党在一九五八年提出了"教育为无产阶级政治服务，教育与生产劳动相结合"的完整的教育方针，我校就在这个教育方针的指引下，进一步开展我们的工作。

回顾起来，中国人民大学也有十三年的历史了；如果从陕北公学算起，就有二十六年的历史了。二十六年来，它经历了三个历史阶段，即神圣的抗日民族解放战争，伟大的人民解放战争，伟大的社会主义革命和社会主义建设时期。在这三个历史阶段中，它不仅有着丰富的斗争经历，而且有着自己的一贯的光荣传统和优良作风。

在回忆校史的时候，我们应该继承和发扬它那些光荣传统和优良作风呢？我以为主要有以下几点：

第一，继承它以共产主义精神教育人民的传统。任何一个社会都有与其社会制度相适应的教育内容，封建社会有封建主义的教育，资本主义社会有资本主义的教育，而无产阶级的教育则是以共产主义思想为指导的教育，即马克思列宁主义、毛泽东思想的教育。从陕北公学到人民大学，马克思列宁主义和毛泽东著作以及党的方针政策的教育总是占着首要地位，同时坚持政治和业务并重的原则。在业务教学中，坚持以马克思列宁主义、毛泽东思想为指针；在学习生活中，坚持理论与实际相一致、所学与所用相一致的原则。用学到的理论联系思想，达到改造思想，提高觉悟，树立全心全意为人民服务的目的；用学到的理论联系革命实践，参加反"扫荡"游击战争和减租减息运动，参加土地改革运动，参加"三反""五反"和反对资产阶级右派等政治运动，加强师生的实际锻炼，从而培养他们的阶级观点、劳动观点、集体观点、辩证唯物主义观点，树立起为共产主义事业奋斗到底的坚强信念。

第二，继承它为革命战争与阶级斗争服务的传统。任何阶级教育的目的，都是为自己的阶级服务，而无产阶级教育的目的，同样也是为自己的阶级服务，它的区别在于：一切剥削阶级教育都是为剥削阶级少数人服务，而无产阶级教育则是为被剥削阶级广大劳苦大众服务，为党当时所领导的革命事业服务。陕北公学和华北联合大学主要是为争取抗日战争的胜利服务，培养各种抗日革命干部。华北大学主要是为争取人民解放战争的彻底胜利服务，培养开展新解放区工作的各种干部。人民大学则是为我国社会主义革命和社会主义建设服务，培养各种专门人才。它所培养出来的学生，在抗日战争、解放战争、社会主义革命和社会主义建设的各条战线上，都贡献出力量。

第三，继承它教育与劳动相结合的传统。过去一切社会的教育都是教育与劳动脱离，即所谓"劳心者治人，劳力者治于人"。而无产阶级教育的根本特点，在于它始终坚持教育与劳动相结合的原则。陕北公学、华北联合大学、华北大学，都贯彻了教育、战争、生产相结合的原则，他们在残酷的战争年代里，一面坚持对敌斗争，一面坚持学习，同时用一定的时间参加大生产运动，开荒种地，纺纱织布；帮助群众春耕秋收；下乡下厂，与工人农民同吃、同住、同劳动，参加和领导群众开展各种革命运动。到人民大学时期，下乡下厂参加生产劳动和其它社会活动，则成为教学计划的重要组成部分，并且成为一种制度了。这对加强师生的劳动观点，改变轻视劳动、轻视劳动人民的思想，促进知识分子与工农群众相结合，起了重要作用。

第四，继承它艰苦奋斗和勤俭办学的传统。陕北公学、华北联合大学和华北大学，是处在战争环境中，居住在农村里。由于战争，校址不固定；由于在农村，住地分散，财政困难，设备简陋，没有教室，没有或缺少桌椅、板凳，生活很艰苦。师生穿土布，着草鞋；吃小米、高粱和黑豆；过着"窑洞（或土房）为书房，露天作课堂，背包当坐凳，膝盖当书桌"的学习生活。当时条件虽然艰苦，但大家精神焕发，生活活跃，到处飘荡着革命歌声，洋溢着革命乐观主义的情绪，终于克服了重重困难，坚持和发扬了党的教育事业。人民大学是在解放后建立的，它所处的环境和条件与过去根本不同了。但初建校时国家正处在国民经济恢复时期，我们根据中央勤俭建国的方针，在基本建设上采取了"因陋就简"的原则。直到现在，我们虽然进行了一些必要的基本建设，但应当说条件还是比较差的。今后我们还应继续坚持勤俭办学的方针，发扬艰苦奋斗的作风。

第五，继承它刻苦钻研和勤奋攻读的学风。在过去战争年代和艰苦环境里，我们的教师和学生，在极端困难的条件下，一般是边学边教和边战边学。人民大学建校初期，也有过一段艰难的历程。从领导上说，虽然有老解放区办革命教育的经验，但缺乏在新形势下办新型的正规大学的经验，需要有一个学习和探索的过程。从我们的教师队伍来说，基本力量不足，青年教师居多。我们多数老教师，是在过去的战争环境中培养出来的，他们当时没有很多时间读书，也难于系统的研究学问，一般说还缺乏深湛的科学修养；青年教师，则业务不强，经验缺乏，知识不足，需要有一个培养提高的过程。但经过他们的紧张劳动，刻苦钻研，努力学习，都胜利地克服了困难，完成了任务。今后还应继续努力，坚持又红又专的方向，进一步提高教学质量和学术水平。

我们的校史，是一部阶级斗争的历史，是无产阶级教育与资产阶级教育斗争并取得胜利的历史。历史事实，粉碎了那种认为在战争环境和在敌后农村中不能办大学，以及在解放后共产党不能办正规大学等反动谬论。

我们现在来回忆校史，总结办革命教育的经验，发扬办革命教育的光荣传统，不仅对发展我国社会主义和共产主义教育事业，对进一步贯彻"教育为无产阶级政治服务，教育与生产劳动相结合"的方针具有重大的意义，而且对加强我校师生员工的阶级教育和革命传统教育也具有十分现实的意义。因此，我提议大家特别是一些老同志，拿起笔来，动手写校史。回忆片断，或回忆一件事，都可。在这个基础上再编写出我校完整的校史，作为向青年进行阶级教育的一部好教材，并把它做为"传家宝"代代相传，教育后代。

一个战斗的春节 *

——回忆一九四七年春节的重庆反美运动

（1964 年 2 月 10 日）

一九四七年，是中国人民解放战争史上具有重大历史意义的一年。

自从一九四六年六月蒋介石发动全面内战以来，他一方面向解放区大举进攻，遭到解放区军民的英勇自卫反击；一方面对蒋管区加紧法西斯统治，遭到蒋管区人民的坚决反抗。与此同时，蒋介石与美帝国主义公开勾结，狼狈为奸，先后签订了《中美商约》《中美航空协定》等一系列卖国条约；驻华美军更加横行无忌，野蛮兽行层出不穷。于是，反对美军暴行的斗争烈火（抗暴运动），在蒋管区普遍燃烧起来，接着又掀起了"反饥饿、反内战、反迫害"的运动，形成了第二战场。这个战场与解放区战场互相呼应，使蒋介石陷入全民的包围中，再也无法逃脱死亡的命运。

全国人民反对美军暴行的运动，是从一九四六年十二月二十四日北平美军强奸北大一女生，引起北平学生举行罢课和示威游行开始的。此后，一个包括各地城市具有全国规模的"抗暴运动"，迅速而广泛地开展起来。

重庆反对美军暴行的运动，在一九四七年春节期间达到了高潮。这

---

* 录自《人民日报》1964 年 2 月 10 日，第 6 版。

时我担任中共四川省委书记及中共代表团驻渝联络处的负责工作，亲自参与了这次斗争。

北平美军强奸暴行案的消息，我党在重庆办的《新华日报》和一些进步报纸都登了出来。消息一传开，重庆的学生无不切齿痛恨。他们满怀愤怒，立即行动起来，组成"重庆市学生抗议美军暴行联合会"，作为进行斗争的领导机关。这时，国民党的党徒们，正在忙于庆祝一九四六年十一月伪国民大会通过的伪宪法的颁布，和蒋介石当选为伪总统，沉浸在狂欢中。我们趁这个时机，顺利地组织了一次规模盛大的一万五千人的游行示威。浩浩荡荡的游行队伍，高举着各种各样的标语和旗帜，喊着反美反蒋的口号，吓得国民党特务目瞪口呆，束手无策。由于这次运动声势浩大，国民党不敢轻易动手，所以运动延续了很长时间，一直到旧历元宵节以后，学生们还组织了宣传队，举行了一次反对美军暴行宣传周，并以"重庆市学生抗议美军暴行联合会"名义发表了《告全国同胞书》，其中历数美军在全国各地所犯的罪行，提出了：美军立即全部退出中国；美军驻华最高机关公开向中国人民道歉；组织特别法庭，公审犯罪美军，追究其直属长官；赔偿受害人精神及物质上损失；美军当局公开保证以后不再发生类似事件；外交当局应向美帝国主义严重抗议，并随时公布交涉经过；政府当局应清算美军在华一切罪行等七项要求，使国民党当局狼狈不堪。

学生们在宣传活动中，巧妙地利用了"车车灯"这种传统的民间形式，把美蒋勾结的丑态表演得维妙维肖，淋漓尽致，老百姓看了个个拍手称快，而特务们则感到非常窘迫。于是他们恼羞成怒，竟在二月五日派出大批军警特务，公然袭击学生宣传队；但学生们并不害怕，仍在继续进行宣传，二月八日又遭军警特务的袭击；以致造成两次严重的血案。

反动派对学生的镇压，不但没有使他们屈服，反而激起了学生和各界人民更大的愤怒。无数工人、店员、教师和农民，纷纷前往慰问受伤学生，并发动募捐来援助学生的"抗暴运动"。各阶层人民踊跃捐输，慷慨相助。广大人民的有力支援，更加鼓舞了学生们的斗争意志。为了抗议国民党的恐怖罪行，重庆学生又于二月十一日发动了总罢课。此后，蒋管区人民反美反蒋的斗争仍在继续发展，从未终止，直到一九四九年十一月三十日重庆解放。

当"抗暴运动"开展起来以后，重庆国民党当局惶恐不安。有一天，伪警备司令孙元良跑来找我，他言中之意是说这次运动是我们搞起来的，希望我们帮助他们去加以制止。我说："学生们的'抗暴运动'，出于爱国至诚，绝非哪个人鼓动起来的。他们的行动是正义的，谁也不该去制止，而且，制止也是不行的。"同时我严正地指出："特务打人，实在无理，你们只有依法惩办特务，才能平息学生们的愤怒。"孙元良见无结果，只得快快而去。第二天，伪重庆市长张笃伦又来了。一见我就说，学生们逼得他受不住了。他还说我们的《新华日报》馆有人参加到学生里面，并指责我们的报纸登载鼓动学生的消息和言论太多了。他最后并威胁着说："这样搞下去，迟早要搞出乱子来的。"我严肃地回答了他，并指出："威胁无济于事，压制也压制不下去，而且要考虑后果。"他见我态度强硬，也只得快快而回。

我就是在这场轰轰烈烈的"抗暴运动"中，紧张而愉快地度过了一九四七年的春节。

今年的春节与一九四七年的春节，情况已根本不相同了。那时不是在战火纷飞的战场上过春节，就是在国民党统治区敌人的刺刀下过春节；如今，不仅在和平环境里过春节，而且是在优越的社会主义制度下过春节。每念及此，心中感到无比幸福。

但是，今天的幸福生活是来之不易的。而且，蒋介石残余匪帮还没有最后消灭；美帝国主义还霸占着我国领土台湾；帝国主义、各国反动派和现代修正主义者还在联合反对我们；国内还存在着阶级和阶级斗争。因此，我们不能麻痹，不能松劲，要提高警惕！

抚今忆昔，我们要继承和发扬以往的革命精神，时刻不忘记阶级斗争，一刻也不停地进行斗争，把革命进行到底。我认为这才是一个革命者的最大愉快。这样的过春节，也才更有意义。

《汉语拼音方案》在各方面的应用 *

（1964 年 2 月 17 日）

当前文字改革的任务是：简化汉字，推广普通话和推行《汉语拼音方案》。这里我就《汉语拼音方案》在各方面推行和应用的情况作一个简要的介绍。

《汉语拼音方案》自经一九五八年二月全国人民代表大会一届五次会议批准以来，已经六年了。六年来，《汉语拼音方案》已在下述各方面应用，发挥了一定的作用（关于应用拼音字母推广普通话和注音识字这两项工作，这里没有涉及，需要专文论述）。

一、给汉字注音

从一九五八年秋季开始，小学语文课本采用汉语拼音字母，作为帮助识字和学习普通话的工具。中学语文课本的生字，也应用汉语拼音字母注音。过去在小学语文课上，教师要花相当多的时间来教汉字的读音。现在用了汉语拼音字母注音，这就减少了认字的困难，因而提高了识字的效率。

一九五八年以后出版的各种汉字字典和词典，也都用汉语拼音字母注音，这对于读音的统一和普通话的推广有很大好处。

近年来，《人民日报》、《中国青年报》和其他若干报纸、刊物，以及

---

* 录自《人民日报》1964 年 2 月 17 日，第 5 版。

一部分少年儿童读物和通俗读物，应用汉语拼音字母给生僻难认的汉字注音，受到广大读者欢迎。难字注音是我国固有的传统，不过过去用反切、用"某音某"即直音的方法注音，现在改用更加科学的汉语拼音字母罢了。汉字有几万个，一般通用的也在七千上下，其中有很多难认或者容易读错的字，因此难字注音不但对于识字不多的群众和少年儿童很有帮助，就是对于识字较多的知识分子，也是一种方便。

周总理曾经指出："我看应该承认：汉字是难读难写的，因而也就难记。不要说初学汉字的儿童，就是学了多年的成人，对于不少的汉字也还是不认识，或者要读错。现在我们一方面简化汉字的笔画，另一方面给它注上拼音，目的在于减少汉字的读和写的困难，让它容易为广大群众掌握。"（《当前文字改革的任务》）事实证明，周总理的这段话是完全正确的。

二、帮助少数民族创造和改革文字

根据中国文字改革委员会一九五七年十一月二十九日提请国务院全体会议第六十三次会议通过的《关于少数民族文字方案中设计字母的几项原则》的规定，少数民族创造文字应该以拉丁字母为基础；原有文字进行改革、采用新的字母系统的时候，也应该尽可能以拉丁字母为基础；在字母的读音和用法上应该尽量跟《汉语拼音方案》取得一致。周总理在一九五八年年初《当前文字改革的任务》的报告中，也提出了同样的原则。

依照上述原则，到目前为止，在中央民族事务委员会和中国科学院的帮助和指导下，经过许多少数民族语文工作者的努力，已经为僮、苗、彝、侗、布依、黎、哈尼、傈僳、纳西、佤等十个民族创制了以拉丁字母为基础的新文字；帮助景颇族和拉祜族设计了以拉丁字母为基础的文字改革方案；帮助新疆的维吾尔族和哈萨克族设计了以拉丁字母为基础的新文字方案草案，以改革原来的阿拉伯字母式的旧文字，现在正在试行。以上创制和改革文字的十四个民族，他们的新文字都是采用拉丁字母，都是在《汉语拼音方案》的共同基础上，适应本民族语言的需要作了必要的补充和调整。

这些少数民族文字的创制和改革，不但为促进这些民族的文化的发展，而且为汉族和少数民族之间以及少数民族相互之间的文化交流和加强团结，创造了有利的条件。近年来少数民族地区语文教学的经验表明：少数民族依靠汉语拼音字母学习汉语，比直接学习汉字效果要好；掌握了本民族的新文字之后，可以很快学会汉语拼音字母，然后再用汉语拼音字母注音、民族文字注义的办法学习汉字，可以使教学质量显著提高。同时，这些民族文字的创制和改革，也便利了汉族人民学习这些民族文字。

三、帮助外国人学汉语

随着我国国际地位的提高，世界上有愈来愈多的人愿意了解中国，愿意学习中国的经验，因而要求学习汉语。但是汉字很难，又使他们望而生畏。《汉语拼音方案》的公布为他们解除了困难，开辟了学习汉语的一条捷径。

一九五八年以来，对来中国的外国留学生，利用汉语拼音字母教学汉语，收到了良好的效果。据我们所知，国外已有许多学校，采用汉语拼音字母作为教学汉语的工具。中国文字改革委员会编印的《汉语拼音报》和用汉字同拼音对照的读物，包括毛主席著作的单行本，销行国外，作为学习汉语的教材和读物，受到许多国外读者的欢迎。

我国出版的英文月刊《中国建设》，每期有《中文月课》一栏，应用汉语拼音字母教国外读者自学汉语，反应极为热烈。最近中央人民广播电台对日本广播中，增加了《中国语基础讲座》的节目，用汉语拼音字母教学汉语，很受日本听众欢迎。这一方面反映了外国读者要求学习汉语的热忱，另一方面也证明了汉语拼音字母的效用。

四、提高了聋哑教学质量

《汉语拼音方案》对于提高聋哑教学质量起了很大作用。

聋哑人一般只聋不哑。他们失去了听觉，可是并没有丧失发音和说话的能力，只因听不到声音，学不到语言，因而不会说话。他们不能听话，但是能够学会"看话"，即从对方的口形（口腔动作）来了解对方的说话，并能进一步模仿这种口形，学习正确的发音和说话。汉语拼音字母是聋哑人学习"看话"、学习说话和认字的工具。过去聋哑教育依靠手势语进行，学生不但不会说话，而且写的作文往往词汇贫乏、词序颠倒，不合语法，不合逻辑，概念不清。一九五四年以后，逐渐以口语教学为主，代替手势语教学。《汉语拼音方案》公布以后，依靠这套科学的拼音字母，聋哑人的口语教学获得了显著的进展。现在各城市的聋哑学校都已教学汉语拼音字母。

此外，根据《汉语拼音方案》还制订了一套汉语手指字母。汉语手指字母规定了各种不同的"指式"来代表各个字母，几个"指式"结合就成为一个词，运用这套手指字母可以用一只手来"说话"。它既可作为聋哑儿童学习发音和认字的辅助工具，又可掺用在聋哑人手势语中间表达抽象的语词。汉语手指字母于一九五九年发布草案，在全国聋哑学校试行，最近已正式公布。

五、改进盲字

盲人学汉字有很大困难，佃可以利用由小凸点组成的拼音盲字，用手指摸读。前中国盲人福利会（现改组为中国盲人聋哑人协会）于一九五八年根据《汉语拼音方案》拟订了《汉语拼音盲字方案（草案）》，准备用来逐步代替"新盲字"（"新盲字"是一九五三年起推行的，比解放前使用的几种老盲字都要进步，但它是在《汉语拼音方案》之前产生的，与方案不一致）。盲人应用汉语拼音盲字，除了能读书写字、学习文化和技术外，还能够利用普通的拉丁字母打字机打出汉语拼音，同非盲人通信。由于汉语拼音盲字符号与国际通用的盲字符号一致，也便于采用国际通用的数理化盲字符号，并为盲人学习外语盲文提供了有利条件。《汉语拼音盲字方案（草案）》还规定了声韵双拼的简化形式，供一般的使用。这个草案已经过重点试验，尚待进一步研究定案后，再逐步推行。

六、增加电报速度

汉字在电报上传送一般要经过两道翻译，发报前先把汉字译成数码，收报后将数码译成汉字。这种传送方法，称为"四码"电报，速度既慢，又易出错，是很不方便的。因此清末以来就有人研究提倡电报拼音化。《汉语拼音方案》公布后，一九五八年国庆节，邮电部开办国内汉语拼音电报业务。但是，由于目前汉语拼音知识在社会上尚未普及，实际收发的拼音电报不多。

应用汉语拼音电报获得成效的是铁路系统，特别在东北各省。解放前，东北各铁路广泛推行注音字母电报，可直接阅读，不用译电，比"四码"电报进步。它的缺点是不按词分写，阅读费力，易生误解，而且缺乏注音字母电传机，实际上只限于在点画信号和声响信号的电报机上使用。一九五〇年，东北铁路改用拉丁化新文字电报。《汉语拼音方案》公布后，即改用汉语拼音电报。现在全国铁路电报的情况是，东北地区都用汉语拼音，其他地区大都仍用"四码"。仍用"四码"的地区，对别地打来的拼音电报都能照收。从电报封数计算，汉语拼音电报已占全部铁路电报的百分之三十五左右。

汉语拼音电报传信速度比"四码"快。在直接传送字母的电传机上，可以节省三分之一的时间；在传送点画信号或声响信号的电报机上，可以节省二分之一到四分之一的时间。

汉语拼音电报在技术上还有一个问题，即同音汉字在拼音中如何区分，尚待研究解决。现在铁路拼音电报一般采取掺用少数"四码"来区别。根据东北的经验，大约掺用百分之五的"四码"就可以解决问题。其次，目前铁路职工中汉语拼音还没有普及，因此汉语拼音电报还未能真正发挥直接阅读的优点。

七、用于视觉通信

《汉语拼音方案》还在视觉通信中应用。在目力能见距离（包括用望远镜）以内，舰艇利用旗语（挂旗、手旗）和灯语（夜间应用）来进行联络，称为视觉通信。汉字不能适用。我国旧海军一向应用英文，这是极不合理的。解放以后，我国海军曾一度使用拉丁化新文字。《汉语拼音方案》公布后，除某些有关国际通用的信号外，已经一律改用汉语拼音字母。近来，汉语拼音旗语的应用已推广到渔船上，获得良好效果。过去渔船之间用喊话联络，风浪很大，喊话听不见，只好把渔船开来开去，靠近喊话，浪费时间，丧失捕鱼时机。应用汉语拼音旗语以后，增强了联络，节约了时间，有利于生产。

八、用作代号和缩写

代号和缩写（亦称缩语）是科学技术和生产部门广泛使用的。在《汉语拼音方案》公布以前，除使用国际通用的代号缩写以外，我们只能借用别国的以外语为基础的代号和缩写，这是不得已的。《汉语拼音方案》公布以后，我们开始有了以汉语为基础、用汉语拼音字母自定的代号和缩写。工业部门应用汉语拼音字母规定机器、图样、文件等等的代号。例如用 N 代表农业机械（按"农"拼音是 Nong，故用 N 作代号，以汉语为基础，极便记忆，以下仿此），F 代表纺织设备，K 代表矿山机械，XT 代表系统图，MX 代表明细表等等。又如，铁路系统应用汉语拼音字母作车辆的标记，如 C——敞车，P——棚车，RW——软卧车，YZ——硬座车等等。

邮电部从一九五八年起就用汉语拼音字母拼写电信局地名，废除过去外国人搞的"邮电地名"，同时用汉语拼音字母作"简拼"，如 JS——江苏，FJ——福建，GD——广东，SC——四川等。

铁道部和邮电部还用汉语拼音字母的缩写代替过去借用英语的"机上通报用语"。铁道部规定了汉语拼音字母的"机上通报用语的缩语"，如 NS 是"你是谁"的缩语，BDG 是"请双工变单工通报"的缩语，都是以汉语为基础的缩写。

代号和缩写共有两类，一类是国际通用的，一类是各国自定的。国际通用的代号缩写，如化学元素的符号等等，我们自然应该继续使用，不成问题。至于各国自定的代号缩写，我们应该以汉语为基础、以汉语拼音字母为符号，制订一套我国自己的代号缩写。例如气象学、海洋学、地质学上借用英文的 E. W. S. N. 代表东西南北。这不是国际通用的符号，因为德文以 O 代表东，而法文以 O 代表西。竺可桢同志主张以汉语拼音字母的 D. X. N. B. 作为东西南北的代号，这样，东北就是 DB，西南就是 XN，符合汉语习惯，比用英文的 NE（北东）、SW（南西），对我们来说要合理得多。这个意见是完全正确的。

九、用于编字典词典

汉字字典词典过去一般都按部首或笔画排列，检查起来都不方便。按部首排列的字典，查起来手续太繁，而且有一些字属于哪一部（如"民"在氏部，"承"在手部），一般人不易理解，小学生尤其难于掌握。按笔画排列的字典，由于好些字的笔数各人数起来不尽相同，而且同笔数的字又太多，查起来也很费劲。《汉语拼音方案》公布之后，汉字字典词典开始采用按汉字读音的拼音字母顺序排列，如《新华字典》《学生字典》《汉法辞典》《汉德词典》《汉英科技常用词汇》等等。这种排列法，严格依照字母顺序，每个汉字地位固定，查起来极为方便省力，比别的检字法要好得多。凡是知道字音而不知字形，或者知道音和形而不知意义，都能快速查得。这些字典词典都另附部首或笔画索引，没有学过汉语拼音字母的人，或者不知道字音，可先查索引。

十、用于序列索引

很多事物，无论是人名、地名、图书、资料、档案、产品……都需要按一个合理的顺序排列，才便于检查。如果排列得不够合理，不能一索即得，就会浪费时间，影响工作效率。汉字无论按部首或笔画排列，都不够简单明确，不便于快速检查。拉丁字母顺序 A、B、C、D……是世界各国通用的索引序列，简单明确，极便检查。但是在《汉语拼音方案》公布以前，这套序列索引我们无法广泛利用。《汉语拼音方案》的公布，为序列索引开辟了一条方便的道路。这样，人名地名录就可以按人地名读音的汉语拼音字母顺序排列，产品目录可以按产品名称发音的汉语拼音字母顺序排列。现在已有不少图书馆、医院、企业单位，采用汉语拼音字母序列索引。例如，北京协和医院的病历卡片，按病人姓名的汉语拼音字母顺序排列，在一百几十万份病历中找出所需的病历，一般不到一分钟的时间。最近人民出版社出版的《列宁全集索引》(第一至三十五卷，上册)，其中条目按汉语拼音字母顺序排列，不用查部首，不用数笔画，简便易查，读者称便。外国出版的图书，卷末常常有索引，查起来很方便。我国由于汉字不易检查，一般书籍都不附索引，翻译外国著作时，也往往把索引删去不译。这种情况现在应该而且可以改进了。序列索引是各行各业每天都要使用的，这方面的改进可以节省许多人的时间，提高工作效率，因此不是一件小事。

以上是《汉语拼音方案》目前在各方面推行应用的基本情况。

六年来《汉语拼音方案》在各方面的应用中发挥了不少作用，但是目前汉语拼音知识在社会上尚未普及，还有许多人没有学过，因此不能不使这种作用受到一定限制。

今后，一方面应该逐步扩大《汉语拼音方案》的应用范围，同时，还要结合各方面的应用，继续努力推行《汉语拼音方案》，使拼音知识在群众中逐步普及。

南泥湾休养追记*

（1964 年 4 月 9 日）

随着抗日战争的发展，蒋介石的反动本质日益暴露。武汉失守后，蒋介石退到峨眉山，采取了消极抗日和积极反共的政策，阴谋消灭中国人民革命力量。

从 1939 年开始，国民党在陕甘宁边区周围修筑了五道封锁线，西起宁夏，东至黄河，绵延一千余里。国民党用来包围边区的部队，经常有七八十万之众。与此同时，蒋介石停止了对八路军、新四军的械弹粮饷的供给，甚至连外国红十字会捐赠给我们的物资，他也加以扣留。为了对陕甘宁边区实行严密的经济封锁，蒋介石竟假"防敌""缉私"之美名，设立种种队伍和机关，密布在边区周围的冲要地区。例如 1940 年以后，国民党组织的所谓"经济游击队"十个大队，国民党政府财政部设在陕甘宁绥区的所谓"货运稽查处"及其分支机构，所谓"运输统制品监察处"及其分支机构，军委会所属的所谓"特检处"以及"航空检查所"等等，名目繁多，难以胜数，但实际上都是用来对边区实行经济封锁的。蒋介石想要困死我们，饿死我们，他不仅禁止军需物资和交通运输、医药卫生器材进入边区，就是棉、粮、油、布以及其他一切日用物品进入边区，也一律遭到禁止。

---

* 录自《吴玉章回忆录》，中国青年出版社 1978 年版，第 193～204 页。

在国民党团团围困和层层封锁的情况下，陕甘宁边区军民的经济生活曾经发生严重的困难。特别是 1940 年和 1941 年，正如毛泽东同志所说的那样，"我们曾经弄到几乎没有衣穿，没有油吃，没有纸，没有菜，战士没有鞋袜，工作人员在冬天没有被盖……。我们的困难真是大极了"。

但是，共产党人是不会被人家饿死的，也不会一天停止战斗。毛泽东同志在一次生产动员会上曾经诙谐地说道："饿死是没有一个人赞成的，解散也是没有一个人赞成的，还是自己动手吧——这就是我们的回答。"于是他向陕甘宁边区和敌后各抗日根据地全体军民发出了伟大的号召："自己动手，丰衣足食。"

陕甘宁边区和敌后抗日根据地军民热烈地响应了毛泽东同志的号召，他们一手拿枪，一手拿锄，积极地展开了大规模的生产运动。在这次大生产运动中，八路军健儿用他们的战斗精神，作出了光荣的榜样。特别是边区留守部队，他们实行了屯田政策，生产成绩更大。在屯田运动中，又以王震将军率领下的三五九旅在南泥湾的屯田最为著名。

南泥湾在延安东南一百余里，是延安县金盆区的一个乡，西界鄜（县）、甘（泉）境内洛水与延水的分水岭，北靠临镇川与延水的分水岭，东与金盆湾地区接壤，南迄固临境内黑蛇川与临镇川的分水岭，纵横各八十里，平面达六千四百方里，地区非常广阔。它的中心地区由三道河川构成：南盘龙川自西而东，九龙川自南而北，汇合后称南阳府川，东北流至金盆湾，而后注入临镇川。沿川有肥沃土地一万五千余亩，整个地区，可耕土地达一百余万亩，是一块很适合于垦荒屯田的地方。

1941 年春，八路军一二〇师三五九旅一部来到了南泥湾，他们在朱德总司令和王震旅长的亲自指挥下，立即以战斗姿态，开展垦荒屯田的运动。在英勇的战士们面前，荆棘被斩除了，狼群被赶跑了，荒山被征服了。废弃多年的土地，肥力强大，长出了茁壮的庄稼，用良好的收成来报答人们的辛勤劳动。1941 年开荒一万四千余亩，除损耗外，收正粮八百余石，杂粮一百三十余石，蔬菜三十余万斤，还有其他许多经济作物的产品。1942 年又开荒二万五千余亩，生产规模更大了。同时还兴办了工厂，开辟了市场。以前杳无人烟的荒野之区，如今竟成了美丽的陕北好江南了。

1942 年 7 月 10 日，朱德同志约我游南泥湾，同行徐特立、谢觉哉、续范亭诸同志，都是老人，但兴致都很高，和同行的年青人一样朝气勃勃。这天天气炎热，车行较久，人们觉得口渴，渐有烦躁之感。车子在慢慢地向南驶去，但见森林茂密，古木参天，一阵阵清风吹来，使人格外感到清爽。总司令在他的纪游诗中有这样几句：

> 行行卅里铺，炎热颇烦躁。
>
> 远望树森森，清风生林表。
>
> 白浪满青山，绿叶栖黄鸟。
>
> 登临万花岭，一览群山小。

这是多么美妙的景致！多么广阔的胸怀！若非身历其境，是无法领会其中意味的。比如"白浪满青山"，那白浪指的是山上的桦树叶，它表面是绿色，背面是白色，被风吹翻动，远远望去，就如同白浪一般。诗是好诗，景也的确是好景呵！

慢慢地走近南泥湾，又是一番景色。半山上一排排的窑洞，是新辟的市场；平川里引水灌田，种上了南方的水稻。恰如总司令诗中所写：

> 今辟新市场，洞房满山腰。
>
> 平川种嘉禾，水田栽新稻。

这天，我们在陶宝峪休息，总司令的诗把当时的情景记述得异常真切：

> 小憩陶宝峪，青流在怀抱。
>
> 诸老各尽欢，养生亦养脑。
>
> 熏风拂面来，有似江南好。
>
> 散步咏晚凉，明月挂树杪。

续范亭是一个性情豪迈的人，很爱作诗，他当时诗兴大发，写了一首《来南泥湾途中》的七言古体诗：

> 延安纪念七月七，万余同心悲愤结。
>
> 初旬已过初伏起，多病之躯正苦热。
>
> 南阳胜地好休息，朱公邀我出南郭。
>
> 同车三老徐吴谢，男女同志二三十。
>
> 三十里铺左转弯，回环公路入沟涧。
>
> 汽笛一声马力足，呜呜直上万花山。
>
> 万花山上最高巅，南望宜洛西保安。
>
> 千山重重日正午，同志采来野杏酸。
>
> 口渴既解稍盘桓，万花山中鸟声欢。
>
> 下坡复驰三十里，黄杨树下荫草堂。
>
> 饥渴幸达目的地，东道欣逢叶季壮。
>
> 时值盛夏草木长，晚餐已毕乘晚凉。
>
> 有似池鱼入大海，左右逢源空气香。

是的，几天前在延安举行"七七"纪念会的时候，人们对蒋介石破坏抗战破坏团结的政策都非常愤慨，现在来到这风景清幽的南泥湾，顿觉心旷神怡，舒畅多了。我和续范亭同志由于健康情况较差，便留下在南泥湾休养，其余的同志都先后回了延安。

在南泥湾，我们除看到遍地是庄稼、到处是牛羊的部队屯田外，还参观了他们创设的带有试验性质的农场。在农场的土地上，培育着各色各样的谷物和菜蔬；苗圃里种植着种类繁多的果秧和树苗；至于禽舍和畜圈里，饲养着的尽是些品种优秀的家禽和牲畜。他们把科学试验和农业生产密切地结合起来了，我觉得这才是正确的方向，值得大大地提倡。

我们的屯垦部队在南泥湾还办了许多的工厂，有木工厂、农具厂、肥皂厂、纺织厂、被服厂、布鞋厂、皮革厂、皮鞋厂等等。但最有趣的要算那里的造纸厂了。它利用当地举目皆是的马兰作材料，造出了漂亮的纸张，解决了当时边区最感缺乏的纸张问题。续范亭同志参观了这所工厂以后，曾经写下了这样的诗句：

> 驰车未赴金盆湾，十里先访造纸厂。
>
> 厂前流水清且澈，厂屋宏大厂基广。
>
> 马兰遍地多材料，自力更生出奇想。
>
> 生产劳动真神圣，建设还推共产党。

8 月 1 日，南泥湾的中心南阳府市场举行开幕大会，我去参加了。周围各地军民，都纷纷赶来集会，真是人山人海，拥挤万分。朱总司令也亲临参加，并且登台讲话。他讲到边区和敌后军民，正在实行毛主席的号召，努力生产，克服困难，一定能积蓄反攻力量，打败日本帝国主义。这时掌声如雷，"毛主席万岁"的欢呼声，回旋于山谷中，经久不息。我带着无限兴奋的心情，回去把盛况告诉了续范亭同志。他那天因病未去，开始感到遗憾，但听罢却兴奋异常，不能自已，立即提笔写诗，一挥而就。我记得这首诗的开头两句便是：

> 南阳八一新市开，各处军民结队来。

真是开门见山，一下就道出了军民赴会的欢乐心情，读了令人感到痛快。这首诗的最后两句也写得很好：

> 会罢归来迎晚照，山头犹卧白云堆。

多么潇洒的气派，多么深厚的韵味！但不知怎么，我觉得这两句诗里面，似乎把他的无限遗憾之情也包括进去了，不及开头两句那样明快。

看到南阳府新市场那样的繁盛，很自然地便会想到它的过去。这些日子，我住在南泥湾，对它过去的历史情况已经作了初步的考察。抚今追昔，人们总是容易发生感慨的。我这时的心情，也是感慨万端。

原来南泥湾地区，特别是它的中心南阳府，由于土地肥美，一百年前，还是个人烟稠密、相当繁盛的地方。为什么叫南阳府？这名称确实有些奇怪。据续范亭同志解释："南阳"可能是"南延"一语之转。"阳""延"同声，这种说法是有些道理的。但为什么叫"府"呢？我认为这说明了它过去是比较热闹的，绝不是什么荒凉的区域。它之所以变得荒凉，完全是后来的事情。

从 1862 年到 1873 年（清朝同治元年到同治十二年），陕西、甘肃、青海等地的回族人民，在太平天国农民革命运动的影响下，发动了大规模的武装起义，反对清朝政府对回族人民的疯狂屠杀和黑暗统治。这次起义，时间很长，地区很广，斗争也很复杂。开始，西北太平军一部和捻军一部于 1862 年相继进入陕西，于是陕西、甘肃和青海的回民乘机发动起义。这三股反清武装客观上互相配合，使清朝反动军队穷于应付。当时进攻起义军的刽子手、清朝政府的钦差大臣胜保，就是因为打了败仗，坐困潼关，而被清朝政府"拿讯"和"赐死"的。接着，从 1863 年至 1865 年，由于起义军成分复杂，一些混迹在起义军队伍里面的上层分子，在清军的威胁利诱下，陆续投降了敌人，使起义军遭受到很大的挫折。只有甘肃境内，起义军还很活跃。但是，清朝政府的暴虐政策，不仅激起回族人民继续反抗；而且也逼使它一部分队伍哗变；同时，西北许多被搜括干净，以至无以为生的"饥民"，也相率暴动。至 1866 年，起义军声威复振，活动范围遍及陕、甘、青各地。1867 年，当太平天国革命失败以后，清朝政府调其闽浙总督左宗棠为钦差大臣，督办陕甘军务，专门对付西北的捻回起义军。左宗棠是绞杀太平天国革命的著名的汉奸刽子手之一，为人凶残狡诈，他带着大军来到西北，使捻回起义军受到严重的威胁。左宗棠采取了"先捻后回""不令捻回合势"的恶毒方针，而捻回起义军由于本身条件的局限性，又未能自觉地合力对敌，因此终被左宗棠各个击破。捻军首先被击败，由陕西退至山西，再退至河北，至 1868 年最后失败。捻军东去后，回民起义军仍然奋力斗争，取得许多胜利，1870 年曾迫使左宗棠坐困平凉，受到清朝皇帝的"严旨斥责"。但是势孤力薄的回民起义军，终究敌不过清军的全力进攻，至 1873 年，陕西、甘肃、青海的回民起义军，都先后被左宗棠罪恶的血手所扑灭。

在起义过程中和起义失败后，西北回族人民曾遭到残酷的屠杀。就是左宗棠也不得不这样供认："陕甘频年兵燹，孑遗仅存，往往百数十里人烟断绝。"南泥湾就是百数十里人烟断绝的地区之一，但这不能笼统地归之于兵燹，这乃是刽子手左宗棠最得意的"剿回"业绩的一桩罪证。从此，南泥湾的沃土上荆棘丛生，狐鼠遍地，以后更长成茂密的森林，变为狼群和鸷鸟的世界。从清朝同治皇帝以至蒋介石的反动统治，七八十年来，这里是愈来愈荒僻，除了间有强梁出没之外，杳无人迹，昔日繁盛之区，如今变得这样荒凉，多么可惜啊！

但是，八路军屯田部队来到这里以后，曾几何时，情况就完全改变了。我住在这里，要是不去了解一下过去的历史情况，面对着青山绿水、香稻良田，再到市场上看看那繁荣的景象，怎能相信不久之前，这里还是满目荒凉和一片恐怖的世界呢？这真是古人所说的"沧桑之变"。但这不是发生在东海边，而是发生在西北高原上。不是桑田变沧海、沧海变桑田，而是桑田变荒山、荒山变桑田。而且这种变化不是天然的，而是人工的。而且从今以后，人民作了主人，这里的桑田，只会一天天地更加美好，绝不会再有沧海之变了。

　　眼看着这么巨大的"沧桑之变"，我怎能不发生感慨？但是我的感慨，和历来的骚人墨客不一样。他们总是向后看，以为今不如昔，从而颂古非今，对现实感到无限的悲哀。而我们共产党人，总是向前看，努力从事今天的战斗，向往未来的光明，我们的感慨，只不过是对过去的诅咒而已。而且，我们愈是诅咒过去，就愈加珍惜今天和追求明天，我们的干劲就愈大，因此，我们的感慨是积极的，而非消极的。

　　这种种的感想，触动了我的诗情。既然总司令带头写出了好诗，续范亭和其余诸同志都各有佳作，我似乎也不能不写一首。但我素来拙于作诗，尤其不善于用诗来抒情和状物，又有些难于下笔。不过，我自小爱读诗，更爱读杜甫的诗，最喜欢他那些记实和叙事的诗作。因此，我特仿杜诗《北征》的体裁，写了一首《和朱总司令游南泥湾》的五言古诗：

> 三十一年夏，七月有七日；
> 抗战满五年，寇焰犹未息。
> 敌后苦坚持，艰难出奇策；
> 斗争本长期，破贼不须急。
> 国际新环境，民主结同盟；
> 时间于我利，全盘韬略精；
> 今年平德寇，明年歼日兵；
> 胜利在不远，努力接光明。
> 军书虽旁午，建国须督促；
> 举世称朱毛，撑持我大局，
> 整风健思想，经济求自足；
> 大敌正当前，团结互忠告。

将军有深谋，战略要兼收；

屯垦复生聚，建国多芘筹。

我闻南泥湾，土地皆肥沃；

风景称绝佳，森林更茂密。

七七纪念后，朱公约我游；

观察一年绩，任务完成否？

汽车出延市，风驰达岭北。

公路新筑成，迤逦登山脊。

四望众山低，殷绿连天碧。

盛夏草木长，大地无空隙。

南有九龙泉，西有万花山；

中心南阳府，东北金盆湾。

良田千万顷，层峦四面环；

青山与绿水，美丽似江南。

纵横百余里，"剿回"成荒地。

七八十年来，一向少人至。

旷野雉兔走，深林虎豹肆。

如此好山河，焉能久弃置？

公率健儿来，荒地次第开。

非徒益军饷，也在育英才。

经营勤计划，佳产试培栽。

川谷多开阔，沟洫导纡回。

平原种嘉禾，斜坡播黄麦。

牛羊遍乡野，鸡犬满家室。

窑洞列山腰，市廛新设立。

> 农场多新种，工厂好成绩。
>
> 四方众来归，群策复群力。
>
> 工农各得所，士兵勤学习。
>
> 空气常清新，疗养可勿药。
>
> 人人称乐土，家家皆足食。
>
> 事本在人为，经纶权小试；
>
> 他年复国土，都成安乐地。

我的这首诗，不仅辞句未工，而且近乎拖沓，但把当时的事实记下来了，所以我一直把它保存下来。1958 年初，《红旗飘飘》编辑部来信向我索诗稿，我便将它拿去发表。我发表这首诗的目的，不是让青年们来欣赏我的诗句，而是要他们学习"我党同志在艰难困苦中所创造的优良作风"，为此，我还特地附了一封信在后面，说明我的意思。在抄写这首诗的时候，我的一位服务员张同志发觉其中"'回乱'成荒地"一句不妥。他说："回乱"虽然打了引号，但说"回乱"成荒地，仍把荒地的责任放到回民身上了，还是不好。我非常赞赏他的意见。于是大家斟酌了一番，才把"'回乱'成荒地"改成了"'剿回'成荒地"。虽然只改动一个字，但意思却大不相同了。古人有所谓一字之师，我看张同志就是我的一字之师。可见一个人必须随时随地向别人学习，而且活到老、学到老，才能不断取得进步，才能避免发生错误和及时纠正错误。

从 1942 年 7 月到 10 月，我在南泥湾休养了三个月，身体果然好了一些。我离开的时候，正是收获季节。那年南泥湾的收成很好，除损耗外，收细粮六百二十五石，蔬菜一百余万斤，还有其他经济作物产品很多。同时家畜饲养也更加发展，屯田部队平均每五个人有一口猪，而运输队的骡马已经达到六百多匹了。

1943 年，屯田部队的生产成绩更大，平均每人耕地十余亩，粮油菜蔬达到全部自给，经常费的自给也达到百分之九十六。人民群众高兴地称赞说："他们替咱们减轻了负担，又过着丰衣足食的生活，真是好军队！"

1943 年初，中共中央西北局奖励了领导国民经济建设和公营经济事业成绩卓著的单位和个人。团体奖以三五九旅居首，个人奖以王震旅长为第一名。从此，南泥湾更加名播全国，成为解放区大生产运动的一面旗帜，成为解放区军民艰苦奋斗、克服困难的革命精神的具体象征。

我住在南泥湾的时间并不长，而离开南泥湾的时间又很久了，但是南泥湾在我头脑中的印象，并没有随着时间的推移而淡薄，恰恰相反，它是愈久而愈鲜明，愈久而愈加显示出它的光辉。这是什么原因呢？是因为南泥湾景色的美吗？不错，南泥湾的景色是令人难忘的。但是，以我们祖国幅员之广，名山大川之多，哪里没有美丽的风景？但这些地方给我留下的印象，都不及南泥湾那样的深刻。我想，能在我头脑中留下深刻印象的原因主要的是南泥湾的精神。南泥湾精神就是发愤图强的精神，自力更生的精神，艰苦奋斗的精神，不怕困难的精神，一句话，南泥湾精神就是无产阶级的革命精神。我们正是凭着这种无产阶级的革命精神，才打败了国内外的敌人，取得了新民主主义革命和新民主主义建设的胜利，取得了社会主义革命和社会主义建设的胜利。现在，当我们要把祖国建设成为一个具有现代化的工业、现代化的农业和现代化的国防的社会主义强国的时候，我们更需要这种无产阶级的革命精神，更需要南泥湾精神。

为了让青年们学习南泥湾精神，需要向他们介绍一些南泥湾的情况；因此，虽然事隔多年，我还是要把我当时的亲身见闻，追记下来。

在我校团代会上的讲话 *

（1964 年 8 月 1 日）

同志们！

共青团中国人民大学第十届团员代表大会就要闭幕了。我祝贺大会的胜利成功。

你们的代表大会，是为贯彻共青团第九次全国代表大会的精神而召开的，这是非常必要的，也是非常重要的。

你们的代表大会，作了工作报告，进行了讨论，通过了决议，可以说圆满地完成了任务。

郭影秋同志已经代表党委讲了话，我没有什么更多的话要讲了，我只是提几点希望：

第一，共青团的职责是起党的助手作用。我校团组织过去是这样做了，今后希望你们在党委领导下，更好地发挥这个作用。

第二，共青团在社会主义时期的历史任务是，用马克思列宁主义阶级斗争的学说武装青年，使青年无产阶级革命化，真正承担起坚强的可靠的革命接班人的责任。我希望我校青年团本着这个正确方向，为实现这个光荣而艰巨的任务加强工作，在当前就要为实现教育革命、为提高教育质量而斗争。

---

* 录自《人民大学》1964 年 8 月 1 日，第 1 版。

第三，要使青年革命化，关键在于要好好学习马克思列宁主义，学习毛主席著作。毛泽东同志是当代伟大的马克思列宁主义者。毛泽东思想是我国人民进行革命和建设的指针，是反对帝国主义和现代修正主义、现代教条主义的强大思想武器。毛主席著作是我们全党、全民革命化最好的教科书。我希望我校青年团，好好地组织青年学习毛主席著作，并力争把毛泽东思想学到手，真正能够活学活用。

第四，我国青年，是我国革命和建设的一支突击力量。我希望我校青年团，要引导青年积极投入阶级斗争、生产斗争、科学实验三项伟大的革命运动中去，不仅能够经得住考验，而且能够贡献出应有的力量。

在我校欢送参加农村社会主义教育运动师生干部大会上的讲话 *

（1964 年 10 月 24 日）

同志们，同学们！

我校根据上级的指示，组织了第一批——两千四百四十多人，即将分别去山西、湖南、陕西，参加农村社会主义教育运动。我向同志们表示热烈的欢送。

今天的大会，是一个欢送大会，也是一个誓师大会。我向同志们提几点简单要求：

第一，要充分认识参加农村社会主义教育运动的伟大意义。

这次农村社会主义教育运动，是一次伟大的社会主义革命运动，是一场重新教育人的伟大的阶级斗争。这一运动，对于打退资本主义势力和封建势力的猖狂进攻，巩固农村社会主义阵地和无产阶级专政，铲除产生修正主义的社会基础，巩固集体经济，发展农业生产，都有着极其深远的意义。

深刻地领会这一运动的伟大意义，就能够帮助我们端正态度，积极投入斗争，并在斗争中做出贡献。同时使自己受到教育和锻炼，提高社会主义觉悟，进行世界观的改造。

---

* 录自《人民大学》1964 年 10 月 24 日，第 1 版。

第二，要好好学习中央关于农村社会主义教育运动的政策规定。要彻底地领会文件的精神，并以此为准则，指导自己的实际行动，具体地贯彻到实际工作中去。

第三，在实际工作中，要以毛泽东思想为指针，以阶级斗争为纲，参加农村社会主义教育运动的过程，就是最好地活学活用毛泽东著作的过程。

在实际斗争中，要站稳阶级立场，正确地执行党在农村的阶级政策，在依靠贫农和下中农的基础上，巩固地团结其他中农，坚决同资本主义势力和封建势力进行斗争，要放手发动群众，争取运动的彻底胜利。

第四，要发扬我党艰苦奋斗、联系群众的光荣传统和作风，要尊重和服从当地党委的领导。要虚心向群众学习。要真正从感情上与群众打成一片。

我希望你们，通过这次参加农村社会主义教育运动，通过实际参加阶级斗争和生产斗争，更好地学习毛主席思想，逐步把自己锻炼成为无产阶级的革命战士。

我预祝同志们和同学们在这次农村社会主义教育运动中取得完全胜利！

庆贺维吾尔和哈萨克新文字的推行 *

（1965 年 1 月 8 日）

维吾尔和哈萨克新文字方案，已经国务院批准公布，就要开始全面推行了。这是维吾尔族和哈萨克族文化生活上的一件大喜事，也是我们整个国家文化生活上的一件大喜事！

在目前国内和国际的大好形势下，维吾尔和哈萨克新文字开始全面推行，意义就更加重大。

大家知道，我国是一个多民族国家。我国各民族都是平等的，都有发展民族语文的自由。党和政府提出了正确的民族语文政策，采取了各种积极的措施来促进民族语文的发展。在北京，在新疆，在其他地方设立了研究民族语文和文字改革的机构，帮助没有文字的民族创造文字，帮助要求改革文字的民族设计新文字方案。

以新疆为主要居住地区的维吾尔族和哈萨克族是我国两个非常重要的少数民族。他们都有悠久的文化历史。解放以来，在毛泽东思想的光辉照耀下，他们正在发展社会主义的新文化，使文化历史展开全新的一章。

新疆在解放以前，交通极不方便，几乎没有工业，文盲多、学校少。现在完全不同了。许多现代化的大工厂忽然出现在地平线上。小学、中

---

* 录自《新疆教育》（汉文版）1965 年第 2 期，第 12 页。

学乃至大学，一所一所办起来。新疆跟其他省区的联系大大密切了。新疆在整个国家中的地位大大提高了，政治、经济和文化发生了全面的大革命。

在这样的历史飞跃条件下，维吾尔和哈萨克同胞要求改革他们的文字，是理所当然的，是十分自然的。国内好些少数民族同样提出了创制或改革文字的要求。汉族也正在进行文字改革，当前的任务是：简化汉字，推广普通话，推行《汉语拼音方案》。

维吾尔和哈萨克两种新文字设计都是现代语文科学的最新成果，具有许多突出的优点。

首先，两种新文字既是简便的文字，又是精密的文字。由于简便，所以有利于普及教育。由于精密，所以有利于提高文化。

其次，两种新文字采用的汉语拼音字母，也就是科技代号和科技术语中最常用的拉丁字母。因此有利于科学技术教育的发展和科学技术知识的交流。

第三，两种新文字不但容易认读和书写，还便于打字和印刷，便于在电报上传递，便于在各种现代文字机器上应用。

第四，两种新文字的推行大大有利于国内各民族间的相互了解和进一步的团结。汉族正在逐步推行汉语拼音字母教育。国内各兄弟民族新创和改革文字的，除维吾尔和哈萨克以外，创造文字的十个少数民族也以汉语拼音字母为基础。各民族语言中相同或相近的音用共同的字母表示，使字母读音相同或者相近，大大便利了各民族间相互交流文化，相互学习语言和文字，因此促进了感情，加强了团结。

总之，两种新文字的全面推行，将推动维吾尔族和哈萨克族的文化发展，开辟一个前所未有的文化灿烂时期，在今后将发生深远的影响。让我们为预祝新文字推行胜利而欢呼吧！

在中央社会主义学院第六期学员结业典礼上的讲话（摘要）*

（1965 年 7 月 11 日）

（一）要坚持带着问题活学活用毛主席著作。学习毛主席著作是学习马克思列宁主义进行自我改造的最好途径，是提高认识、作好工作的根本保证。（二）要坚持学习使用批评与自我批评武器，提高自我改造的自觉性。（三）要与工农群众相结合，积极参加阶级斗争、生产斗争和科学实验三大革命运动，在革命实践中改造自己。（四）要认清社会发展规律，接受党的领导，走社会主义道路。只有这样，才能真正作到"听毛主席的话，跟共产党走，走社会主义道路"。

---

* 录自《光明日报》1965 年 7 月 11 日，第 1 版。

给青年的话 *

（1966 年 10 月底）

郭影秋同志担任人民大学第一副校长，是我要的人，是我亲自找周总理要来的。他来了，人民大学就是变了嘛！你们都看见。人民大学交给他，我就放心，我才放心，非常放心。那些对郭校长批斗中拳打脚踢，诬蔑他是"反革命"的人才是反革命！他们在反革命！！

在刘少奇、邓小平的选票上，我就是画了圈。那是党中央集体研究决定的名单嘛，毛主席点了头的嘛！以后碰到，我还照样画。

我为人一生就讲老实；毛主席相信我，就因为我老实。我早将个人名利生死置之度外。

1904 年我留学日本的时候，写了一首自题像片诗：中原王气久消磨，四面军声逼楚歌；仗剑纵横摧虏骑，不教荆棘没铜驼。——"铜驼"的典故你们懂不懂？

出去看看吧，要有点志气。

汪精卫参加过辛亥革命，不能全盘否定，但纵观一生，则太不足取。他早年追随孙中山，但从来就好出风头，好走极端。他执意参加暗杀摄政王活动，事泄被捕，成了举国瞩目的大英雄，同盟会员们也都很崇奉他。其实他是由于对革命失去信心，才去冒险的。而踏踏实实准备这一

＊ 录自《吴玉章教育文集》，四川教育出版社 1989 年版，第 451～452 页。

行动，真正有功的喻云纪，却被陈璧君诬蔑为"怕死""害了汪精卫"，与之大哭大闹，纠缠不休。当时不少同盟会员也为假象迷惑，对喻云纪产生了怀疑。喻云纪很苦闷，对我说："谁怕死，将来的事实会证明的。"果然，在黄花岗起义中，喻云纪一马当先，所向披靡，最后英勇就义，流芳千古，永垂不朽。而堕落为汉奸的汪精卫、陈璧君，实不齿于人类。

历史是很复杂的，喻云纪就受过天大的委曲；历史又是很公正的，汪精卫、陈璧君到底还是露了原形。不要看有的人一阵子多得势、多行时，最后才弄得清楚哩！

看问题，就要学会看历史，看历史发展。

"八一宣言"与抗日民族统一战线的建立、提出 *

我的真姓名是吴永珊，号玉章，字树人。1935 年至 1936 年在法国时用岳平洋、平洋、岳镇东、镇东、震东、Joseph（约瑟夫）等假姓名。在苏联用 Буренин（布列宁）等名字。在中国入党时用的姓名是吴玉章。在苏联入党时用的姓名是 Н. И. Буренин。现在用的姓名是吴玉章。出席共产国际第七次代表大会时，用的名字是王荣。

1932 年我和林老（林伯渠）等已由联共预备党员转为正式党员。这年夏，我和林老接到王明从莫斯科的来信，要我们到莫斯科去。当时我们很想回国参加革命实际工作。6 月林老到莫斯科去了，我因《中国新文字的新文法》还没有完成，并且要开拉丁化第二次代表大会，所以迟了一年，到 1933 年 6 月我才到莫斯科。到莫斯科后，我本想同林老一样马上动身回国，可是我党驻共产国际的代表团要我担任东方大学中国部主任工作，因此 9 月我又到东方大学工作。自从 1931 年冬，王明同志到了莫斯科，在国际作了反"立三路线"及中国红军苏维埃发展的报告以后，中国代表极为共产国际所重视，改变了从前在国际被人轻视的局面。1933 年康生又到了莫斯科。这时，中国英勇红军已打破了蒋介石四次"围剿"，所以每次国际会议上中国代表的报告发言，都极为一般人所欢迎，中国在国际的地位增高了。当 1933 年希特勒未上台以前，德国共

---

* 录自《口述抗战》，中共党史出版社 2020 年版，第 168～175 页。

产党是除联共外，世界上最大最有力量的党，1932 年 11 月国会选举时，共产党人获得 600 万票。而在东方，则有拥有红军数十万、有几个大的苏维埃区域的中国共产党。当时我们认为德国和中国的共产党是共产主义发展在苏联外的东、西两个铁锤。一个是代表资本主义国家的革命运动，一个是代表殖民地半殖民地的革命运动。可是革命也教会了反革命。反革命知道旧的方法不能统治下去了，于是就拼命向法西斯的道路前进，改变了斗争的方法。这时各国反革命的法西斯抬头，而革命的统一战线也就出现。当德国共产党壮大的时期，法国基本上与德国是世仇，所以反对共产党，也反对苏联。到了德国法西斯这个反共急先锋上台后，法国着急了，不能不联合苏联来制压德国，因此也不能不改变反共的态度。1934 年 2 月法国共产党联合社会党、激进党反对法西斯暴动的胜利，就开辟了统一战线的先声。5 月激进党素主亲苏的领袖赫里欧来苏联参观，《法苏协约》成立了，法国共产党也壮大了。

中国自日寇九一八进攻到华北事变以来，中日矛盾成为主要矛盾，国内矛盾降到次要与服从地位，国际关系和国内阶级关系都发生了变化。这就要求党把九一八后提出的，在三个条件下与国民党中愿意同我们合作抗日的部分订立抗日协定的政策，提高到建立全民的抗日民族统一战线的政策。1935 年 6 月初，我们在莫斯科听到《何梅协定》及平津日寇封闭国民党、屠杀爱国人民等等使人难忍的消息，便急电在南俄休养的王明同志回来，共同商量对策。在党中央和国际指导下，由王明同志起草了一个《为抗日救国告全体同胞书》，经过大家热烈讨论，作为党中央及中国苏维埃政府宣言，这就是"八一宣言"。当时，国际七次代表大会开会，会中，这宣言在国际、国内都起了很大的作用。我当时是非常兴奋的，觉得中国革命又开了一个新局面。其时，方振武秘密到了莫斯科，要见我们同志。代表团以正在国际大会期间，不便见客，派我去同他一谈，并把"八一宣言"给他看，他很高兴地到美国去宣传了。在国际七大会上，王明、康生、周和生（高自立）、李光（滕代远）和我都发了言。说到党的新的统一战线政策，红军英勇斗争和长征伟绩及苏维埃运动的发展等等时，常常引起欢呼，各国代表团高呼口号，国际间友爱团结，使人无限感动，无限兴奋。大会结束后，代表团要扩大巴黎出版的《救国报》，并且要在巴黎办一个印刷厂，以加紧宣传统一战线政策，就派我秘密到巴黎去做这工作。

10月我从列宁格勒秘密动身，经过许多曲折，11月初到了巴黎。同巴黎同志接上头后，正拟开展工作，忽然法政府命令停止此报，我就和法国同志商量如何起诉复刊。法国同志说：这不是法律问题，是政治问题。我们法国虽然言论自由，但遇外国政府抗议也往往无理地封禁外国报馆。这次是由阁议停刊，显然是为应付外交关系，起诉是无办法的。但有一办法，改一个名字继续再出，政府是不会干涉的。我们正是为了宣传抗日民族统一战线，要利用这报纸，而且纸版是由莫斯科打好航空寄来的。这时统一战线正在开展，各地要求这个报纸心急，特别是世界各地的华侨纷纷来函订报，无暇起诉，也不能停止一期以引起各地疑惧。因此我就电商代表团，得到同意，改为《救国时报》。在中文只添一"时"字，而在法文则同样的意思另用几个字，急急把苏京寄来的纸版改一个报头，居然按期于一二·九纪念日出版了。此报出版后，大受欢迎。我们用了许多方法寄回中国。由于党的新的统一战线政策，适合时势的要求，因而这报也起了很大的作用。我在莫斯科时，陈云同志为我写信介绍我向上海商务书馆买汉字铜模。我去信后，到1936年3月铜模才运到巴黎，于是巴黎的印刷所也成立了。

同年1月，我在巴黎召开了一个中国旅欧共产党员代表会。到会的有英、德、比、荷及法国各重要地方的代表共十余人。我作了关于抗日民族统一战线和党的新政策的报告；会议讨论了组织各国华侨抗日救国会和筹备抗联等计划，大家非常高兴，生气勃勃。多年散漫沉闷的在各国的同志，有了党的新政策，有了联合，并有了代表团的领导，气象为之一新。大家觉得从前与国际中国代表团来往通信不易，难于得到代表团的指示，以致工作不能开展，因而向代表团提议成立一个"中国代表团驻欧办事处"以领导各国中国党员的工作。因为各国共产党对于中国情形不熟悉，对于华侨不能了解，而且有些还轻视，因此各国的中国党员，可以说毫无指示可遵循，因此也就毫无工作成绩，所以很希望有一个统一领导机关。但因这样会违反国际的组织原则，代表团未许可。当时闻胡汉民来法，住尼斯海边休养，特派儿子震寰持函往见，约其见面一谈统一战线政策。渠见信后不敢作答，知其已无朝气，行将就木矣。

3月间，世界学生联合会特为援助我国学生救国运动在伦敦开大会。我因不久前召开国际青年代表大会时，我们的代表数人因为要扩大统一战线，把国民党比较左倾和我们接近的王海镜推为主席团成员之一，但他反而不要我们的同志在大会上讲话，我们同志也忍受了。这次在伦敦的大会，再不能蹈此覆辙。所以，我就写信与德国支部，力说我们一方面要顾到统一战线，一方面要保持党的独立性、斗争性，断不可因为统一战线而把自己的手足束缚起来。并要他们到伦敦后找侯雨民好好筹商办法等等。这时因为时间已迫，稍慢即无济于事，我们又没有约秘密通信方法，前此好多次信都没有失误过，以为不要紧，便粗心大胆地用钢笔写了一个指示信，急急挂号寄去。谁知，旧的负责同志王炳南刚交代工作与刘光德同志，他搬了家，我信到后两天，他才到旧房东处去取，见信已拆开。在我们的代表正出席大会时，国民党特务由德国用"民族先锋社"名义把影印的我这封信分散会场，说这个大会是共产党所召集、所操纵的，并由德国用留德中国学生会名义致电大会，反对我代表出席。幸而柯乐满驳斥了他们，大会没有被他们破坏，并由大会筹备会回一封信反驳他们。大会代表返巴黎，说到大会情形，并把影印的信给我看，果然是我用平洋假名所写的，使我赫然一惊。大约是中国大使馆秘密偷去了这信，影印后又交还房东。以后各处都发现我这封信，且有印得很大的，张学良在西安也接到。可见，驻德大使程天放专门做侦探我党工作。随后德国当局就逮捕了刘光德同志及许德瑗等反帝同情分子五人。这是程天放串通法西斯干的。我们发动了各团体向德国抗议，并要求使馆向德国抗议、保人。自然，程是不会做的。不久，许等释出，而刘则被驱出境。代表团得此消息后，急电我返莫斯科，恐我也会受危险。因我到法国是非法居住，没有居留证，是经不得检查的。当初到巴黎时，报馆被封，同志们都不要我到报馆去，但每天我总要设法去一次，我常于咖啡馆中约同志谈话或开会，有些时候风声很紧，使同志们异常担心。我一到巴黎即由法国同志送到一同情分子的旅馆中，约住有十个月之久，毫无一点破绽，固然是由于主人的掩护（他儿子是党员），但主要的还是我小心谨慎，举动大方，能保持秘密（店主人很喜欢我，1937 年我再到巴黎去看他时，告以中国统一战线完成，抗战胜利有望，他一家都异常欢喜）。1936 年 3 月陈铭枢、胡愈之等到巴黎，我与畅谈统一战线，并办理到莫斯科手续。当时代表团已派吴克坚同志来代替我的工作，要我马上动身返苏，因我要成立印刷所和牙齿补好后才起程。

　　7 月，回到莫斯科，到赵毅敏同志主持的东方大学乡下分校任教员。当时需要一本用马克思观点和斯大林的新方法来写的历史，于是我就着手编中国历史，并在校中教授，印成了自史前时期到明朝一部讲义。写得不十分完全，自己也感觉不满意，还需修改。研究中国历史的意义一段，曾登于《解放》52 期。国际教育处又要我写一简短的中国历史大纲，也写成了。在这一时期中，学生的情绪很好。每期墙报，我为他们用简短的警语配着动人的报头图画，常常使人异常感动。

双十二事变的消息传来，蒋与许多要人被捕，尤使全体兴奋。遂闻恩来同志到西安和平解决，将蒋释放，感到我党中央政策的正确、气度的伟大。使全球震惊，使国民党顽固分子哭笑不得，使同情我党的人眉飞色舞，全国舆论与人心莫不为之折服。以此知我们的统一战线将要达到成功的时期。尽管国民党对我党致国民党三中全会书犹装腔作势地作出可笑的决议，而宋庆龄、何香凝、冯玉祥、李石曾等恢复总理三大政策的提议，已表现国民党内大多数人是赞成国共合作，停止内战，一致抗日的。随后，我党代表到庐山参加会议与蒋磋商条件。七七事变发生，全国抗战开始，红军改为八路军，开赴前线。在全国各战线溃败中，八路军首先在平型关打了一个大胜仗，稳定了全国人心，提高了全国抗战的勇气，打破了日寇不可抵抗的谎言。当时全国振奋，国际同情，中国的国际地位骤然提高。苏联自不必说，在精神上、物质上都给中国以很大的帮助，就是欧美各国也一致欢迎、赞助中国抗战，比诸同情亚比西尼亚和西班牙的抗战，有过之而无不及。尤其各国反战反法西斯的团体及爱好和平的人民，莫不拥护中国的抗战。而中国人民也深知要抵抗日寇法西斯军阀强盗，非有国际上大大的帮助不可。许多人希望苏联出兵帮助中国抗日。当时，我代表团深知苏联政策，要有英、法、美各大国多多帮助中国，苏联才好更多地帮助，不然反会引起误会。因此，国际和中国代表团想派一些人到欧美各国去做宣传工作。最初拟派王稼祥同志去领导，后因王同志别有任务，就决定派我到西欧去做国际宣传工作。国际又派法国同志京尼维帮助我，并号召各国支部及各国劳动人民帮助中国抗战。当时蒋介石的代表张冲到了莫斯科，与我代表团有所接洽。王明同志介绍我与张秘密相见，并要他打电与蒋：是否同意派我到西欧去做宣传工作。蒋回电赞同。张就在使馆为我办护照。当然并有蒋要派孙夫人宋庆龄等赴欧美作国际宣传的消息。

我于 1937 年十月革命节前一日同震寰从莫斯科起程，11 月 12 日到了巴黎。到后即会同饶漱石、陆璀、吴克坚、卢竞如，共六人分任工作。我听说李石曾在巴黎，马上打电话给他。他高兴极了，说明天就要去布鲁塞尔，约我立刻去谈话。他说，他已经决定几天内就要赴莫斯科，要我同他去，一面做翻译，一面为我介绍去见苏联要人。并说，现在国内和平妥协空气很高，望苏联马上出兵帮助才能稳定抗战的局势。还说，华盛顿九国公约会正在布鲁塞尔召开，很重要，他就要去，约我同去。我说：我刚到，不便回去，且回去也须得到代表团的许可，恐难办到。他一定要我去电询问代表团，我答应了，并约同赴布鲁塞尔。当时南京危急，陶德曼代表希特勒出面劝我屈服，亲日分子正在策动和议。布鲁塞尔会议中国代表有顾维钧、钱泰、胡世泽等。顾是反对妥协的，钱、胡都是我在巴黎时的同学。我同李到布鲁塞尔，力说抗战必得胜利，万不可中途妥协，请他们联合各驻外使节电南京蒋反对和议。胡世泽秘密对我说，孔祥熙初本主战，现亦主和，恐难挽救。我说：决定政策在蒋，你们可助他一臂之力。我虽不知他们曾否电蒋，但李告诉我，他得蒋电不愿妥协。果然，国民政府迁渝，蒋有 17 日的强硬宣言，局势为之稳定。我得代表团电，嘱婉谢李的盛意，但不能同他赴莫斯科。李随即到莫斯科，据说见了伏罗希洛夫。他对李说，苏联帮助中国不成问题，最重要的是要推动英美更多地帮助中国，只要英美帮助一分，苏联就可以帮助十分。李回来对我谈很满意，并说我们应加紧做英美的宣传工作。后来孙科到莫斯科之后再到巴黎，同我也是如此说。陈公博到意大利暗谋和议，到巴黎时我去见他，力言不可言和。我在巴黎作许多公开讲演。在国际援助西班牙的大会上，在 12 月 22 日法国"中国人民之友社"所召集的援助中国抗战大会上，特别是在 12 月 11 日，由世界反战反法西斯委员会特为我招待法国新闻记者席上，我作了较详细的报告。后来把这个演稿加以相当补充和修改，印成英、法文的小册子，题为《中国能战胜日本》，在 1938 年 2 月伦敦世界反侵略大会上散发。我是由世界反侵略中国分会电派为代表出席这个大会的。我同饶漱石、震寰到伦敦，会同陶行知、李石曾、王礼锡等出席大会。我当时作了一篇《中国抗日战争的新阶段》，饶用赵建生名义出了《为自由和平而战的中国工人阶级》的小册子。当时我们屡次向顾维钧及南京当局建议要扩大国际宣传工作，并拟具一些计划书，他们总是推托，不和我们合作。使馆有一专门作国际宣传的杨光望，他花了十万法郎要巴黎最老、最反动的《巴黎时报》为他出一小册子，上面印些北京天坛、前门等照片，和蒋介石、林森等相片，使人看了不但无兴趣，而且要作呕。因为这些官僚，只知宫殿及政界人物，根本不懂得现在世界是怎样一回事，所说的话无不外行。我们所言所行都是与时代潮流适合，很受人欢迎。只可惜我们得不到一分钱的帮助，只是在工人、商人、学生中募集一点钱来出报纸刊物。幸而有《救国时报》作我们的喉舌，还有巴黎《人道报》和同情我们的报纸及《中国人民之友》等等为我们鼓吹，也收到不小的效果。但和西班牙抗战的国际宣传相比，则相差太远了。我 2 月到伦敦时，曾同陶行知、饶漱石、震寰到马克思墓前去致敬，并将其碑文抄下来，这使我非常庆幸。我的国际宣传工作已告一段落，即将回国共赴国难。

编后记

　　《吴玉章全集》经中国人民大学党委书记张东刚教授和校长林尚立教授的科学决策和精心规划，在中国人民大学重大规划项目"吴玉章全集"（批准号 23XNLG07）获准立项的基础上，于 2023 年由中国人民大学出版社出版发行。回顾《全集》的出版，离不开中国人民大学党委副书记郑水泉教授、副校长王轶教授的科学统筹，离不开中国人民大学信息学院吴本立教授及其家人的全力支持，离不开中国人民大学图书馆、档案馆和校史馆的文献史料收藏和整理，更离不开中国人民大学复校以来历届领导和广大师生的共同期待。

　　《全集》的面世，使编者想起 1984 年夏秋，面对迫在眉睫的高校学分制教学改革，许多令人费解的困惑亟待解答。后来我们从当年 1 月发表的两篇回忆吴玉章老校长的文章中找到了答案。这年的 1 月 14 日，《人民日报》刊登了中共中央党校第一副校长、教育部原部长蒋南翔的文章《纪念我国无产阶级教育家吴玉章同志》。文章写道："吴玉章同志既是一位革命家，又是一位教育家"，也是"中国新型高等教育的开拓者"；"他不是'为教育而教育'，也不是抱有'教育救国'的空想"，更不"走旧中国盲目抄袭欧美教育的老路"[1]。不久，《人民日报》刊登中国人民大学名誉校长郭影秋的文章《吴老与中国人民大学——纪念吴玉章同志诞辰

---

[1] 蒋南翔. 纪念我国无产阶级教育家吴玉章同志. 人民日报，1984-01-14（4）.

一百零五周年》。郭影秋回忆："少奇同志说：中国人民大学'与过去旧大学有本质的不同，是为工农服务，是要教育出为工农服务的干部；只有用马克思列宁主义的基本观点，实事求是的精神，才能把工作做好，学习搞好，学校办好'。"①正是这两篇文章使我们解开心结，引导我们制定和实施了中国特色的学分制改革办法。我们敢于下这个决心，其中的力量源自吴老与时俱进的办学思想，源自吴老始终坚持党的领导者赋予中国人民大学的办学精神。此后，每当遇到难题我们都会想到吴老，想到从他的办学思想中寻找前行的路径和解疑释惑的方法。

1984 年 4 月 4 日，《人民日报》刊登中央军委副主席杨尚昆的署名文章《一辈子做好事 一贯的有益于革命——缅怀吴玉章同志》。他说："吴老从参加辛亥革命起，一生坚持革命，总是站在革命斗争的最前列，不断跟着时代前进。他一生勤奋工作和学习，孜孜不倦，从不松懈。他作风民主，和蔼可亲，十分关心爱护干部。他全心全意为人民服务，一贯有益于革命，是我们的光辉榜样，是建设社会主义精神文明的楷模。他的名字将与人民同在。"②这段话，使编者时时想到吴老的谆谆教诲，想到怎样从他那里获得面对和解决问题的方式方法。1987 年 10 月 15 日，邓小平"为建在中国人民大学的吴玉章雕像题字：'我国杰出的无产阶级革命家、教育家、历史学家、语言学家吴玉章'"③。这一崇高的评价，更使编者懂得了怎样完整准确地理解毛泽东那段感人肺腑的话，即："一个人做点好事并不难，难的是一辈子做好事，不做坏事，一贯的有益于广

---

① 郭影秋. 吴老与中国人民大学：纪念吴玉章同志诞辰一百零五周年. 人民日报，1984-01-23（5）.

② 杨尚昆. 一辈子做好事 一贯的有益于革命：缅怀吴玉章同志. 人民日报，1984-04-04（5）.

③ 中共中央文献研究室. 邓小平年谱：第 5 卷. 北京：中央文献出版社，2020：509.

大群众，一贯的有益于青年，一贯的有益于革命，艰苦奋斗几十年如一日，这才是最难最难的啊！"①学习吴老，不仅要学习他时刻以传承中华民族优秀文化律己为人，更要学习他有始有终、追求真理、与时俱进、养成育人、融通中外、依史鉴人、继往开来等精神品格和思想观念。诸如：1917 年 5 月 27 日，他在《在北京留法俭学预备学校开学典礼上的演说》中谈道："留法俭学会……其目的约有四端：一曰扩张国民教育，二曰输入世界文明，三曰阐扬儒先哲理，四曰发达国民经济。"1940 年 1 月，他在《六十自述》中说："俗话说：'作饭不难洗碗才难。'人都喜欢作热闹事不愿作冷背事。我以为前一事的善后作得好，后一事的发展才有望，所谓历史事件有连续性。只看见事的表面，而不考究其根基，是不能了解事之所以荣枯的根源。所以我认为：前事之结束，是后事的开始，特别更要重视。"1942 年，他在《吴玉章自传》中写道："我奋斗不懈，为的是追求人生的真理，人类的解放，常人颇难了解，而我终于得到了人类最宝贵的马列主义，彻底了解了宇宙和人生的究竟，比那些糊涂一生的人快活得多。"1948 年 8 月 24 日，他在华北大学成立大会上的讲话中说："世界在不断地进步，不是与日俱进，而是与时俱进"。1955 年 11 月 18 日，他在《为贯彻执行提高教育质量的方针而斗争》中写道："我们不但要在政治生活和教学工作中养成勤恳朴实的作风，而且也要在科学研究和学习方面养成勤恳朴实的作风。"1956 年 5 月，他在《为迅速赶上世界科学先进水平而奋斗》中提出："……使我国的科学技术特别是那些最急需的部门接近或达到世界先进水平！"同年 8 月，他又在《让青年发挥更多的独立精神》中讲道："如果青年能懂得中外古今更多的新知识，就会感觉世界的变化无穷，一人的知识有限，那末他也就骄傲不

---

① 吴玉章同志六秩寿诞 中共中央举行祝贺大会 毛泽东同志等亲临致祝词"学习他对于革命的坚持性". 新中华报，1940-01-24（4）.

起来了。"1964 年 1 月 1 日，他在《新年话家常》中说："把我们的后代培养成经得起风险的、真正可靠的革命事业接班人。"1966 年 10 月底，他在《给青年的话》中谈道："看问题，就要学会看历史，看历史发展。"

　　进入新世纪，编者在搜集整理吴老相关文献史料的过程中，时刻注重吴老"一面养成自治，一面接近社会"①的养成育人思想，应用其研究和解决实践党办大学的相关问题，并且有了许多收获，先后形成了《高校学生素质养成研究》《高校学生素质养成实践》《管理理论新探》《西学东渐三十年：关于建设中国特色世界一流大学的观察和思考》等成果。此间，为使吴老的思想观念受益于人，编者与中国人民大学校史馆的领导和同事通力合作编辑整理了《吴玉章论教育》一书，此书于 2021 年由中国人民大学出版社出版；同年，编者与四川荣县吴玉章故居陈列馆合作印发《吴玉章教育箴言（五十条）》（以下简称《箴言五十条》）。中国人民大学原党委书记程天权教授为《箴言五十条》题词："真理明白，大道至简。就吴老的五十条语录，一个人能照着实践了，所向无阻，一世无碍。"多年以来，编者收藏整理各类吴老相关文献史料等约 300 万字。因此，编者期待着能够编纂出版《全集》。万事俱备，只欠东风。

　　张东刚书记指出："红色基因是人大的底色、本色和亮色，其内核就是坚持教育为党和人民事业服务的方向，坚守为党育人、为国育才。传承好革命传统和红色基因的核心就在于让听党话、跟党走的信念成为师生的自觉追求。"②正因如此，在弘扬吴老红色教育家精神，努力建设中国特色世界一流大学的今天，《全集》的出版可谓顺势而成。在编纂《全集》的过程中，编者无时不感念延安五老之一的谢觉哉老人于 1948 年 8 月写的《走笔答吴玉章老》一诗："高清不肯染纤尘，垂老犹然日省身。

---

① 吴玉章. 吴玉章教育文集. 成都：四川教育出版社，1989：36.
② 涂铭，魏梦佳. 走新路 创新知 育新人. 瞭望，2023（18）：17.

石比坚兮松比直，谷论虚更海论深。童颜谁谓年龄暮，鹤发同迎世界新。况有三千诸弟子，东西南北立功勋。"这首诗不能不使人想起孔子晚年回乡，一面整理典籍、专修《春秋》，一面开展教育事业，收弟子三千人，其中精通六艺的著名弟子有72人的经历。吴老一生不断跟着时代前进，他不仅始终投身于中国的革命和建设事业，更从未离开中国的文化教育事业。为了这个国家，他成功地培养了万千干部人才。回看吴老一生，先后任四川荣县小学教员、北京／四川留法俭学预备学校校长、成都高等师范学校校长、重庆中法大学（中学部）校长、四川嘉陵高中校长、黄埔军校校务委员、苏联科学院远东分院中国部主任及海参崴远东工人列宁主义学校教员、莫斯科东方大学中国部主任和教员、陕北公学筹备委员会委员和董事会成员、延安鲁迅艺术学院院长、延安自然科学研究会主任、延安新文字干部学校校长、延安大学校长、陕甘宁边区政府文化工作委员会主任、华北大学校长、中国人民大学校长兼中央社会主义学院院长、中国教育工会全国委员会主席、中国科学院学术评审委员会委员、中国文字改革委员会主任等职务。吴老坚持始终的自律精神、通古达今的人文智慧、中西合璧的思想结晶，以及他科学总结的经典语录，无不值得后辈学人永远学习、研究、总结和传承。

在《全集》文献史料的准备阶段，中国驻摩尔多瓦共和国大使、中国人民大学校友闫文滨及时提供了相关文献史料及来源信息；与此同时，中国人民大学科研处、北京理工大学校史馆、四川大学档案馆和延安大学校史馆等单位，尤其是四川荣县吴玉章故居陈列馆，均给予了无私的援助。在实现《全集》文献史料电子版转化的阶段，中国人民大学党委宣传部陈卓副部长和杨默副编审等组织师生，以高度自觉和辛勤的工作，确保了《全集》达到编纂出版所需的时间要求和质量标准。在《全集》编辑出版阶段，中国人民大学出版社的编校团队，以严肃认真、加班加

点、连续作战的方式，按时保质地实现了《全集》的顺利出版；校史馆
王丹馆长和吕鹏军副编审更是自始至终于百忙中仍坚持为保障《全集》
的编纂质量竭尽心力。令人难忘的是，每当编者遇到疑难请教专家学者
时，他们都以不厌其烦的态度给予科学审慎的回复。他们是：中国人民
大学哲学院张立波教授，马克思主义学院王向明教授、邱吉教授，中共
党史党建学院刘辉教授、董佳教授和李坤睿副教授；复旦大学马克思主
义学院杨德山教授；北京体育大学马克思主义学院李庚全教授；北京联
合大学马克思主义学院郜世奇教授；延安大学历史文化学院张雪梅教授；
四川荣县吴玉章故居陈列馆吕远红馆长；等等。需要特别感谢的还有那
些为《全集》出版默默奉献的亲属、同人和朋友，是他们为《全集》的
顺利出版提供了最有力的后援。在此，一并由衷致谢。

最后，需要说明的是，《全集》所收内容，均有鲜明的时代印记，反
映了特定时代的思想观念，具有独特的史料研究价值，故在编纂中我们
保持文献原貌，以给研究者提供可靠的研究资料。虽然已作诸多努力，
但是《全集》编纂尚有不充分之处，待出版补集时进一步完善。

王学军　周石

2023 年 10 月 10 日

图书在版编目（CIP）数据

吴玉章全集.第五卷/王学军，周石主编. -- 北京：
中国人民大学出版社，2023.12
（中国人民大学校史文库/张东刚，林尚立总主编）
ISBN 978-7-300-32349-7

Ⅰ.①吴…　Ⅱ.①王…②周…　Ⅲ.①吴玉章（
1878-1966）一全集　Ⅳ.① C52

中国国家版本馆 CIP 数据核字（2023）第 221220 号

中国人民大学校史文库
总主编　张东刚　林尚立
吴玉章全集　第五卷
主　编　王学军　周　石
Wu Yuzhang Quanji　Di-wu Juan

出版发行	中国人民大学出版社				
社　　址	北京中关村大街 31 号		**邮政编码**	100080	
电　　话	010-62511242（总编室）		010-62511770（质管部）		
	010-82501766（邮购部）		010-62514148（门市部）		
	010-62515195（发行公司）		010-62515275（盗版举报）		
网　　址	http://www.crup.com.cn				
经　　销	新华书店				
印　　刷	北京尚唐印刷包装有限公司				
开　　本	720 mm×1000 mm　1/16		**版　　次**	2023 年 12 月第 1 版	
印　　张	30 插页 4		**印　　次**	2024 年 5 月第 2 次印刷	
字　　数	367 000		**定　　价**	1180.00 元（全 6 卷）